读史观天下·廿五史解读

唐史解读

（下）

華齡出版社

责任编辑　佟景宸　孟淑贤

图书在版编目(CIP)数据

唐史解读/白玉林,曾志华,张新科主编。-北京:华龄出版社,2006.12

(读史观天下:廿五史解读)

ISBN 7-80178-419-7

Ⅰ.唐…　Ⅱ.①白…②曾…③张…　Ⅲ.中国-古代史-唐代-纪传体-通俗读物　Ⅳ.K242.042

中国版本图书馆 CIP 数据核字(2006)第 141985 号

书　　名: 唐史解读

本册主编: 曾志华　杜文玉　白玉林

撰 搞 人: 张卫东　张艳波　谢南燕　王凤翔　李显辉
徐凤霞　王丽梅　朱红梅　吴洪琳　陈　翔
崔北京　陈　丽　陈艳玲

出版发行: 华龄出版社

印　　刷: 北京市兆成印刷有限责任公司

版　　次: 2006 年 12 月第 1 版　　2006 年 12 月第 1 次印刷

开　　本: 660×960　1/16　　印张: 43

字　　数: 684 千字

定　　价: 58.00 元(上下册)

地　　址: 北京西城区鼓楼西大街 41 号　　邮编: 100009

电　　话: 84044445 (发行部)　　传真: 84039173

目　录

356. 韦述在谱学方面有什么成就？

韦述（？～约757），京兆万年（今陕西西安）人。唐代著名的史官，在史学、谱学方面颇有成就。他出生于士族名门家庭，自幼酷爱读书，勤习文辞，尤专文史。家有藏书两千多卷，早在孩提之时，即阅读殆尽。中宗景龙元年（707），韦述之父韦景骏调任肥乡（今属河北）县令，韦述随父至任所。当时的洺州（今河北肥乡）刺史元行冲是韦述的表兄，时称大儒，学问渊博，经常载书以自随。韦述曾入观其藏书，见数量丰富，喜不自胜，并伏案阅读，以至于废寝忘食。行冲惊奇不已，遂与之交谈，韦述全无孩童稚气，说话引经据典，口若悬河。行冲又让他写文章，下笔即成，一挥而就。元行冲对此赞叹不已，兴奋地说："此人必是我外家之宝。"

景龙二年，韦述入京参加进士科考试。主考的考功员外郎宋之问见其年少，就笑着问他道："韦学士童年有何爱好？"韦述回答说："性好著书。曾写过《唐春秋》三十卷，可惜还没有完稿。至于文章词赋，只待明试。"宋之问惊奇地说："本来希望获取异才，没想到果然得到了像司马迁、班固一样的史才啊。"当年，韦述以进士科登第。

玄宗开元五年（717），韦述任栎阳（今陕西高陵）县尉。不久，秘书监马怀素受诏编写图书目录，韦述奉命与元行冲、齐澣、王珣、吴兢等二十六人，同入秘阁（皇家藏书阁）编录四部书目。历时五年，共编写目录二百卷。

韦述爱好谱学。在秘阁检索书目之时，他曾见过常侍柳冲所撰的《姓族系录》二百卷，一时爱不释手。于是在抄写书目之余，又手抄该书，然后带回家仔细整理考订。一年之后，韦述竟于柳书的基础上，别撰成《开元谱》二十卷。该书比柳冲的《姓族系录》内容更为详实毕备，使得当时社会上的姓氏源流析分得更加详细，韦述也由此而知名。

357. 韦述在史学方面有什么成就？

开元十三年（725），宰相张说将韦述引为集贤院直学士，又迁起居舍人。后萧嵩主持集贤院，韦述与贾登、李锐共同撰成了《唐六典》。该书以文辞流利，叙事周详为长。

韦述在史馆书府四十余年，长期担任编史修志工作。他埋首于典籍之中，淡泊名利，不求进取，唯爱著书。唐之国史从令狐德棻到吴兢，虽屡有修撰，但始终未成一家之言。到韦述任史官以后，始定体例，并拾遗补阙，检校史实，编成《国史》一百一十三卷、《史例》一卷，文简而事详，充分体现了韦述的良史之才。当时萧颖士曾把他和著名史家谯周和陈寿相提并论。

韦述清心寡欲，唯爱聚书。他自己存书两万余卷，并全部亲手校订。其中有书法字帖，有秘本和古器图谱，可谓种类繁多。正在他专心于史志研究的时候，“安史之乱”爆发了。玄宗皇帝西逃入四川，京师长安为叛军所占。韦述不惜自己的家财，唯携带《国史》逃避于终南山中。不久，他被叛军抓获，被迫接受伪官。肃宗至德二载（757），唐军收复长安后，韦述以投敌之罪，被流放于渝州（今四川巴县）。后因受州刺史的困辱，绝食而死。代宗广德二年（764），他的外甥萧直借向皇帝奏事之机，为韦述申辩前事，请求能以其保存国史之功，弥补过失。代宗诏准，追赠韦述为右散骑常侍。

韦述一生撰述颇多，除《国史》与《开元谱》外，还有《唐职仪》三十卷、《高宗实录》三十卷、《御史台记》十卷、《两京新记》五卷等，皆刊行于当时，但至今已多有散佚。

358. 张守珪在守御边疆、抗击外族侵扰方面有什么贡献?

张守珪（？～739），陕州河北（今山西平陆）人。唐玄宗时名将。

张守珪初以军功任平乐府（今河北临漳）别将，跟从左骁卫将军郭虔瓘在北庭（今新疆吉木萨尔）都护府镇戍，由于骁勇善战，颇得虔瓘的赏识。玄宗开元初年，突厥引兵侵扰北庭，虔瓘令守珪入京向玄宗面陈军情。守珪乃借机毛遂自荐，请求领兵攻讨突厥。玄宗很赞赏其英勇，答应了他的请求。守珪引军一路奏捷，大败突厥之众，还军后以功升为游击将军，再转幽州良社府果毅。张守珪形貌壮伟，善骑射，且性格豪迈而有节气。当时的幽州（今北京西南）刺史卢齐卿对他很是器重，常说道：“足下在将来几年间必成大器，节制一方。我正要将子孙托付于你关照，又岂能以僚属之礼相待呢?”

开元十五年（727），吐蕃攻陷瓜州（今甘肃敦煌），唐河西节度使王君㚟战死，边地人心恼惧不安。朝廷下令以张守珪为瓜州刺史、墨离军使，领余众修筑州城防御工事。工程刚进行到一半，吐蕃铁骑突至城下，城上的军民一时惊慌失措。守珪观察敌情后，冷静地说道：

“彼众我寡，不可力胜，只可智取。”于是于城上置酒作乐，与将士们聚宴，大摆“空城计”。吐蕃军怀疑城中有伏，竟领兵撤退。守珪趁势领兵追击，大败吐蕃。战后，守珪以退敌之功加授银青光禄大夫，升任瓜州都督。他在当地缮修守备，安抚军民，稳定了河西形势。不久，又迁为鄯州（今青海乐都）都督，仍充陇右节度使。

开元年间，东北的契丹与奚族屡为边患，契丹衙官可突干骁勇有谋，在部落里颇有声望。他经常引兵骚扰唐境，前后任幽州长史的赵含章、薛楚玉等均无力抵御。二十一年，以御史中丞身份兼幽州长史的张守珪到任后，频频主动出击，屡败契丹。可突干与首领屈剌畏惧，乃遣使到幽州诈降。张守珪察知其意，于是将计就计，派出管记右卫骑曹王悔到契丹营地，表面上是与他们谈判，实际上伺机而动，图谋去之。王悔到达屈剌牙帐后，秘密联络、策动与其不和的其他契丹酋帅，连夜斩杀了屈剌与可突干等人，尽数诛除其党羽。契丹余众相继投降了唐军，东北边境维持了安定的局面。

开元二十三年（735），玄宗为表彰张守珪的镇边之功，特任他为辅国大将军、右羽林大将军，兼御史大夫，并赋诗、立碑以褒奖。二十六年，张守珪因包庇部将乌知义的败军之罪，且贿赂朝中宦官，事发后被勒令降职为括州（今浙江丽水）刺史。不久，他就因病去世了。

359. 牛仙客在军事方面有什么特长？为什么拜相后反而缩手缩脚？

牛仙客（675～742），泾州鹑觚（今甘肃灵台）人。唐玄宗时宰相。

牛仙客起初只是一个普通的县吏，深受县令傅文静的器重。文静后来升任陇右营田使，乃引拔仙客为自己属下。此后，牛仙客以军功等转为洮州（今甘肃临潭）司马。玄宗开元初年，河西节度使王君㚟奏引他为节度判官，甚受信用。不久，萧嵩继任节度使，又将军政委托于他。仙客在任，以勤政不怠，诚信待人而著称。等到萧嵩入朝为相后，极力引荐他。仙客因此迁任太仆少卿，仍主持节度留后事务。后竟代萧嵩为河西节度使。

开元二十四年（736）秋天，牛仙客奉命代信安王李祎（huī）为朔方行军大总管，朝廷委派崔希逸代领河西军务。希逸到任后，发现仙客所治仓库存粮丰足，兵械精锐，乃上报朝廷。玄宗命人复查后情况属实，于是非常高兴，打算调仙客入朝为尚书。宰相张九龄崇尚文学之士，以仙客是胥吏出身，遂极力加以反对。玄宗不得已，只好暂加其实封二百户以示奖励。

当年十二月，玄宗罢去了张九龄的相职，擢任牛仙客为工部尚书、同中书门下三品。对于牛仙客的入相，许多朝臣颇不满，监察御史周子谅就曾与御史大夫李适之议论说："牛仙客无才无德，却登相位，大夫（指李适之）是国家之宗亲，为何坐视不管？"适之将此语密告玄宗，玄宗大怒，立即将周子谅贬谪出京。

牛仙客自以才学浅疏，骤居相位，内心颇不自安。他为相后，行事唯诺而已，无所创见。每当有关部门有军国大事要请求他的处理意见时，他总是以"按章程办事"的话搪塞过去，不敢行使相权，裁决政事。开元二十五年，牛仙客晋封豳国公。不久又任侍中，继续任相。天宝元年（742），他逝于任上，享年六十八岁。朝廷追赠为尚书左丞，谥曰"贞简"。

360. 王忠嗣为什么被称为唐之良将?

王忠嗣（705～749），本名训，唐玄宗赐名忠嗣，原籍太原祁（今山西祁县），后迁居华州郑县（今陕西华县）。玄宗时名将。父亲王海宾，为开元年间的名将，战死于疆场。当时，王忠嗣年仅九岁，玄宗除赐其名外，又授予朝散大夫、尚辇奉御，收养于宫中。小时候，他常与忠王李亨（即唐肃宗）一起交游。长大成人后，他雄健刚毅，沉静寡言，颇有军事谋略。玄宗与其谈论军事，他对答如流，甚有见解，玄宗感叹道："你将来必为良将。"后来，王忠嗣先后担任过河西节度使萧嵩，河东副元帅、信安王李祎的兵马使，以作战勇敢而知名。玄宗大悦，升任他为左威卫将军、代北都督，晋封清源县男。

当时，河西节度使杜希望欲攻取吐蕃的新城（今青海门源），有人建议王忠嗣可担此任，于是王忠嗣奉命赴河西，果然不负众望，一举攻克该城，并多次击退吐蕃军的反扑。事后，王忠嗣以功勋卓著，被授予左金吾卫将军，领河东节度副使，兼大同军使。开元二十八年（740），任河东节度使，加云麾将军。次年，为朔方节度使。

天宝元年（742），王忠嗣兼灵州（今宁夏灵武）都督，奉命北伐，与奚族怒皆部战于桑乾河，三战三捷，震动漠北。当时突厥内部相互攻伐不已，忠嗣巧妙利用各部矛盾，屡有斩获。从此，唐北部边境维持了一段时间的安定局面，突厥部众无力入寇。天宝四载，忠嗣以功又兼任河东节度采访使。

王忠嗣年少时以勇敢自负，但成为镇守一方的大将后，却专以持重安边为己任。他常对人说："国家太平之时，为将者应该安抚士众，注意训练；不可劳师动众以为自己邀功求名。"因此，他平日里注意居安思危，养军蓄锐。军中士气旺盛，日夜思战，他却不轻易出兵，而是先派间谍出去侦察敌情。等到充分掌握对方情况后，再抓紧有利时机出击，故而每战必胜。王忠嗣还在从朔方（今宁夏灵武）到云中（今山西大同）的数千里边陲之地，沿要冲设置城堡，拓地各数百里。当时人们一致认为，自张仁亶以后四十多年来，王忠嗣是最好的安边之将。

天宝五载正月，王忠嗣擢任河西、陇右节度使，兼主持朔方、河东节度职事。像他这样，佩四镇节钺，控劲兵重镇，辖地万里的情况，自有唐以来都不曾有过。能够肩负如此重任，完全是他治军有方，战功卓著的结果。在此期间，王忠嗣曾领兵于青海（今青海青海湖）、积石（今青海东的积石山）大败吐蕃之众；又于墨离（今甘肃安西）击溃吐谷浑，灭亡其国后凯旋。

361. 王忠嗣为什么被贬？他对付吐蕃的策略是否得当？

天宝六载（747）十月，玄宗打算派遣王忠嗣攻取吐蕃的石堡城（今青海湟源），忠嗣上疏切谏说："石堡险固，吐蕃举国守之，若强行攻取，必死伤数万之众方能成功。不如休兵秣马，伺机而取。"玄宗听后很不高兴。当时，奸相李林甫忌王忠嗣功大，担心他会入朝为相，正想制造借口，乘机诬陷。恰巧此时将军董延光要求领兵自取石堡，玄宗乃命王忠嗣带兵接应配合董军，忠嗣无奈，勉强应命。

王忠嗣部将、河西兵马使李光弼劝说王忠嗣道："将军因爱士卒而不实助延光，这样会给别人进谗言制造口实。董延光倘若出兵不利，必然会归咎于你无心支援。"忠嗣答曰："我并不很看重自己的名位。现在为了一座堡垒，得之不能制敌，不得也无害于国，我岂能以数万人的生命去邀功求名呢？"李光弼听后只好作罢。王忠嗣此举，虽是从爱护士卒、不求私名的角度来考虑的，但却使自己处于一个非常危险的境地。

不久，董延光率军进攻石堡，果然吃了败仗，唐军损失惨重。战后，延光上疏奏劾忠嗣未能尽力相助。李林甫趁机指使人诬告忠嗣为河东节度使时曾说过：“我自幼与忠王相识，交情不浅，将来一定要拥兵尊奉他为太子。”玄宗览奏大怒，立即将王忠嗣召入朝，几陷极刑。幸亏代王忠嗣为陇右节度使的哥舒翰极力出面说情，才使玄宗怒气稍解。不久，王忠嗣被贬为汉阳（今湖北汉阳）太守。天宝七载（748），又任汉东郡（今湖北随州）太守。第二年，他因病去世，终年四十五岁。

王忠嗣的去世，使唐朝损失了一名优秀将才，他对待吐蕃的策略是比较切合实际的策略，他不为个人名利而轻启兵端的行为，得到史家的好评。

362. 张说为什么能见重于当时？

张说，字道济，其祖先为范阳（今北京大兴）人，后移居洛阳。他是唐睿宗、玄宗两朝宰相，以文学著名，曾先后三秉大政，对唐代的文治武功均有建树。

武则天时，张说应诏对策，被授为太子校书郎，又迁右补阙。后参与《三教珠英》的编撰工作，以功迁右史、内供奉。不久又擢拜为凤阁舍人（即中书舍人），深受武则天的器重。长安三年（703），武则天内宠张易之、张昌宗企图诬害宰相魏元忠。张昌宗暗地里威逼利诱张说作伪证。张说不从，被流放钦州（今广西钦州）。中宗复位后，他又被重新起用，先后历任工部侍郎、黄门侍郎、兵部侍郎、弘文馆学士。睿宗时，又任中书侍郎，兼雍州（今陕西西安）长史。

景云元年（710），谯王李重福在洛阳谋叛，兵败被诛。此事涉及数百人，难以结案。睿宗派张说前往审理此案。张说很快便抓获了叛乱主谋张灵均、郑愔，获得实情，其他被捕者全部释放。这个案件处理得干净利落，睿宗对他很是赞赏，不久就给他加同中书门下平章事之衔，升任为宰相。

玄宗为太子时，张说为其侍读，两人关系融洽。等到诛杀太平公主时，张说又积极支持玄宗。玄宗即位后，他历任中书令、相州（今河南安阳）刺史、河北道按察使、岳州（今湖南岳阳）刺史。开元七年（719），又任并州（今山西太原）大都督府长史、御史大夫，监修国史。开元九年四月，兰池州（今宁夏盐池）的突厥降户康待宾起兵反唐，兵败被杀。当时党项也曾参与叛乱，张说击败党项后，讨击副使史献以其反复无常，请求予以全部诛杀。张说劝阻说："王者之师，当伐叛抚降，岂可杀已投降的人呢?"他奏请将降服的党项安置于内地。不久，张说以功重新入朝为相。

唐初实行"府兵制"，这一制度的基础是"均田制"，由于"均田制"此时已遭到破坏，府兵缺乏兵源的问题日益严重。针对此弊，张说建议以优厚待遇招募壮士从军，实行募兵制。玄宗对此很是赞同，立即下令实施。从此，兵农合一的"府兵制"为兵农分离的"募兵制"所取代，对后世产生深远影响。

开元十一年，张说兼任中书令。他奏改宰相议事的政事堂为中书门下，其下设吏、枢机、兵、户、刑礼五房，健全了政事堂的专门办事机构。对于加强中枢决策，提高行政效率起到了非常重要的作用。

张说虽颇有才智，然而喜好收受贿赂，且自恃才高权重，盛气凌人，经常对百官肆意叱骂。开元十四年，对其不满的御史大夫宇文融联合李林甫、崔隐甫等共同参劾他"私引术士占相，且收受贿赂"。玄宗派人查证后，发现确属实情，因念其旧功，仅罢其中书令之职。十五年，因崔隐甫、宇文融的进一步追告，张说被迫退休。后又先后充任过尚书左、右丞相。开元十八年，他因病去世，终年六十四岁。

363. 魏知古为什么能名重一时?

魏知古（647～715），深州陆泽（今河北深县）人。魏知古为人正直，早年以才学知名。进士及第后，累授著作郎，参与撰修国史工作。武则天长安年间（701～704），历任凤阁舍人（即中书舍人）、卫尉少卿，兼检校相王（即唐睿宗）府司马等职。神龙初年（705），魏知古以才德晋升为吏部侍郎，加银青光禄大夫，仍监修国史。睿宗时，又以曾为相王府僚属的缘故，官拜黄门侍郎。

景云二年（711），魏知古任右散骑常侍。当时睿宗为当了道士的金仙、玉真两位公主修建道观。虽逢盛夏时节，工程仍在继续。知古见状，立刻上疏劝谏睿宗，请求暂停修建工程，使百姓得以休息。睿宗以其言语颇为切直，对他很是赏识。不久，魏知古就以本官加同中书门下平章事，拜为宰相。后又迁为户部尚书、侍中等职。他虽身在相位，但仍能时时进谏，对时政得失多有匡正。玄宗即位后，魏知古累封为梁国公。当时太平公主专擅朝政，与其党羽宰相窦怀贞秘密策划宫廷政变。在此关键时刻，得知确切消息的魏知古立刻向玄宗密报。

玄宗在诛灭太平公主集团后，对魏知古特别恩宠，并亲下敕书赞誉他说："知古为相，多所匡谏。竭忠侍君，奸臣有谋，预奏其事，忠诚志节，良有可嘉。"魏知古后来又主持过吏部选事，深为称职。

开元初年，魏知古改任黄门监，不久又提升为紫微令（即中书令），深受玄宗信重。当时同为宰相的姚崇对魏知古颇为忌惮，于是暗地里向玄宗进言，不可过分信重功臣。玄宗出于巩固皇权的考虑，终于罢去了魏知古的相权，降其为工部尚书。魏知古于开元三年（715）病逝，享年六十九岁。

魏知古生前很有知人之明，任黄门侍郎时，他向玄宗举荐了吕太一、齐浣、柳泽等人；主持吏部选事时，他又提拔过袁晖、陈希烈等人。这些人后来在朝廷多居清要之职，当时的舆论对此也多有赞誉。

364. 源乾曜身为宰相为什么却对政事不置可否？

源乾曜（？～731），相州临漳（今河北临漳）人。唐玄宗开元年间的宰相，以忠直清俭而知名。源乾曜出身官宦世家，进士及第。睿宗景云年间，累迁为谏议大夫。不久又出为梁州（今陕西汉中）都督。开元初年，邠王府的僚吏多行不法之事，玄宗为整顿王府吏风，向左右亲信询问堪任王府长史的合适人选。时任太常卿的姜皎大力引荐源乾曜，玄宗亲自召见后对他大为赞赏，立刻擢升他为少府少监，兼邠王府长史。后来，又累迁为户部侍郎，兼御史中丞。不久转任尚书左丞。开元四年（716），玄宗将他提拔为黄门侍郎、同紫微黄门三品，成为宰相。但仅过月余，他就与姚崇一同被罢相了。

此后，源乾曜担任京兆尹。在三年任期内，他为政宽简，成绩突出。开元八年（720）春，玄宗又将他调任为黄门侍郎、同中书门下三品，重登相位。上任伊始，源乾曜就一改官场上照顾亲旧的传统做派。他上疏玄宗说："臣目睹权要子弟多求京职，贤良之士多任外官，这种现象极不合理。臣有三子俱为京官，希望陛下能调出二子到外地任职，以示公平无私。"玄宗听从他的意见，将他的两个任京官的儿子调往外地任职。如此做法在当时普遍重京官轻外任的社会氛围下，实属难能可贵。乾曜此举为整顿官僚队伍起到了模范带头作用，据说当时公卿子弟在京任职而改外任者多达百余人，对改善吏治起到了良好的作用。

源乾曜在宰相位上没有什么突出的政绩。据记载，他为相十年间，张嘉贞、张说相继任中书令，他不敢与之争权，凡事都推让于他们处理；后来李元纮、杜暹任事，他又无所参议，仅仅唯诺署名而已。其实，这正是玄宗起用他的真正原因，在宰相配备上，一主一从，一刚一柔，正是玄宗开元时期用人方面的鲜明特色。

开元十七年（729），源乾曜被罢去相权，改任太子少傅，晋封为安阳郡公。两年后因病去世，追赠为幽州大都督。

365. 杜暹“不学无术”为什么却能当上宰相？

杜暹（？～740），濮州濮阳（今河南濮阳）人。唐玄宗开元时宰相。杜暹自幼丧母，由继母抚养长大，长大后对继母很是孝顺。艰难的生活条件使他从小就养成了很强的自立能力，成年后发誓不靠亲友赠送施舍度日。这成为他一生力行的座右铭，对他为官处事产生了很大影响。

不久，杜暹以明经科及第，被补为婺州（今浙江金华）参军。在期满离任时，同僚特赠送他一万多张贵重的纸张，杜暹只从中取了一小部分，以示接受馈赠之谊。当时同僚们都非常敬佩地赞叹说：“过去听说清官离任时只收象征性的一钱，杜暹此举和那些清官有什么区别呢？”此后，杜暹又历任郑县（今陕西华县）尉、大理评事，都以廉洁奉公为时人所重。

开元四年（716），杜暹迁为监察御史，前往安西（今新疆库车）边地巡覆屯田事务。当时，安西副都护郭虔瓘与西突厥可汗阿史那献、镇守使刘遐庆等争权不休，朝廷于是诏令杜暹兼负责调查此事。杜暹奉命入西突厥突骑施部查明事情真相，而突厥见朝廷派使节前来，就拿出重金作为见面礼赠送于他。杜暹坚决推让，同行的僚属劝说道：“公远使外域，不可辜负当地人的情谊。”杜暹不得已接受下来，待到夜深人静时再命人悄悄将赠金埋于帐下。等到突厥人发现时，杜暹一行人已经走远了。

杜暹从安西返京后，仍于朝中任职。玄宗开元十二年（724），安西都护张孝嵩任满迁职时，将当地人民希望杜暹到安西任职这个情况上报朝廷后，玄宗顺应民意，遂下令由杜暹兼任安西副都护。杜暹在安西任职数年之久，在此期间，他为政清俭，不辞辛劳，且善抚士卒，因而在当地很有声望。

开元十四年（726），杜暹被召回朝任中书门下平章事，当了宰相。为相期间，他以廉洁著称，被称为“廉相”。后因与另一位宰相李元纮议事不和而被罢相，出为荆州（今湖北江陵）大都督府长史。此后，又历任魏州（今河北大名）刺史、太原尹等职。开元二十八年（740），杜暹因病去世，追赠尚书右丞相。

杜暹学识不是很高，但却能以清勤俭约自任。他为官洁身自好，清廉正直，深得后世赞誉，人们评价他的“远财劾奸”、“清风肃然”，实在是非常恰当。

366. 韩休是什么人？

韩休（672～739），京兆长安（今陕西西安）人。韩休出身于官宦世家，早年就有文才之名，以制举及第，授为县丞。后来他又参加贤良方正科考试。当时尚为太子的玄宗亲自过问考试成绩，结果韩休以对策被列为优等，擢任左补阙。不久又升任礼部侍郎，因当时平衡内外官的需要，他被外放为虢州（今河南灵宝）刺史。

虢州地处京师长安和东都洛阳之间，距长安和洛阳都算近州。皇帝来往居住两京之间，都要向近州征调护驾军队所需的粮草供给，虢州首当其冲，因此当地人民负担很重。身为刺史的韩休请求把本州应交纳的草料给其他州分摊一部分，宰相张说认为他这样做只是为了取悦当地百姓，为自己博取好名声，便将此请求驳回。为了切实减轻百姓负担，韩休准备再次向朝廷奏请，州衙的官吏们恳切地对他说：“若再次申请，恐怕会得罪宰相，对您不利，请三思而后行。”韩休回答说：“我作为州长官，既然知道百姓疾苦，而不能解救，还算什么父母官？若因此而得罪了宰相，受到处罚，我也心甘情愿。”在他的坚持下，朝廷终于同意了他的请求。不久，韩休以政绩突出而调入中央任工部侍郎，后来又迁为尚书右丞。

开元二十一年（733），侍中裴光庭去世，经中书令萧嵩的推荐，韩休官拜黄门侍郎、同中书门下平章事，成为宰相。他个性刚直，不趋炎附势，在原则问题上能始终坚持正确的意见，因此深得大家的赞誉。有一次，万年（治今陕西西安）县尉李美玉犯罪，玄宗特令将其流放岭南。韩休上奏说：“美玉官位卑下，所犯之罪并不大。而金吾大将军程伯献倚恃皇恩，贪赃枉法，大修府第，车服鲜丽，僭拟无度，应先流放程伯献，再处置李美玉不迟。”玄宗刚开始不答应，他又坚持自己的意见，说：“李美玉罪小尚不能容忍，程伯献罪大，岂能不过问？陛下若不处置程伯献，臣就不敢奉诏。”玄宗以其刚直，最后答应了他的要求。

韩休为相期间，忠直敢谏，对朝政得失多所匡正，连玄宗也惧他三分。玄宗每在后宫宴饮作乐或于禁苑打猎，若有超越限度、奢靡过度之处，即顾问左右说：“韩休知道吗?”经常是话音刚落，韩休诤谏的奏章就到了。宰相宋璟曾赞誉他说：“没想到韩休竟能够如此，真是仁者之勇啊。”

开元二十一年夏，韩休以匡正之功加银青光禄大夫。不久又转为工部尚书，罢知政事。二十四年，他被迁为太子少师。二十七年病逝，享年六十八岁。追赠扬州大都督。

367. 裴耀卿在财政方面有什么贡献?

裴耀卿（681～743），字焕之，唐玄宗时宰相，以善理财而知名。裴耀卿小时候就非常聪明，据说九岁时就能写文章。童子科及第，成年后出任相王（唐睿宗）府典签，深得相王李旦的重视。玄宗开元初年，裴耀卿任长安（今陕西西安）县令。当时长安实行配户和市法，即按户分配交纳官府所需之物品，官府以平价收买。由于经常出现强买强卖的现象，增加了市民的负担。裴耀卿到任后，将原法改为官府所需，均取自豪门富商，即存有物品之家，由官府预付货款，用时取之。这样一来，公私皆便，极大地减轻了人民负担。

开元十三年（725），玄宗东巡泰山“封禅”，途经济州（今山东东阿）。时任州刺史的裴耀卿亲自安排接驾，并上表劝谏玄宗不要劳民，因而颇受玄宗赞赏，称其为“良吏”。此后，他又历任宣州（今安徽宣城）、冀州（今河北冀县）刺史，直至入京任户部侍郎。在济州离任前，裴耀卿仍调集人力、物力，大力修筑河堤，以防洪涝，为当地百姓所称颂。

开元二十年三月，裴耀卿随信安王李祎大破契丹和奚，不久朝廷下令让其带绢二十万匹分赐立功的奚族官员。耀卿考虑到途中的安全问题，于是对人说：“外夷贪残，容易见利忘义，我们输送财帛深入其境，应有所防备。”于是，他提前出发，分道互进，很快就将绢匹分送完毕。当突厥与室韦得知消息，准备沿途抢劫时，裴耀卿已经回国了。返回京师后，裴耀卿即调任京兆尹。

针对当时漕运各段水情有异，向两京重地运粮存在的困难，裴耀卿于开元二十一年（733）向玄宗提出相关的解决办法，他说：“臣以为关中是国家政治重心之所在，但地狭产粮不多，倘若遇上荒年歉收，粮食供应就成大问题。贞观、永徽年间，运至长安的粮食每年达一二十万石，即可够用。现在用粮增多，每年运粮数倍于前也难以支持。陛下数次驾幸东都（今东都洛阳），以缓解关中供粮压力。如此不辞辛劳，于两地间奔走，岂是故意出外游幸？如果能拓广入京的漕运，使得运入京的粮食增多，只要京师粮库达到二三年的储量，即可无水旱之忧了。”他建议官府自雇船将江南的税粮分别由黄河、洛河运至东都，再于水路艰险的三门峡东西各置一仓，两仓之间，车运粮十数里，由太原仓（今河南陕县）向西至长安，就可通过渭河水运了，使百姓不至于过分辛苦，还可以节省大量运费。玄宗对这个建议颇为赞赏，立刻下令施行。

开元二十二年八月，朝廷设置了河阴仓（今河南郑州北），于河西设置了柏崖仓（今河南孟津北），于三门峡东置集津仓，三门峡西置盐仓。这样，江淮一带的税粮先运至河阴仓，再转至含嘉仓（今河南洛阳），一路经由三门峡东西仓、太原仓运至长安。玄宗十分高兴，提拔耀卿为黄门侍郎、同平章事，成为宰相，充江淮、河南转运使。这一措施实行三年后，已经往关中运粮七百万石，且节省了近三十万贯的运费。有人议论说裴耀卿将省下的运费以求功利，耀卿解释说：“这是政府节省下来的费用，岂可用之于私人邀宠呢?”于是将这笔运费奏充国家财政的经费。

这一时期，奸臣李林甫逐渐获得玄宗信任，玄宗打算以他为宰相，遭到宰相张九龄和裴耀卿的反对，李林甫遂怀恨在心，不断中伤、诬陷张、裴两人。玄宗听信谗言，视两人为同党。不久，罢去了裴耀卿相职，降为尚书左仆射。天宝二年（743）去世，终年六十三岁。死后，追赠太子太傅，谥曰“文献”。

368. 崔日用是怎样当上宰相的?

崔日用（？～722），滑州灵昌（今河南滑县）人。唐玄宗时宰相。崔日用进士出身，先在陕州（今河南陕县）任县尉。大足元年（701），武则天由洛阳至长安，路经陕州。负责接驾的崔日用事无巨细，办理得都很妥当，因此深得州刺史宗楚客的赏识，经其力荐，崔日用遂得入朝担任监察御史。

中宗神龙年间，秘书监郑普思将女儿送入后宫为嫔妃，企图借机图谋不轨，崔日用立即上章弹劾他。由于郑普思深受宠信，中宗览奏后没有做任何表示。崔日用随即在朝会上公开力谏，言辞恳切，最终使得中宗稍有醒悟。不久，中宗被迫治了郑普思的罪。

当时宗楚客与武三思、武延秀父子朋比为奸，败坏朝政。日用为求飞黄腾达，全力结交亲附，遂得升任兵部侍郎，兼修文馆学士。韦后毒杀中宗后，临朝称制，崔日用凭着敏锐的政治嗅觉，预感到韦后必不能成大事，为免遭灭顶之灾，他决心脱离韦氏集团转而投靠李唐宗室。聪明的崔日用知道临淄王李隆基已在暗中准备有所行动，就通过和尚普润的关系联络到李隆基，表达了自己的拥戴之意，并将韦后等人的密谋和盘托出。他还力劝隆基先下手为强。这种政治投机最终取得了成效，韦氏集团被清除以后，崔日用以反正之功受封为齐国公，任黄门侍郎，并参与政事，成为宰相。居相位不到月余，他就因与同僚争权，被外调地方任职，先后任雍州（今陕西西安）长史、兖州（今属山东）都督、荆州（今湖北江陵）长史等职。在外任职期间，崔日用仍密切关注朝廷动静，以期有朝一日能回京任职。面对太平公主专擅朝政，密谋废立的阴谋，他曾借入朝奏事的机会向玄宗进言道："太平公主谋逆已有多年，陛下为太子时，欲行诛伐，还受多方牵制。现在既然已登大位，只需下一道讨逆诏书，谁敢不从？若不及早动手，悔之晚矣。"然后，他又向玄宗提出了详细的计划，玄宗对此深为赞同。太平公主集团覆灭以后，日用以献策之功升任雍州长史、吏部尚书。

玄宗即位以后，为巩固皇权，大力抑制功臣。崔日用也被外放为常州（今江苏镇江）刺史、并州（今山西太原）大都督府长史。开元十年（722），他死于外任。追赠吏部尚书、荆州大都督，谥曰"昭"。

369. 张嘉贞是什么人？

张嘉贞（666～729），蒲州猗氏（今山西临沂）人。唐玄宗开元时宰相。张嘉贞早年以五经科登第，补授为县尉。后因受不法事牵连，被免官。武则天长安年间（701～704），侍御史张循宪巡检河东地区，回朝后向女皇力荐张嘉贞堪为监察之官，并表示愿意让职与他。武则天听后很是惊讶，便马上召见了张嘉贞。召见的时候，武则天"垂帘与之言"，张嘉贞于是大胆上奏说："我本是一介草民，有幸遇见陛下，实在是千载难逢的机会。然而咫尺之间，如隔云雾，竟不能一睹天颜，恐怕君臣之道有所未尽。”女皇听后，马上命令侍者卷起垂帘，与他亲切交谈。事后，嘉贞被提升为监察御史。在任期间，他以直言敢谏而知名于世。后又历任中书舍人、秦州都督、并州长史。

玄宗很早就听说了张嘉贞的声名，对他留下了深刻印象。开元八年（720），宋璟、苏颋罢相后，玄宗立刻擢升他为中书侍郎、同中书门下平章事。张嘉贞言行果敢，善断大事，身在相位，为国大力举荐人才，政绩突出。开元十年，张嘉贞随玄宗一行赴东都洛阳。当时洛阳主簿王钧为求官，企图贿赂嘉贞。事发后，张嘉贞为求自保，力促法司杖杀王钧以灭口，并归罪于其他官员。当年冬天，秘书监姜皎犯重罪，张嘉贞又暗地里奏请玄宗杖责姜皎以示惩戒，姜皎因此被杖杀于路。不久，广州都督裴伷先违法下狱，玄宗特意召集群臣询问如何处置。嘉贞又习惯性地请求杖责裴伷先。对此，兵部尚书张说持有不同意见，他主张依法治罪，不另加杖责。玄宗最后听从了张说的意见，嘉贞也由此与张说产生了矛盾。此后，两人因争权夺利，势同水火，极大地影响了朝政。

开元十二年，张嘉贞以亲附权贵，被贬为台州（今浙江台州）刺史，不久又入朝代替卢从愿为工部尚书，后又任定州（今河北定州）刺史。十七年，他因病请求回东都洛阳求医，得到玄宗准许，并于当年秋天病逝，终年六十四岁。死后，追赠益州大都督。

张嘉贞生前虽久居高位，但从不置私产，他曾说过：“我官居显要，备位宰相，又岂会挨饥受冻？若行事有误，遭受谴责，即使富贵，也无大用。从前亲眼目睹一些朝臣为子孙计，广占良田，其去世之后，这些家产田庄却沦为了无赖子弟的酒色之资，真是毫无意义啊！”这番意味深长的话深为识者所叹服。但他为保权位，力主杖杀王钧、姜皎等人的行动，成为他一生最大的污点。

370. 李林甫是怎样爬上宰相之位的？

李林甫（？～752），小名哥奴，擅长音律。出身于唐王朝宗族，不过到他时已是疏支远属，政治上已没有太多的特权，但是凭着这点关系，他还是担任了负责皇帝保卫工作的“千牛直长”。而后他努力钻营，结交权势之人，在仕途上得以不断升迁。

在通往权力顶峰的道路上，李林甫走出的最关键的一步是他结交唐玄宗的宠妃武惠妃。武惠妃是杨贵妃出现以前最受玄宗宠爱的妃子，她生下寿王李瑁和盛王李琦两个儿子。她很想让自己的儿子成为皇位的继承人，所以努力在大臣中寻找支持者。李林甫了解这一点后，想方设法通过太监向武惠妃表示了自己愿为效力的意愿。这样，武惠妃就对李林甫另眼看待了。她注意把皇帝的一举一动派人告诉李林甫，李林甫因此总能预先了解皇帝的想法，在玄宗询问政事时，总能“奏对称旨”，迎合圣心。开元二十一年（733）宰相裴光庭去世，另一位宰相萧嵩向玄宗推荐韩休来补空缺，诏书还没有下达，李林甫从宫中就得到了这个消息，他见缝插针，抢先在公开场合向玄宗建议用韩休为相。韩休当上宰相以后，自然对李林甫颇为感激，他不明底细，反而对萧嵩有意见。后来韩休又反过来推荐李林甫有相才，在武惠妃的暗中帮助下，李林甫很快就如愿地当上了宰相。

新上任的李林甫因资历浅，在宰相这个集体中地位较低，但他岂肯屈居人后？于是他想方设法地搞倒其他几位宰相。他阳奉阴违，在皇帝与宰相们议事时，一旦张九龄、裴耀卿对皇帝的想法提出反对意见时，李林甫就默不作声，表现得无欲无求，而背地里却对皇帝阿谀奉承，坚决支持皇帝的想法。日渐骄矜的皇帝逐渐听不进去谏言了，他反而怀疑张九龄、裴耀卿他们联合起来欺负自己，却越来越欣赏李林甫的“忠贞”，于是皇帝罢免了张、裴的相职。李林甫终于如愿以偿地成了首席宰相，可以大权独揽了，而且一干就是十六年。

371. 李林甫为什么能够长期专权？

李林甫一生连任宰相十九年，独掌朝纲十六年，在中国历史上是不多见的。虽然这与玄宗晚年怠于政事有关，但主要还是李林甫个人采取的一些措施所致。

首先，李林甫上结天子之心，下阻言路。为取得皇帝欢心，方便自己独揽朝政，他投其所好，助长皇帝的荒淫，并收买皇帝身边人，伺察皇帝动静，并不顾原则地一味迎合皇帝。为了不让别人揭露自己，便阻断言路，不准别人向皇帝进谏。他威胁官员们说：“圣上英明，我们只要按他的意思办就行了，不用发什么议论。你们看见站在殿旁的立仗马没有？整日不作声，吃三品的饲料，一作声就被驱逐了。以后想要不叫也不行了。”从此没人再敢提意见了。

其次，李林甫任用酷吏，打击异己。据说他家有一个厅堂，叫月堂。每当他要陷害别人时，就一个人躲在里边冥思苦想，一旦成竹在胸就高兴而出，而那个人就一定家破人亡。他利用酷吏吉温、罗希奭、王铁等人连起大案，冤杀良臣，人称“罗钳吉网”。

再次，李林甫妒贤嫉能，独揽朝纲。为了长期独揽大权，防人代己，一发现皇帝要重用某人，李林甫就不择手段地予以打击，不让他们崭露头角。当皇帝想起严挺之也是个有用之才时，向他询问人在何处，李林甫怕严被重用，就谎称：“此人正患风疾。”玄宗也就信以为真，不再追问。甚至李林甫做梦时，见一白面有须的人逼迫他，醒后一想认为此人很像户部尚书裴宽，就认为“裴宽欲代我”，将其贬为睢阳太守。

李林甫当政时期，正是开元天宝之际，是中国历史上有名的盛世，因此也不能说他全无功劳。他处理政务还是能严格按照规定的，能做到“每事过慎，条理众务，增修纲纪，中外迁除，皆有恒度，动循格令，衣冠士子，非常调无仕进之门”，对边将安禄山也在一定程度上有所控制，安禄山每次见到李林甫就汗流浃背，诚惶诚恐。总之李林甫还是很有吏才的，他在任期间政治比较清明，政局稳定，经济保持发展的势头。但李林甫为人阴险狡诈，城府极深。他对任何人都笑脸相迎，对于任何事都喜恶不形于色，尤其擅长说奉承话，以致一般人都很难察觉出他的真实意图，许多人遭到他的残酷迫害时还不清楚自己什么时候，因为什么事情得罪了这位大人。李林甫对不合他心意的人一律坚决地打击报复，而且是暗中陷害，他在相位十九年，连起大狱，冤杀无数。所以当时人们就形象地称他为“口有蜜，腹有剑”。后来人们就以“口蜜腹剑”为一固定成语，用来形容嘴甜心毒、狡诈阴险的人。

372. 杨国忠是怎样登上高位的?

杨国忠（？～756），蒲州永乐（今山西永济东南）人，本名钊。他是杨贵妃的远房哥哥，也是武则天男宠张易之的外甥，也有人说他是张易之的儿子。他年轻时不学无术，嗜赌好酒，品行不端，人们都看不起他。后来他入蜀投军，得到鲜于仲通的资助。当时杨贵妃已经受到玄宗宠爱，因此鲜于仲通向他的顶头上司剑南节度使章仇兼琼推荐杨国忠，说他是贵妃的哥哥，于是杨国忠奉命来到长安。他带着厚礼遍访杨氏各姐妹，讨得她们的欢心，她们屡屡向玄宗推荐他。在杨氏姐妹的帮助下，杨国忠在政治上开始发迹。

当时宰相李林甫权倾朝野，杨国忠就尽力讨好他，李林甫也看到他是贵妃的亲戚，对他加以利用。于是两人相互勾结，连起大狱，诛逐贵臣，韦坚、杨慎矜、王鉷均在其陷害之列。李林甫病死后，杨国忠趁机与安禄山合谋，于天宝十一载（752），诬告李林甫与阿布思谋反，害得李林甫入土也不安，被挖出来，换了小棺材重埋，以示惩罚。而后玄宗更加器重杨国忠，使他所掌握的权力大大超过了李林甫。李林甫除了执掌最高决策和行政大权，具体负责的只有吏部铨选，即人事任免权。杨国忠却身兼四十余职，不仅控制决策、人事大权，还直接执掌财政以及部分地方军政大权。

另一方面，杨国忠也以善于理财而受到玄宗的重视。在他的提议下，全国各地的丁租、地税皆变为布帛输京师，把州县仓库的东西也变为布帛、金银等易于运输的轻货送入京师，他还非法聚敛，每年收缴额外钱百亿万，全部供宫中宴乐赏赐等用，并且说："这些物品与税赋无关，都是天下余财。"玄宗果真认为国忠有富国之术。玄宗率诸司百官参观国库财物，对杨国忠大为赞赏。从此皇帝自以为国用丰衍，日益骄奢，视金帛如粪土，对皇亲国戚、百官勋贵的赏赐更加没有限度。因此皇帝对杨国忠的宠信也就一天高过一天。

373. 杨国忠为什么能够身兼四十余职?

唐朝自武则天以来，开始大量设置使职官，各种事务皆有专使负责，从而造成了为使则重，为官则轻的局面，也就是说重要权力都由使职官所控制。杨国忠利用自己是皇亲国戚身份以及唐玄宗的宠信，在天宝年间，除了担任宰相，控制军政大事的决策权之外，还身兼四十余种使职官，将很多权力集于一身。比如他既是宰相，却又兼任节度使，还兼判度支、吏部三铨等事，很多事务忙不过来，便委托手下胥吏办理，致使贿赂公行，吏风大坏。很多重要的国事决策都在其家进行。如吏部三铨，以往从当年十月开始，至次年三月才能结束，而杨国忠却在家中进行铨选，据《旧唐书·杨国忠传》载："国忠使胥吏于私第暗定官员，集百僚于尚书省对注唱，一日令毕，以夸神速，资格差谬，无复伦序。"他甚至还放任家中妇女观看注拟官职，"笑语之声，朗闻于外"。按照唐制规定，吏部注官完毕后，还要经过门下省的审查。杨国忠干脆将侍中、给事中等门下省官员唤到自己家中，当场"审查"押字，一日而毕，将国家制度视为儿戏。杨国忠身兼四十余职现象的出现，是唐朝政治腐败的表现。天宝以后唐朝走向了衰落，绝不是因为仅仅发生了安史叛乱的缘故，而是其政治腐败所导致的必然趋势，这场叛乱只不过是一个导火索而已。

374. 杨国忠前后两次发动讨伐南诏的战争，战争的结局如何？

唐代云南境内和贵州西北部有东爨（cuàn）乌蛮，今曲靖至洱海一带有西爨，洱河诸部白蛮。此外还散居着许多部落。七世纪后期，乌蛮建立了蒙舍（今云南巍山）、蒙巂（在蒙舍西）、越析（今云南宾川）、浪穹、施浪（并在今云南洱源）、邆川（今云南邓川）六诏。蒙舍诏居地最南，故称南诏。开元中，南诏强大起来，合并了其他五诏。开元二十六年（738），唐封南诏皮逻阁为云南王。

按规定，南诏子弟要入京做“质子”，天宝中，在唐人质阁罗凤跑回了南诏，玄宗大怒，欲兴兵讨伐。杨国忠不加劝阻，反而为了自己的利益两次兴兵。他推荐旧友鲜于仲通率精兵八万讨伐南诏，第一次与阁罗凤交战，全军覆没，杨国忠不但为鲜于仲通掩盖败迹，还向皇帝为其请功，奏请皇帝一鼓作气，再次用兵。第二次他派司马李宓率师七万再讨南诏，为敌所诱，死伤无数。两次战争中，杨国忠获得了剑南节度副大使、知节度事的官职，开始掌握了兵权。但两次战争持续了四年之久，内地农民被征去打仗，死伤惨重，人民怨声载道。几十年后白居易的《新丰折臂翁》描写的正是这次战争造成的灾难。可谓劳民伤财，于事无补，最严重的后果是破坏了唐王朝与少数民族的关系，迫使南诏向北臣服于吐蕃，成为吐蕃的左膀右臂，增强了吐蕃的势力。南诏王阁罗凤在叛唐后刻碑于国门，表示自己叛唐是为人所逼，是不情愿的。几十年后，德宗派韦皋镇蜀，韦皋对南诏予以安抚，才使南诏与唐朝的关系暂时缓和。

375. 杨国忠是如何专权误国的？

天宝十一载（752）十一月，掌权十六年的李林甫去世。李林甫最后的头衔是左仆射兼右相、吏部尚书、晋国公，除了执掌最高决策和行政大权，具体负责的只有吏部铨选。杨国忠除了上述权力外还直接执掌财政以及部分地方军政大权。经过李林甫到杨国忠，宰相权力已经是非常集中了，到了除了玄宗和杨国忠，谁也不能做出决定的地步。

只要这两个人不动，朝政实际上就会陷于瘫痪。

如果杨国忠很有才干，哪怕有李林甫的那点才干，情况或许会好一些。可怕的是他本人无才，他自己就说过："我出身寒家，因贵妃的关系才有今日，很难知道将来归宿如何，大概不会有好名声，不如当前快乐一时。"因此他所关心的是他的官运永存，生活上奢侈腐化，他对自己在政治斗争中的屡屡胜利而沾沾自喜。他一人身兼数十职，事务繁重，即使每天每件公文上他只署一个字，他一天也做不完，他就把这些事情推给亲信去做，以至于政治混乱，纲纪败坏，贿赂公行。杨国忠继任期间，所受中央和地方大臣的贿赂，积累起来丝织品达三千万匹，相当于国家一年半的庸调收入。

经济上他大肆聚敛，使国家财政收入大为增加，而且向玄宗只报喜不报忧。当了三十多年皇帝的玄宗，日渐骄矜，杨国忠不但不劝谏，反而助长了玄宗的这种倾向，尽一切所能为皇帝提供挥霍的资本。他自己也与杨氏姐妹争相比富，田宅万顷，楼宇之盛，两都莫与之比，时人骇叹。

在军事上，他不能正确处理与番将的关系。安禄山和哥舒翰本来关系就不好，他又火上浇油，挑拨离间。面对着安禄山逐渐膨胀起来的势力，杨国忠也不能有效地加以限制。安禄山发动叛乱，就是以"诛杨国忠，清君侧"为名的。范阳起兵后，尽管太原和东受降城关于安禄山反叛的奏报很快就送到了华清宫，但玄宗由于没有收到河北州县的报告，就以为是"恶禄山者诈为之"。直到七天后，玄宗才得到确切情报。此危急时刻杨国忠竟还安慰说："今反者独禄山耳，将士皆不欲也。不过旬日，必传首诣行在。"玄宗因此也不以为然。而后因杨国忠害怕哥舒翰手握重兵对自己不利，上疏玄宗诬奏哥舒翰拥兵关内，拒不出战，贻误战机。玄宗便诏令哥舒翰出关迎敌，结果丢掉潼关。此关键时刻，杨国忠竟对百官说："人告禄山反状已十年，上不相信，今天如此，可不是我的过错。"此时杨国忠仍只顾保护自己的权力，又缺乏应变能力，做了四十五年皇帝的玄宗，此刻真正地成为"孤家寡人"了。

376. 王琚是怎样获得玄宗宠信的?

王琚（？～747），怀州河内（今河南沁阳）人。聪敏而有才略。中宗神龙年间，与驸马都尉王同皎曾合谋诛杀武三思，结果没有成功而只好浪迹天涯。睿宗即位后，时过境迁，他得以再次回到京师长安。此时太平公主专权用事，玄宗的太子地位岌岌可危。通过一些政治活动，王琚终于有了拜见太子的机会。见太子时他故意“行徐视高”，宦官告诉他“殿下在簾下”。王琚却回答道：“在外我只听说有太平公主，不知道有太子。太子对国家有很大的贡献，对皇帝也是十分孝顺，怎么会有这样的事情呢?”一句话恰好说到了玄宗的心里，从此对他很器重，他也积极地为玄宗诛灭太平公主献计献策，玄宗觉得与他情投意合，相见恨晚。

诛灭太平公主后，玄宗更加宠信王琚。每次与皇帝讨论政事，他都很晚才回去，甚至有时王琚在家休息，皇帝也会叫宦官召他入宫，并时常问候他的母亲，且有很多赏赐。王琚因此得以与皇帝朝夕相处，参与决定军国大事，人们都叫他“内宰相”。俗话说“人无千日好，花无百日红”。一段时间后，玄宗逐渐对他疏远，先是命他下去检查地方军队，而后又降其为刺史，前后历十五州刺史、两郡太守。

随着政治上的发迹，在生活上他变得奢侈放纵，受贿高达数百万，起初玄宗念在往日的情分上，对他很宽容。但后来李林甫抓到了他犯罪的证据，玄宗也不再袒护，他就被贬为江华郡员外司马。当听说酷吏就要来处罚他时，他非常害怕，最后自缢而死。

377. 唐玄宗为何要将宠臣王毛仲赐死?

开元初，为玄宗夺取帝位立下大功的功臣大多被贬到外地，但有一个人却日益受到玄宗的重用，他就是王毛仲。王毛仲，高丽人。父亲犯法，被收配为官府奴隶，生王毛仲。后奉事临淄王李隆基。毛仲为人聪悟，办事干练。在唐玄宗诛灭太平公主的斗争中，毛仲冲锋陷阵，立有大功。因功授辅国大将军、左武卫大将军，封霍国公，实封五百户。玄宗经常驾幸毛仲宅府，与他一起欢宴。另外封他两个妻子为国夫人，幼小的儿子被授为五品官。开元七年（719），进位特进。开元十三年，又加开府仪同三司。自玄宗即位以来，只有王皇后之父、姚崇、宋璟曾获开府仪同三司这样的荣誉。

为什么玄宗如此宠遇王毛仲呢? 这是因为王毛仲出身卑微，容易驱使，且不易生二心。另外，更主要的原因是王毛仲是控制禁军的关键人物。禁军在唐代宫廷政变中举足轻重，控制了禁军则在宫廷斗争中就处于十分有利的地位。所以控制了王毛仲也就等于控制了禁军，因此玄宗把毛仲视为自己的心腹，让他典掌禁军，从而掌握宿卫宫廷的武装力量。可是如此受玄宗宠遇异常的人物，却在开元十九年被玄宗赐死，这是为什么?

原来，王毛仲本为小人，得志便猖狂。王毛仲与禁军将领葛福顺、李守德等沆瀣一气，形成了一股气焰嚣张的恶势力。除了元老重臣宋璟敢投以鄙视的目光外，其他臣僚无不献以殷勤。王毛仲势力的嚣张也引起了以高力士为首的宦官集团的愤恨。高力士等人本来就对王毛仲等人势力超过自己十分妒忌，而王毛仲等人自以为得到玄宗的宠信，对宦官态度很傲慢，常加侮辱。这就激起了宦官集团的严重不满。高力士对王毛仲尤其痛恨，只是因为王毛仲十分得宠，所以高力士隐忍不发。

王毛仲越来越狂妄，开元十七年，他忽然异想天开地要做兵部尚书，玄宗没有同意。王毛仲的目的没有达到，常常表现出不高兴的样子，玄宗见了，心中也不悦。玄宗对毛仲态度的微妙变化，自然为机灵的高力士所察觉，高力士认为报复的机会来了。适逢王毛仲生子，玄宗派高力士前往祝贺。回来后，玄宗问："毛仲高兴吗?"力士回答："毛仲抱着儿子对我说：'这个儿子难道不能做三品官吗?'"玄宗听了大怒，力士又进一步说："北门奴官（指禁军，驻北门玄武门，故称北门奴）势力太大，不早削弱他们，怕迟早要产生祸患。"玄宗本来对王毛仲势力的膨胀就很担心，王毛仲提出要做兵部尚书，是不是包藏祸心？现在高力士的一番话正中玄宗心病，玄宗决定要处理王毛仲，但没有立即动手。不久，有人揭发王毛仲私自向太原军器监索取兵器。这就使玄宗感到问题的严重，必须尽快处理王毛仲。所以在开元十九年，玄宗下诏贬王毛仲至外地，行至中途，下诏赐死。王毛仲之死，标志着宦官势力取得了对北门诸将的胜利。

378. "马嵬之变"时乱兵为什么不杀韦见素?

韦见素（687～762），字会微，京兆万年（今陕西西安）人。他自幼聪明好学，玄宗时考中进士。而后逐渐步入政界，当过谏议大夫。天宝五载（746）皇帝派他到地方州县去考察官员、体察民情，他公正无私，办案公允，查处了许多地方官员。归来后，升任吏部侍郎，负责朝廷的铨选之事。在任能秉公办事，绝不徇私，得到时人的称赞。当时正是杨国忠专权用事之时，他看中了韦见素的柔雅，认为韦见素会比较听话，所以加以提拔，成为自己的助手。天宝十三载，韦见素拜相，次年他曾向玄宗极谏安禄山将会造反，可是玄宗不听。

“安史之乱”爆发后，他跟从玄宗奔蜀，途中发生马嵬兵变，诛杀杨氏诸人，韦见素亦被乱兵砍伤，后来被人认出，大家高喊：“勿伤韦相!”因而得救。虽然韦见素曾依附杨国忠，但他在任期间为官公正，还是很受人尊重的，所以在这非常时刻才得以脱身。入蜀后升任左相，封豳国公。后来肃宗在灵武即位，他与房琯奉命去送传国玉玺。因为他曾依附杨国忠，肃宗对他不是很重视，礼遇稍薄，拜尚书左仆射，罢知政事（即宰相）。后又迁太子太师，受命入蜀迎玄宗还京师，最终以足疾退休。宝应元年（762）卒，终年七十六岁，谥曰“忠贞”。

379. 僧一行在科技方面做出了什么贡献?

僧一行（？～727），俗姓张，名遂，魏州昌乐（今河南南乐县）人。他是唐代著名高僧、科学家。其曾祖为唐代开国功臣。父张擅官至武功令。一行自幼博学，因不满武则天擅权，二十一岁时出家，旋从嵩山普寂学禅，后从善无畏、金刚智学密法，成为天台密宗的领袖。后又参与善无畏译场，翻译《大日经》。开元十五年（727）卒，谥曰“大慧禅师”。

僧一行对天文历法科学做出了重要贡献。他和梁令瓒共同创造了“黄道游仪”和“水运浑仪”等大型天文仪器，用以重新测定一百五十余颗恒星的位置，并发起在全国十二地点进行天文观测。又反复推算制订了《开元大衍历》，后人称赞它是“历千年而无差”。另外，他推广了刘焯的内插法，还建立了不等问题的二次内插公式，即数学史上有名的“张遂内插法公式”，同时，又根据南宫说等一组的测量，对地球子午线的长度进行了科学的实测。

380. 为什么说哥舒翰是唐朝名将?

哥舒翰（？～757），突骑施首领哥舒部的后裔，唐玄宗时名将。

哥舒翰的父亲名道元，为唐安西副都护将军、赤水（今甘肃武威西南）军使，世居安西。其家富于财，哥舒翰任侠使气，纵恣酒色。四十岁时因父亲病故，他迁至长安（今陕西西安）居住。因在当地遭到县尉的歧视，乃愤然投军于河西（今甘肃武威、张掖、酒泉地区），在节度使王倕帐下服役，后被继位的节度使王忠嗣补为衙将。哥舒翰好读《左氏春秋传》及《汉书》等史籍，重义轻财，因而深得士庶之心。此后，他在西北抗击吐蕃的战斗中屡有斩获，由是而知名。王忠嗣命他领兵讨击吐蕃，其副将有傲慢不听调遣的，哥舒翰将其斩杀，以严明军法，军中大为震动，士卒都甘为之用。

天宝六载（747）哥舒翰官拜右武卫员外将军，充陇右节度副使、都知关西兵马使、河源军使。当时，积石军（今青海贵德）每年麦熟时，吐蕃就派军队过来抢收麦子，唐军无力制止，边境之人称此地为“吐蕃麦庄”。哥舒翰管辖该地后，就在麦收季节伏兵于此，待吐蕃来抢收麦子时，伏兵四起，断其退路，吐蕃军被斩杀略尽。从此，吐蕃再也不敢兴师前来收麦。

当年冬天，玄宗驻跸于华清宫，有人弹劾王忠嗣。玄宗乃召哥舒翰觐见以了解实情。哥舒翰感王忠嗣知遇之恩，乃极力为之辩解。他在御前慷慨陈词，声泪俱下，使玄宗受到触动，最终将王忠嗣免死，外贬为地方官。朝中舆论以其重义而称之。第二年，吐蕃攻克了唐军在青海（今青海青海湖）的据点，哥舒翰领命于青海中的龙驹岛上另筑坚城，并派兵把守，吐蕃受制不敢靠近青海。

天宝八载，玄宗命哥舒翰率朔方、河东及突厥阿布思之众共十万，攻伐吐蕃石堡要塞（今青海湟源）。该城地势险要，三面都是悬崖峭壁，只有一条小道可行，吐蕃以数百人驻守。因吐蕃守备甚严，且粮储丰实，唐军久攻不下。哥舒翰见久而无功，打算斩副将高秀严、张守瑜以示众。二将惧死，乃亲率士卒，奋勇当先，终于攻下石堡。战后，玄宗为表彰哥舒翰的功勋，特下旨拜他为特进、鸿胪员外卿，加摄御史大夫。十一载（752）又加开府仪同三司，一时宠贵无比。

381. 哥舒翰潼关大败应由谁负主要责任？

安禄山叛乱后，哥舒翰正在长安养病。玄宗想借他昔日的威名，又因他与安禄山本来不和，遂委以重任，让他统兵八万，讨伐安禄山。这时唐将封常清、高仙芝因抵抗不住叛军凌厉的攻势，纷纷丢弃洛阳、陕州（今河南陕县），退保潼关。唐玄宗轻信监军边令诚的片面之词，将二人处死，改由哥舒翰镇守潼关。

潼关易守难攻，凭借有利地势，哥舒翰虽然大病缠身，仍与敌军相持了半年之久，此时河北平叛形势也逐渐好转。这时有人向玄宗报告，叛军崔乾祐在陕州的兵力不足四千，而且都是老弱。于是好大喜功、求胜心切的玄宗命令哥舒翰进兵陕、洛。哥舒翰上奏皇帝："禄山久习用兵，不会没有准备，实际上他是以弱兵诱骗官军。官军出击，正中其计。同时，叛军远来，利在速战，官军利在坚守。要战胜叛军，但不要操之过急。"郭子仪、李光弼也持相同意见。然而宰相杨国忠害怕哥舒翰手握重兵对自己不利，上疏玄宗说哥舒翰拥兵关内，拒不出战，贻误战机。玄宗相信了杨国忠，严令哥舒翰出兵。

至德元载（756）六月，哥舒翰军与叛军在灵宝（今河南灵宝）西原相遇。敌军弱兵伪装逃跑，引官军进入他们预先设好的埋伏圈，叛军精兵四起，官军惨遭失败。哥舒翰率残部八千回到关中。趁潼关尚未失守，哥舒翰想收集余众，再守潼关，但其部将火拔归仁等胁迫他投降叛军，并威胁他说："公不见高仙芝、封常清的下场吗?"哥舒翰走投无路，投降叛军，潼关失陷。叛军长驱直入，攻下长安，平叛形势发生了逆转。对于这种局面的造成，哥舒翰不能负主要责任，完全是唐玄宗与杨国忠轻敌浪战造成的后果。

382. 高仙芝为什么被杀?

天宝十四载（755）十一月，范阳平卢节度使安禄山起兵反唐。仓促之间，玄宗命荣王李琬为元帅，高仙芝为副元帅，统兵抵御叛军。十二月，高仙芝率飞骑、彍骑及新募兵、边兵在京师者共五万人，由宦官边令诚监军，东进至陕州。唐军人数虽众，但只是临时凑合起来的乌合之众，战斗力不强，根本无力抵挡久习战阵的叛军。不久，叛军就攻陷东都（今河南洛阳），继续西进。防守东京失败的封常清退军至陕州，向高仙芝建议：弃陕退兵潼关，以免叛军突入潼关，直逼京师。仙芝听了他的建议，率军退保潼关。叛军追踪而至，唐兵狼狈溃退，损失惨重。高仙芝来到潼关后，加强守备，而安禄山则忙于在洛阳称帝，双方暂时相持不下。

随高仙芝东征的监军宦官边令诚，多次干预仙芝的军事部署，两人产生矛盾。于是边令诚借入朝奏事之机，向玄宗反映前线情况，只字不提仙芝守卫潼关，阻敌西进的事实，诬告说："（封）常清以贼动摇军心，而仙芝弃陕州数百里，又扣盗军士的粮饷赐物。"玄宗大怒，命边令诚至军中斩杀高仙芝。边令诚回到军中后，宣读了玄宗敕文。高仙芝愤慨地说："我遇敌而退，罪有应得。然而指责我盗减军粮与赐物，天地为证，实在是诬蔑之辞。"在场的军士都为主帅大呼冤枉。对此，边令诚充耳不闻，下令斩杀了高仙芝。

383. 封常清为什么被杀?

封常清（？～756），蒲州猗氏（今山西临猗）人。唐玄宗时名将。其外祖父因犯罪流放至安西，他自幼与外祖父生活在一起，并在其教导下，博览群书。成年后，封常清孤苦伶仃，四处漂泊。他见身为都知兵马使的高仙芝颇有才干，便自请为其侍从，高仙芝见其貌不惊人，不愿接受。常清乃批评高仙芝以貌取人，但高仙芝仍不为所动。他遂早晚站于高府门前静待，一连数十天，终于感动了高仙芝，收其为侍从。

开元末年，达奚诸部叛唐远遁，高仙芝奉令追讨，斩获甚众。封常清于军中暗自记下了高仙芝行军路线、沿途作战情况、取胜谋略等，事颇详尽。后来，高仙芝以此作为捷书上报安西节度使夫蒙灵督。灵督对封常清大加赞赏，称他是不可多得的人才。等到高仙芝做了安西节度使，便以封常清为判官，高仙芝每次外出征战，必委任他为留后。

封常清颇有才学，且处事果决。知留后事时，与高仙芝亲如兄弟，高仙芝乳母子郎将郑德诠竟公然倚仗高仙芝的地位，狐假虎威，歧视封常清。有一次，他又冒犯了封常清。封常清下令将他抓起来，施予杖刑，虽有高仙芝妻及乳母的百般求情，仍不为所动。事后，高仙芝没有责怪封常清，而封常清也不向高仙芝表示歉意。众人都认为高、封二人善于治军，不徇私情。

天宝十一载（752），封常清以才干升任安西四镇节度使。安史之乱爆发后，他回到长安，谒见了唐玄宗，玄宗问他平叛之策。不了解敌情的他慷慨激昂地回答说："安禄山领叛军十万，犯我中原。由于承平日久，中原之人不习战事。然而常有正、邪之分，形势也会发生变化，为臣请求大开府库，招兵买马，用不了多久就为陛下割下安禄山的首级，平息逆乱。"一番豪言壮语，使玄宗兴奋不已，马上任命封常清为范阳节度使，招募士兵六万余人，开赴东京（今河南洛阳）讨伐。

天宝十四载十二月，叛军渡过黄河，逼近东京。封常清引兵迎战，由于所募新兵，未经训练，战斗力低下，遂一溃千里。封常清且战且走，不久，东京陷于叛军之手。

封常清率余众退至陕州（今河南陕县），与高仙芝所部会合。两人经商议后决定放弃陕州，退守潼关。

玄宗听说败讯后，下旨削去了封常清的官爵，命他以平民身份随军立功赎罪。高仙芝命封常清监左右厢诸军。由于高仙芝对监军宦官边令诚的提议多不遵从，心胸狭窄的边令诚于是诬告高、封二人无故弃城撤兵，导致军败。玄宗大怒，令边令诚奉敕诛杀高、封二人。边令诚到达潼关后，宣布了敕令，封常清伏罪说："我之所以兵败后苟且偷生，是不忍心玷污国家尊严。若为敌军所杀，即使讨叛无功，也死而无憾。"说完后，从容赴死。军中士卒无不为之鸣冤。

384. 安禄山的种族与宗教信仰是什么?

安禄山，唐玄宗时期大将，"安史之乱"的发动者。关于他的种族问题，学术界有几种不同的观点。有人认为他是康国出身的粟特人，本姓康。也有人认为他是生活在漠北突厥汗国内部的粟特人安延偃的儿子，并不姓康，而是姓安。有的外国学者认为安禄山是武威安氏的后裔，而武威安氏却是东汉时作为人质到中国的安息王子安世高的后裔。这样一来，安禄山就成了波斯人而不是粟特人了。但大多数的学者都认为安禄山应是粟特人，而且他从小就生活在粟特人的部落内，接受的是粟特文化，懂得多种语言，善于经商，早年他就做过诸蕃互市牙郎，即为各民族之间贸易的商业中介人，这些都是粟特人所具有的特质。因此，撇开安禄山的血缘关系不说，即使从文化的角度来辨别一个人的种族的话，安禄山也应是一个粟特人，更何况从血缘的角度看，他仍是粟特人的后裔。

关于安禄山的宗教信仰，据研究应该是火祆教，简称祆教。而且安禄山发动叛乱，就是利用了这种宗教。因为安禄山的部下将领中有许多粟特人，而他早年居住的营州又是粟特人聚居的地方，凡是粟特人聚居之地都建有祆寺，祭祀祆神，即光明之神。安禄山当了节度使以后，由于军中多粟特人，因此他就利用这种宗教团结分散在各地的粟特人，将他们聚集起来。他本人又自称是光明之神的化身，利用祆教的神秘说教，以光明之神的名义号召民众随他起兵。正因为如此，安禄山死后，在河北一带仍被视为圣人，一些河北藩镇长期供奉他的牌位。

385. 安禄山的生平情况如何?

安禄山（703～757），营州柳城（今辽宁朝阳）人。本无姓，原名轧荦山，母为突厥人，安禄山少孤，后因其母嫁与粟特人安延偃，改姓安，更名禄山，所以有人称安禄山为“杂胡”。他懂诸蕃语，身体魁伟，骁勇善战，熟悉边地情况，又善逢迎，手段狡诈，被幽州节度使张守珪收为养子，升任平卢（今辽宁朝阳）兵马使、营州都督等职。后来，他利用行贿和伪装恭顺，取得玄宗和杨贵妃的信任。天宝元年（742），升为平卢节度使。天宝三载，兼范阳（今北京西南）节度使、河北采访使。天宝十载，又兼河东（今山西太原）节度使。他身兼三镇节度使，私下培植胡将，蓄养战马，笼络汉族失意文人，拥有精兵十五万，号称二十万。他深知唐朝统治者的腐败，禁军虚弱，全国军事布局内轻外重，以讨权臣杨国忠为名，与史思明于天宝十四载十一月，在范阳发动叛乱（史称安史之乱），举兵南下，攻下重镇洛阳。因一路烧杀抢掠，河北人民纷纷抵抗。于洛阳称大燕皇帝，国号燕，建元圣武。后举兵西进，破潼关，下长安，大肆杀戮。从此唐半壁江山陷于战乱之中。至德二载（757）正月，为其子安庆绪所杀。

386. 史思明的生平情况如何？

史思明（703～761），营州宁夷州（今辽宁朝阳）粟特人，本名窣干，与安禄山同乡相善。初为互市牙郎，亦以骁勇为幽州节度使张守珪所知，任为捉生将。天宝年间累立战功，官至平卢兵马使。曾到长安奏事，为玄宗赏识，赐名思明。他熟悉边境少数民族语言，因作战屡建战功，受到安禄山赏识，成为安禄山的亲信。天宝十四载（755）参与叛乱活动。第二年叛军攻下洛阳，安禄山在洛阳称帝，令史思明经略河北，封他为范阳节度使，占有十三郡，拥有兵马八万余众。安庆绪杀安禄山称帝后，对史思明收其溃散的残部不满。当时，唐朝对叛军剿抚并用，他一度投降唐朝。朝廷封他为归义王，任范阳长史、河北节度使。但唐朝朝廷又恐其再度叛乱，欲设法除之。他知晓后，再次起兵叛乱。乾元二年（759），安庆绪被郭子仪率兵击败，被唐军围困。史思明深知安庆绪的成败对他有极大的影响，所以他派兵援助安庆绪，解除了邺城（今河北安阳）之围。随即杀安庆绪，还范阳后自称大燕皇帝，改年号顺天，又出兵再次攻占洛阳及附近州县。上元二年（761）春，被其长子史朝义杀死。

387. 柳芳在史学和谱学方面有哪些贡献？

柳芳（生卒年不详），字仲敷，蒲州河东（今山西永济南）人。玄宗开元末年，柳芳举进士及第，授永宁尉，兼直史馆。肃宗时，历任左金吾卫骑曹参军、史馆修撰，官至右司郎中、集贤殿学士。

柳芳是唐朝著名的史学家、谱学家，一生勤奋治学，笃志论著，著作颇丰。他自己独立完成的著作有：《唐历》四十卷、《大唐宰相表》三卷、《永泰新谱》二十卷，他还与史学家吴兢、韦述等人共同修撰了上自唐高祖，下自唐肃宗乾元年间的《国史》一百三十卷。

唐初统治者很重视修史工作，柳芳接手吴兢和韦述未完成的国史，拾遗补阙，弥补了原著的很多不足之处，对唐代国史的修撰做出了很大贡献。但他并不满足于已有的成就，仍继续千方百计地寻找史料。肃宗上元年间，他因事被贬黔中，途中遇到曾经显赫一时的高力士亦贬巫州。柳芳遂以所疑禁中事，咨询于高力士，并将其所云开元、天宝政事记录下来。在掌握了新的资料后，柳芳因《国史》已经被奏上，不可复改，就另撰一部颇有创见的《唐历》。《唐历》采用编年体记事，在内容和体例上类似于《资治通鉴》。柳芳借此保存了很多珍贵的史料，是后代修撰《唐书》和《资治通鉴》的重要参考书。

柳芳不仅勤于史学，还精通谱学。谱牒学在唐代很盛行，南宋史学家郑樵认为“姓氏之学，最盛于唐”，这是符合实际情况的。柳芳把天下甲族大姓分为五类，即以王、谢、袁、萧为代表的“侨姓”，江东以朱、张、顾、陆为代表的“吴姓”，崔、卢、李、郑、王为首的山东“郡姓”，韦、裴、柳、薛、杨、杜为代表的关中“郡姓”，代北以元、长孙、宇文、于、陆、窦、源等为首的“虏姓”。柳芳的划分基本确定了唐代士族分布大势。他还在代宗永泰年间按照宗正寺的谱牒，自高祖武德以来宗枝昭穆顺承，撰成皇室宗谱二十卷，即《永泰新谱》。它是唐代政治史上不可缺少的重要资料，应该说，柳芳对唐代谱学的进一步发展也做出重要贡献。

388. 啖助对唐代儒学的发展有什么影响?

啖助（724～770），字叔佐，赵州（今河北赵县）人。他是中唐时期新经学运动的发起者，《新唐书·儒学传》说他“淹该经术”，“善为《春秋》”，开宋儒怀疑经传之风。

天宝末，他做过县尉、主簿等小官，任满后便开始隐居，专门研究《春秋》三传，用了十年的时间，写成《春秋集传》。他所处的时代正是唐朝由盛转衰的历史时期。安史之乱以后，煌煌盛世已成明日黄花，唐政府内外交困，宦官专权，藩镇林立，闹得君不像君，臣不像臣，仁爱节义，礼义廉耻全都遭到践踏。备受儒家推崇的《春秋》中所宣扬的以尊重周天子地位为代表的周礼已时过境迁。这样的社会现实促使当时的思想家们去思考怎样改变它。于是以啖助为代表的新经学运动者们很巧妙地从《春秋》中另找依据，以已意说经，为现实服务。他宣称孔子修《春秋》的本意，不是要回复到西周盛世，而是主张夏代的忠诚质朴，他认为《公羊传》符合孔子本意，而《左传》“解义多谬”，从而形成了一套新的理论体系。

他发起新经学运动直接的目的是维护唐朝的统一，反对藩镇割据。虽然在残酷的社会面前，显得回天无力，无法改变王朝分裂、混乱的局面，但也是应当肯定的。

从理论上讲，新经学运动虽然在很长一段时间内不被人重视，但它毕竟打破了经学史上多年沉寂的局面，为经学的经世致用开辟了道路，增强了儒学的时代感，为儒学发展、为宋代理学的新阶段打下了基础。

啖助的弟子赵匡、赵匡的弟子陆质，在啖助死后又集录了他生前拟定的《春秋》例统，取名为《春秋集注纂例》，进一步发挥了啖助的思想。

389. 李泌为什么不愿接受肃宗所授官职？

李泌（722～789），字长源，原籍辽东襄平（今辽宁辽阳），后迁居京兆（今陕西西安），是西魏八柱国之一李弼六世孙。他很小的时候就显示出了聪明才智，立志要辅佐君王治理天下，他漫游名山大川不断增长阅历。天宝中玄宗发现了他的才干，让他辅佐太子。后来因得罪了杨国忠被贬出京，隐居于颍阳（今河南伊川东）。

“安史之乱”爆发后，太子在灵武即位，即为肃宗皇帝，李泌奉诏至灵武。事无巨细，肃宗都要向李泌征求意见，甚至任免将相这样的高官也与李泌商量。李泌不要任何官衔，只以宾客、朋友的身份辅佐肃宗。但他却鞠躬尽瘁，为肃宗提供了许多宝贵的意见。

当肃宗向李泌询问平定安史叛军的策略时，他从长远利益出发，不主张速战速决。他建议派李光弼防守太原，领兵出井陉，郭子仪夺取冯翊，进入河东，那么贼将史思明就不敢离开范阳，安守忠不敢离开长安。这两支军队如果不敢移动，洛阳的安禄山就孤立了，这样贼寇必须北守范阳，西救长安，疲于奔命，唐军可以逸待劳，避其锋芒。而后郭、李各路大军形成夹击之势，夺取叛军老巢范阳，敌军则成了丧家之犬，平定指日可待。但肃宗皇帝一心巩固自己乘乱而得的皇位，担心夜长梦多，只想尽快收复长安，不肯采纳李泌的建议，结果后患无穷。

李泌还多次劝谏肃宗，不要以个人恩怨处理问题。当初李林甫任宰相时极力反对肃宗为太子，肃宗对此耿耿于怀，对李泌说收复长安后要掘开他的坟墓焚骨扬灰。李泌赶忙劝阻说："陛下方定天下，何必与死者计较，他的枯骨没有知觉，反显得陛下不够宽宏大量。现在跟从安禄山叛乱者都是陛下的仇敌，如果他们知道你胸怀如此狭小，谁敢改过自新，前来归顺呢?"肃宗如梦方醒。

至德二载（757）九月，唐军收复长安。李泌很有自知之明，深知天子的亲近信任必将招来杀身之祸，他见平叛形势已趋稳定，决定急流勇退。面对肃宗的挽留，李泌说出他有五不可留，即"臣遇陛下太早，陛下任臣太重，宠臣太深，臣功太高，亦太奇"。同时劝谏肃宗千万注意别被谗言所误。在李泌的一再要求下，肃宗只得同意他归隐衡山。这一年李泌才三十六岁。

390. 李泌拜相以来有何作为?

贞元三年（787）六月，李泌任中书侍郎、同中书门下平章事，做了宰相。李泌任相后，首先劝说德宗不要猜忌武将，加害朝臣。名将李晟、马燧对国家有大功。李泌劝德宗说："陛下如果加害他们，则宿卫之士、方镇之臣，必然愤怒不安，内外之变必然再起。"素好猜忌的德宗有所醒悟。

李泌不但保护勋臣武将，也很重视中央政府和地方政府的政权建设。他反对德宗把宰相权力分割的做法。他认为宰相之职不可分割，"若宰相也有钱粮、吏礼、刑法之分，则非宰相了。"在地方上，他反对大减州县官员的做法。李泌认为户口虽少，但时事方乱，政务比太平时反高十倍。德宗最终采纳了这些意见。

在保证漕运畅通，增加国家财政收入方面，李泌也做了不少工作。为减少国家开支，他又改革了西域人留京的供给制度，每年为国家节省开支五十万缗。

在用人问题上，李泌更是敢于直言进谏。德宗生性多疑，连太子也不放过。他打算另立太子，李泌坚决反对，提醒德宗“自古父子相疑未有不亡国覆家者”。德宗坚持己见，李泌也决不退却。最终使德宗醒悟，对李泌说：“非卿切言，朕今日悔无及也!”

贞元四年二月，李泌以衰老请求辞职，德宗不许。贞元五年三月李泌去世，终年六十八岁。

391. 高适有什么仕宦经历?

高适（约 703～765），字达夫（一字仲武），渤海蓨县（今河北景县）人。他出身官僚家庭，但到青年时代已家道败落，生活窘迫。高适一生仕途坎坷，年过四十尚在家农耕，一度求丐自给，年近五十才入仕途，但在晚年得志，所以史书说他“有唐以来，诗人之达者，唯适而已。”

高适二十岁时西游长安，首探仕路。年轻的诗人自以为学业有成，功名唾手可得，哪知到了长安城求进无门，只得败兴而归。唐代规定边帅可以自辟佐吏，所以那些在科举考场上失意的士人，多想通过幕府获得官职。于是高适两度出塞，北上去寻找仕进和立功的机会，虽然没有达到目的，却使他增长了社会阅历，为其诗歌创作汲取了营养。其间，他也曾入长安应制举，但仍无功而返。在天宝八载（749）前的近三十年内，诗人大部分时间都蛰居于宋州，从事农耕，内心充满了失志的苦闷，但谋求仕进之心始终不改。

天宝八载，经人推荐，已四十七岁的高适才当上了一个小官——封丘尉。虽然他难以忍受官场的黑暗，所谓“拜迎官长心欲碎，鞭挞黎庶令人悲”，不久即辞去官职，但这毕竟是仕途上一个好的开始。三年后他第三次出塞，在哥舒翰幕府中任职，开始得志。“安史之乱”爆发后，他随玄宗入蜀，先后受到玄、肃两帝的重视，曾出任淮南节度使，参与讨平永王李璘的叛乱。入朝后高适因直言敢谏遭到权倖李辅国的嫉恨而被贬，五年后入京任散骑常侍，他的传世文集《高常侍集》就是以这个官职命名的。高适晚年，仕途虽有起伏，但仍算顺畅。

392. 郭子仪为什么被称为再造唐室的功臣?

郭子仪（697～781），华州郑县（今陕西华县）人，武举出身。郭子仪历事玄、肃、代、德四朝，在平定国内藩镇叛乱和消除吐蕃等边患方面都做出了杰出的贡献。安史之乱爆发的那一年，郭子仪任朔方节度使。

在河东道北部，郭子仪率领朔方军旗开得胜，迅速收复静边军、云中和马邑。随后，他又增援李光弼，东下井陉（今河北井陉西北），进军河北中部，获得节节胜利。尤其是嘉山一战，打得敌人落花流水，军心动摇。次年六月，潼关失守，皇帝西逃，平叛战果付之东流。七月太子在灵武即位，郭子仪与李光弼共赴灵武，重整旗鼓。至德二载（757）郭子仪跟从广平王李俶率军十五万，自凤翔出发，进攻长安。广平王不懂军事，郭子仪肩负重任。唐军与叛军决战于京西香积寺北，叛军大溃，收复长安。而后郭子仪一鼓作气，连下陕州、洛阳。河东、河西等地皆平，平叛斗争取得重大胜利。郭子仪以战功加官司徒，封代国公。他凯旋班师，肃宗在灞上隆重迎接，慰劳道："虽吾之家国，实由卿再造。"

而后郭子仪继续南征北战，不但扫平叛军余孽，挟制跋扈藩镇，而且多次打败吐蕃的进犯，七十高龄的他还上演了单骑退回纥的绝佳一幕。他总能力挽狂澜，救唐室于危难之中，所以他无愧于"再造唐室"的美名。

393. 为什么说朔方军是唐朝平定"安史之乱"的主力？

朔方军是唐玄宗时方镇之一。开元年间，玄宗意欲炫耀武功，设十节度，朔方节度使便是其中之一。朔方军统兵六万七千余人，辖单于大都护府、夏、盐、绥、银、丰、胜等州，治所在灵州（今宁夏回族自治区灵武县西南部）。自建立之日起，朔方军便是唐王朝的一支劲旅。后在打击突厥、吐蕃等边患中屡立战功，辖区逐渐扩大，声望日高，而且培养出郭子仪、李光弼等一大批中晚唐时期的著名军事将领。

"安史之乱"爆发后，承平日久的唐王朝束手无策，河北诸城守军非降即弃，叛军没有受到多大阻力就渡过黄河。玄宗任命郭子仪为朔方节度使，负责守卫关中。在此危难之际，朔方军表现出非凡的战斗力。在安禄山部将高秀岩企图进攻河曲以配合安禄山主力进攻关中时，郭子仪率朔方军击败高秀岩，并围叛军于云中（今山西大同）；后又出兵井陉，与李光弼收复常山（今河北正定县）等地，初步取得平叛胜利。但因玄宗求胜心切，错误指挥，致使关中门户——潼关失守，玄宗南逃奔蜀，使朔方军的胜利毁于一旦。

太子于灵武即位后，郭、李二人率领朔方军赴灵武勤王。肃宗命李光弼出井陉，郭子仪进河东，牵制住史思明、安忠志、安守忠、田乾四支叛军。郭、李二军与敌人斗智斗勇，抓住战机，一举攻克潼关。

至德二载（757）郭子仪出任天下兵马副元帅，实际负责整个平叛工作，朔方军成为平叛主力。香积寺一战，朔方军与回纥军大败叛军，一举收复长安，不久攻克洛阳。平叛前景一片大好之时，宦官鱼朝恩进谗于肃宗，怕郭子仪功高有变，遂解除郭子仪兵权，以李光弼代替统领朔方军。待叛军卷土重来，唐军不敌时，只得再度起用郭子仪，在郭子仪、李光弼、仆固怀恩的共同努力下，才最终取得平叛胜利。

394. 回纥大军逼近长安为什么见到郭子仪后自动撤兵而去?

永泰元年（765）九月，仆固怀恩谎称代宗晏驾、郭子仪已死，再次引来吐蕃、回纥等联军。联军势不可挡，京城震恐，年近古稀的郭子仪再次披挂出征，迎敌于泾阳。为从内部瓦解敌人，郭子仪派人赴回纥营中进行游说，回纥统帅因为已受仆固怀恩谎言的欺骗，不肯相信郭子仪健在这个事实，就问道："郭令公真的在这里吗？我可以见见他吗？"

迫于敌众我寡，考虑到回纥毕竟与唐军共破安史叛军的这份特殊交情，郭子仪将生死置之度外，为表示诚意，他只带了几名随从。回纥兵听说郭子仪来了，马上全副武装，戒备森严。郭子仪却扔掉长枪，脱去盔甲，单骑走近敌前。回纥兵清清楚楚地看到了郭子仪，互相告诉："真的是郭令公！"于是一齐翻身下马，围住郭子仪行跪拜之礼。

郭子仪下马，拉住回纥将领的手，义正辞严地责问道："你们助唐平叛立有大功，我朝也多以厚礼相谢，为什么要背约结怨，攻入我境呢？仆固怀恩背君弃母，你们宁愿抛弃与我朝的友谊而去联合一个叛臣吗？这对你们又有什么好处呢？今天我一个人来，生杀随你们，但我的部下一定会和你们拼死战斗的。"回纥首领只得承认是上了仆固怀恩的当，现在十分后悔。郭子仪因势利导，乘机劝说回纥兵应去击败吐蕃，不但可与唐室重修旧好，还可以获得吐蕃的大量财物。回纥首领一口答应。

于是郭子仪与回纥将士开怀畅饮，尽释前嫌。次日回纥兵在唐军的配合下，果然大破吐蕃。一场恶战随着郭子仪单骑退回纥化解得无影无踪。

395. 李光弼是哪族人？他是如何起家的？

李光弼（708～764），营州柳城（今辽宁朝阳）人。其祖先世为契丹酋长，父李楷洛自武则天久视元年（700）以契丹部落酋师身份降唐，累封至蓟国公。

景龙二年（708）李光弼出生。受家庭尚武风气的熏陶，他善于骑射，又熟读汉人典籍，深受儒家传统文化的陶冶。而且在尚未成年之时，他就跟随父亲投入军旅去接受锻炼，这一切，都为其日后的发展打下了良好的基础。

大概与当时正是开元盛世，国家较少战事，因而英雄无用武之地有关，青年时期的李光弼似乎没有什么出类拔萃的事情可以称道。天宝五载（746）是李光弼仕途中一个重要的里程碑。这一年，曾任朔方节度使五年的王忠嗣又兼河西等镇节帅。光弼作为忠嗣的爱将，被擢升为河西兵马使。王忠嗣被治罪以后，安思顺取代王忠嗣为河西节度使，安思顺也非常器重李光弼，这当然是光弼战功累积的结果。天宝十一载遥领朔方节度年余的宰相李林甫，推荐河西节帅安思顺赴朔方代替自己任节帅。十三载，安思顺表奏光弼为本镇节度副使，并主持留后（即代行节度使职务）事。“思顺爱其才，欲妻之，光弼称疾辞官。”时光弼已四十七岁，夫人为名门闺秀，但已早逝。安思顺之所以要嫁女于一个接近“知天命”之年的人，固然是为了笼络光弼，但首先是看中了光弼的才干。由于李光弼怀疑安思顺与李林甫相勾结致使王忠嗣罢官贬死，出于对故帅的感情，李光弼等这些王忠嗣的爱将都对安思顺乃至其族弟安禄山深恶痛绝，所以光弼拒绝了这桩婚事。为使他摆脱困境，哥舒翰为其请求，使他回到京师，光弼暂时过上了一段闲逸的生活。天宝十四载，身兼三道节度、拥有全国三分之一兵力的安禄山反于范阳（今北京西南）。叛军长驱直下，起兵仅三十四天就攻陷东京，官军被迫弃陕州，退守潼关。时势造英雄，当此大唐危难之际，李光弼迎来了其一生最为辉煌的时刻，他重新受到起用，率军开始了平定“安史之乱”的漫漫征程。

396. 李光弼在平定安史之乱中做出过什么样的贡献？

天宝十五载（756），李光弼临危受命，出任河东节度副使、河北采访使。此时，黄河南北，潼关以东大多沦于叛军铁蹄之下，京师危急。二月二日李光弼率蕃、汉步骑五千人东出井陉，开辟了河北战场，从而开始扭转了自安禄山反叛以来官军被动挨打的局面。在常山保卫战中，光弼兵不及史思明半数，面对敌强我弱的形势，小试锋芒，给敌人以巨大打击，这是唐军自平叛以来战果最辉煌的一次。而后光弼与郭子仪会师河北，战争形势开始有利于唐军。六月，郭、李合兵取得了嘉山大捷，给敌人以致命的打击，惊恐之余，安禄山甚至后悔起兵叛乱。李光弼从全局战略考虑，建议朝廷在此种情况下要严守潼关，不宜轻出，以便平叛军，直捣叛军老巢，以最小的代价赢得平叛的胜利。不幸的是杨国忠以守潼关的哥舒翰“持兵未决”，“虑反图己”，遂利用皇上求胜心切的情绪，逼令哥舒翰出关应战，以致潼关失守，天子逃难，光弼等半年来的战果毁于一旦。

至德元载（756），太子于灵武即位，郭、李所统军队调往灵武，河北敌势复振。李光弼奉命赴太原，面对敌人四路进军太原的严峻形势，光弼与敌人斗智斗勇，身先士卒，鼓舞士气，因此历时一个多月的太原保卫战得以大获全胜。战斗中他创造了地道战战术。如果有敌人骂阵，光弼就派人从地道中出城抓住敌方的脚，拽入地道中，然后将敌人“临城斩之”，这一招吓得敌人走路都看着脚底下，担心被拽入地道，也就更不敢靠近城池了。敌人对他敬畏如神明，称他为“地藏菩萨”。

乾元元年（758）八月，郭子仪、李光弼等九节度讨伐安庆绪，由此展开了长达半年之久的“相州（今河南安阳）之战”。官军以二十万对付安史余孽，理应摧枯拉朽，但是官军群龙无首，号令不一，“帝以子仪、光弼俱是元勋，难相统属，故不立元帅，唯以中官鱼朝恩为观军客宣慰使”，因此一开始就注定了官军的命运。双方决战之时，天气突变，飞沙走石，诸军溃败，所过剽掠，唯李光弼军整肃不乱，独以师还，这与李光弼平时御军严整是分不开的。

而后朝廷以李光弼代郭子仪为朔方节度使，并取得了河阳之战的胜利。虽说胜败乃兵家常事，但自平叛以来，李光弼的军事生涯至此时还没有过战败的记录，但此后的邙山（今河南洛阳市北）之战，却损兵失地，大败北走。这虽然是朝廷错误指挥、仆固怀恩不服军令所致，但光弼作为主帅还是承担了全部责任，被移镇别处，自此光弼的军事生涯不再辉煌如往夕，退居到军事舞台的次要角色。而后李光弼又协助平叛军队消灭史朝义，为长达八年之久的“安史之乱”画上句号。

397. 李辅国身为宦官为什么能当上宰相?

李辅国（704～762），本名静忠。本来是闲厩小儿，由于略通书计，高力士便命他掌管闲厩账簿。后来转入东宫侍奉皇太子。安禄山叛乱，玄宗入蜀，在途中他劝太子李亨脱离玄宗，到灵武即皇帝位，即唐肃宗。在前往灵武的途中，至凤翔改名辅国。由于李辅国有拥立大功，肃宗遂任命他判元帅府行军司马事，从此专权用事，凡奏章、军符都由他掌管。收复长安后，他转升任殿中监、闲厩、五坊、宫苑、营田、栽接等使，兼陇右群牧、京畿铸钱、长春宫等使。他还在银台门决断国事，并置察事厅子数十人，即侦探，到处打探官员动静，朝中官吏微有小过，没有他不知道的。后升为兵部尚书，还不满足，又要求任宰相。并指使其他宰相向皇帝推荐他为宰相，但未能如意。宝应元年（762）肃宗将死时，他与宦官程元振等杀张皇后，拥立太子李豫（代宗）即位。因为他有拥戴之功，被唐代宗尊称为尚父，加司空、中书令，终于如愿当上了宰相。此后他更为跋扈，代宗难以忍受，遂逐渐削去他的权力，在时机成熟后，罢职归家，后被代宗派人刺死。

398. 大宦官李辅国真是被“盗”杀的吗?

宦官李辅国因拥立之功，日益飞扬跋扈，肃宗恨其过于专横欲除之，但畏其典掌禁军而迟迟不敢动手。

宝应元年（762），肃宗病重，张皇后因与李辅国争权而反目成仇，皇后伺机除掉辅国。事情泄露，辅国先发制人，与宦官程元振杀张皇后及其党羽，拥立太子李豫（代宗）即位。辅国自恃拥戴之功，跋扈异常。他对代宗说：“大家（唐代宫廷称呼皇帝为大家）但居禁中，外事听老奴处分。”代宗心中极为不快，但顾忌他手中军权，不敢轻率行事。表面上对辅国仍极为尊敬，呼其为“尚父”，给他加官司空、中书令。不论大小事务都向他请教，群臣出入也都先拜谒他。对于这些过高的荣誉与权力，辅国都泰然处之。不久宦官程元振谋夺辅国之权，与代宗密谋，削弱辅国权力。代宗乘机解除辅国行军司马及兵部尚书之权，以元振判行军司马。又罢免辅国所有官职，晋封为有名无实的博陆王。辅国感到恐惧，上表逊位。宝应元年十月十八夜，辅国被代宗派人暗杀于家中，对外则称辅国为“盗”所杀。并赠官为太博，以礼葬之。

399. 仆固怀恩是什么人？如何评价其一生功过？

仆固怀恩（？～765），铁勒族仆骨部人，是肃宗、代宗时的大将。仆固怀恩勇冠诸军，战功卓著，在平定“安史之乱”中，全家有四十六人在平叛战事中牺牲，还嫁己女与回纥为唐乞兵。

天宝中，仆固怀恩历事节度使王忠嗣、安思顺，皆以善战、通晓蕃情而著称。“安史之乱”爆发后，他跟随郭子仪、李光弼讨伐叛乱，屡立战功。肃宗在灵武即位后，他从郭子仪入朝，并率领回纥兵跟随郭子仪收复两京。后跟随李光弼镇守河阳，他每战皆为先锋，冲锋陷阵，勇冠诸将。为严肃军纪，仆固怀恩也曾亲手处决了一度投敌的儿子，以致军中将士无不震骇、叹服，增强了军队的战斗力。宝应元年（762），他奉命与回纥可汗会师于太原，并深入河北，肃清了史朝义残部，最终结束了长达八年的“安史之乱”。

因战功赫赫，他屡受提拔，因此遭到了他人的妒忌。以其女是回纥可汗的可敦（王后）为借口，骆奉先、辛云京等人都奏其图谋不轨，意欲谋反。性情耿直的仆固怀恩气愤不已，要求皇帝将他们处决，代宗皇帝想到骆、辛二人也有功于朝廷，不肯将他们治罪，采取了息事宁人的暧昧态度。自恃有大功于朝廷的仆固怀恩由怨生恨，觉得自己的付出没有得到应有的回报，甚至连起码的信任都没有。于是起兵造反，并三次引来吐蕃、回纥兵入侵中原，京师震恐。后来暴死于军中。代宗闻其死，悲伤地说：“怀恩的本心并不想造反，只是受身边的小人蛊惑才铸成大错。”

400. 仆固怀恩父子为什么敢于孤军深入河北腹地穷追史朝义？

上元二年（761），安史叛军内部再次出现变化，史朝义因不满其父史思明的虐待，将其杀死。史朝义虽然待下有礼，但缺乏经略才能。其部下的节度使大多是安禄山的旧将，地位与史思明相当，耻为史朝义的部下。对于史朝义的命令，他们根本不予执行，相互之间仅维持着表面上的君臣关系，无人愿为其效命。因而此时的叛军人心更趋分裂，实力大为削弱，再也经不起打击了，一旦遇到有力的进攻，只会四分五裂，各自寻找出路。这一时期史朝义部下的不少节度使已经归降于朝廷，有的即使没有公开归降朝廷，但在私下已经决定抛弃史朝义，改换门庭。在这样的情况下，仆固怀恩父子才敢孤军深入河北腹地追史朝义。

洛阳一战，唐军与回纥军队以锐不可当之势打得史朝义叛军狼奔豕突，惨不可言。史朝义仅率数百轻骑兵落荒而逃，东逃途中他再也组织不起有力的抵抗了，大势已去。于是叛军将领见风转舵，邺郡（今河南安南）节度使、恒阳（今河北正定）节度使张忠志等纷纷降唐。他们不再开启城门接纳史朝义了，史朝义惶惶如丧家之犬，以致到了向人乞饭的地步。孤家寡人、穷途末路的史朝义只得在逃至平州石城县（今河北丰润东）时自缢而死。仆固怀恩不但兵不血刃地占有了许多城池，平定了河北，而且最终消灭了史朝义叛军，结束了长达八年的“安史之乱”，孤军深入河北腹地取得了巨大成功。

401. 平定“安史之乱”的仆固怀恩为什么会造反？

作为唐朝著名将领，仆固怀恩以作战威猛而声震边陲。安史之乱爆发后，怀恩跟随朔方节度使郭子仪东征西讨，出生入死，为收复两京，平定黄河南北，扫清叛乱，立下了汗马功劳。而且自参加平叛以来，怀恩一家有四十六人为国捐躯，女儿也远嫁回纥，为国和亲，功劳之大，几乎无人出其右。为表彰其功，朝廷升怀恩为河北副元帅，加左仆射兼中书令、朔方节度使。

“安史之乱”虽被平定，中央却无力扭转地方势力强大、难以驾驭的情况，因而形成藩镇割据的局面。中央与地方的关系比较紧张，一些将领，尤其是握有重兵的将领备受朝廷的猜忌。还在战争进行时，怀恩曾出使回纥借兵，往来经过太原，河东节度使辛云京因怀恩之女嫁回纥，对怀恩甚为戒备，不许怀恩进入太原城。怀恩十分生气，上表告辛云京之无礼，代宗不加理会。恰逢宦官骆奉先出使太原，辛云京对他说“怀恩与回纥勾结谋反”。回京之后，骆便上奏代宗诬告怀恩与回纥联合谋反。怀恩劳苦功高，反遭小人诬陷，心中愤怒，便上表自诉。代宗派使前往问候，察其动静，并招怀恩入朝。怀恩以惧死为辞，不入朝。

广德二年（764）正月，仆固怀恩觉察到已不被朝廷重用，就派其子仆固玚进攻太原，被辛云京打败。仆固玚失败后引兵围榆次（今山西榆次），攻十余日不能克，士兵倒戈，杀死仆固玚。代宗命郭子仪为关内、河东副元帅，河中、朔方节度使，统兵防御仆固怀恩。二月，子仪赴河中（治今山西永济），朔方将士大部归之，怀恩仅带数百人渡河北走。六月，怀恩收拾散众至灵武（今宁夏灵武），卷土重来。八月，怀恩引吐蕃、回纥十万余众攻唐，京城震动。代宗令郭子仪率兵出镇奉天（今陕西乾县），怀恩前军已至宜禄（今陕西长武），为唐兵所败。十月，怀恩又引回纥、吐蕃至邠州（今陕西彬县），进逼奉天，京城告急。河西节度使杨志烈发兵攻打灵武，京师之围始解。永泰元年（765）三月，怀恩不甘失败，又聚回纥、吐蕃、吐谷浑数二十万兵入侵。分兵趋奉天、同州（今陕西大荔）、盩厔（今陕西周至）等地。郭子仪命将扼守冲要以待之。不料怀恩在行军途中突染暴疾，九月，死在鸣沙县（今宁夏吴忠东南）。

仆固怀恩和郭子仪不同，郭子仪虽然功勋卓著，他对唐室是绝对忠心耿耿的。而仆固怀恩则想利用其功向朝廷讨价还价，为此他力主招降安史旧部，以保持对唐廷讨价还价的砝码，所以朝廷对他是不能信任的。反过来说，朝廷对怀恩的无端猜忌，也的确是导致他反叛的一个重要原因。

402. 鱼朝恩是如何专权擅政的?

鱼朝恩（722～770），泸州泸川（今四川泸县）人，唐代大宦官。天宝末年入宫为宦官，肃宗时，任李光进军监军，与安史叛军作战。收复京师后，授左监门卫将军、知内侍省事。

代宗时，郭子仪、李光弼等九节度率数十万大军围攻相州，任命鱼朝恩为观军容使以监军。由于代宗不置统帅，鱼朝恩又不懂军事，致使数十万大军不战自溃。后来鱼朝恩在陕州监军。广德初，吐蕃大军攻破长安，代宗逃到陕州，鱼朝恩率军护驾。回到长安后，鱼朝恩因此功，被授以天下观军容使，专领神策禁军。从此鱼朝恩干预政事，贪污骄横，置狱于北军，人称地牢。

鱼朝恩好做文章，自以为精通五经，永泰中，诏判国子监事，封郑国公。他经常去国学，竟然升座讲学，并命宰相以下官员前去听讲。鱼朝恩生活奢侈，一餐饭费钱数十万，尤有不足之色。占有广大田产、楼台、馆阁，并且捣毁勋臣郭子仪祖坟，一度引起了很大的震动。在这种情况下，代宗实在无法忍受，遂联络宰相元载，设法处死了鱼朝恩。

403. 大宦官鱼朝恩为什么“自缢”而死?

鱼朝恩以其护驾有功，被代宗任命为天下观军容宣慰处置使，总掌禁军，权宠无比。

鱼朝恩性本庸劣，得志之后，骄横异常。朝廷大小政事，没有他不插手干预的。他曾说：“天下之事不让我知道能办得成吗?”鱼朝恩每次向代宗奏事，一定要让代宗答应他，他才罢休。鱼朝恩有一养子，年龄还很小就被任命为内给使。有一次与他人发生矛盾，人家嘲笑他官小，他回去告诉了鱼朝恩。第二天鱼朝恩领着儿子来见代宗，说：“我儿子官小，被人欺侮，请皇帝赐给他紫色官服。”唐制三品以上官员方可服紫。代宗尚未答应，已有人将紫衣拿来，朝恩让他儿子穿上，然后向代宗拜谢。代宗心中不快，但也只好勉强笑着说：“你儿子穿紫衣最合适。”朝恩经常纵谈时事，侮辱宰相。宰相元载对朝恩的专权十分不满，曾密奏代宗除掉朝恩。朝恩强迫代宗给其子紫衣的事件发生之后，代宗密令元载设计除去朝恩。

鱼朝恩的警惕性很高，每次上殿，都令亲信周皓率卫士百人保护自己。同时，鱼朝恩还任命其党羽皇甫温为陕州节度使，作为外援。元载用重金收买了周皓、皇甫温以及鱼朝恩的其他一些亲信，所以朝恩的一举一动都在代宗和元载的掌握之中。为了诛杀朝恩，代宗和元载做了周详的准备。大历五年（770）三月十日寒食节，代宗在宫中设酒宴招待重臣。宴罢，朝恩准备回去，代宗声称有事相商将他留下，周皓率人将朝恩缢杀，但外界没有人知道。事后，代宗下诏：罢鱼朝恩观军容等使。诏书还说：朝恩受诏后自缢而死。代宗命人将鱼朝恩尸体送还其家，并赐钱六百万安葬。

404. 元载是如何登上宰相宝座的?

元载（? ～777），字公辅，凤翔岐山（今属陕西）人，为唐朝宰相。虽然出身寒微，跟着母亲改嫁，但元载自幼酷爱学习，博通经史，尤其擅长道学。生逢其时，天宝初崇奉道教的玄宗皇帝下诏选求道学人才，元载入选，始入仕途。肃宗即位后大量选拔人才，经人推荐元载出任度支郎中。由于受到皇帝赏识，几个月后，他就升任户部侍郎、度支使并诸道转运使。与此同时元载结识了大宦官李辅国，时李辅国权倾海内，举朝为之侧目。有了李辅国这座靠山，元载必然是官运亨通。不久，元载就当上了宰相，但资历还比较浅，权势还很小。代宗即位后，除了李辅国连连向皇帝推荐，他自己也积极活动，不惜重金买通皇帝身边的人，伺察皇帝动静，所以他总能奏对称旨，成为皇帝的“知音”。皇帝自然对其宠信有加。甚至有人向代宗报告元载的儿子在外为非作歹时，皇帝反而责罚告状之人。

李辅国死后，宦官鱼朝恩专权，他专横跋扈，皇帝苦不堪言。为了讨得皇帝欢心，更为自己清除劲敌，元载示意皇帝诛杀鱼朝恩，君臣二人一拍即合。元载亲自部署，终于使鱼朝恩伏法。至此，元载位极人臣，一人之下，万人之上，独揽朝政十几年，直至得罪被杀。

405. 权臣元载为什么会被唐代宗赐死?

代宗大历十二年（777）三月，权倾四海的当朝宰相元载、王缙(jìn）被捕下狱，中书省主书卓英倩、李待荣及宦官董秀也下狱论处。这一消息简直震惊朝野，当人们验证此消息无误之后，无不拍手称快，奔走相庆。

元载家本寒微，他自幼嗜学，擅长文章，思维敏捷，博览子史，尤其擅长道书。玄宗天宝初年，元载以明庄、老、文、列四子学策入高第，从此踏入仕途。肃宗在位时，元载为度支郎中，掌判天下租赋、物产等事。因为他智性敏悟，善于奏对，得迁户部侍郎、度支使并诸道转运使。当时，宦官李辅国权倾四海，元载千方百计迎合李辅国，甚至和他的妻子攀亲附戚，以为求宠之术。在李辅国的举荐下，元载得拜同中书门下平章事，当了宰相，并继续兼任度支转运使。代宗即位以后，李辅国权势愈重，在代宗面前，屡屡称元载有才，加上元载本人也善于窥伺代宗的旨意，因而颇承恩遇，从此平步青云。

元载擅权以后，为了固宠保位，又外结权贵，内交宦官。当时有一个叫董秀的宦官特别得宠，元载就委托卓英倩，暗中向董秀厚赂金帛财货，刺取密旨。得到董秀的帮助，不论代宗有什么意愿、举动，元载都能事先知晓。朝廷议政时，元载更是处处迎合代宗，承意探微，无不谐契，代宗对元载也就越发宠信不疑。

元载本性贪鄙，窃权之后，便勾结中书省主书卓英倩、李待荣，利用权势，卖官鬻爵，招纳贿赂。朝廷政治在元载的把持下，不仅官由贿成，而且贿赂必须丰厚，少则不成。他所引进的这些贪猥之徒，任职之后大肆掠夺百姓，蠹（dù）政害民，元载又徇情包庇，从中贪赃纳贿。为相日久之后，元载越发肆意妄为，不仅自己枉法徇情，还纵容子弟收受贿赂。士人有求进为官者，不是行贿于元载，就是交通贿赂于元载家的子弟。

元载贪纵受贿，聚财敛富后，就沉湎于奢侈享乐的生活中，他在京城大宁里、安仁里两处兴建甲第，室宇奢广，冠绝当时。除此之外，元载又在近郊建造水榭亭台，所到之处，帏帐什器精美齐备，不需要自己操办，就有人贿赂供给。元载还在城南添置了肥沃的庄田，连疆接畛（zhěn），共有数十区，条件之优，连宫中也不能相比。

元载专权用事，奢侈无度，破坏法制，得到一大批谄媚之徒的追随吹捧，但也有一些正直的官员予以反对，并上疏论奏其奸，攻击其私。为了杜绝上疏，大历六年（771），元载借口文武百官奏事过多，而且所奏内容多有谗毁，因而建议建立一种新的制度，规定六品以下官员，想要论事，一律由宰相定可否，然后再奏闻代宗。大臣颜真卿上疏反对，他怀恨在心，将其贬到偏远地方任职。为了掩盖自己的劣迹，元载还在朝中勾结另外两名宰相王缙、杜鸿渐，大力推行佛教，政治上惑主乱政，经济上则广纳贿赂。

元载长期弄权自恣（zì），蠹政误国，贪污受贿，激起公愤。朝野上奏弹劾，揭露元载罪行的人越来越多。多行不义必自毙，大历十二年三月，元载得罪下狱，随后被赐自尽。他的长子伯和被代宗赐死扬州，次子仲武、三子季能和元载妻子王氏一并赐死。中使董秀，主书卓英倩、李待荣等，因为与元载狼狈为奸，都被处以极法。

406. 王缙迷信佛教，误导皇帝造成什么严重后果?

王缙（700～781），字夏卿，太原祁县（今属山西）人。他的兄长就是著名的田园诗人王维。当时天下流传的“朝廷左相笔，天下右丞诗”正是人们对兄弟俩的最高评价。开元七年（719）、十五年王缙连登文词清雅科和草泽科，兄弟二人同时扬名当世，大为时人所羡。与兄长相比，王缙更为多才，不但能文而且能武。开元、天宝年间王缙就任过一些武职，安史之乱爆发以后，王缙尽显运筹帷幄的军事才干，他跟随李光弼在镇守太原、争夺常山，与安史乱军的对抗中屡立战功，“功效谋略，众所推先。”这些经历为他以后出将入相打下了坚实的政治基础。

代宗广德二年（764）王缙拜相。当时“安史之乱”虽已平定，但藩镇割据成为严重的内患，而且部将合谋诛节度使的军乱屡有发生，朝廷不能以武力制约，只得派宰相大臣前去安抚、平息。王缙的军旅生涯使时任宰相的他成为最佳人选。七年中王缙多次出使藩镇，面对骄兵悍将，王缙有胆有识，随机应变，都成功地完成了出使任务。既有利于地方的和平稳定，又维护了朝廷的尊严。

出使归来，王缙再次为相。唐代是佛教的鼎盛时期，社会各阶级的人中都有许多信仰佛教，王缙就是一个虔诚的佛教徒。如果说其兄王维长年吃素，丧妻后三十年孤居是对佛教的极度虔诚，那么王缙则有过之而无不及。王缙晚年不但将自己所居宅第捐做寺院为亡妻追福，而且不惜利用职权大肆聚财兴建华丽的寺院。更为严重的是，身为宰相的他佞佛直接影响到了代宗皇帝。他每次启奏，必谈因果报应。他劝导皇帝，国家福运长远，都是“福报所至”，都是上天注定的，虽然偶有灾难，也不用担心。皇帝对之深信不疑。甚至面对吐蕃等外敌入侵这样的大事，王缙作为宰相，不但不能提出有效的御敌措施，却唆使皇帝于皇宫内设道场，召僧众诵《仁王经》以御敌。最终使吐蕃攻入京师，皇帝东逃避难。

王缙一生，青年时才华横溢，壮志凌云；中年时出生入死，官居显要；晚年佞佛贪财，身败名裂。七十八岁时王缙与元载一同获罪，元载被诛，王缙被贬为刺史，八十岁被召回，八十二岁去世。

407. 杨炎在财政方面有什么建树？

杨炎（727～781），字公南，号小杨山人，凤翔府天兴县（今陕西凤翔）人，著名的理财家。

杨炎出身于书香门第，曾祖父在唐初为国捐躯，父亲也曾考中进士，但隐居不仕。杨炎长得风流倜傥，一表人才。他最初在河西节度使吕崇贲手下做幕僚，很受器重。后入朝为官，他与常衮负责为皇帝起草诏书，文笔雄丽，名冠一时。元载待他“亲重无比”，屡屡提拔，后元载得罪，他也因此受到牵连。但久慕杨炎风华的德宗一即位，就任命他为宰相。

杨炎果然不负众望，一上任就在理财方面做了两件大事：一是把国家财赋从皇帝的私库里独立出来，有利于政府对财政的管理，朝野为之称颂。二是改变了税收制度，改“租庸调”为“两税法”。两税法的实行是我国赋税制度史上的一次重大变革，它改变了长久以来以户口、人丁为标准的征税原则，确立了按财产、土地征税的原则。不但减轻了劳苦大众的负担，而且扩大了征赋范围，增加了政府的财政收入。

杨炎是个很有影响的理财家，却不是一个豁达大度的政治家。杨炎独掌大权后，专意报恩复仇，因为刘晏在诛杀元载时出过力，所以杨炎为给元载复仇，虚构罪名将其杀害。刘晏也是个德高望重的人物，他的冤死引起了极大的反响，也使杨炎的声望受到极大的损害。

408. 杨炎为什么要诬陷刘晏?

开元以前，财务行政归尚书省户部统领，开元以后诸使代替尚书省执行财务行政，且使臣在国家财政上发挥举足轻重的作用，财政机构开始了由权归台阁到财使领职的演变，使职的出现直接剥夺了原有财政机构的财政大权。在这样的政治背景下，杨炎作为宰相，正是要借助“两税法”改革，收回各种使职的财权，将国家财政权重归尚书省掌管。而刘晏恰恰是使职中的杰出代表，毫无疑问两人成为中央财政权争夺双方的代表。杨炎得势，刘晏罢使则成为历史发展的必然。

如果刘晏的罢使可以视为政见不同的原因，那么罢使后刘晏再遭贬、被杀则不能不归因于个人恩怨了。

元载为相时，杨炎受到提拔重用，但不久元载得罪被杀，杨炎也受到牵连被贬出京，而在元载被判罪的过程中刘晏恰恰起到了推波助澜的作用。杨炎越是感恩于元载的昔日提携之恩，对刘晏的仇恨也就越深。于是杨炎任相以后，首先借改革之名罢去刘晏的一切使职，而后对其诬陷，将其贬出京师，继而杀之。

刘晏的冤死，激起人们的愤怒，藩镇纷纷上疏以示反对。杨炎为了掩盖自己的罪过将责任推脱给皇帝，致使德宗对杨炎开始不满，逐渐对他疏远，终于利用卢杞将其贬为崖州（今海南琼山东南）司马同正，而后又赐死于途中。

409. 杨绾拜相后，为什么郭子仪要自减军中音乐?

杨绾（? ～777），字公权，华州华阴（治今陕西大荔县）人。祖父杨温玉、父杨侃都在唐朝为官，以儒行知名当世。杨绾是安史之乱后，以清德高尚风范一时的名相，颇善文辞。

杨绾自幼聪明过人，勤于读书，博通经史，但不幸的是父亲早逝，他与母亲相依为命。在母亲含辛茹苦的养育下，杨绾终于考中了进士，而且还参加了唐玄宗亲自主持的制举考试，名列第一，官拜右拾遗。

安史之乱爆发后，肃宗在灵武（今宁夏灵武县西南）即位。杨绾闻讯，冒着被乱兵杀害的危险，长途跋涉赶到灵武，投奔肃宗，先后担任起居舍人、中书舍人等职。按唐朝规定，官员有公廨钱做办公费用，后来这种公廨钱被发给官员本人，成为官员俸禄的一种补充。又唐中书舍人中资历较深者称为“阁老”，在平日的习惯，公廨杂料钱有五分之四以上归“阁老”所独有。杨绾为“阁老”时，与同僚平分了这笔津贴，受到时论的好评。后来，杨绾又负责官员的考查，他严格按章程办事，考核官员的治绩得失，以公平允直著称。他公平地考查每一个官员，绝不受请托，不徇私舞弊。代宗皇帝时，元载专权，朝中的许多官员都极力攀附他，杨绾则从不攀附权贵，坚决不向元载讨好。因此，他被元载削去了实权，任命为国子祭酒。元载死后，杨绾众望所归地当上了宰相。

杨绾为官清廉公正，以良好的道德品行名闻当世，深受郭子仪的尊敬，而且还与郭子仪交情深厚，所以听说杨绾拜相的消息后，为其减去宴会中所用音乐大半，以示尊敬。但不幸的是杨绾拜相三个月后就去世了，朝廷在特发的诏书中说他“道风既穆于朝班，俭德已行于海内”，代宗为之扼腕叹息，说道：“老天不让我有贤人辅佐，以成太平之业啊！”

410. 李晟对镇压朱泚，再造唐室有什么贡献？

李晟（727～792），字良器，洮州临潭（今属甘肃）人，是唐中后期著名军事将领。他戎马一生，既勇敢善战，又深谋远虑，具有卓越的军事才能，他在平定朱泚之乱，挽救唐朝的命运，保卫西北边防，抵御吐蕃等方面都做出了突出的贡献。

李晟幼年丧父，十八岁投军入伍，精通骑射，曾一箭射死吐蕃大将，河西节度使王忠嗣称其为“万人敌”。在战火的洗礼中，李晟威名日高。大历年间，李晟入京，代宗任命他为神策军将领。神策军是皇帝直接控制的武装力量，在保护唐皇朝、镇压各地叛乱方面发挥着重要作用。李晟进入神策军后军事才能得到进一步发挥，政治影响更为扩大。

建中四年（783）泾原兵变，德宗仓皇逃奔奉天，李晟应诏，紧急赴难。同时来救援的李怀光因没有得到皇帝的恰当礼遇而与叛军朱泚相勾结，两股叛军相合，气势更为嚣张，皇帝只得南逃至梁州（今陕西汉中）。此时，李晟率领孤军处在两股反叛势力之间，腹背受敌，内无粮草，外无救兵，处境极为险恶。但他临危不惧，以忠义激励将士，顽强、机智地与叛军周旋。他不但积极备战，而且从内部瓦解敌人，以致有很多叛军来投奔李晟，敌人内部出现混乱。在李晟的努力下，终于收复了京城长安，德宗回驾。李晟军纪严明，受到长安士庶的欢迎。至此历时九个月之久的“朱泚之乱”平息了。为表彰李晟再造唐室的功勋，德宗下令立纪功碑于东渭桥（李晟曾驻军于此）。

411. 李晟立有大功为什么反而遭到唐德宗的猜忌?

李晟是唐代中期的名将，在五十多年动荡艰苦的军旅生涯中，多次平定藩镇割据势力的分裂叛乱，抵抗吐蕃统治者对唐王朝的攻击，为唐王朝的延续做出了重要贡献。而就这样一个有功之臣却遭到了皇帝的猜忌，究其原因，有以下两点：

首先，鉴于安史拥兵太盛而谋逆叛乱在前，诸藩镇仗势割据而对抗朝廷在后的教训，唐代中后期的皇帝无不对大将心存戒备，惧怕他们功高权重，无法控制。而德宗本人的疑心又比别人略重，所以说李晟遭到猜忌实属必然。

其次，吐蕃视李晟、马燧、浑瑊三人为侵唐障碍，不断制造诡计离间唐朝君臣，致使皇帝对李晟大为猜疑。贞元二年（786），吐蕃首先诈称应李晟之召而来犯境，但李晟以实际行动击败了敌人离间的诡计，战场上打得敌人落花流水。一计不成生二计，在战场上屡屡受挫后，吐蕃卑辞厚礼向唐军另一员大将马燧请降并要求结盟，马燧轻信了他们，并劝说德宗结盟。而熟悉敌情的李晟坚决反对，认为这是敌人的缓兵之计，并不是真心如此。德宗皇帝在经历了多次动荡以后，已出现厌战情绪，生性好猜疑的他反而认为李晟反对结盟，是想在无休止的战争中为己邀功，壮大自己的势力。且当时宰相张延赏与李晟不合，心存嫉恨，也趁机进谗说不能让李晟久掌兵权，以免后患无穷，必须及早控制。君臣二人不谋而合，于是德宗对李晟说：“我为了百姓的缘故，愿意和吐蕃和好，我意已决，你既然和吐蕃有嫌怨，最好留在朝廷，朝夕辅佐我。”李晟就这样被夺去了兵权。后来在平凉之盟中吐蕃伏兵袭击唐朝使者。马燧被治罪，浑瑊勉强逃命，吐蕃一石三鸟之计最终得逞。

412. 马燧为什么被称为唐之名将？

马燧（726～795），字洵美，唐朝后期著名将领，祖籍右扶风（今陕西西安西北），后徙汝州郏城（今河南郏县）。他治军严整，作战灵活，在平定叛将李灵耀、田悦、李怀光等战斗中屡立战功，为唐王朝的巩固做出了重要贡献，堪称一代名将。

马燧自幼喜读兵书，立志从军。一日他与兄弟们一起读经书，他忽然停下来感叹道："天下有事，大丈夫应建功于当代，以济四海，怎能辛辛苦苦地去做一个儒生呢？"于是他改读兵书。

安禄山起兵后，令贾循守范阳（今北京西南）。马燧劝说贾循倒戈，断掉敌人的后路。贾循犹豫不决，事情败露后被杀，马燧侥幸逃脱。

大历十年（775）马燧任河阳三城使。第二年汴州大将李灵耀在魏博镇田承嗣的支持下起兵反唐。马燧奉命与淮西节度使李忠臣共同进讨。但李忠臣畏缩不前，马燧只得独自杀敌。汴州平定后，马燧奉命让功于李忠臣。不久，魏博镇田悦起兵，马燧再次奉命讨敌。在行军路上，他给田悦送信以示友好，使田悦放松戒备；至邯郸后，斩其来使，大破其军，在临洺又与田悦展开殊死搏斗。后逢"朱泚之乱"，他回军太原。李怀光反于河中后，马燧先后在陶城（今山西永济北）、长春宫（今陕西大荔境内）等地大败李怀光军，逼得李怀光走投无路，被其部将斩杀，献其首而降。

马燧以其卓著的战功名盖一时，但也有失误。在吐蕃问题上他料敌失误，致使唐军损失惨重，他因此被削夺兵权。死后赠太尉，谥"庄武"。

413. 浑瑊作为大将有何功勋？

浑瑊（736～799），其先世属铁勒族浑部，世为唐代番将。浑瑊本名"进"，成名后改为"瑊"，少而日进，志成则瑊，正是他"忠勤谨慎，功高不伐"的谦虚品德的真实写照。他生于盛世，长于乱世，历仕玄、肃、代、德四朝，身为武将，外御强敌，内惩国贼，立下战功无数。

天宝五载（746），十一岁的浑瑊随父从军，勇冠三军。安史之乱爆发后，二十岁的浑瑊首先跟从李光弼出师河北，射杀贼军骁将李立节。而后跟随郭子仪、仆固怀恩收复两京、讨伐史朝义，经历大小数十战，由于战功最多，官至太常卿。

建中四年（783），泾原兵变，朱泚据长安自立，德宗逃往奉天（今陕西乾县），浑瑊带领家人子弟亦赶到奉天保卫皇帝。奉天城兵少粮稀，被朱泚数万叛军团团围住。危难之中浑瑊与敌人斗智斗勇，想出各种办法阻挡敌人攻城，并亲自率领士卒守城，他以实际行动感召着每一位将士，使城内稳定，无人背叛。浑瑊的死战死守终于使敌人知难而退，度过了危机。但李怀光的反叛，两股叛军的联合使平叛斗争更为困难。护送皇帝至梁州（今陕西汉中）后，浑瑊率军与敌军展开殊死搏斗，与李晟东西呼应，最终平定了叛乱。浑瑊因此成为奉天定难之功臣。德宗采用汉高祖刘邦拜韩信为大将之史例，亲自为浑瑊授节钺，以示褒奖。

浑瑊也曾多次打败吐蕃、回纥的侵犯，为保卫唐王朝的领土完整做出了贡献。浑瑊一生，外御虏寇，内平叛乱，救唐于危亡之际。

414. 唐朝官员与吐蕃会盟时遭到袭击，浑瑊对此应负什么责任?

史书中认为平凉元盟唐军遭劫，是因为浑瑊“术有所不至也”，意思是浑瑊应对此事负责，但这是不正确的。

“安史之乱”以后，唐王朝失去了盛世的光辉，吐蕃乘机发难，屡为边患。贞元二年（786），吐蕃再次进犯，吐蕃军统帅尚结赞认为李晟、马燧、浑瑊三员唐将是最大的敌人，于是想用计除去，削弱唐军的抵抗力量。尚结赞首先诈称此次出兵是应唐将李晟的暗中邀请，但李晟准备充分，设下埋伏痛击吐蕃，以实际行动使谎言不攻自破。一计不成生二计，在军事上受到李晟连连打击后，尚结赞就在外交上展开活动。他卑辞厚礼向马燧请降，马燧轻信了他。在马燧的劝说下，早已厌战的德宗皇帝不顾李晟等人的正确意见，同意与吐蕃结盟，并对李晟心生疑忌，认为他想以战邀功才反对合盟。于是德宗派浑瑊去结盟，而且嘱咐他切勿戒备，要以诚相待，不要胡乱猜疑，阻挠结盟。

身负皇帝和平的使命，浑瑊只得按吐蕃的要求去做，解去武装。按规定双方各选派相同数量的士兵在会场负责巡逻，其余在外待命。浑瑊进入会场后，唐军的巡逻兵就被吐蕃扣下了，而且吐蕃在会场外围布下三万伏兵，浑瑊带去的二万唐军毫无战斗准备。可见德宗皇帝在做出结盟的这个决定时就已经注定了浑瑊等结盟之人的命运。吐蕃击鼓三声，吐蕃军呼噪而去，开始劫盟。唐朝将士在毫无准备、卸去武装的情况下自然不堪一击，浑瑊本人侥幸获得一匹战马，浴血奋战才杀出重围，唐军死伤无数，被俘的人很多。浑瑊辗转回到京师向皇帝请罪，皇帝自知是轻信吐蕃才使唐军遭此重创，就没有怪罪于浑瑊。

415. 卢杞为什么被视为大奸相？

卢杞（？～约785），字子良，滑州灵昌（今河南滑县西南）人。他的祖父卢怀慎是开元初年的宰相，名重一时，且治家严俭。卢杞相貌丑陋，满脸凶气，虽然承袭家风粗衣粗食，但在政治上惯于使用阴谋诡计，排斥异己，陷害忠良，是一代奸相。

卢杞仗着父祖的功德直接步入仕途，加之本人心思缜密，巧舌如簧，在仕途上难免不春风得意。一个偶然的机会，卢杞受到了德宗的重视，升任为御史中丞，一年后就当上了宰相。上任后，卢杞妒贤嫉能，立威固权，名臣杨炎、颜真卿先后被其害死，李揆、张镒纷纷被挤出朝班，其他被害、被排挤之人不计其数。

杨炎身材魁梧，气宇轩昂，很看不起丑陋不堪的卢杞，经常借故不与卢杞在政事堂一起用餐，卢杞自然怀恨在心。恰逢梁崇义造反，受命前去讨伐的李希烈因久雨没有进军，卢杞乘机说："李希烈迟迟不肯进军，主要是因为杨炎曾建议陛下不重用他。陛下何必为了一个杨炎而耽误了讨伐梁崇义的大事呢？依我之见，不如暂且免除杨炎宰相之职，等稳定后再起用他。"德宗本来就因杨炎曾把处死刘晏的罪过推到自己头上而心怀不满，就听从了卢杞的建议罢去了杨炎的相职。至此卢杞仍不罢休，又以杨炎家庙临近王气很重的曲江而借题发挥说杨炎蓄意谋反。这一下触动了皇帝最敏感的神经，杨炎也就必死无疑了。

卢杞整人的手段花样翻新，层出不穷。颜真卿是平定"安史之乱"的功臣，又敢说话，对于卢杞来说自然是个危险。对于德高望重的颜真卿，诬陷是行不通的，于是卢杞想出了更为毒辣的办法。建中四年（783），李希烈造反，卢杞乘机进言："李希烈年轻气盛，一时头脑发热才如此，只要派一名德高望重的老臣前去安抚一下就行了。颜真卿三朝元老，名望最高，是最合适的人选。"得病乱投医的德宗当然顾不得颜真卿已是七十多岁的老人这一事实，急忙派他前去劝降。颜真卿一去，老迈之人饱受侮辱、谩骂，直至被杀。卢杞终于达到了假他人之手去除敌人的目的。

同年，卢杞为了达到排挤李揆的目的，派七十三岁的李揆出使吐蕃。当李揆向皇帝表达了自己老迈、身体不堪远行的意见时，卢杞阴险地说："出使吐蕃必须选老练的官员，越老经验越丰富。况且李揆这次如果去了，以后其他年轻人就再也不能推辞远行了。"李揆终于病死于归途。

如果说平日无事搞搞个人斗争尚可原谅，那么当国家处于危难之中还继续如此就真是十恶不赦了。泾原兵变，德宗逃难奉天，李怀光前来勤王，德宗自然应该召见予以慰抚，但卢杞害怕李怀光谋害自己，就从中阻挠。李怀光觉得自己劳苦功高，皇帝连见也不见，以致怨气冲天，这成为他后来背叛朝廷的一个重要原因。李怀光反叛后，皇帝再度逃亡，平叛工作更为艰巨。

贞元元年（785），卢杞死于贬所澧州，走完了罪恶的一生。

416. 裴延龄是什么人？

裴延龄（728～796），河东（今山西永济西南）人。他为官奸佞，以谄媚、逢迎取得皇帝信任，办事无能，却整人有术。

贞元八年（792），丝毫不懂理财会计的裴延龄被德宗任命为度支使。上任后，他故弄玄虚，将左藏库分为六个别库：欠库、负库、耗库、剩库、季库和月库。库中财务不增加，只是多费了些簿书、账目及人吏而已。德宗皇帝却认为他很有理财能力。提拔他为户部侍郎。第二年他又以开通财货为名，巧立羡余、底折（以和市场价折充）、本分钱（皇帝庖厨钱）等名目，肆意搜刮，取媚于皇帝。

裴延龄处处顺着德宗的意思说话，谄媚之本领空前绝后。为标榜四海升平，德宗想以报天恩的借口建神龙寺。建寺则需要一些长五十尺的松木，裴延龄趁机报告说同州有数千棵八十多尺的大林可做木材。德宗惊喜地说："朕听说开元、天宝时，在京师附近寻觅五六十尺的木材已十分不容易，必须到很远的岚州、胜州一带才能得到，怎么现在近处就有了这么好的大树呢？"裴延龄满脸媚笑地回答道："臣闻贤材、珍宝、异物到处都能存在，只是要遇到圣君方才能出现。开元、天宝年间怎么能出现呢？如今这上好的树木就生长于关辅，都是因为您是圣君，方才出现的啊！"对于这样的好事，德宗自然就不去分辨真伪了。为进一步取悦德宗，他上奏："在粪土中得白银十三万两，得缎匹、杂货百万有余，此皆是库藏羡余，应移杂库别供支用。"

德宗对裴延龄的宠信到了无以复加的程度。陆贽直言极谏，指出裴延龄的种种奸邪，德宗大怒，免陆贽相位，对裴延龄愈加亲厚。裴延龄"得理"不饶人，仍不断地在德宗面前诬陷陆贽，陆贽最终被贬为忠州（今四川忠县）司马。裴延龄还用种种卑劣手段谋害不少朝中忠直之士及与他不和或指斥过他的人。裴延龄有恃无恐，公然对人讲他一定会得到宰相这个职位的。他生病了，唯恐别人夺取权力，竟将一切度支的账目、印章均搬到自己家中。但自陆贽后，没人再敢讲他的不是。

德宗也知道裴延龄的"诞妄"，但还是完全听任他的诡计，异乎寻常地宠信他。贞元十二年（796）裴延龄去世，中外朝臣俱称贺，唯有德宗悲伤不已，为其举行隆重葬礼，只是朝臣们都不愿去吊祭。

417. 刘晏在改革唐朝财政方面做出过什么贡献？

刘晏（715～780），曹州南华（今山东东明东北）人，字士安。他七岁的时候考中神童科（唐代创制的选拔神童的考试，待神童成人以后，再予以授官），天宝中他开始做官。

刘晏自肃宗上元元年到代宗大历十四年（760～779）的二十年里，长期担任财政上的度支、盐铁、转运等使职，除了主持盐法改革外，还进行了改进漕运法和平抑物价的工作。

肃宗乾元元年（758），在第五琦的主持下，开始实行食盐官府专卖制度。上元元年刘晏担任盐铁使，在此基础上对食盐专卖制度加以改进。撤销了原来非产盐区的州县盐官，只在产盐地区设官，负责收购食盐，然后将低价收购来的盐加价卖给商人，转运到各地，并禁止过境州县再次征税，以保持盐价的平稳。官收官卖变为官收私卖，官府同样可以从中获取高额差价，而且防止了各地盐吏扰民的流弊。刘晏还奏请在距离产盐区较远的地方设置常平盐仓，以备盐荒，同时又能起调剂作用，防止盐商抬价。又在全国各地设巡院十三所，查禁私盐。经过他的整顿，唐政府的盐利收入极大地增加，甚至可以在国家年赋税总收入中占到一半。

"安史之乱"以来，北方藩镇林立，战火不止，唐朝财政几乎全仗江南赋税。但运河受到战争破坏，尚未畅通，关中地区因此常发生粮荒。刘晏采取措施疏通运河。他发展了开元时期裴耀卿的分段运输法，根据江、汴、河、渭不同的水流情况，把段落分得更细，并在各段之间设仓转储，既减少了损耗，降低了运费，又提高了效率。同时刘晏注意运河沿岸的水源保护和运河的疏通等等。经过整顿基本上缓解了关中粮食供应紧张的情形。

面对战后物质缺乏、物价腾贵的情况，刘晏还着手平抑物价。他以各地盐铁巡院为据点，设置巡院官，随时通报各地物价动向，官府贵卖贱买，保持物价的基本稳定。又在重要城市设置常平粮仓，根据各地雨雪丰歉的情况，通过同样的办法平衡粮价。这种措施，同样使政府获得了丰厚的利润。

刘晏掌管财政的二十年间，还培养了一批干练的理财家。大历十四年（779）德宗即位，杨炎入相后，刘晏被排挤出朝廷。但刘晏故吏韩洄、元琇、裴腆、包佶、卢征、李衡等人继掌财赋，刘晏整顿财政经济的成就得以保持了较长一段时间。

刘晏的财政改革使“安史之乱”以后府库耗竭、财政紊乱之旧貌得以改观，军国赖之，同时也奠定了唐后期财政机构的基础。

刘晏理财有方，勤于政务，为官不贪。当他家被人搜查时，人们才发现这个财神爷的家中家徒四壁，仅杂书两乘、米麦数斛，人皆叹服。

418. 柳浑是何许人？任宰相期间有何作为？

柳浑（715～789），原名载，字夷旷（又字惟深），襄州（今湖北襄樊）人，进士出身。历肃、代、德三朝，历官监察御史、袁州刺史、尚书左丞。建中四年（783）朱泚叛乱，德宗出奔奉天（今陕西乾县），他微服奔奉天。贞元三年（787）拜相。柳浑为官清廉公正，敢于直谏。有一次，玉工无意中弄坏了皇帝腰带上的玉饰，又偷着赔上。唐德宗发现后，认为玉工在欺骗自己，欲以欺君罔上罪处死他。柳浑便劝谏道：“皇上当即杀了他也就罢了，如今既然交付法司，就必须经过审理评议才可判决。从法律上讲，过失损坏皇帝器用衣服，罪当判杖刑，请依法处决。”正是由于宰相柳浑的大胆直谏，顶住圣旨，才救了玉工一命。

韩滉入朝后，皇帝非常器重他，朝中大小事情都让韩滉处理，以致其他宰相无事可做，韩滉逐渐变得专权起来，但没有人敢说话。柳浑虽然曾受到韩滉的提拔，但看到他如此专权，于是对韩滉提出了批评意见。忠言逆耳利于行，韩滉感悟颇深，也就接受了他的意见。

后来张延赏大权在握，排斥异己，他嫉恨柳浑公正敢言，让他的亲信警告柳浑说："你在朝堂上少说话，宰相才能做得长久！"柳浑坦然回答道："请代我感谢张相公的好意，柳浑头可断，舌不可禁也。"正逢浑瑊赴平凉与吐蕃结盟，朝堂皇帝绝口称赞结盟之好，马燧、张延赏上前道贺，柳浑却大煞风景地直言道："人面兽心，难以信结，今日盟约，臣窃忧之。"皇帝生气地批评柳浑说："你一个书生，懂什么边疆之事？作为明智有谋略的大臣，怎么能说出这样糊涂的话？"但当天晚上就有人回到京师报告了平凉之盟被劫这个坏消息。皇帝很佩服柳浑的断事能力。

柳浑终因直言极谏，为张延赏所不容，被罢去相位。贞元五年（789）病死，终年七十五岁。

419. 李揆是什么人？为什么当时人称其为"三绝"？

李揆（711～784），字端卿，陇西成纪（今甘肃秦安）人，出身望族。他性机敏，善文章，开元年间考中进士，始入仕途，肃宗朝拜相。

安史之乱爆发后，李揆跟随玄宗入蜀，官至中书舍人。乾元初任礼部侍郎，针对当时选士只重文章不务实才的弊病，李揆向参选贡士宣布："上选士，志在得才，你们可畅所欲言。"李揆意在摆脱书本的桎梏，选拔实干型人才，这是公私两益的事情，深受时人称赞。李揆也曾反对萧宗加张皇后"翊圣"之号，打消肃宗另立张皇后之子为太子的念头。

李揆在相位，决事果断，但他过于看重名利，对其声誉造成了一些不利的影响。同列宰相吕諲，罢相后为荆南节度使，政声甚美。李揆惧其再次入相，竟派人至吕諲处，搜集其过失，进行诬陷。吕諲将此事密告朝廷。皇帝大怒，贬揆为莱州长史同正员，好几年以后才升为歙州刺史。苗晋卿曾屡次推荐元载堪为大用，李揆却很轻视元载，还说："龙章凤姿之士不见用，獐头鼠目之子乃求官邪？"元载后果为相，自然对李揆大加报复，李揆被改任为试秘书监，无俸禄，一家百口无食以至乞讨，如此流落长达十五六年。元载罢相后，李揆出任礼部尚书，境遇稍好，但又逢卢杞秉政，卢杞恶其威望，阴谋陷害，使七十多岁的他长途跋涉出使吐蕃，使还，李揆死于归途。

李揆出身于名门大族，本人又仪表堂堂，能说善谈，才学出众，唐肃宗曾当面对李揆说：“爱卿门第、人物、文章，皆为当代所推重。”所以当时称其为“三绝”。

420. 马璘为什么被称为“中兴之猛将”?

马璘（721～777），扶风（今陕西扶风）人。世为将家，其祖父是右威卫将军，父亲为右司御率府兵曹参军。马璘年幼时失去双亲，所以到处流落。二十多岁时，读到《汉书·马援传》中有一句“大丈夫当死于边野，以马革裹尸而归”的豪言壮语，马璘深受启发，心中暗想：“怎么能让我家祖辈的卓著功勋消失在我的手中呢?”于是立志成就一番事业。

玄宗开元末年（741），马璘从军安西（今新疆库车）。因其在军中屡立奇功，累迁至左金吾卫将军同正。至德初年（756），为了抵御安史叛军，马璘率领三千精兵自西北进入凤翔（今陕西凤翔）。肃宗认为马璘用兵非常神奇，遂委托其东讨叛兵，马璘作战勇猛，取得了极大的战功。他曾经随副元帅李光弼进攻洛阳，史朝义亲自统率精兵在北邙（今河南洛阳北）抵抗官军，叛军营垒如山，旌甲耀日，气势汹汹。官军为其震慑，诸将不敢出击。马璘独自率其部下横戈而出，前后四次深入敌阵，史朝义最终大败而逃。李光弼由此十分赏识他，称赞道：“吾用兵三十年，未见以少击众，有雄捷如马将军者。”马璘很快被提升为太常卿。

至德二载，吐蕃侵扰边境，朝廷召马璘前往河西援助。广德元年（763），吐蕃兵进攻关中，代宗逃到陕州（今河南陕县）躲避。吐蕃进攻凤翔，凤翔节度使孙至直闭城自守，马璘率军进入凤翔，不解甲胄，突出悬门，背城出战，击溃吐蕃。随后，马璘乘胜追击，俘获及斩首敌军数千计。此后，他更加威名远扬，代宗回到长安后任命他兼御史中丞。

代宗永泰初年（765），马璘被任命为四镇行营节度使，兼南道和蕃使。后来又迁任四镇、北庭行营节度使及邠宁节度使，兼御史大夫，不久又加任检校工部尚书。后因吐蕃经常侵扰边境，而泾州（今甘肃泾川）与吐蕃最近，又诏马璘移镇泾州，马璘以破虏为己任而慷慨领命。到了泾州，他分建营垒，加强防御，多次击溃吐蕃进犯。马璘在泾州镇守八年，城堡坚固，边境安宁，政宽人和，深得民心。大历九年（774），马璘入朝，任检校右仆射。皇上很器重他，进检校左仆射知省事，封扶风郡王。

马璘英勇善战，武艺绝伦，能在乱世中屡立忠节，被誉为“中兴之猛将”。大历十二年（777），马璘去世，享年五十六岁。代宗很是惋惜，为他废朝，深表哀痛，并赠司徒。

421. 段秀实为什么被称为“忠贞之士”？

段秀实（719～783），字成公，陇州汧阳（今陕西千阳西北）人。

安史之乱以后，煌煌盛世江河日下，唐朝处于严重的内忧外患之中。藩镇割据，边境多事，战火不断等等一切无不深深地刺痛了段秀实那颗报国之心，于是他投笔从戎，放弃了读书入仕的理想。在以后的三十多年中，他为保卫唐朝的疆土，抗击藩镇的反叛活动都做出了巨大贡献。

他在安西（今属甘肃）入伍从军，先后跟随高仙芝、封常清，屡立战功。段秀实以作战机智多谋、勇敢善战而著称。肃宗在灵武即位后调动安西的部队东进平叛，节度使梁宰观望不发，在段秀实、李嗣业的劝说下才改初衷。而后段秀实跟从李嗣业积极平叛，屡立战功。大历十一年（776）段秀实出任泾州（今甘肃泾川北）刺史兼御史大夫以抗吐蕃的频频来犯。他治军从严，积极调整兵力部署，整修工事。他恩信服人，军将团结，极大地增强了军队的战斗力，一改以前唐军屡战屡败的局面，以致吐蕃几年不敢犯境。

段秀实敢于直言，不避权贵。德宗建中元年（780），宰相杨炎欲大兴土木，修建原州城，开凿陵阳渠。当德宗派人向时任泾原节度使的段秀实征求意见时，段秀实直言进谏说：“方春不可兴土功，请俟农隙。”段秀实认为不应夺农时，影响农业生产。因此杨炎对他极为不满，认为段秀实是故意让他难堪，便寻机解除了段秀实的兵权，改任司农卿，以示报复。

建中四年，泾原兵变，朱泚谋逆占据长安，抓获了在长安任司农卿的段秀实。因慕其名望，请他做自己的谋臣，段秀实严词拒绝，骂朱泚：“狂贼，我恨不能将你碎尸万段，岂能跟从你谋反呢?”说罢，他夺过一叛将手中的笏板，猛击朱泚额头，血溅满地。他二人扭打在一起，旁观者都吓得不知如何是好。段秀实一生光明磊落，刚直不阿，廉洁奉公，为人称赞，堪称仇敌的朱泚亦不例外。当叛军将士用刀砍段秀实时，朱泚用手捂着流血的额头还不忘制止说："义士也，勿杀！"

段秀实被杀的消息传到奉天，德宗皇帝非常后悔没有重用他，为之哀伤不已，下诏追赠他为"太尉"，谥号"忠烈"。后人视其为"忠贞之士"。

422. 段秀实有哪些逸事？

段秀实机智多谋，作战勇敢。一次，唐军与大食（阿拉伯）为争夺昭武诸国展开战争。安西节度使高仙芝及副将李嗣业失利，军卒纷纷溃散，唯独段秀实部处乱不惊，力挽败局。当他发现李嗣业竟然也混迹于逃亡军士中时，十分气愤，厉声斥责道："军败而逃，不是男子汉大丈夫。"李嗣业羞愧难当，遂与段秀实一起收集残部，顽强抗敌。

段秀实治军严整，对违反军纪的人毫不姑息，且不避权贵，大义凛然。邠州（今陕西彬县）驻军首领郭晞放纵部下，侵扰百姓，有的不法士兵竟然与地痞流氓相互勾结横行乡里，而邠宁节度使白孝德因郭晞是郭子仪的儿子的缘故而束手无策。段秀实主动请缨，要去碰一碰这块硬骨头。不久，郭晞部下十七个军士在大街上寻衅滋事，刀挑了酿酒的老头，砸坏了酒缸。段秀实逮捕了他们，并砍头示众。郭晞军营闻知此事，颇为气愤，个个剑拔弩张，试图报仇。段秀实大义凛然，毫无惧色，赤手空拳地来到营中，士兵们一拥而出，将他团团围住。段秀实神色自若，讥诮地说："何须披甲持刀，我带着头来了。"他如此做法反倒使士兵不知所措。段秀实见到郭晞，劝说道："副元帅（郭子仪）功高如天地，应当保持下去，而你放纵士卒行凶，这虽是你的个人行为，但别人要说这是你仗着副元帅的权势才这么做的。如果这样，你们郭家能与功名共存的人还有几个呢？"郭晞如梦方醒，他感谢段秀实的直言相告，从此他整饬军纪，邠宁从此太平。

段秀实体恤民间疾苦，不失时机地为百姓排忧解难。他任营田官时，驻泾州的大将焦令谌强占民田数十顷，硬性转租给百姓，要他们收获后上交一半的收成。那年天大旱，颗粒无收，焦令谌却说："我只知收租，不知天旱。"段秀实闻知，出告示免收粮租。焦令谌恶狠狠地说："我怕你段秀实吗？"当众将一个欠租的农民打了二十大板，并限期交租。段秀实将这个被打的人接到自己家中，流泪说："都是我害了你呀！"他亲自为那人处理伤口，自己卖马为其交租。后来焦令谌听说了段秀实的所作所为，羞愧难当，并且汗流浃背，以至几天都吃不下饭。

423. 为什么说宦官控制禁军自窦文场、霍仙鸣始?

窦文场、霍仙鸣（？～798），均为唐代大宦官。德宗为太子时，他们两人在东宫侍奉德宗。自从鱼朝恩被诛杀后，宦官便不再掌管禁军，德宗把禁军交给白志贞统率，白志贞多收长安豪民贿赂，把长安城中市井无赖都招入禁军，有的甚至只挂其名，并不到军中服役。泾原兵变时，德宗召禁军御敌，禁军竟无兵可调，唯有窦文场、霍仙鸣率领数百宦官从行。于是德宗便将禁卫兵士交给他们两人统领。返回京城后，德宗对功臣宿将不放心，凡握兵者，多罢其兵权，只信任宦官。遂于贞元十二年（796）设置左右神策军护军中尉两员，以窦文场、霍仙鸣两人充任，专门统率禁军。从此以后，神策中尉的职务便成了宦官的专职，宦官统率禁军也就成为国家定制。

贞元十四年，霍仙鸣因病而亡。同年，窦文场表请致仕，得到允许，不知死于何时。

424. 颜真卿生平有哪些主要事迹?

颜真卿（708～785），字清臣，琅邪临沂（今属山东）人。是北朝著名学者颜之推的后代，唐初学者颜师古的后世孙。颜真卿少年好学，文章做得好，书法也很好。开元年间考中进士，始入仕途。当他做监察御史时，一次出使到河陇地区，当时此地有冤狱，很长时间没得到正确的判决。适逢天旱，颜真卿做出裁决后，天下了雨，当地人称之为“御史雨”。

由于颜真卿刚直，坚决不依附杨国忠，被贬出京师，出任平原太守。当安禄山反迹越来越明显的时候，颜真卿未雨绸缪，以预防连绵大雨为借口，修缮城池，招兵屯粮，而表面上泛舟饮酒，若无其事，以免打草惊蛇。安禄山范阳起兵后，河朔一带望风瓦解，唯独平原城起兵坚守。颜真卿与哥哥常山太守颜杲卿联军抗叛，河北十七郡云集响应，合兵二十万，极大地牵制了敌人的进攻力量。后来因为无兵救援，力寡难支，在敌人强大的攻势下，颜真卿只得弃城奔灵武。

颜真卿忠良耿直，恪尽职守，军国大事知无不言，屡为权臣元载、李辅国等人嫉恨，出为外州刺史、长史。代宗时再次回到京师任尚书左丞，封鲁郡公，人称颜鲁公。德宗即位后，杨炎也嫉恨他的耿直敢言，改任为太子太傅，表面上予以尊宠，实际上是夺取了他的实权。

在唐玄宗刚刚听说爆发叛乱时，曾感叹地说："河北二十四郡，岂无一忠臣乎?"等听到平原派来的使者奏报后，极为高兴，对左右的人说："朕不知颜真卿形状如何，所为得如此?"

425. 颜真卿是怎么死的?

颜真卿的直言不讳、耿言直谏，惹恼了权臣奸相卢杞。卢杞怀恨于心，伺机报复。

建中四年（783）淮西节度使李希烈叛乱，卢杞谎称："李希烈年少轻狂，逞一时之勇，无需派兵镇压，最好选一位儒雅重臣，前往劝抚即可成功。颜真卿三朝元老，德高望重，是最合适的人选。"德宗不察真相表示赞同。诏令下达后，举朝震惊。颜真卿接受命令后没有丝毫犹豫，毅然前往。

刚到李希烈营中要宣圣旨，李希烈指使养子率一千多人围着他大骂，并拿着刀剑向他比划，以示威胁，颜真卿大义凛然，毫无惧色。李希烈只好自己出面解围。

面对着李希烈的威逼利诱，颜真卿对他们大肆斥责："你们想让我给你们做宰相?你们听说过颜杲卿吧?那是我大哥。安禄山造反那会儿，他第一个站出来抵抗，到被杀的时候还在痛骂敌人。我现今都是快八十岁的人了，官也做得够高了，我不能败坏哥哥的名声，人死就死吧！我怎么能接受你们的诱降呢?"李希烈黔驴技穷，只得将他囚禁起来，并在院中挖了一个坑，扬言要把他活埋。颜真卿泰然自若。在得知唐军打了败仗之后，他伏地痛哭，从此不与人说话。后来李希烈的大将周曾等人策划杀死李希烈，尊奉颜真卿为节度使。事情败露，颜真卿考虑必死无疑，于是写好了遗书、墓志、祭文。李希烈妄图称帝，向颜真卿问称帝仪式，颜真卿回答："老夫已经年老忘事了，曾经执掌过国家礼仪之事，但却只记得诸侯朝见天子的礼仪。"

后来李希烈军势渐弱，其弟亦被处死，愤怒之余，派人将颜真卿缢死，终年七十七岁。

颜真卿被害，在朝野中引起很大反响，三军为之痛哭，德宗为其废朝五日，谥曰"文忠"。

426. 如何评价王叔文主持的短暂改革?

王叔文（753～806），越州山阴（今浙江绍兴）人。他为人机智，胸怀谋略。唐代中后期，有一个著名的革新运动，历史上称为“永贞革新”。“永贞革新”为时不长，不过半年，但雷厉风行，做了不少有益的事。推行“永贞革新”的政治集团是“二王八司马”，而他们的核心人物和实际领袖是王叔文。

因王叔文读书明道，又下得一手好棋，德宗命他到东宫侍奉太子。君臣志同道合，对种种社会弊端如宦官专权、藩镇割据深为不满，颇有改革之志，两人经常在一起谈论天下大事，议论民间疾苦。一次，太子与侍读们议论宫市之弊时，激愤地说：“寡人见了皇上，当极力劝谏。”侍读们大为称赞，只有王叔文一言不发。众人散尽，太子问他为何沉默不语，王叔文说道：“太子的职责只该关心皇帝的寝食安否，不能干预朝政大事，皇上在位已久，若有人乘机进谗言，说太子收揽人心，那可怎么办?”太子对他大为感激，又觉得他深谋远虑，从此对他极为尊重，所以即位后肯委政于他。为使太子一即位就能推行革新计划，王叔文密结人才，王伾、韦执谊、柳宗元、刘禹锡、陆质、吕温、李景俭、韩晔、韩泰、陈谏、凌准、程异等人均在结交之列。革新失败后，其中八人被贬为司马，所以人称“二王八司马”。

太子即位，即顺宗皇帝，立即起用革新派。王叔文充分发挥了他坚决果断、办事效率极高的才干，在完成革新组织人事上的准备后，立即着手内政改革：首先惩办了大贵族、大贪官李实，人心大快。紧接着又办了五件大事，即废除宫市、废除五坊小儿、禁征乳母、废除常贡以外的进奉、免除百姓历年积欠租赋。这些措施都取得了民心和舆论的支持。本来顺宗在即位前已患中风，随着病情加重，仇恨革新的宦官赶忙拥立太子监国，致使革新集团失去了皇权支持，不但不能进行深入的改革，反而遭到失败。王叔文先被贬为渝州（今四川重庆）司户，而后于宪宗元和元年被赐死于渝州，年仅五十四岁。“永贞革新”功不可没，王叔文同样功不可没。

427. 王伾是什么人?

王伾，杭州（今治浙江杭州）人。他其貌不扬，说话时常带着京城人难以听懂的家乡土音，顺宗觉得他很滑稽，喜欢拿他逗乐、解闷，所以王伾和顺宗能经常接触，也对顺宗容易产生影响。

顺宗即位后，王伾为翰林学士。他参与了王叔文等人的革新活动。因为王伾与皇帝的亲密关系，王叔文依靠王伾对皇帝产生影响，以达到革新的目的。但王伾胸无大志，他利用职权乘机招财纳贿，且在同党中“伾门尤盛，珍玩赂遗，岁时不绝”，甚至“室中为无门大柜，惟开一穴，足以受物，以藏金宝，其妻或寝卧于上”。他和王叔文既互相攀引配合，又互相利用，互相竞争。

王叔文因丁忧离职后，试图东山再起，王伾也感到势单力孤，千方百计地想为王叔文恢复官职，甚至在一天之内三次上表皇帝，请求为王叔文复官，但都被宦官们阻截。王伾马上感到大势已去，第二天就自动离职回家。

宪宗即位，一直支持顺宗、主张革新的王伾和王叔文都同样被贬，王伾被贬为开州（今治四川开县）司马，最后病死于开州。

428. 贾耽在地理学方面有什么贡献？

贾耽（730～805）字敦诗，沧州南皮（今属河北）人。他既是一位务实的政治家，也是一位著名的地图学家和地理学家。

贾耽生于开元盛世，自幼喜爱读书，尤爱地理，天宝中考中明经科，步入仕途。由于才华出众，政绩突出，他从最初的县尉一路升迁到了宰相，其间曾任鸿胪卿，专门负责接待外国使节。贾耽居相位十三年，待人诚恳，克勤克俭，忧国忧民，是唐代中期重要的政治家。

除政治上的贡献外，他在地图学、地理学、方志学等方面都做出了卓越的、划时代的贡献。在我国地图学发展史上，如果说裴秀（晋代）是制图理论的奠基人和创建者，那么贾耽就是制图理论的继承人和发展者。他创造性地用“古墨今朱，古今殊文”的注记方法绘制地图，将制图的方法提高了一步。贾耽自五十五岁开始，前后用了十七年的时间，绘制了巨大而又精详的唐代全国地图——《海内华夷图》，大概有十平方米大。这不仅是中国地图学史上的盛事，也是世界地图学史上的盛事，只可惜没有流传下来。另外由于长期担任鸿胪卿工作，贾耽有条件接触更多的外国使节和地理书籍，因此积累了丰富的资料。有感于陇右地区积年被吐蕃占领的现状，他绘制了《关中陇右及山南九州等图》，并作图说十卷，涉及山川河流、人口、驻军等，内容丰富，希望能为唐王朝收复失地做出贡献，可见其眷眷爱国之心。

贾耽地理著作颇丰，除上述之外，还有《皇华四达记》十卷、《关中陇右山南九州别录》六卷、《吐蕃黄河录》四卷等等。他在《广州通海夷道》中详细地记录了从广州经越南、马来半岛，南到爪哇，西到印度、斯里兰卡，一直通到波斯湾沿岸各国的海上航路情况，记述得详细、准确。

429. 陆贽在政治上有什么建树？为什么人们将他比为汉代的贾谊？

陆贽（753～805），嘉兴（今属浙江）人，字敬舆。死后谥号为“宣”，后世亦称为陆宣公。大历八年（773），二十岁的他考中进士，继而又考中博学宏词科。在诗的海洋中，他的赋文独树一帜，他亦因此而扬名。德宗为太子时已闻其名，登基后任命他为翰林学士。

陆贽博古通今，才识练达，审时度势，敏于应变。在仓皇危难之际，全靠他过人的洞察力和冷静的应变能力，德宗才得以避免许多困厄，渡过危难。建中四年（783）朱泚乱京师，德宗被围困在奉天（今陕西乾县）。当时北面诸军受敌牵制，南方藩镇多闭境自守，观望不动，形势十分危急。值此人心向背之际，德宗在陆贽的反复劝谏下，终于在兴元元年（784）元旦向天下颁布了陆贽代为草拟的罪己诏，诏文情词恳切，一味引咎自责而毫不文饰。历数自己的幼稚暗昧：“积习易溺，居安忘危，不知稼穑之艰难，不恤征戍之劳苦”，“天谴于上而朕不寤，人怨于下而朕不知”。斥逆臣之狂肆，哀民生之多艰，武夫悍将读后皆感动得流泪。对奉天之围的化解起到了重要作用。

陆贽精于谋略，是个有远见卓识的政治家。李楚琳原是凤翔将，乘泾师之乱杀主帅自立，归附朱泚，及奉天围解，楚琳又归附朝廷，时处危难之际，德宗不得不承认他的凤翔节度使地位，但旋即反悔。陆贽为其分析了安抚李楚琳的必要性，德宗听从了他的劝谏才得以免遭不测。兴元四年（787）陆贽揭露李怀光的反状，建议德宗令李晟移军，摆脱李怀光的控制，德宗予以批准，结果李晟军得以保全；而另外的李建徽、阳惠元的移军奏议没有被批准，结果这两节度兵马尽入李怀光之手。在财政上，陆贽劝德宗节俭，戒奢侈，也堪称济世良方。正如宋代苏东坡言，假使德宗听从陆贽的建议，则有可能重见“贞观之治”的盛况，成太平伟业。

奉天之难解除，德宗还朝，陆贽开始任宰相，但终因他直言谏诤，遭他人的诬陷，在其入相仅两年的时候被贬出京师，这一贬就长达十年之久。等到顺宗即位召他还朝，诏书未至，他已去世。一代英才，未尽其用，举世叹息！

陆贽以文著称。他的文章和遭遇常常令人想到汉代贾谊，后人论及他的政论文也每每用贾谊来作对比。

430. 韦皋在保卫唐朝西南边境方面做出过什么贡献?

韦皋（745～805），字城武，京兆万年（今陕西西安）人。他年轻时是建陵（肃宗墓）的挽郎，后来在凤翔节度使张镒的提携下，当上了陇州行营留后，开始掌握地方军权。朱泚造反时曾派使者劝他同反，他则杀掉使者，显示了对李唐王朝的忠心。此后他在仕途上平步青云，屡屡升迁。贞元元年（785），他被委以重任，出任剑南西川节度使。蜀地历来富庶，是唐王朝财赋的主要来源地之一。剑南西川节度使更肩负着镇守西南边陲的重任。四十岁的韦皋正是年富力强之时，在镇蜀的二十年中，他“服南诏，摧吐蕃”，立下了赫赫功劳，使“南诏入贡，西戎寝患”。

韦皋之所以能取得这样的成绩，主要是因为他采取了以招抚为主，用武为辅，争取西南各民族以孤立吐蕃的策略。韦皋入蜀后，深感南诏在平定吐蕃中有巨大作用。南诏本来是在唐王朝支持下建立的地方民族政权，但天宝末年杨国忠错误地发动了两次对南诏的战争，致使南诏改臣吐蕃，甚至南诏王阁罗凤在叛唐后刻碑于国门，表明自己为人所逼，心里还是向着唐朝的。当韦皋得知当时的南诏王异牟寻有归唐之意后，马上派人前去招抚。韦皋不仅使南诏重新归唐，而且废除了过去强迫南诏子弟入京城做“质子”的制度，帮助南诏人民发展地区的经济和文化。

同时韦皋也对其他西南边境的少数民族予以招抚，真正地实现了对吐蕃贵族的孤立。他借用武力，毫无后顾之忧地多次痛击吐蕃。他身先士卒，浴血奋战，转战千里，俘虏吐蕃宰相论莽热，彻底解除了西南边疆的困扰。

韦皋一生，位兼将相，任剑南西川节度使长达二十一年，为保卫唐代西南边疆做出了不可磨灭的贡献，是一位杰出的政治家、军事家。

431. 田弘正以魏博归顺朝廷的行动有什么影响?

田弘正（764～821），平州卢龙（今属河北）人，本名兴，字安道，是田承嗣的侄子。他自幼熟读儒家经典，又精通兵法，练就一身好武艺。元和七年（812），魏博节度使田季安去世，他的儿子田怀谏继承父位，但因年纪小而委政于家奴蒋士则，军士不服，共同推举威望很高的田弘正为帅。他上任后，以魏博军籍和六州之地归顺朝廷，宪宗任命他为魏博节度使，封沂国公，赐名弘正。他先后出兵帮助朝廷平定吴元济、李师道的叛乱，后移镇成德军，被兵马使王廷凑杀害。

魏博镇归顺朝廷，在当时产生了很大影响。首先，魏博归朝打破了自代宗以来形成的河朔诸镇的割据联盟，为唐朝廷进一步实现全国统一创造了条件，初步改变了割据藩镇父死子继，不由朝廷任命的旧传统。

其次，朝廷给魏博的优厚待遇不同程度地分化瓦解了其他跋扈藩镇，加强了中央政府的凝聚力。

再次，魏博镇地理位置优越，上控冀赵，东拒淄青，南扼宣武。它的归附使朝廷增强了对这一带的军事威慑力。以后在削藩战争中，魏博镇都大力支持，有助于平叛的胜利。

最后，从元和七年起，魏博镇每年定期向朝廷输送赋税，不但增强了中央政府的财力，更促使唐政府坚定了平叛的决心。

可见，魏博的归附直接有助于唐后期中兴局面的出现。

432. 元载是如何专权误国的?

诛杀鱼朝恩后，备受皇帝宠信的元载开始独揽大权，无人可比。他自以为功高盖世，天下无双，于是恃功骄肆，结党营私，堵塞言路，卖官纳贿，膏腴别业，疆畛（zhěn）相望。

元载久居相位，权倾四海，四门奇珍异宝无不集于家门，甚至皇宫中没有的东西他都有。他在长安城南北兴建二处府宅，室宇华丽，天下第一；在郊外，他还占据无数上等的田地，兴建数十所别墅。他生活上奢侈无度，与同党聚敛钱财，资货无数。代宗虽多次劝诫，但都无济于事。

元载为相，妒贤嫉能，排斥异己。无论是京城诸司百官，还是负责征收赋税的各种使职，他都引用同党，不论才行高下。谁想做官，只要想办法交结上元载，甚至是他身边的人，然后重金行贿，就万无一失。其猖獗程度，见所未见，闻所未闻。元载又有些惧内，其妻王氏十分泼悍，也常常做出违法的事情。

月满则亏，元载如此专权误国首先使皇帝日益不满，而朝廷上下也是人声鼎沸，于是皇帝下令将其杀死。

433. 田弘正身为节度使为什么会被部下杀死？

唐穆宗即位以后，沉溺于奢侈游乐的生活，对国家政事毫不关心，致使宪宗苦心经营的统一局面，迅速发生逆转。元和十五年（820）十月，成德节度使王承宗去世，他的弟弟王承元权知留后，上表请求朝廷另行委任节帅。当时，穆宗和朝中宰相对河北诸镇的习俗都不甚了解，轻率地命令魏博节度使田弘正移镇成德，担任成德节度使，同时又任命王承元为义成节度使。

宪宗在位期间，田弘正曾经两次奉命围攻成德镇，与当地军民结怨很深，这时为了保护自己的安全，他随身带领了两千魏博兵赴任，打算留在成德用以自卫。不久，田弘正奏请朝廷度支供给这两千人的军饷，但户部侍郎、判度支崔倰为人性情刚愎，气量狭小，做事缺乏深思熟虑，他认为魏博、成德各自有兵，恐怕此事一开先例，就不能杜绝，因而不肯供给。田弘正四次上表朝廷，崔倰都不加理会，田弘正不得已，只好遣回魏博兵。

田弘正对待自己的家人一直非常宽厚，他的兄弟、儿子、侄子在长安、洛阳两都居住的有几十个人，生活竞相奢靡，每天花销很大，田弘正运魏博、成德两镇的财货供给车辆往来于道路，引起了河北将士的普遍敌视。加上穆宗原来下诏赐给成德将士的一百万缗钱，度支也没有按时送达，从而使成德士卒更加不满。

这时成德都知兵马使王廷凑，原属回纥阿布思族的后裔，此人性情果敢狡诈，常借小事激怒将士阴谋作乱。起初碍于魏博的两千兵士尚在，还不敢贸然行动，等到魏博兵士返回以后，就利用成德士兵的不满情绪，在七月二十八日夜间，结交牙兵，在节度使府发动暴乱，杀死田弘正及其僚佐、随从将吏和他们的家属三百多人。随后又自称留后，逼迫监军宋惟澄为他向朝廷上奏，请求授予节度使符节。消息传到长安，举朝震惊。

从此之后，宪宗开创的统一局面开始遭到破坏，唐朝的藩镇割据再度兴起，并且愈来愈严重，致使社会矛盾进一步加剧，唐朝廷的统治更加衰弱。

434. 朱滔是何许人？对唐朝造成哪些危害？

朱滔（746～785），幽州昌平（今北京昌平西南）人，朱泚之弟。

初为卢龙节度使朱希彩的部下。朱泚任节度使后，朱滔说服朱泚入朝，自己成为节度留后。建中二年（781），成德节度使李惟岳联合田悦、李正己造反，朱滔奉命讨伐，在束鹿（今河北辛集东北）大败李惟岳，后进军深州。李惟岳被平定后，朱滔因功升任节度使，并得到德（今山东陵县）、棣（今山东惠民）二州。因没有得到自己攻下的深州，他很不满意朝廷。于是与同样不满朝廷的王武俊共同起兵叛乱。他被推举为盟主，自称大冀王。

造反之初，他的部下很多人都反对，他大开杀戒，杀大将十余人、士卒二百多。而后他领兵南下，援助被唐军围困、危在旦夕的田悦，唐军因此大败，死伤无数。同时，朱滔派人联系其兄凤翔节度使朱泚，共同造反。不久，京城发生“泾原兵变”，朱泚称帝，封朱滔为皇太弟。兄弟二人遥相呼应，狼狈为奸。朱滔利用唐廷忙于平定朱泚之乱，攻魏诸军相继退去之机，出兵欲夺汴州（今河南开封），并娶回纥女为侧室，引回纥兵浩浩荡荡向南进发。途中因不满田悦的款待而反目成仇，大怒之下，他杀死了田悦的使者，纵容属下回纥兵四处掠夺，并围攻田悦所领的魏、贝二州及所属州县。久攻不下之后，他竟然下令用水淹城，使得城内居民死伤无数，后来在唐军的合攻下，朱滔日益陷入绝境。桑林一战，已投唐的王武俊与李抱真联军大败朱滔，朱滔全军溃败，死亡万余人，狼狈逃回幽州。自此，他一蹶不振，一年后病死。

435. 吴元济是怎样当上节度使的？

吴元济（783～817），沧州清池（今河北沧州东南）人，其父是淮西节度使吴少阳。吴少阳病死后，吴元济秘不发丧，自作主张代父统军，在没有得到朝廷允许的情况下，当上了节度使，公开反叛，最终兵败被杀。

元和九年（814）吴少阳病死，吴元济谎报朝廷说其父病重，擅自代父统军，并杀死军中曾劝吴少阳归顺朝廷的苏兆、侯惟清等人，消除异己势力。在了解真相后，宪宗皇帝决定先礼后兵，首先派人赴吴军中吊唁死者，以探虚实。吴元济不但不礼遇使者，而且猖狂地四处发兵，剽掠河南诸县，向朝廷示威，兵锋直指洛阳。宪宗下诏免去吴元济的官爵，决心将其平定。在朝廷重大军事压力下，吴元济感到力寡难支，于是求援于成德王承宗、淄青李师道两道。恶毒的李师道不但动用军队焚毁唐军粮饷，而且派出刺客入京刺死力主用兵的宰相武元衡，刺伤御史中丞裴度。但这反而激起朝廷更大的平叛决心。

元和十二年，朝廷起用大难不死的裴度为宰相，不惜动用十六镇的兵力平定吴元济叛乱。在强大的压力下，判军内部日趋瓦解，不断有人归降朝廷。在一个风雪之夜，唐军西线主帅李愬成功偷袭蔡州，活捉吴元济，平叛以胜利结束。吴元济被斩于京师独柳树下。

436. 杜黄裳任宰相以来有什么作为?

杜黄裳（738～808），字遵素，京兆万年（今陕西西安）人。二十四岁的他于肃宗乾元二年（761）考取进士，又中博学宏辞科。他曾于朔方军中任郭子仪幕僚，挫败李怀光阴谋假造圣旨诛杀大将的计划。德宗朝因受佞臣裴延龄排挤，十年不得升迁。顺宗朝他反对王叔文主持的革新活动，拥立太子主持朝政。太子（即后来的宪宗）即位后任命他为宰相。

宪宗即位不久，剑南西川行军司马刘辟反叛，有的大臣认为蜀地险要，不主张出兵讨伐，杜黄裳则极力主战，但反对宦官监军。他推荐邠宁节度使高崇文领兵入蜀，他则在朝中为高崇文运筹帷幄，指挥进退。最终打败刘辟，蜀中平定。

宪宗即位，雄心勃勃，想成就一番大业。但当时藩镇跋扈，政令难行。杜黄裳便劝宪宗说："陛下应当吸取贞元年间纵容姑息藩镇将帅的教训，要加强中央集权，必须下大力气削弱藩镇势力，则可以使国家稳定、统一。"同时他还建议宪宗要有王者气度，抓大放小，不要被琐碎之务所累；注意选拔人才，赏罚分明，则可人人甘为皇帝效力。宪宗完全赞同他的建议，着力整顿朝纲，先后平定了成德军、镇海军、彰义军等镇节度使的叛乱，使贞元以来的混乱局面有所改观。

元和二年（807），杜黄裳罢相，为相不足二年。元和三年去世，时年七十一岁，赠司徒。他为相虽有谋略，善理军政事，但也以权贪利，为官不廉。他死后，有人揭发他当初平定刘辟之乱时收受高崇文巨额贿赂，他的儿子对此供认不讳。

437. 李藩为什么要涂改任命使相的密旨?

李藩（754～811），字叔翰，赵州（今河北赵县）人，中唐宰相，为官清廉公正。他出身官宦家庭，但丝毫没有纨绔之气。不但爱好学习，而且生活节俭，个人修养很好。他家本来非常富裕，但李藩视金钱如粪土，他的父亲死后在居丧期间，亲族前来吊祭慰问，其中一些人有私下偷盗器用的，他不仅不予追究，反而大力施舍他人。这样，不几年就家贫如洗了。过了四十岁，他才步入仕途，被东都留守杜亚辟为助手。有一年洛阳发生盗窃事件，杜亚怀疑属下牙将令狐运参与其间，乃将其捕获，几至屈打成招。李藩了解到其冤情，为令狐运极力辩解，但杜亚不从，李藩一怒之下而辞职……

此后，他又入张建封幕府。建封病危，其属下濠州刺史杜兼急忙赶来，大有取代之意，李藩知其谋，斥责道："张公正于病危弥留之时，你应该奉法守职，为何来此？赶紧回去，否则我要依法弹劾你。"杜兼怏怏而归，对李藩恨之入骨，于是反咬一口，诬奏李藩乘张建封之死动摇军心。德宗欲杀李藩，幸得杜佑以家百口相保，而且因祸得福，受到皇帝召见，调其入朝为官，任秘书郎。

宪宗即位后，他先后任吏部侍郎、给事中，他忠谨敢言，遇诏敕有不当者，每于敕尾改之。裴垍以其有宰相才，推荐其入相。李藩入相后，常常劝说皇帝崇尚节俭，俭以足用；又言神仙之事为虚妄，人安而福自至。

河东节度使王锷赂权贵求兼宰相衔，有密诏下达宰相曰："王锷可兼宰相。"李藩遂以笔涂掉"宰相"两字，并于其旁写道："不可。"将诏书予以封还。宰相权德舆大惊失色，说："有不可，应别为奏，怎么可以在诏书上涂改呢？"李藩回答说："情势紧急，过了今天就制止不了了。"王锷竟真的没当成宰相。

李吉甫入相后，二人多有矛盾，于是李藩被罢相，贬为太子詹事，在出任华州刺史前病死，终年五十八岁，赠户部尚书，谥曰"贞简"。

438. 高崇文在平定西蜀刘辟之乱中有什么功绩？

高崇文（746～809），幽州（今北京）人，祖籍渤海。少习军旅，屡立战功，但不通文墨。

元和元年（806）冬，野心勃勃的西川节度副使刘辟妄图独占两川之地，发兵攻打东川，朝廷决定对其用兵。宰相杜黄裳推荐名不见经传的高崇文担此重任。

高崇文果然不负众望。他平日屯兵于长武城，统领精兵五千，经常操练，常备不懈。因此他在卯时接受诏令，辰时即带兵出发了，而且军械、粮草样样齐备。他自斜谷进军，一路上军纪严明，所过秋毫无犯。此时刘辟已攻陷了梓州，擒获了东川节度使李康。当高崇文大军逼近梓州时，刘辟任命的梓州大将邢泚十分害怕，遂弃城而逃。高崇文兵不血刃地夺回了梓州。刘辟也有些后悔起兵，将擒获的李康归还给高崇文，以求自新。高崇文以军败失守为由将李康斩首。宪宗下召剥夺刘辟的一切职务，任命高崇文为东川节度副使、知节度事。高崇文军士气大振。刘辟计穷，只得负隅顽抗。成都北一百五十里有个鹿头山，扼两川之要，刘辟因势在山上筑城，又于城周设八道栅栏以为防线，易守难攻。高崇文率军在鹿头城下先击败敌军两万，因大雨而止。第二日，他组织士兵爬山攻城，士兵攀缘而上，城上箭如雨下，又命敢死士继续登山，拆毁了那八道栅栏，最终登上鹿头山，攻下鹿头城。前后八战皆捷，高崇文取得了平蜀的决定性胜利。刘辟于逃跑途中被高崇文活捉，押送京师处斩。

439. 为什么王叔文任命范希朝为京西诸城镇行营节度使？

范希朝（？～814），字致君，河中虞乡（今山西永济东）人，一代名将。任振武军节度使十四年，他除暴安良，政绩颇丰。

建中时，他是节度使韩游环的部下。“泾原兵变”时，德宗奔奉天（今陕西乾县），他因平叛有功而升职。贞元四年（788），他出任振武军节度使。此地党项、室韦等民族杂居，暴掠之事天天发生。范希朝到任后，筑堡栅、严斥候，对暴乱者严惩，使一方平安，他又植树造林，改变边镇环境。贞元十九年入朝，拜检校右仆射，兼右金吾大将军。

贞元二十一年，顺宗即位，王叔文主持革新，任命范希朝为左神策、京西诸镇行营节度使。这是王叔文推行革新、打击和铲除宦官专权集团的重要部署。宦官专权是唐中后期的痼疾，不但是革新的目标，也是革新最大的阻力。而宦官之所以权势显赫，还在于当时他们直接掌握了十五万神策军，又在地方军中任监军，即手中握有兵权。因此，能否战胜宦官专权集团是“永贞革新”成败的关键，而能否剥夺宦官的兵权，又是关键中的关键。因此王叔文如此任命范希朝，意在接管宦官手中的兵权。但宦官势力过强，范希朝并没能成功接管，“永贞革新”因此也没能成功。

宪宗时，范希朝任朔方灵盐节度使，在他的安抚下，沙陀部举族万人自甘州（今甘肃张掖）归附，希朝用其为兵，增强了军队的战斗力。元和四年（809），升迁河东节度使，元和九年去世。

440. 武元衡在政治上有什么业绩？为何遭到暗杀？

武元衡（758～815），字伯苍，河南缑氏（今河南偃师缑氏镇）人，与武则天同族。武元衡进士出身，宪宗时入相，一度外任剑南节度使。在淮西叛乱时，力主对其用兵，被藩镇派人杀害。

顺宗时王叔文大权在握，努力推行政治改革，但武元衡坚决不参与他们的革新，坚持拥护宪宗皇帝即位。因此宪宗即位后，很尊重、信任他，不久就任他为宰相。浙西藩镇李锜主动请求入朝，但诏书下去后他又谎称自己有病，要求延期。武元衡力排众议，劝说皇帝："不能这样放纵李锜，陛下刚即位，不能失去威信。"皇帝很赞同，强令李锜入朝，李锜黔驴技穷，只得举兵造反，露出了藏了许久的狐狸尾巴。

蜀地新平，百废待兴，宪宗任命武元衡为剑南西川节度使。武元衡至蜀，"绥靖约束，俭己宽民"。他休养生息，无为而治，帮助蜀地人民恢复生产。三年后，蜀地"上下完实，蛮夷怀归"。

武元衡出使还朝，恰逢淮西跋扈，吴元济、王承宗、李师道连兵造反，武元衡力主用兵，结果被藩镇派来的刺客杀害，头颅被割走，惨不忍睹。皇帝为之废朝五日，谥曰"忠愍"。

441. 韩弘为什么在吴元济之乱被平定后要求留居京师？

韩弘（765～822），颍川（今河南许昌）人。他很小的时候，父母双亡，被舅舅刘玄佐收养。刘玄佐是汴州宣武军节帅。韩弘长大后自然就跟着舅舅在宣武军中做事，因此积累了雄厚的政治基础。唐德宗贞元十五年（799），韩弘成为宣武军统帅，直到宪宗元和十四年（819）入朝，韩弘持节二十余年。其间他消除军乱，稳定了地方政局，促进了地区经济发展，而且成功地遏制了山东藩镇割据势力。

德宗兴元元年（784），宣武军节度使从宋州（今河南商丘）徙治汴州，驻以重兵，借以保障漕运通畅和遏制山东藩镇势力的入侵。上任伊始，韩弘就着手整顿军政大局，铲除了酿乱凶卒，保持了地方的和平稳定，也促进了地区经济发展，到韩弘治汴后期，汴州已"俗臻和平，人用富庶"。韩弘也借助手中的军政大权一味地以聚敛为务，从不向朝廷上贡财赋，且私积家财百万贯、绢百万匹、粟米三百万斛、良马七千匹，还有无数的军械器备。

尽管韩弘"四州征赋皆为己有，未尝上供"，他并未完全与那些藩镇沆瀣一气，客观上起到了"王室屏藩"的作用。

元和十一年，淮西节度使吴元济叛乱，而后李师道又与其狼狈为奸，官军一时失势。朝廷任命韩弘为平叛统帅，但此时韩弘表现得并不积极，只派了儿子带领三千汴军参战，自己则坐汴观望，保存实力。在朝廷的全力讨伐下，叛军大败，吴元济、李师道先后灭亡，官军一举荡平山东诸藩。对此，韩弘大为震惊。惊愧之余，他带领千余将校入京，进献财物无数。一时河北藩镇纷纷效仿，相继归附朝廷，唐政权再次出现了和平统一局面，史称"元和中兴"。韩弘坚持不再回汴州任帅，朝廷授予他司徒兼中书令的高官以示荣宠。

唐穆宗长庆二年（822）十二月，韩弘卒于京师，时年五十八岁。

442. 韦贯之为官"刚正直言"的具体表现是什么?

韦贯之（759～821），名纯，为避唐宪宗（李纯）讳，以字行。他的父亲韦肇，做过中书舍人，多次上疏直言极谏，讨论政治得失，遭到宰相元载的嫉恨，被降为京兆少尹。但韦肇的耿言直谏为他的孩子们树立了良好的榜样。韦贯之一生在宦海浮沉几十年，从校书郎到宰相，无论官职高下，都始终坚持刚正直言，不避权贵，也因此遭人嫉恨，几次被贬，最后死于河南尹任上，终年六十二岁。

韦贯之任长安丞时，有人把他推荐给京兆尹李实，当时李实大权在握，连宰相也要敬他几分，以他的权势，提拔一个韦贯之简直易如反掌，李实也表示愿意推荐这位同乡，但要韦贯之来拜访一次。但一向为人刚正的韦贯之瞧不起李实的所作所为，也不喜欢以这样的方式升官，所以他没有拜见李实，而后李实被贬时他也没受到牵连。

元和三年（808），韦贯之负责组织科举考试，他认为牛僧孺、皇甫湜、李宗闵三人敢于痛陈时弊，言之成理，是真才实学之士。于是他力排众议，将三人列为上等。因此得罪了朝廷重臣，被降官贬职。

韦贯之再次入朝仍不改初衷。唐宪宗有个宠臣叫张宿，出使外地时很想华装盛势，以抬高身价，韦贯之予以反对，使其梦想破灭。为此张宿怀恨在心，诬陷韦贯之连结朋党，韦贯之再次被降职，不久被贬到地方任湖南观察使。韦贯之在湖南观察使任内，冒着被革职的危险坚决反对朝廷的增税命令。其刚直不屈可见一斑。

韦贯之虽世代为官，门第显赫，但生活上一直很俭朴，担任高官二十余年，所住的宅室并没有任何修缮。尚书省右仆射裴均的儿子曾请他为裴均写一篇吹捧献谀的墓志铭，出价很高，他说：“我宁可饿死，也不干这种勾当。”

韦贯之一生不畏权势，不恋钱财，可谓“贫贱不能淫，富贵不能移，威武不能屈”。

443. 柳宗元的生平情况如何?

柳宗元（773～819），祖籍河东（今山西永济），字子厚。是北魏侍中济阴公的后代，曾伯祖柳奭（shì）曾在高宗朝任宰相，父亲柳镇是太常博士。柳宗元出生于长安，也是在那里长大的。有的书上称他为柳河东，有时他也自称晋人，其实这只是沿用祖籍的习惯说法罢了。由于晚年被贬往柳州并最终客死于此，因而人们又称其为柳柳州。

柳宗元少年时就很聪慧，尤其精通西汉诗赋，写得异常精美，为时人所称道。他儿时的文化知识主要是由他母亲卢氏教的，卢氏出身于涿郡范阳的大族，祖上也世代为官。受家庭的影响，柳宗元从小就以读书做官作为努力的目标。他父亲为官清正，刚正不阿，对他的影响也是很大的。他于贞元九年（793）春考中进士，贞元十四年又通过了博学宏词科考试，被任命为校书郎、蓝田尉。贞元十九年任监察御史。顺宗即位时因患严重风疾而不能正常处理国事，朝政由顺宗为太子时的亲信王叔文、韦执谊执掌。这二人都很欣赏柳宗元的才华，经常在一起讨论政事。“二王八司马”事件爆发后，柳宗元被贬为邵州刺史，还未到任又远贬为永州司马。由于永州生活比较艰苦，因而不到半年他的母亲卢氏便因病去世了。元和十年（815）又被贬为柳州刺史，这时他的好友刘禹锡由于写诗得罪了当朝新贵们而被贬为播州（今贵州遵义）刺史，柳宗元不忍心刘禹锡母子别离，因为刘母年已八十余，不可能随其子长途前往，于是柳宗元就上疏请求让自己去播州，刘禹锡去柳州。后经裴度在皇帝面前再三说情，才最终让刘禹锡改去连州（今广州北部）。

柳宗元在柳州期间严令禁止巫术，又废除了典贴良人男女做奴婢的旧习俗。已设为奴婢的可按照时间计算应得的工钱，如达到所欠债务的数目则可以恢复自由。这项革新措施的实行，立即受到了当地广大贫苦百姓的欢迎，而且这一措施对维护李唐王朝的统治也是有利的，在一定程度上也保护了当时的社会生产力。

柳宗元初到柳州时，年纪并非很老，然而由于长期的贬谪生活，特别是母亲的去世和刚到柳州堂弟就暴病身亡等事情，使他在精神上和身体上都承受了很大的痛苦和打击，健康状况越来越差。他在文学上成就很大，尤其是散文，是唐宋八大家之一。他鼓励后学，许多考上进士的年轻人不远千里向他学习。元和十四年（819），宪宗皇帝因受尊号而实行大赦，经裴度说情，才同意召回柳宗元。然而遗憾的是诏书还未到柳州，柳宗元就于同年十月病逝了，年仅四十七岁。有文集四十卷传世。

444. 裴度与元稹的关系如何？

裴度与大诗人元稹的关系，是唐穆宗时期一个颇为引人注目的问题。元稹与裴度本来没有什么私怨，当然也不存在密切的关系，只是由于政治利益的冲突，才导致了两人的关系交恶。穆宗长庆元年（821），节度使张弘靖在幽州被自己的部下囚禁，另一位节度使田弘正在镇州也被其部下杀害，河北再次陷入战乱之中。裴度受命为统帅，率大军前去征讨。裴度到前线后，整军力战，屡有捷报传来，穆宗非常高兴，多次赞扬裴度是忠臣。这时元稹在朝中任翰林学士，他交结宦官，与知枢密魏弘简是生死之交，希望在宦官帮助下能获得宰相高位。而裴度这时却屡立战功，正得皇帝的宠信，完全有可能再次拜相，这样元稹想当宰相的美梦便有可能落空。于是裴度每有奏请，元稹必然竭力破坏，全然不顾国家大计。朝野皆知元稹恃宠阻碍国家大计。在这种情况下，裴度愤然上疏指出朝中有奸臣破坏国事，并且连上三疏，言辞激切。穆宗虽然不高兴，然畏惧朝中大臣谏议，只好将魏弘简贬为弓箭库使，罢去元稹的翰林学士之职。但穆宗对元稹还是宠信的，避过风头后，他便任命元稹为宰相，并罢去了裴度的兵权，让他去任东都留守。穆宗此举引起了朝野震动，谏官每日两三次到延英殿门请求皇帝召见，穆宗知其意，就是不召见。当时河北一带战事尚在进行，而裴度有将相之才，皇帝却将他置于闲散之地，显然是置国家利益于不顾。元稹当上宰相后，便请求皇帝赦免叛乱的河北将士，罢兵归朝，使朝廷威望大受影响。元稹这样做的目的，就在于防止裴度再掌兵权。由于舆论的支持，后来穆宗只好又召裴度入朝为宰相，元稹又指使人欲刺杀裴度，结果被人告发，此案还未审结，昏庸的穆宗皇帝就将裴度罢相，任左仆射。为了遮人耳目，同时也将元稹罢为同州刺史，表面上看各打五十大板，实际上却是为了保护元稹。

445. 王承宗是何许人?

王承宗（?～820），契丹怒皆部人，成德节度使王士真的长子。王承宗早年历任镇州（今河北正定）大都督府右司马、知州事、御史大夫，充任都知兵马使、副大使等职。元和四年（809）三月，王士真死，王承宗自立为留后，唐朝廷静观其变，未置可否。王承宗惧，多次上表请罪。八月，宪宗派使宣慰，王承宗非常恭敬，主动献出德（今山东陵县）、棣（今山东惠民）二州。朝廷任命为云麾将军、左金吾大将军同正、检校工部尚书、镇州大都督府长史、御史大夫、成德军节度、镇（今河北正定）、冀（今河北冀县）、深（今河北深县）、赵（今河北赵县）等州观察等使。又以德州刺史薛昌朝为检校右散骑常侍、德州刺史、御史大夫，充保信军节度、德、棣观察等使。王承宗献出二州以后，朝廷不欲更换将帅，把权力仍交给王承宗的部下将士，然而王承宗却认为薛昌朝投靠朝廷，遂发兵数万前往德州，俘获薛昌朝，又把他囚禁起来。朝廷责令其释放薛昌朝，王承宗拒不奉诏。宪宗大怒，下令削去王承宗的一切官爵，令左神策护军中尉吐突承璀为左右神策，与诸道军共同讨伐。然而，吐突承璀威令不行，禁军屡遭挫败。

元和五年七月，王承宗三次上表认罪，把抗拒朝廷的过错归于部下卢从史。朝廷考虑到吐突承璀出师不利，国威不扬，前景令人担忧，于是同意赦免王承宗，并任命其为成德节度使。王承宗乃遣薛昌朝入朝。王承宗虽然上表谦恭，但因其屡败禁军，心无畏惧。元和十年，朝廷发兵讨伐吴元济时，王承宗却与李师道勾结，先后上表请求赦宥吴元济，又联合设计阻止官军进讨。四月，王承宗暗中派人烧毁河阴仓。六月，他还参与暗杀宰相武元衡。王承宗与李师道狼狈为奸，横行作恶，他们指使部下焚烧襄州（今湖北襄樊）佛寺，斩杀建陵门戟，烧毁献陵寝宫，还企图伏兵屠杀洛阳城。宪宗大怒，命田弘正出师，并联合邻道六节度使率军共同讨伐。然而当时朝廷正在淮西用兵，国用虚竭，讨伐王承宗的河北诸军大多持观望态度，并无明显战绩。不久，朝廷终因无力再战而罢河北兵，全力以赴进行淮西之战。

元和十二年十月，朝廷平定了淮西之乱，诛杀了吴元济，王承宗开始感到恐惧，于是求救于田弘正。元和十三年三月，田弘正派人遣送王承宗的两个儿子入朝请命，之后又献出德、棣二州的图籍印信，请求由朝廷征纳租税，任免官吏。宪宗考虑到王承宗有改悔自新之意，于是下诏，任命王承宗为银青光禄大夫、检校吏部尚书、镇州大都督府长史、御史大夫，依然充任成德军节度使、镇冀深赵观察等使。朝廷派人去镇州宣慰，王承宗非常恭谨，素服待命。元和十四年，又加官金紫光禄大夫、检校尚书左仆射。这一年，李师道被平，王承宗对待朝廷更加小心谨慎。

元和十五年一月，王承宗死去，赠侍中。

446. 裴度对跋扈藩镇采取什么主张？

裴度（765～839），字中立，河东闻喜（今属山西）人。他是唐朝中期著名的政治家，在平定藩镇叛乱中做出了较大的贡献。他是德宗贞元年间的进士，由监察御史累迁御史中丞。元和十年（815），叛乱藩镇王承宗、李师道派人入长安，刺杀了力主平叛的宰相武元衡，裴度也被刺伤。由于裴度也坚决主张平定叛乱藩镇，所以在伤好后，被唐宪宗任命为宰相，主持平叛事业。

元和十二年（817），官军久攻淮西吴元济不下，裴度遂自请前往前线督师。当时参加平叛的诸道节度使多采取观望态度，并不积极用兵讨叛，致使历时四五年而不能破敌。裴度到前线后，重用大将李光颜、乌重胤，又奏请罢去诸军的监阵使，使大将能够不受束缚地指挥作战，军权专一。诸军无不大喜，士气大振，接连获得了几次胜利，牵制了大批叛军主力。这时，唐邓节度使李愬便乘机进兵，乘蔡州空虚之机，一举袭破蔡州，擒吴元济，终于平定了这次叛乱。淮西平叛的胜利，极大地震动了河北藩镇，他们多表示服从朝廷，使唐中央政府的威信空前提高。

裴度功成返朝时，在半途碰到了宦官梁守谦，他奉皇帝命令，打算尽杀蔡州叛将。裴度认为这样将会使已经归顺朝廷的蔡州诸将人心不稳，同时也会影响原来对抗过朝廷的藩镇，使他们对朝廷心怀疑虑，从而导致全国局势的不稳。所以他又随梁守谦再次回到蔡州，阻止了梁守谦乱杀降将，只是依法处罚了几个罪大恶极的人。裴度返回长安后，加弘文馆大学士，封晋国公，仍任宰相。他力主朝廷招抚有归顺之意的魏博节度使田弘正，从而使这个最强大的藩镇归顺了朝廷。由于裴度对国家政事知无不言，言无不尽，为奸臣诬陷，唐宪宗也逐渐疏远了他，后遂罢相外任节度使。

裴度晚年因宦官专权，遂辞官退居洛阳，终日与白居易、刘禹锡等人饮酒赋诗，纵情于山水之间，当时的名士皆与之游。每有人从洛阳到京师，唐文宗都要问裴度的情况如何？并下诏召裴度为中书令，诏书到其家门时，裴度已经老病而死了，终年七十五岁。

447. 如何评价李吉甫这个历史人物?

李吉甫（758～814），字弘宪，赵郡赞皇（今河北赞皇）人。少时好学，会写文章。二十七岁时被任为太常博士。他博学多闻，尤其对国家典制及其历代沿革特别精通，很受人们称赞。曾任屯田员外郎，后改任驾部员外，深得名臣李泌、窦参的赏识。

陆贽当了宰相之后，李吉甫被贬为明州（今浙江宁波）员外长史，后遇赦，重新起用为忠州（今四川忠县）刺史。此时，陆贽也被贬到忠州，人们颇为陆贽担心，以为李吉甫定会伺机报复。出乎意料的是，李吉甫不计前嫌，对陆贽非常友好，终于赢得了陆贽的信任，人们也更加敬重李吉甫。宪宗即位，李吉甫被任用为考功郎中、知制诰，不久又升翰林学士、中书舍人。中书小吏滑涣与宦官刘光琦亲善，经常弄权作弊，李吉甫力主除去二人。元和元年（806），西川节度使刘辟叛乱，李吉甫支持宪宗发兵讨伐，并提出了合理的出兵之策，因此深受宪宗信任。第二年，升任宰相。他生性聪敏，精通政务，又因贬在江淮十五余年，深知民间疾苦。因而担任宰相后，颇重民意，多纳贤才，甚有美称。

元和三年，宪宗举行贤良方正直言极谏科的制举考试，有人在应试对策中指责时政之失，言词激烈，无所回避，李吉甫认为考生是在攻击自己，哭诉于皇帝。宪宗听信李吉甫的话，将主持考试的官员贬谪，攻击朝政的考生们当然也名落孙山。

李吉甫看到裴垍久在翰林院，又深受宪宗信任，主动向宪宗提出重用裴垍，代替自己为相。元和三年九月，李吉甫被任命为淮南节度使，宪宗亲自到通化门楼为他饯行。在扬州（今江苏扬州），他仍然关心朝政，每遇军政大事，他都密疏皇上，陈述己见。他还在高邮（今江苏高邮）筑堤为塘，溉田数千顷，为当地百姓办了实事。

元和五年（810），裴垍因病免职。李吉甫于第二年春回到京师，拜金紫光禄大夫、中书侍郎、平章事、集贤殿大学士、监修国史、赵国公。李吉甫再度拜相后，他针对时政之弊，提出了许多改革意见，如裁减官员、重新量定官员俸禄等。李吉甫还常为宪宗提出一些颇有见地的谏议，深受宪宗的赏识与信任。

李吉甫知识渊博，学术上亦很有成就。其著述有《元和郡县图志》、《六代略》、《国计簿》、《百司举要》等，但留传至今的只有《元和郡县图志》（图已丢失）。元和九年十月，李吉甫暴病而卒，终年五十七岁。

李吉甫作为唐后期一名政治家，史称他“该洽经典，详练故实”，虽时有沉浮，但始终对国家忠心耿耿，尽职尽责。他为人正直，且有突出的学术贡献，不愧为一代名臣。

448. 杜佑是何许人？任宰相期间政绩如何？

杜佑（735～813），字君卿，京兆万年（今陕西西安）人。他出身名门望族，十八岁以门荫入仕，历任济南郡（今山东济南）参军、剡县（今浙江嵊县）丞、工部郎中、江西青苗使、御史中丞、容管经略使、水陆转运使、户部侍郎等职。后因奸臣卢杞排挤，外放到地方，先后担任苏州刺史、陕州（今河南陕县）观察使、淮南节度使等职。

贞元十九年（803），杜佑出任宰相。德宗驾崩，杜佑行冢宰之职，又任检校司徒，兼度支盐铁使。当时王叔文为度支盐铁副使，杜佑因身为宰相而不能亲自处理度支盐铁之事，王叔文独揽大权。王叔文遭贬斥后，杜佑遂推荐李巽为副使。顺宗居丧期间，杜佑再次行冢宰之职，把度支盐铁之权交给李巽。当时，国家经费由度支总领，度支为了节省费用，常常让一官身兼数职，涉及各个官府，导致官员权务繁杂而又不得要领。杜佑对此进行了改革，他将营缮事务归于将作监，将木炭管理归于司农寺，将漂染业归于少府监。通过改革，简化了官员职务，理顺了管理环节。

元和元年（806），杜佑拜为司徒，封岐国公。这一年，党项暗通吐蕃在边境寻衅，边将为了邀功，力请出兵讨伐。杜佑认为唐朝政府财政紧张，不具备大规模用兵的有利条件，于是上疏极力反对用兵之事，并提出用怀柔之策安抚少数民族。宪宗非常赞成，采纳了他的建议。一年多后，杜佑因年老多病请求离职。宪宗准许他三五日一入中书省参与政事，且对他非常尊敬，每次见面时只称他的官职而不呼姓名。元和七年，杜佑连续四次上表请求离职，宪宗考虑到他的确是年迈体弱，只好准许其颐养天年。元和八年，杜佑患病而亡，终年七十八岁。

杜佑是唐朝中后期一位有名的政治家、理财家。他为人谦逊，为政宽厚，一生为宦近六十年，权衡事务总以老百姓的利益为重，深得人们尊重。但是行军打仗之事，却非其所长。贞元十六年（800），徐州张建封之子擅立节度使，德宗命杜佑为主帅统淮泗之军进讨，然杜佑一味固守，不敢进军，以致贻误了战机。

杜佑还是杰出的史学家。他一生勤奋，博学多闻。夜晚灯下苦读，虽位至宰相，始终孜孜不倦。贞元十七年，他在刘秩《政典》的基础上完成了《通典》二百卷。《通典》是我国第一部有关典章制度的通史。书中叙事上起远古黄帝，下至玄宗天宝末年，有些甚至涉及肃宗、代宗时事，对历代典章制度的源流演变做了详细叙述，还收录了前人的评议评论，也提出了自己的观点和见解。它开创了我国史书编著的新体例，具有极高的史料价值。

449. 为什么史官称杜佑家族“当时贵盛，莫之与比”？

杜佑出身于京兆杜氏，是唐代关中的名门士族。唐人有“城南韦杜，去天尺五”的说法，即言其家族社会地位之显赫。杜佑的祖先是西晋名将、经学家杜预，历代都有名人涌现。其曾祖杜行敏，任荆、益二州都督府长史，封南阳郡公。祖父杜悫（què），历任右司员外郎、详正学士。父亲杜希望，历任鸿胪卿、恒州刺史、西河太守，赠右仆射。

杜佑本人位至宰相，是唐中后期有名的政治家、理财家、史学家，社会影响很大。他的儿子也都在朝中任官。

其长子杜师损，任司农少卿；次子杜式方，任司农少卿，后兼御史中丞，死后赐礼部尚书；三子杜从郁，任秘书丞、驾部员外郎。

杜佑的孙子也很出色。最有影响的是杜悰和杜牧。杜悰，杜式方之子，位至宰相，娶岐阳公主（宪宗长女）为妻。杜牧，杜从郁之子，官至中书舍人，喜好读书，是唐代著名文学家、诗人。

从以上情况可以看出，杜氏家族不仅地位、声望显贵，而且人才辈出，多年来活跃于政治舞台，为当时的人们所羡慕，故史官才称其家族“当时贵盛，莫之与比”。

450. 李希烈对唐朝的稳定造成什么危害?

李希烈（? ～786），辽西（今辽宁义县）人。李希烈早年从军于平卢（今河北卢龙）军，后随平卢军先锋使李忠臣转战于河南。李忠臣贪残好色，将吏之妻有姿色者，多被其污辱，军政大权委其妹夫张惠光执掌。张惠光专横暴戾，军人及百姓都很不满。大历十四年（779），时任左厢都虞候的李希烈利用这一时机，与大将丁暠合谋杀了张惠光，驱走李忠臣。李希烈遂被推举为蔡州（今河南汝南）刺史、淮西节度留后。不久，朝廷正式任命其为淮西节度使。建中元年（780），加检校礼部尚书。建中二年六月，山南东道节度使梁崇义拒命不受德宗之诏，德宗加李希烈为南平郡王，兼汉北兵马招讨使，督诸道兵，进讨梁崇义。梁崇义屡败，最终投井自尽。李希烈取胜后，想据襄阳（今湖北襄樊）为己有，德宗任命李承为山南东道节度使后，李希烈不满，于是大掠襄阳全境财富而去。

建中三年七月，淄青节度使李正己反，李希烈加检校司空，又兼任淄、青、兖、郓、登、莱、齐等州节度使，奉命进讨李正己。李希烈率所部三万余人，声言前往青州（今山东青州）招谕李纳，实际上却暗中与其勾结，共同谋乱。十二月，李希烈自称建兴王、天下都元帅。这时，各镇叛乱者朱滔、王武俊、田悦、李纳等为了拉拢李希烈都派使臣劝谏李希烈称帝，于是李希烈更加得意忘形。

建中四年正月，李希烈叛唐，袭取汝州（今河南临汝），俘虏了别驾李元平，东都受到极大扰乱。德宗派太子太师颜真卿前往宣慰，希望他能革新悔过，归顺朝廷。李希烈根本不理德宗的诏旨，把颜真卿扣留在许州（今河南许昌），攻略州县，官军屡为其败。十二月，李希烈率军进攻汴州（今河南开封），宣武节度使李勉守城一月，外无援军，处境困难，于是率军万余人奔赴宋州（今河南商丘）。汴州遂为李希烈所有。兴元元年（784）正月，李希烈在汴州称帝，国号大楚，改元武成。并且设置百官，以汴州为大梁府，分其境内为四节度。此时，李希烈气焰非常嚣张，还杀害了德高望重的颜真卿。

李希烈生性惨毒，每次杀人，面前流血不止，他却依然谈笑饮酒，非常自如。因此，他的部下都很畏惧，只能服从他的命令，奋力拼死。李希烈在攻汴州的时候，强迫大批百姓运送土木以筑垒道，又怒其未能及时筑就，便将他们全部填入沟壑之中，称之为“湿梢”。

兴元元年二月，李希烈率兵五万围攻宁陵（今河南宁陵）。濮州（今山东鄄城）刺史刘洽以三千人守城，经过四十五日的交战，李希烈受挫而退。十月，又遣其将翟晖进攻陈州（今河南淮阳），已升任宣武宋亳节度使的刘洽派兵三万救援陈州，翟晖战败被俘。唐军乘胜攻下汴州，李希烈逃回蔡州，随后，受到四面攻击，屡失州县。贞元二年（786）三月，李希烈因食牛肉得病，其部将陈仙奇让医人陈仙甫在药中投毒，致其死命，同时，又将其妻子、兄弟共十七人杀死，举城投降朝廷。

李希烈是“安史之乱”后藩镇叛乱中为害最烈的一个，他与朝廷分庭抗礼，给唐政权造成很大损失，但是终因倒行逆施而败亡。

451. 为什么说崔群“世为山东著姓”？他任宰相时有什么作为？

崔群（772～832），字敦诗，清河武城（今河北清河东北）人。他是著名士族清河崔氏之后，清河崔氏是魏晋以来首屈一指的门阀大族，世代显宦，经书传家，为世人所重，故史书上称崔群“世为山东著姓”。

代宗大历年间，崔群进士及第，又举制科贤良方正科，授秘书省校书郎，累迁右补阙、翰林学士、中书舍人。宪宗登基后，崔群升任户部侍郎，仍兼任翰林学士，以正言直谏闻名于时。元和十二年（817），拜中书侍郎、同平章事，做了宰相。

崔群为相期间，为政宽简平恕，颇有政声。淄青道平定后，李师古等叛将的妻子儿女被没入掖庭做工。崔群不仅劝宪宗释放了他们，还要政府把家产还给他们。盐铁院判官权长孺犯罪当斩，年迈老母无人奉养，孤苦伶仃，宪宗就想赦免他，崔群趁机说：“陛下既然怜其老母，那就赶快派人去宣旨，否则就晚了。”结果刀下留人，救了权长孺一命。处州刺史进献羡余钱（即所交正常赋税后的结余）七百万，崔群恐政府取之而失信天下，就请求宪宗赐还本州，以减轻农户的负担。

度支使皇甫镈（bó）得幸，极力贿赂权贵，谋求宰相之位。崔群看不起他的为人，屡次谏阻。后皇甫镈为相，崔群受到排挤，出任湖南观察使。穆宗即位后，崔群历任吏部侍郎、御史中丞等职。后出任武宁节度使，镇守徐州。不久他就被副使王智兴所逐，降官为秘书监。文宗时，官至吏部尚书。卒年六十一，赠官司空。

452. 唐宪宗已经任命卫次公为宰相，却为何又追回诏书?

卫次公（753～818），字从周，唐河东（今山西太原）人。唐中期大臣，以忠正严谨、节操如一为时人所重。卫次公举进士入仕，当时主持贡举的礼部侍郎潘炎十分看重卫次公，认为他是“国器”，意思是指卫次公日后必当为国家的栋梁之材。初入仕为渭南尉，不久又到兴元节度使严震的幕府中任职，累迁殿中侍御史。唐德宗贞元八年（792），卫次公调入朝廷任左补阙、翰林学士。德宗驾崩后，卫次公和翰林学士郑䌌等朝臣被召至金銮殿议事。此前禁中流传着太子久病，欲行废立的消息，人心惶惶。于是卫次公就在殿上说：“太子虽然久病，但毕竟是先帝嫡传长子，人心所系，应该马上拥立太子即位。实在不行，那再立太子之子广陵王（即后来的唐宪宗）。但如果有人还有别的打算，那必将祸患无穷。”郑䌌也同意他的意见，于是大家一致拥立太子即后来的唐顺宗登基。

唐顺宗即位后，王叔文等专权用事，卫次公和郑䌌对其施政多所匡正。唐宪宗登基后，卫次公负责礼部贡举，选拔天下人才。他大胆淘汰华而不实的贵族子弟，选取真才实学之士，不为权利阻挠所动。后来任中书舍人，兼史馆修撰、兵部侍郎等职。其好友郑䌌罢相时，卫次公也被贬为太子宾客。不久他出任陕、虢等州观察使，下令免去当地属于苛捐杂税的横租钱三百万，为当地百姓所爱戴。他任兵部侍郎时，大胆举荐名臣李勣、徐有功等子孙，优先得补官职。

宪宗派兵平定淮西吴元济叛乱时，时任尚书左丞的卫次公上疏谏阻，屡请罢兵。宪宗见蔡州战局久拖不决，也想停战姑息，就下诏任命卫次公为宰相，以此来表明自己现在主张和谈。但诏书刚刚发出去，李愬雪夜平蔡州的捷报传来了。唐宪宗见后精神大振，更加坚定了自己起初要以武力平定藩镇的信心，就派人追回诏书，收回了成命。卫次公因为政见与皇上不同，就这样与宰相之职擦肩而过。

后来卫次公以检校工部尚书、御史大夫之职出任淮南节度使。元和十三年（818），调回京师，在回京的路上病死，终年六十六岁。死后，赠官太子少保，谥号为“敬”。

453. 郑余庆为什么被当时人称为“一代儒宗”?

郑余庆（746～820），字居业，出身名门荥阳郑氏之后。他历仕于德宗、顺宗、宪宗、穆宗四朝，贞元与元和年间先后两次拜相，是唐中期著名的大臣。

代宗大历年间，郑余庆举进士入仕。德宗贞元初，他由幕职官选为翰林学士，以工部侍郎知吏部选事。贞元十四年（798），晋拜中书侍郎，同中书门下平章事，成为宰相。后因得罪被贬官为郴州司马。顺宗时，重新起用为尚书左丞。宪宗即位后，再度拜相。

郑余庆先后四朝为官，刚正耿直，奏闻文雅流畅，言多中肯，切中时弊。他还不畏权奸，宪宗朝有个中书主书叫滑涣，他职务虽低，但为人阴险狡诈，勾结权宦，干预朝政，气焰嚣张一时。有一次，宰相们在一起议事，滑涣竟然在宰相前指手画脚，目中无人。其他宰相都不敢惹他，唯独郑余庆当场把他臭骂了一通。后滑涣怀恨在心，暗中使坏，把郑余庆罢为太子宾客。直到滑涣贪污腐败的丑事被揭发，宪宗才恍然大悟，由此更加敬重郑余庆，累迁国子祭酒、吏部尚书。元和九年（814），郑余庆出任山南西道、凤翔节度使。后又历任尚书左仆射、太子少师、国子祭酒等职，封爵荥阳郡公。

郑余庆精通六经，在奏议中也能引经据典，为人所敬重。他还积极倡导儒学，一些不理解他的人都说他不合时宜。他的文集、表疏、碑志、诗赋广泛流行于世，在当时影响很大。他为人清俭朴素，家无余财，志节始终不渝，不失儒者之道。他出将入相，为官显要，将近五十年，但却没有任何积蓄，所得俸禄，都分给了亲族故友。在他任节度使时，把所得的钱物都用来周济别人，很得人们的爱戴。唐宪宗知道他穷，每逢派中使外出，总是告诫他们不许向郑余庆索取任何东西。他死后，因为没钱安葬，穆宗特许给一月俸钱以帮助办理丧事。因为他的学识和品行为时人所敬仰，所以被时人称为“一代儒宗”。

454. 卢坦为什么受到罚俸后反而更加知名?

卢坦（749～817），字保衡，河南洛阳（今属河南）人。他为人刚正，以能为民请命而知名。卢坦早年任义成节度使判官，后由幕职转任寿安令。他在任期间，有一次正逢上司河南尹急着催交赋税，限期一天一天地临近，可是据寿安百姓反映，所要布帛在期限内根本就织不完。于是卢坦就请宽限十天再交，遭到顶头上司的拒绝。卢坦就冒着罚俸的危险，私自宽限百姓缴税的时间。结果在布帛交上时，卢坦果然被上司罚俸。卢坦宁可舍弃自己的俸禄，也不愿伤农逼缴赋税，这种爱民如子、为民请命的做法受到时人称赞，由此天下知名。

后来，卢坦升任库部员外郎，兼任御史。当他得知因为浙西李琦造反，朝廷有关部门就要拆毁李琦祖庙时，遂极力上疏反对。他认为李琦谋反，与其祖先何干，同时还举了唐开国功臣淮安王李神通的故事来据理力争，这才避免了一场不人道的灾祸发生。后来名臣武元衡为相，遂荐举卢坦为御史中丞。卢坦为政刚直，坚持原则，为同僚朝臣所叹服。宪宗元和三年（808），卢坦因弹劾仆射裴均朝班逾位，遭到裴均的嫉恨，不久就贬为太子右庶子。裴均公报私仇，因此也备受时人讥讽。卢坦后相继担任过刑部侍郎、盐铁转运使、户部侍郎，兼判度支等官，主管大唐财政。

元和八年，卢坦又因政见不同，受到宰相李吉甫的排挤，出任剑南东川节度使。元和十二年，卢坦病死在任上，时年六十九岁。死后赠官礼部尚书。

455. 王锷为什么攀附上太原王氏后便“以婚阀自炫”？

王锷（740～815），字昆吾，自称太原王氏。王锷起初任湖南团练营将，忠诚谨慎，胆识过人，深得团练使李皋的信任。后李皋改任江西节度使，调王锷镇守浔阳。淮西李希烈叛乱，王锷率军三千进抵九江，一举攻破蕲州，因功晋封江州刺史。后随李皋兵围安州，乱兵请降。王锷只身入城，杀不从者，开城迎唐军。

后来王锷入朝任鸿胪少卿，一年就节省了接待西域首领的费用五十万缗。后又出任容管经略使八年，境内部族归心，百姓安居乐业。之后调任广州刺史、岭南节度使。岭南本来地偏人乏，王锷到任后，精打细算，努力经营，把岭南经营成人人羡慕的肥差。他把两税之外的收入，都纳入自己的腰包。他还侵吞市舶税，劫掠南海中的商船和贡品，然后用十余艘大船满载犀角、珠玉、宝物，假冒商船，与人贸易赚取暴利。在岭南八年中，王锷很快就成为巨富，家中的巨额资产已超过了岭南一道的府库资财。他发财后，又大肆贿赂朝中权贵，不久他就入朝长任刑部尚书。

王锷后来又历任淮南、河中、河东等重镇的节度使。他在任善于经营，每到一方，对他来说，都是财源滚滚。他镇守河东时，军府安定，号令严肃，部队训练有素，兵备充足，财用绰绰有余，并向朝廷进献了二万缗钱。元和九年（814），王锷加授同平章事，成为使相。

次年病死，终年七十六岁，赠官太尉。

王锷本不是太原王氏之后，但当时的时代尊崇门阀，朝官都以出身低下为耻辱，由于太原王氏是名门大族，于是他就依附太原王翃(hóng)，认其为叔父，然后到处标榜，以“出身门阀”为荣，为时人所笑。后王翃的子弟多依靠王锷做到了大官，也算是各取所需了。

456. 韩愈生平有哪些事迹？

韩愈（768～824），字退之，邓州南阳（今河南孟县）人。由于先世居于昌黎（今河北昌黎），故世称其为昌黎先生。三岁时父母双亡，靠兄嫂抚养长大。幼时聪慧好学，博闻强记。贞元八年（792）中进士，但是并未很快被任用。宰相董晋出任宣武节度使，韩愈被聘为幕僚。董晋死后，又为宁武节度使张建封宾佐。后来入朝，任四门博士，转监察御史。他生性率直，疾恶如仇。贞元十九年（803），韩愈上疏数千言，极言当时政出多门、宦官专权及宫市掠夺的弊政，触怒了德宗皇帝，被贬为连州阳山（今广东阳山）县令，又改任江陵（今湖北江陵）法曹参军。

元和初年（806），韩愈被召为国子博士，后升任都官员外郎。元和八年，韩愈为犯赃贬官的华阴（今陕西华阴）县令柳涧上疏申诉，得罪了当权者，又贬为国子博士。韩愈才高气盛，由于在官场上不得志，累遭贬黜，遂作《进学解》以自喻。执政者见到此文之后，大受感动，认为韩愈很有史才，于是将他调任比部郎中、史馆修撰。次年，转考功郎中、知制诰，拜中书舍人。

元和十二年八月，宪宗任宰相裴度平定淮西，韩愈由裴度推荐任命为行军司马。淮西平定以后，韩愈因随军有功，提升为刑部侍郎，仕途很是得意。然而，很快因《论佛骨表》之事再次遭贬。法门寺有护国真身塔，塔内有佛指舍利，唐代每三十年迎一次佛骨，据说每逢迎佛骨之年，岁丰人和。元和十四年正月，宪宗命中使杜英奇与宫人三十多人迎佛骨。佛骨入京后，先在宫中供奉三日，然后又遍送长安诸寺供奉，好多百姓荒废产业而虔诚膜拜。韩愈素不信佛，上疏反对，触怒了宪宗皇帝，于是“一封朝奏九重天，夕贬潮州路八千”，被贬为潮州（今广东潮安）刺史。在潮州，韩愈曾组织民夫将州城西一个大水池决堤放水，消除了当地百姓的鳄鱼之患，并作《鳄鱼祭》一文，以资纪念。后改任袁州（今江西宜春）刺史，他在袁州废除了当地买卖奴婢的陋习，故深受当地百姓爱戴。

元和十五年（820），韩愈拜为国子祭酒，转兵部侍郎。唐穆宗长庆元年（821）七月，镇州（今河北正定）叛乱，穆宗派韩愈前去宣慰。韩愈到达镇州后，召集叛军，谕以大义。他言辞恳切，使叛军头目王廷凑敬畏不已。回朝后，升任吏部侍郎，后又任京兆尹等职。长庆四年（824）十二月，韩愈病逝。赠礼部尚书，谥曰“文”，所以后世敬称他为“韩文公”。

韩愈一生为官为政，同时做诗撰文，是唐代著名的文学家、诗人、思想家。他的文学和思想对后世有很大的影响。其作品除《韩昌黎集》外，还有《顺宗实录》流传于世。韩愈思想的主流是儒学传统，他的哲学代表作有《原道》、《原性》、《原人》、《原毁》、《原鬼》等，阐述了他的天命论、道统论和人性论。这些思想对后世有较大的影响。

“天命论”在韩愈的世界观中占统治地位，强调天是有意志的，人是无法改变的。道统论强调的“道”是儒家之道，是以孔孟所讲的仁义道德为主要内容的。主张博爱是“仁”，行为合乎封建等级秩序就是“义”，按照“仁义”的法则行事就是“道”，内心具备了“仁义”就是“德”。认为这种“道”自古延续至今。这种儒家思想到宋朝加以发挥，被称为“道”或“理”，被宋明理学家更进一步哲学化了。“人性论”也称“性情说”，“性”是人性，即人的本性，由仁、义、礼、智、信组成。由于人对五德具备情况不同，决定了人性的不同，韩愈把人性分为上、中、下三品，即“性三品说”。

457. 萧俛主持实施的“消兵”政策造成了什么后果？

萧俛（？～837），字思谦，其曾祖、祖父都是唐朝宰相，所以家族门第颇高。德宗贞元七年（791）中进士，宪宗元和初，登贤良方正科。历任右拾遗、右补阙、翰林学士、御史中丞等职。穆宗即位之后（821年），由于令狐楚的推荐，拜中书侍郎、同平章事，当了宰相。这一时期四海升平，国家无事，萧俛与另一宰相段文昌认为如今藩镇归顺，国家无事，应该休兵偃武，建议裁减军队，凡天下有兵之处，每一百人裁减八人，谓之“消兵”。想通过这种办法逐渐减少军队数量，削弱藩镇力量，从而达到一劳永逸的作用。穆宗昏庸，不懂政治，轻易地相信了他们的话，下诏推行这一政策。诏书颁下后，引起了极大的震动，各藩镇均不愿裁减军队，但又不得不执行，那些被裁减下来的军士，纷纷啸聚山林，成为强盗，到处烧杀抢掠，引起了社会的动荡不安。之所以造成这种局面，与朝廷采取的政策有直接关系。唐朝到了这个时期，各藩镇的军队性质已与唐前期大不相同，军队基本是职业军队，不再是以府兵为主了。军队的军士把当兵吃粮作为一种谋生的手段，而且许多人把家属也带到军中，一旦失去了军籍，不仅本人无法生活，其家属也随之失去了生活的保障，影响是非常大的。另外，这时“均田制”早已遭到破坏，政府也拿不出足额的土地分配给这些裁减下来的军士，他们回乡后无地可种，无业可从，为了生活只好啸聚山林，成了强盗。

有些藩镇将士也在军队中煽动军士对朝廷的不满，河北诸镇的情况尤其严重，人心不稳，社会动荡。成德节度使王承宗病死，萧、段二人不知河北诸镇的习俗，轻率地派魏博节度使田弘正为成德节度使，结果造成了成德兵变，杀死了田弘正，推举牙将王廷凑为节度使。魏博自田弘正被调走后，不断发生兵变，后来他们推举先锋兵马使史宪诚为节度使。幽州兵变，推翻了节度使张弘靖，推举朱克融为幽州节度使。这些人上台以后，为了笼络人心，又将裁减的军士招了回来。朝廷为了讨伐这些叛乱的藩镇，调诸道军队出兵讨伐，由于军力不足，只好重新招募，这些新招募的军队未经训练，往往一战即溃。宪宗所开创的大好局面，至此彻底被破坏了，唐朝再次陷入社会动荡、战乱不息的年月之中，这一切都是轻率推行“消兵”政策所造成的恶果。

不过，萧俛为官还是比较正直的，他嫉恶如仇，曾多次对王播贿赂宦官求为宰相的行为大加斥责。在任命官吏方面，比较谨慎，从不轻率用人，受到了舆论的好评。正因如此，他也受到奸邪之徒的攻击，不久就被罢去相位。文宗开成二年（837）死于家中。

458. 马存亮身为宦官为什么被史官大加颂扬？

马存亮，字季明，河中（今山西永济西）人。唐朝大宦官。唐宪宗元和中，任左神策军副使、左监门卫将军，不久又升任左神策军中尉。所辖军队十余万，治军严格，部无冗员。敬宗宝历初年（825），染工张韶联合工人百余人，藏匿兵器，入右银台门，准备作乱。被人发觉其企图后，他们大呼杀入宫中，当时皇帝正在清思殿击球，闻知有人作乱杀人，遂躲入左神策军。马存亮出营迎接皇帝入营后，出动大兵镇压了这次叛乱，以功加实封二百户。但是马存亮不居功自骄，主动要求解除兵权，外任淮南监军。后来回到京师后，任飞龙使。文宗大和中，以右领军卫上将军致仕，封岐国公，不久死去。马存亮这种不居功、不贪权势的做法，受到了时人及后世史家的褒扬。

459. 李景让为什么被称为“乐和李公”?

李景让（？～859），字后已。敬宗初年，任右拾遗、淮南节度使。宣宗时，累任至太子少保，爱好奖励、提拔人才，个性简约朴素。李景让的母亲郑氏，个性严明，识见高远，早年守寡，家境贫穷，儿子年幼，含辛茹苦，亲自负起母兼父职的教养重担。有一次，她家屋宅后面围墙，由于下雨，崩倒陷落，发现埋藏有许多银子，郑氏焚香对天祝祷说：“我曾听说，不费劳力的收获，会招来身家的灾祸，上天必然因为先夫在世时，积善余庆，垂悯我家贫困，特予赏赐这些钱财，济助教养，既然如此，但愿上苍保佑这几个儿子，学有成就，将来出人头地，我就感激万分，这些不劳而获的财物，我要原封埋藏，不敢动用。”于是随即将它们在原处掩埋，又修建围墙。皇天不负苦心人，后来果然如愿以偿，她的三个儿子李景让、李景温、李景庄，由于这位贤母的教导，全都进士及第。李景让兄弟三人即使年老时，犯有过错，还要受其母鞭笞教训，事后如能改过，其母遂欢喜如常。李景让任浙西观察使时，曾经因为一个位卑的武官犯了过错，一时震怒之下，不慎将他杖打致死，于是军心不平，将要图谋叛变，李母郑氏召集李景让在大庭面前怒责说：“你轻用刑罚，岂只是上负天子，也使老母含羞泉下，不忠、不孝叫我如何面对众人?”说罢举鞭要抽打李景让，将吏看到这种情景，都感动得涕泣，上前劝止谢罪，军心就此安定。

后来李景让入朝为尚书左丞，不久又拜天平节度使，转山南东道，封酒泉县男。宣宗大中年间，晋位御史大夫，刚刚视事，就劾免了侍御史孙玉汝、监察御史卢栯。任大夫三月，蒋伸辅政，李景让之名比蒋伸高，而宣宗择宰相，李景让却没有被选中。李景让心中不悦，要求辞官，皇帝遂任命为西川节度使。他却以病为由再三请求致仕，遂以太子少保分司于东都洛阳。七十二岁时病死，赠太子太保。唐宪宗元和之后，大臣有德望者，都以其所居里命名，李景让住在东都乐和里，故人们称其为“乐和李公”。

460. 高元裕为什么名重于当时?

高元裕（773～848），字景圭，其先祖为渤海（今山东滨县东）

人。进士及第，长期在节度使府任幕职。后来朝廷召他入朝任右补阙，途经商州，遇见方士赵归真擅乘驿马，高元裕大怒说：“天子置驿是为了官员往来方便，你怎么敢擅自动用驿马?”命左右之人夺马，到了长安后，还将此事上奏皇帝。唐敬宗不经常坐朝，政事决于禁中，宦官专横弄权，大臣不得觐见。高元裕进谏说：“今日宦官权势重于南衙，枢密之权超过宰相。”敬宗虽然有所醒悟，但却不能有所改正，人人都为高元裕担心。不久他升任侍御史内供奉，大家才放下心来，朝士们互相祝贺。宰相李宗闵感其节操高洁，擢升他为谏议大夫，晋中书舍人。郑注入翰林时，高元裕奉命提草诏书时，有意写了“以医术侍”等字句，引起了郑注对他的极大不满。李宗闵得罪罢相后，高元裕也被贬为阆州刺史。郑注死后，才再次召入朝中任谏议大夫、翰林侍讲学士。按照唐制，三司监院官带御史者，号“外台”，有权察风俗、举不法。后来此制便逐渐废置不施行了。高元裕请求将监院御史隶于御史台，使其能够继续行使监察之权，得到了皇帝的批准。后升任尚书左丞、领吏部选、吏部尚书。拜山南东道节度使，封渤海郡公。在镇五年，奏免当地百姓赋税颇多，减轻了百姓的负担。后又以吏部尚书召其归朝，死于途中，终年七十六岁，赠尚书右仆射。

高元裕性勤约，通经术，精通吏事，推重于时。御史中丞缺任，文宗一时没有找到合适人选，高元裕上表推荐其兄高少逸，高少逸果然不负众望，大家都称赞高远裕举贤不避亲。

461. 刘栖楚任京兆尹时是如何打击权豪的?

刘栖楚（? ～827），出身寒微，不知何处之人。早年为镇州小吏，节度使王承宗对其才干非常欣赏，遂推荐给宰相李逢吉，得以升任右拾遗。李逢吉排挤裴度、李绅等大臣，刘栖楚皆参与其事，为李逢吉出谋划策。唐敬宗立，坐朝常晚，经常狩猎，不问国事。刘栖楚谏曰：“前代君王，初即位时，都非常关心国政。陛下新即位，安卧寝内，很晚才坐朝。先帝刚刚驾崩，歌舞之声却不绝于耳。宪宗皇帝朝夕勤政，四方犹有叛者。陛下以少主，即位未几，恶名流布，恐怕江山不得长久。臣作为谏官，使陛下身负天下之讥，请碎首以谢。”遂以头碰龙墀，血流满面。敬宗虽然为之动容，但却不愿认错，扬手令其退去。刘栖楚曰：“不听臣言，臣请死于此。”敬宗下诏慰谕，这才退出宫中。不久升任起居郎，称病辞官，退居洛阳。后来谏官召对于延英殿，敬宗问道："以前那位当廷谏争者是否在场？"有人报告了他的情况，敬宗遂任其为谏议大夫，召其归朝。没有多久，又授其为刑部侍郎。数月后，又改任京兆尹。

在任京兆尹期间，他敢于实行严刑峻法，诛杀不避权豪。京城恶少持名于禁军，欺凌衣冠，做案之后则逃入军中，故无人敢捕。刘栖楚到任后，凡敢于犯禁者，一切穷治，不到十天，京城中的社会秩序便大为好转。一日，有军士酒醉闹事，诸少年在旁边说："大傻瓜，难道你不知道京兆尹吗？"于是那位军士便再也不敢胡作非为了，可见其震慑力之大。然而刘栖楚性格过激，做事无所顾忌，凭借皇帝对他的信任，即使见了宰相，也非常傲慢。宰相韦处厚对他十分厌恶，便找机会将他贬为桂管观察使。死后，赠左散骑常侍。

462. 仇士良是什么人？朝官为什么对他恨之入骨？

仇士良（781～843），字匡美，循州兴宁（今广东兴宁东北）人。他是唐代著名的大宦官，唐顺宗时入宫，先在东宫做事，唐宪宗即位后，因其是东宫旧人，升任其为内给事。后出任平卢、凤翔等镇监军使，与大诗人、监察御史元稹争驿站上房，仗势击伤元稹，引起朝臣们的愤怒。回朝后任内外五坊使，纵容部下在京畿地区放鹰，所到之处，危害百姓，向当地官府索要财物，并要求供给食宿，搞得怨气冲天，道路汹汹。李训为了对付王守澄，遂提升仇士良为左神策军中尉。"甘露之变"时，仇士良出动神策军四处搜捕朝臣，杀宰相以下朝臣千余人，朝堂为之一空。后又指派人刺杀宰相李石，李石虽侥幸未丧命，但被迫辞去了相位。仇士良在职二十余年，前后共杀二王、一妃、四宰相。会昌三年（843）以病退职，不久死去。因为他屠杀朝臣太多，所以朝官对他恨之入骨。仇士良死后的第二年，有人告发他谋反，结果从其家中搜出兵器及军用物资数千件，于是皇帝下诏削去其官爵，并抄没其家。

463. 元稹的人品为什么前后期截然不同？

元稹（779～831），字微之，在二十四岁时与白居易同时考中拔萃科，授秘书省校书郎。元和元年（806），他又考取制举才识兼茂科，名列第一，授右拾遗。与白居易一样，在刚刚踏上仕途时，他也抱着"兼济天下"，为国除弊兴利的愿望。

元稹生性敏锐，既然身为谏官，便不愿碌碌度日。被授官的当日他便上疏论谏官之职，以后又论及西北边事，皆朝廷大事，宪宗多次召他询问方略。但元稹很快受到权贵们的嫉恨，被出为河南县尉。恰在此时他的母亲病逝，没有赴任。服丧结束后，他被授为监察御史。元和四年，元稹出使东蜀，弹劾剑南东川节度使严砺擅自加赋，又吞没吏民田宅、奴婢及财物。当时严砺已死，七州刺史都被责罚。元稹虽然履行了自己的职责，但引起朝中与严砺交好之人的厌恶。其后元稹又弹劾了一批不法官吏，使得他们非常不满。后来宦官刘士元在驿馆羞辱元稹，打伤了他的脸。事发之后，执政借口元稹年少气盛，务作威福，将他贬为江陵府士曹参军。这次贬斥对元稹是一次很大的打击，他逐渐改变了过去的信条和做法。史书上说他“信道不坚，遂失所守”。元和十四年（819），元稹回到京师任膳部员外郎。穆宗一直很欣赏元稹的文采，与元稹相厚的宦官崔潭峻进元稹诗歌数十百篇，穆宗大悦，即擢祠部郎中、知制诰。朝中宦官因崔潭峻的缘故，争相与元稹结交，元稹益发得到穆宗重用。长庆二年（822），晋同中书门下平章事，与裴度同为宰相。但因为元稹在朝中没有威望，诏下之日，朝野皆讥笑之。元稹思穆宗恩宠眷顾，超次拔擢，急于有所建树以报答皇恩，堵塞众人之口。当时深州有战事，元稹的好友于方诡称有人可以说服叛贼，但需要兵部空名告身二十，以便宜行事。于方以此卖官纳贿。后元稹给于方二十个兵部告身之事暴露出来，元稹、裴度俱罢相，元稹出为同州刺史。谏官言此事与裴度无关，裴度不当罢，而责罚元稹太轻。穆宗回护元稹，只削去其长春宫使之职。

大和三年（829），元稹入朝为尚书左丞，整顿纲纪，出郎官无状者七人，然而因元稹威望扫地不被公议所赞扬。恰值宰相王播突然死亡，元稹四处活动，想要恢复失去的宰相之位，但没有结果。不久拜为武昌军节度使，大和五年七月，卒，年五十三，赠尚书右仆射。

464. 如何评价元稹所撰的《自叙》?

唐代著名大诗人元稹在穆宗长庆末年删定其文集时，曾撰过一篇《自叙》，对自己入仕以来的经历做了比较详尽的叙述，从中可以窥见诗人处世观的变化轨迹，同时这个《自叙》中叙述的一些史实也是珍贵的历史资料。这篇《自叙》《旧唐书》本传有全文收录，共计一千二百多字，主要叙述了作者在宪宗元和初年与裴度、李正辞等人在政治上的矛盾根源，出使东川的情况，作者任宰相时发生的一些重大事件，最重要的是，详述了他任东都留台御史时遭贬的原因等。分析元稹的这篇《自叙》，可以看出这样几个问题：

其一，作者对宪宗至穆宗统治时期自己所经历的几件比较敏感的事件做了陈述。比如他详述了元和初年自己因为什么原因，从拾遗之职被贬为河南尉的；穆宗初自己是如何当上宰相的；对自己与裴度的矛盾做了解释等。通过这些叙述可以看出，作者极力为自己开脱，否认自己曾经排挤过裴度，语调和缓，丝毫不带情绪。从元稹的这些叙述也可以看出，裴度在当时的确具有很大的影响，使元稹不得不顾及舆论的反响，而不敢公然地谴责裴度，只能用一种平和的态度为自己开脱。

其二，作者详述了自己在任留台御史时的所作所为。可以看出，在这个时期元稹还是比较正直的，也敢于负责，同当时的许多不良现象做了斗争。反映出元稹年轻时的人生观，很想做一个直臣、能臣，在政治上也想有一番作为。但是由于在现实生活中处处碰壁，在政治上屡遭打击，遂使他改变了自己的处世原则，并开始与权贵结交，以谋取政治上的好处。在这一点上，元稹的确不如他的好友白居易坚定。不过元稹关于他任留台御史的这段经历，对于研究唐代的留台制度有着极重要的史料价值。

其三，元稹论述了在编辑自己的文集时的一些想法，比如由自己所提草的制书可不可以删削的问题，刘秩认为不可删削，而作者却认为可以删削，将那些不关国计、制度、政治的部分削去，只留下重要的部分，可以有益于治道。对于自己所上的兵赋边防等表状，作者也做了删削，认为可存者只有一百一十五篇。至于保留下来的其他文章、杂奏，作者也做了简要的说明。

其四，元稹对自己从元和十五年到长庆二年期间的迅速升迁做了评述，认为升迁之快前所未有，这个期间遭人诬陷之多，也是前所未有的，因而心情忧虑，胆颤心惊，反映了当时士大夫内部斗争之激烈，矛盾之深，从而揭示了封建政治的黑暗状况。

总之，元稹的这篇《自叙》对于研究唐朝这一时期的朝廷政治以及士大夫之间的复杂关系都有着重要的作用。同时对研究作者编辑《元氏长庆集》的初衷和原则，也有一定的参考价值，因此这是一篇比较重要的文献，是研究元稹这个历史人物的重要资料。

465. 如何评价李逢吉这位历史人物?

李逢吉（758～835），字虚舟，陇西（今甘肃陇西东南）人，唐代政治家。

李逢吉在唐德宗贞元年间考中进士，被范希朝辟为振武节度掌书记，后又入朝为左拾遗、左补阙、改侍御史，充入吐蕃册命副使、工部员外郎，又充入南诏副使。元和十一年（816），拜门下侍郎，同平章事。李逢吉为人阴险诡诈，妒贤害能。宪宗命裴度总领兵讨淮、蔡叛军，李逢吉恐其成功后位在己上，便暗中破坏，没有得逞，却由此与裴度交恶。到裴度亲征时，学士令狐楚因制辞不合旨，遭到贬斥。李逢吉因与令狐楚相善，也被罢去宰相之职，出为剑南东川节度使、检校兵部尚书。唐穆宗即位后，李逢吉因曾服侍东宫，觉得有侍读之恩，便遣人密结权贵，求还京师。长庆二年（822），他被召入朝，为兵部尚书。恰巧裴度也在此时自太原入朝，朝廷以裴度招降河朔有功，与工部侍郎元稹先后拜为宰相。因元稹结交内官为士人嗤笑，裴度在太原时，数次上疏言元稹奸邪。李逢吉认为二人同为宰相，势必倾轧，乃遣人诬告元稹结交小人，欲行刺裴度。元稹、裴度俱被罢相。李逢吉取而代之，成为宰相。他与朝中不得志之人结纳，把持朝政，捏造诽谤，百般中伤裴度。赖学士李绅、韦处厚数次在皇帝面前申诉力谏裴度于国有功，裴度才得以以仆射之职留在朝中。当时唐朝已失河朔，徐、汴两州动乱，天下俱思裴度再秉国政，以攘动乱。及李逢吉挟私嫁祸裴度，夺其权，四海侧目。李逢吉又厌恶学士李绅得到穆宗宠信，阴谋将其赶出朝廷。他任命韩愈为京兆尹，兼御史大夫，认为李绅褊（biǎn）直，韩愈木强，两人必起争执。后来李绅果然与韩愈意见不合，在朝堂上争吵不休。李逢吉乘机罢韩愈为兵部侍郎，李绅为江西观察使。敬宗时，李逢吉又企图阻止裴度入朝为相，没有得逞，乃以使相出镇山南东道。大和中，移镇宣武。大和八年（834），其侄李训当政，征拜他为左仆射，后以司徒致仕。大和九年卒，年七十八，赠太尉，谥曰“成”。

466. “八关十六子”指哪些人？他们是如何大搞朋党之争的？

唐穆宗、敬宗两朝，宰相李逢吉为人诡谲凶狠，把持朝政，打击、陷害裴度、李绅等名臣。朝士张又新、李续之、张权舆、刘栖楚、李虞、程昔范、姜洽、李仲言八人甘为李逢吉鹰犬，张又新等八人因此身居要津，依附他们的又有八人，时人号为“八关十六子”。凡有求于李逢吉者，必先向此八人纳贿，没有不如意的。唐敬宗即位后，左右皆言裴度贤能，又曾立大勋，皇帝甚嘉奖，命令宦官前去慰问裴度。宝历初，裴度连续上章请求入觐，李逢吉及其党坐立不安，如万箭攒身，于是合谋阻止裴度入朝。张权舆捏造“非衣小儿”童谣，传于闾巷，说裴度面相向天分，应谣谶，赖学士韦处厚在皇帝面前解析，此计才未得逞。李逢吉于是又遣人诬告曾受裴度重用的武昭谋刺自己。武昭是裴度旧部，累晋为刺史，后因裴度被李逢吉排挤，武昭因是门吏，久不得见用，颇有怨言。李逢吉希望法司鞫审武昭行止，突出其为裴度任用，借此来阻止裴度入朝。以前，李逢吉又与同为执政的李程不睦，水部郎中李仍叔是李程一族，曾对武昭说：“李程想授你官职，但被李逢吉阻挠。”武昭因此更恨李逢吉，醉酒后曾与人言欲杀李逢吉，被密告于张权舆，张权舆又告诉李逢吉。李逢吉遣与武昭交厚的金吾卫兵曹茅汇传语武昭，愿得一见，并厚相结纳，武昭等人皆以为忿隙得解，疑怨之言稍息。李逢吉殷勤结交茅汇，书信往来非常密切。等到裴度将入朝之时，李逢吉又一次命人告发武昭。“八关十六子”之一的李仲言威胁茅汇说：“如果你证明武昭与李程勾结便可活命，否则就要死。”茅汇辞谢，不愿诬人以自免。冤狱遂成，武昭被处死，李仍叔、茅汇皆流放，而李逢吉的丑迹也败露于天下。

李逢吉欲以武昭狱阻裴度入朝，没有得逞，裴度仍被任命为宰相。李逢吉渐渐被疏远，出为山南东道节度使，他上表请以李续之为副使，张又新为行军司马，其后两人皆因劣迹被贬黜。

467. 柳仲郢为什么在京兆尹和河南尹时施政方针截然不同?

柳仲郢（yǐng）（？～864），京兆华原（今陕西耀县）人，字谕蒙，父柳公绰。仲郢自幼勤奋好学，青年时就写下了《尚书二十四司箴》，受到了大文学家韩愈、柳宗元的称赞。元和十三年（818）中进士，任校书郎，后入鄂州节度使牛僧孺幕府，牛僧孺就曾感叹地说过：“如果不是长期受到名教的熏陶，怎么可能有这样高的素质啊！”

唐武宗即位之初，柳仲郢任吏部郎中。由于当时官员普遍超编，武宗决定沙汰冗员。仲郢接旨后数日内就裁减了千余名冗官，为时论所称。李德裕认为他很有才能，就推荐他担任京兆尹。京兆地区即京师所在地，人口百万，治理起来很不容易。仲郢到任后，首先做的就是整顿市场，他在长安城的东西二市设置了官方制造的标准度量衡，以供交易时使用。又禁止使用私造的斗秤。他还打击豪强，整顿社会秩序，敢于诛杀跋扈的神策军吏。史书载“人无敢犯，政号严明”。后改任右散骑常侍、知吏部铨选。李德裕提倡门荫取士，企图压抑打击那些通过科举入仕的人，所以他希望仲郢能够按照他的想法去做，然而仲郢却不同意，他认为“以进士选，无受恶官者”。而且他还设法杜绝铨选过程中作弊的现象。宣宗朝，李德裕被罢相，出仲郢为郑州刺史、河南尹。他任河南尹期间以宽厚为政，取得了很大的成绩。时人见他此时采取的施政方针以“宽惠为主”，与他任京兆尹时有所不同，曾问他个中原因，他说：“辇毂之下，弹压为先；郡邑之治，惠养为本。何取类耶?”因而不久就因政绩显著提升为剑南东川节度使。到任后绳治奸吏，所部一片肃然。后又入为兵部侍郎，领盐铁转运使。咸通时，出为山南西道节度使、东都留守、天平军节度使。后卒于任，有文集二十卷，今已佚。

468. 王廷凑是什么人？一生有哪些劣迹？

王廷凑（？～834），回纥阿布思族人。曾祖为王武俊的养子，所以改姓王。王廷凑遇事沉着，寡言善断，好读兵书，在成德节度使王承元手下任衙内兵马使。

长庆元年（821）七月，王廷凑联合牙兵杀新任成德节度使田弘正及其将吏、家族成员三百余人，自称留后、知兵马使。王廷凑所属将吏逼迫监军宋惟澄向朝廷上疏，为王廷凑请授节钺。穆宗大怒，下诏征邻道兵，仍以河东节度使裴度充任幽、镇两道招抚使，以田弘正之子田布为魏博节度使，讨伐王廷凑。又以深州（今河北深县）刺史牛元翼为成德军节度使，下诏诛王廷凑。不久，镇州（今河北正定）大将王位等人欲谋杀王廷凑，事情败露，王廷凑大开杀戒，受牵连者两千多人。

王廷凑还联合朱克融反叛，进围深州，深州刺史牛元翼据城坚守。穆宗发兵讨逆，但朝廷因长期对藩镇用兵，国库耗竭，军队给养不足，又加上度支转运的军粮也被叛军劫掠，前线军士更加困乏。王廷凑竟以万余叛军屡败十五万官军，朝廷再次丢失河朔地区，不得已而罢兵。

长庆二年二月，穆宗下诏赦免王廷凑，任命其为检校右散骑常侍、镇州大都督府长史、成德军节度使、镇冀深赵等州观察等使，以牛元翼为山南东道节度使。朝廷还派兵部侍郎韩愈前往镇州宣慰，王廷凑虽然表示受命于朝廷，但仍不解深州之围。三月，牛元翼率十余骑突出深州，深州将校臧平举城投降，王廷凑竟怨其固守，诛杀投降将吏一百八十余人。五月，宦官杨再昌奉命到镇州，欲接走牛元翼家属及田弘正骸骨，王廷凑告诉使者："田弘正的骸骨，已经下落不明；牛元翼的家属，等到了秋天再由我发遣。"不久，牛元翼卒，王廷凑竟残酷地把其家族全部屠戮。之后，仍与朱克融、史宪诚联合，共同抗拒朝廷。

大和元年（827），沧州（今河北沧州）李全略卒，其子李同捷欲袭父位，抗拒朝廷诏令，打算为叛逆之事。朝廷派兵进讨，王廷凑竟出兵援助李同捷为乱。大和三年，李同捷兵败被诛，王廷凑惧而请罪，朝廷再次赦免他，依然任命为检校司徒、成德军节度使。

大和八年十一月，王廷凑死去，赠官太尉。王廷凑无视国法，屡次为逆，凶残酷毒，影响极为恶劣。旧史家评论说："凶毒好乱，无君不仁，未如廷凑之甚也。"

469. 柳公权的生平与书法成就如何？

柳公权（778～865），唐京兆华原（今陕西耀县）人，字诚悬，唐代著名书法家。

柳公权自幼好学，十二岁便能作辞赋。元和初年，他考中进士，任秘书省校书郎。穆宗、敬宗、文宗三朝皆侍书禁中。文宗时，累迁中书舍人，有诤臣风，授谏议大夫。开成三年（838），转工部侍郎，迁承旨学士。武宗时，为集贤院学士、判院事，累官工部尚书。

柳公权为人宽厚正直，为官时多次直言进谏。为勋戚家书写碑志获金每岁达到巨万，尽付家中主藏奴仆代为收藏，被奴仆窃去大半。他曾特意收藏银器一套于笥（sì）中，后来打开发现锁匙完好而银器不翼而飞，他询问仆人，仆人推说不知道，柳公权只是笑笑说："银杯羽化耳。"便不复追问。唯砚、墨、册簿，自己锁镉（jué）密藏，绝不假手他人。

柳公权善书法，尤工正楷。初学王羲之，得力于欧阳询、颜真卿笔法。书体遒健，结构劲挺，虽不及颜书体局宽裕，亦别自成一家，号称柳体，与颜真卿并称“颜柳”。当时贵宦家墓碑铭志非其所书，人们就认为他的子孙不够孝顺。外邦入贡，均另备货贝曰：“此购柳书。”可见当时柳公权的书法得到许多人的喜爱，影响已经超越了国界。

唐懿宗初，柳公权以太子少师致仕。咸通六年（865）卒。

470. 白居易为什么一生仕途坎坷?

白居易（772～846），字乐天，太原人，后迁居于下邽（今陕西渭南北）。贞元十六年（800）进士及第，贞元十八年又考中拔萃科，授秘书省校书郎，从此开始了他的官宦生涯。从一开始，白居易怀着忧国忧民、兼济天下的抱负投入到政治生涯中。宪宗元和元年（806），他与好友元稹仔细分析当时的社会状况，写出了《策林》七十五条，内容涉及政治、经济、军事、吏治、文化等方方面面，提出了存在的问题及解决方法。同年四月，白居易应“才识兼茂、明于体用”科，因对策语直，入第四等，授盩厔（zhōuzhī，今陕西周至）尉。县尉的职责是“拜送长官”，“分判众曹，收率课调”，白居易不愿去压迫百姓。元和二年，白居易被召回长安，授翰林学士。次年，除左拾遗。左拾遗为谏官，正是他乐于担任的工作，在任左拾遗的几年中，屡屡上疏针砭时弊，并一而再、再而三地犯颜直谏，极言宪宗之误。宪宗心中不乐，对宰相说：“白居易是朕拔擢致名位，而无礼于朕，朕实在难以忍受。”因为家贫，元和五年改任为京兆府户曹参军，第二年因母病故回乡守制。元和九年，白居易“丁忧”（守丧）期满回朝，授太子左赞善大夫。赞善大夫是一个闲职，职务只是陪太子读书，却无权过问朝政，但这并不能阻止白居易。元和十年春，淄青节度使李师道派人刺杀了宰相武元衡，刺伤御史中丞裴度。此事一出，朝野哗然，宰相在京城被杀，是藩镇对朝廷的莫大蔑视，更是朝廷的奇耻大辱，但满朝文武惮于藩镇威势，竟无一人敢上疏提出对策。白居易出于义愤，不顾不能先于谏官奏事的朝规，首先上疏请求追捕凶手，因此激怒朝中与藩镇勾结的官吏，将白居易贬为江州（今江西九江）司马。这是诗人仕途的一个转折点。从此之后，白居易一直徘徊在兼济天下与独善其身的矛盾之间，但他仍然关心社会现实，渴望有机会施展自己的才华。元和十四年，白居易奉调回京，任司门员外郎，后改授主客郎中、知制诰。长庆元年（821）十二月，爆发了“使酒骂座”事件。李景俭等人因不满朝廷在出兵讨伐藩镇叛乱时的无能，借酒闯入中书省，直呼宰相之名，面数他们的过失。事后李景俭等人均被贬黜出京。白居易虽极力上疏营救，奈何不果。同时，他的好友元稹又因积极主张讨伐河北藩镇而开罪于权贵，被贬为同州刺史。白居易深感回天乏力，自请出为外任。长庆二年，他被任为杭州刺史。宝历元年（825）又为苏州刺史。作为一个有良知的官员，他仍力所能及地为百姓做一些好事。会昌二年（842），白居易坚持辞去太子少傅官职，以刑部尚书致仕，结束了他长达四十年的仕宦生涯。

471. 白居易的《池上篇》、《醉吟先生传》等文章反映了什么思想?

白居易少年时怀有“兼济天下”的抱负，等到进士中第，擢入翰林，颇想由此奋发图强，有一番作为。虽然他有好的愿望，但当时朝政败坏，经历了安史之乱的大唐王朝再也无力重振旧日风采，一蹶不振，朝臣们也只关心禄位，互相排挤，当权者嫉贤妒能，白居易很快也受到排挤诬陷，数次被贬，长年流落荒远之地。这对白居易的打击很大，他渐渐从自己的政治理想中清醒过来，从“兼济天下”转为“独善其身”的处世方针。无意于仕途的白居易唯以逍遥自得，吟咏情性为事。文宗朝，牛李党争日益激烈，互相构陷，朝升暮黜。白居易不愿卷入复杂的政治漩涡，自求外任，希望远离朝中是非之地。他从杭州刺史转为太子左庶子，分司洛阳，在洛阳购宅养老，每日沉迷于独酌赋咏，因此写了《池上篇》，描写自己在洛阳的闲适生活：“十亩之宅，五亩之园，有水一池，有竹千竿”，“优哉游哉，吾将老乎其间”。

之后，他又仿陶潜《五柳先生传》，作《醉吟先生传》自况。文章先总写他返居洛阳的生活，交代居住环境、爱好和交游，接着写他退居生活的具体情景，最后说明自己嗜酒、耽琴、吟诗的原因。在与佛教、山水、诗酒为友的表象下，依然能够察觉到他内心的失意与痛苦。“吾生天地间，才与行，不逮于古人远矣；而富于黔娄，寿于颜回，饱于伯夷，乐于荣启期，健于卫叔宝：幸甚幸甚！余何求哉？若合吾所好，何以送老？”显然，诗人的志向绝不止于此，但在残酷的现实与重重阻碍面前，他也只好以此为幸，聊以自慰。这篇文章层次井然，平易清新，尤其是第一部分对自己以山水为友、以歌诗为伴生活的描述，生动传神，景中有情，言情叙事，读来娓娓动人，是白居易所撰文章中的代表作之一。

472. 崔祐甫在宰相任中有何作为?

崔祐甫（721～780），字贻孙，京兆长安（今陕西西安）人，中唐宰相。天宝年间考中进士，补寿安县尉，肃宗时任起居舍人，代宗时为中书舍人。他性格刚直，不畏权贵，敢直言极谏。

代宗朝常衮为宰相，时中书省缺侍郎，祐甫以舍人摄省事，二人常遇事争执不下。于是常衮调他任吏部选事，崔祐甫每次拟定的官员人选，常衮总要驳回。恰逢朱泚上奏军中出现猫为鼠哺乳的怪事，常衮率领群臣去祝贺皇帝，认为这是祥瑞之事。崔祐甫则反驳道："人养猫是要它捕食老鼠，为人除害。今猫不捕鼠反而养老鼠，是失其本职。犹如执法官吏不惩邪恶违法之人，边将不抵抗入侵之敌。我认为应当派人巡察地方贪官污吏，告诫边防守将要严加防范，则可以消除这种怪异现象。"代宗很赞同他的话，而常衮则更加嫉恨他。

代宗死后，在代宗灵前，为守丧事宜，两人再次冲突。一怒之下常衮欲贬崔祐甫，未征得郭子仪、朱泚的同意便在诏书上联署其名，被德宗视为欺君，遂罢贬常衮，任崔祐甫为相。祐甫为相后，选官允当，受到皇帝以及朝臣的认可。淄青节度使李正己为试探朝廷对他的态度，上表进献钱三十万贯。德宗不知如何应对，问计于祐甫，祐甫说："李正己献钱是行诈，不如派使者前去劳军，将所献钱转赐军内将士，李正己若承命，士卒必感谢皇恩；若违抗，则军内自乱。这样也向其他藩镇表明朝廷并不贪图地方的贿赂。"德宗采纳了他的意见，李正己自然是哑巴吃黄连，只得拿钱赏赐部下。因崔祐甫有一定才能，为政期间政绩颇丰。建中元年（780），崔祐甫病死，时年六十岁，追赠太傅。虽在仕途，他勤于读书撰文，有文集三十卷传世。

473. 白行简有何文学成就?

白行简（776～826），字知退，祖籍太原（今属山西），后迁居下邽（今陕西渭南）。他是唐代诗人、传奇作家、白居易之弟。

元和二年（807），白行简进士及第，授秘书省校书郎。八年，受卢坦辟请，为剑南东川节度使掌书记。十二年，卢坦卒，至江州依附白居易。十五年，白居易入朝为尚书郎，行简亦授左拾遗，累迁至司门员外郎、主客郎中，赐绯服，白居易有《闻行简恩赐章服喜成长句》

诗。宝历二年（826）冬，白行简病卒，有文集二十卷遗世。史称白行简“文笔有兄风，辞赋尤称精密，文士皆师法之”。白氏兄弟友爱，相待如宾客，为时人所称道。

白行简在文学上的贡献主要在传奇小说的写作上，所撰《李娃传》，叙荥阳公子与名妓李娃相爱为鸨儿所欺，沦落至社会底层，在殡葬铺哀唱为生。后遇其父，怒其不争，被鞭挞几死，赖李娃救护得生，遂折节读书，一举成名。四子皆为达官，李娃亦被封为汧（qiān）国夫人。这部传奇是白行简根据当时流传的话本《一枝花》改编创作的。由于是取材于话本，所以与其他传奇作品师法传记文学而执著于人物命运，对情节结构不特别重视不同，《李娃传》既注重于人物形象，又工于情节结构，将读者的审美期待引向对人物命运的关注上，于自然本色中彰示艺术魅力。从文学史的角度看，《李娃传》的出现代表着传奇小说已进入自觉的阶段，即作者有意识地剪裁布局，巧妙安排结构，出奇制胜，以奇引人。因此，《李娃传》在中国文学史，尤其是唐宋传奇小说史上，拥有重要的地位。再加上曲折动人的情节、鲜明突出的人物性格、传神的细节描写，使其成为唐代传奇中不可多得的优秀作品，是唐传奇小说的代表作之一。

474. 刘禹锡的生平状况如何?

刘禹锡（772～842），彭城（今江苏徐州）人，字梦得。一说他是中山（今属河北）人。武宗会昌二年（842），刘禹锡曾写过一份自传《子刘子传》，在这份自传中，他自称为洛阳人。

贞元九年（793），刘禹锡考中进士，又登博学宏辞科，授太子校书，后来又在淮南节度使杜佑处当记室，受到杜佑的赞赏。贞元十九年，他随杜佑入朝，授监察御史。他与当时服侍太子的翰林学士王叔文交好，王叔文“以宰相器待之”。贞元二十一年初，唐顺宗即位。由于顺宗长期生病，不能料理国事，王叔文得到重用。刘禹锡也得以参议国政，开始了反对宦官专权的政治改革，因而遭到宦官和与之勾结的官僚们的嫉恨。贞元二十一年八月，宦官俱文珍勾结大官僚与藩镇势力，强迫顺宗逊位，拥立太子李纯（宪宗）为帝。改革派全遭贬斥，刘禹锡被贬为朗州（今湖南常德）司马，逐居朗州十年。元和十年（815），他被召回长安，不久又因作《游玄都观咏看花君子》一诗，触怒新贵，被斥为播州（今贵州遵义）刺史，后改为连州（今广东北部）

刺史。长庆元年（821），改任夔州（今四川奉节）刺史，长庆四年，调任和州（今安徽和县）刺史。大和二年（828），他被召回长安，任主客郎中，作《再游玄都观》诗，表现了不屈不挠的精神和奋斗到底的勇气。大和五年（831），他出任苏州刺史，后又相继转为汝州刺史、同州刺史。开成元年（836），迁太子宾客，分司东都。会昌二年（842）七月病逝，终年七十一岁。赠户部尚书，他的作品主要收录在《刘宾客集》中。

475. 白敏中是什么人？如何评价他任宰相期间的作为？

白敏中（792～861），字用晦，祖籍太原（今属山西），后迁居下邽（今陕西渭南北）。唐代诗人，白居易从父弟。

白敏中少孤，跟随诸长兄学习。长庆二年（822）中进士，辅佐义成军节度使李听，历河东、郑滑、邠（bīn）宁三府节度掌书记，试大理评事。大和七年（833），因母亲病逝守母丧退居下邽。会昌初，他以殿中侍御史分司东都。同年夏，转为户部员外郎，回到长安。唐武宗素闻白居易诗名，及即位，想要征用他。宰相李德裕认为白居易已经是衰病之躯，不能上朝谒见，以其辞艺类似白居易，举荐白敏中。遂诏白敏中为翰林学士，改兵部员外郎、承旨学士。宣宗立，以兵部侍郎同中书门下平章事，迁中书侍郎，兼刑部尚书。牛李党争中，白敏中为牛党要员，不断构陷、打击李德裕，及李德裕被贬，敏中抵毁甚力，议者訾（zǐ）恶。李德裕亦言“惟怨报德为不可测”，斥责白敏中。此后白敏中又历任尚书右仆射、门下侍郎，封太原郡公，五年之中十三迁。

等到崔铉任宰相后，企图专辅政之权，于是担心白敏中位在己上。这时恰逢西北的党项族屡次骚扰边境，崔铉趁机向皇帝进言应派德高望重的朝廷重臣前去镇抚。朝廷于是任白敏中为邠宁节度使、招抚制置使。白敏中到任时，属下将领已打败入犯之敌。他于是劝说党项人归顺朝廷，并在终南山至黄河间设屯卫以防外患，回绕千里。第二年，又改任剑南西川节度使。他在任上增骠军，完创关壁，治蜀五年，有功绩。唐懿宗即位，召他拜为中书令。咸通二年（861），出为凤翔节度使。不久以太傅致仕，诏书未至，卒，赠太尉。

476. 李训是什么人？

李训（？～835），字子垂，初名仲言，陇西成纪（今甘肃秦安）

人。他是唐肃宗朝宰相李揆的族孙，唐敬宗朝宰相李逢吉的侄子。李训进士及第后，因为诬陷他人被流放。李逢吉与裴度关系不睦，时任东都留守，李训正好也在东都，他知道李逢吉的心意后，自言与郑注关系密切，而郑注却深得皇帝宠信，可以通过他设法对付裴度。于是李逢吉给他金帛数百万，让他带入长安，贿赂郑注。郑注非常高兴，便将他推荐给神策中尉王守澄，王守澄又推荐给唐文宗。李训精通《易经》，文宗与他交谈后，认为他是一个人才，遂任命其为四门助教、国子博士，赐绯鱼袋。文宗对宦官专权的局面深恶痛绝，常想得贤士助其重振朝纲，铲除宦官。李训得知皇帝心意，便以铲除宦官为己任，受到了皇帝的器重。很快从兵部郎中、知制诰，升任翰林学士，接着又拜为礼部侍郎、同平章事，成为宰相。不久，他设法铲除了宦官陈弘庆，又罢去了神策中尉王守澄的兵权，然后将他毒死。他还将郑注任命为凤翔节度使，作为外援。

大和九年（835），李训与郑注合谋，以左金吾卫石榴树上夜有甘露为名，诱宦官仇士良等前往观看，伏兵欲加诛杀。事情败露，宦官出动神策军搜捕，李训被迫逃出长安，至终南山，被捕获斩杀。

477. 郑注是什么人？

郑注（？～835），绛州翼城（今山西翼城东）人。出身寒微，本姓鱼，冒姓郑氏。郑注懂得一些医术，他就依靠这些技能在长安的贵族、官僚之家往来，结交和认识了许多权贵人家。唐朝名将李愬任襄阳节度使时，身体患病，经郑注治疗后得以痊愈，因此对郑注非常感激，遂任其为节度衙推。李愬移职徐州时，郑注也随同前往，军政事务皆能够参决，由于主帅的支持，所以他逐渐作威作福，引起了许多人对他的反感。当时任监军使的是王守澄，他也非常反感郑注。李愬为了缓和他们两人之间的关系，便令郑注前往王守澄处拜访，王守澄开始还不同意，等到他见到郑注以后，谈了不久便觉得非常投机，大有相见恨晚之意，遂请郑注入内室促膝而谈。第二天王守澄见到李愬后，对他说："果然如你所说，郑注真是奇士啊！"从此以后，郑注便成为王守澄家中的常客，两人成为莫逆之交。

后来王守澄入朝任枢密使，在穆宗、敬宗朝权势很大。郑注也随之到了长安，由于他与王守澄的特殊关系，许多达官贵族都争先恐后地与其结交，历任大理评事、御史、库部郎中、昭义节度副使。唐文宗大和七年（833），郑注自邠宁行军司马任上罢职，又来到了长安。御史李款上疏弹劾郑注说："郑注内交中使，外结朝官，接受贿赂，干预朝政，人不敢言，道路以目，请将其交付法司治罪。"十天之内，连续上奏数十次，但却不被文宗所接纳。不久任命他为通王府司马，充右神策军判官。大和八年，由于他向皇帝进献了药方一卷，得到皇帝的赏赐，很快就被任命为太仆卿，兼御史大夫。

大和九年，郑注与李训建议诛灭宦官，收复吐蕃贵族占据的河湟地区，以及清除割据河北的藩镇势力。他们设计首先铲除了宦官王守澄。为了彻底铲除宦官集团，郑注出任凤翔节度使，企图内外合力一举消灭宦官势力。"甘露之变"时，他带兵入京，中途闻李训已败，乃退兵，为监军使张仲清所杀。

478. 如何评价郑注、李训的所作所为?

李训、郑注执掌朝政以后，朝夕谋议，欲铲除宦官势力，匡扶皇室。

关于这两个人，旧史家大都对他们的评价很低，概括起来说，大体有两点看法：一是说李训、郑注是"穷究奸险"的"奸臣"，蠹乱朝纲的"乱臣贼子"，使大批公卿遭受灭顶之祸；二是说李训、郑注反复无常，阴险狡猾，是缺德少才的"小人"，这主要表现在郑注构陷宋申锡，李训图谋郑注，使郑注出镇凤翔；以及李训、郑注因宦官而进，反又谋除宦官，以怨报德等等。

当代学者的观点与旧史家截然不同，大体上是这样评价李、郑二人的：一、认为李训与郑注是继王叔文等人的"永贞革新"之后，图谋内除宦官、外削藩镇、力革时弊、强化皇权的有为之士，却和"二王八司马"同样遭受失败，并蒙受了千古骂名，实在有他们的冤枉之处。认为旧史家称李训、郑注为"奸臣"，乱国乱政，是不符合晚唐史实的，是强加在他们身上的不实之辞。李训、郑注当权以后，便开始着手实施其"太平之策"，内诛宦官，外抑强藩，除乱求治，并在谋翦宦官势力中取得了一些成功，威望大增。但在最后一次想要诛灭全体宦官的行动中，李训出于揽功的私心，为了独揽诛灭宦官的大功，改变原先拟定的计划，由于时间仓促，准备不足，结果以失败告终。李训、郑注等公卿百官多数遇难，京师长安也遭到宦官们的一场血腥洗劫，对此，史学家不能以成败论人。二、对于郑注构陷宋申锡等事做了辨析，认为旧史家称他们为“小人”，是对他们的诬蔑之辞。在宦官当道、藩镇割据的晚唐时期，李训、郑注居危思治，不是委曲求全、苟且偷安，而是提出了内诛宦官、外削强藩的“太平之策”，恰恰是切中时弊的，表现了李训、郑注的政治才能，而且在谋翦宦官中，也取得了一定的成就。李训、郑注是继王叔文、王伾等人之后，代表了敢于向腐朽、反动的宦官势力进行斗争的朝官中的进步势力，也是很有作为的两位人物。三、指出了他们存在的不足之处。如对宦官专权形成的原因缺乏深刻的认识，没有看到宦官专权是由于他们掌握了禁军和枢密机要之职，没有逐步削弱并夺回上述两大权力，只以为杀掉几个飞扬跋扈的宦官便大功告成，很难从根本上解决问题。特别是在最后一次诛灭宦官的关键行动中，中途改变计划，仓促行事，因而招致失败，“太平之策”也就付诸东流。但尽管李训和郑注二人有上述不足，仍然是应该肯定的两个有作为的历史人物。

479. 李渤在政治上有什么作为?

李渤（773～831)，字濬之，洛阳（今属河南）人。励志于学问，不愿参加科举，隐居于嵩山。宪宗元和九年（814)，经人推荐，入朝任著作郎。一年多后，迁右补阙。正直敢谏，数上章忤旨，改为丹王府谘议参军，分司东都。在这期间，他曾上疏四十五封，对时政提出批评，迁库部员外郎。然而由于李渤的上疏得罪了宰相，受到排挤，不久只好称病东归。穆宗长庆、敬宗宝历中，任考功员外郎，李渤不避权贵，章疏论列，有人认为李渤越职上奏，沽名钓誉，正好他坠马伤足，于是朝中乘机将他贬到外地任虔州刺史。李渤在虔州期间，奏还邻州信州所移两税钱二百万，又免取百姓应交税米二万斛，减轻了贫困百姓一千六百多人的赋税负担，受到上司的表彰，任职未满一年，就升任为江州刺史。这时判度支张平叔上奏皇帝，要求征收历年拖欠的赋税，李渤上疏反对，认为江州大旱，全州二千一百九十七顷耕地，因旱情严重，颗粒无收的达一千九百余顷，如果再加上历年欠税，百姓将无法生活。他还表示宁愿当不成这个刺史，也不愿鞭笞百姓，督收欠税。后来穆宗便放免了江州的欠税，并将其调入京师任职方员外郎，迁谏议大夫。

唐敬宗年幼昏庸，不理朝政，李渤经常上疏劝谏，敬宗虽然昏庸，亦为之感悟。遂任命李渤为给事中，赐金紫。宝历元年（825)，户县令崔发被宦官殴打几死，皇帝不但不处分宦官，反而要治崔发之罪。李渤上疏要求严罚宦官，反遭诬陷，被贬为桂州刺史、桂管观察使。李渤在桂管两年，因为患病请求辞官，遂回到了洛阳养病。文宗大和中，拜太子宾客。不久就因病而亡，终年五十九岁。

李渤一生正直，节操高洁，虽然屡遭打击，但仍不变节，敢谏敢为，受到士大夫们的敬重和百姓的爱戴。

480. 令狐楚在政治上有何作为?

令狐楚（766～837），字殼士，自号白云孺子，宜州华原（今陕西耀县）人。他是著名史学家令狐德棻的后裔。唐德宗贞元七年（791）中进士，历任藩镇掌书记、节度判官。唐德宗好文，每次看到令狐楚所写奏章，颇为赞赏。遂征入朝中任右拾遗、太常博士、礼部员外郎等官。唐宪宗时，因其辞章甚美，尤擅笺奏制令，晋位中书舍人。这期间他与皇甫镈、李逢吉结党逐裴度，出为华州刺史。元和十四年(819)，经皇甫镈推荐，入朝授中书侍郎、同中书门下平章事，成为宰相。宪宗死后，因为他曾排挤过裴度，群情激愤，适逢令狐楚亲吏贪污事发，被贬为宣歙观察使。令狐楚任宪宗山陵使时，亲吏贪污国家钱财，又不给修陵工匠工钱，将节余的十五万贯钱作为羡余上献，以讨好唐穆宗。事发后，其亲吏被处死，令狐楚也被贬为衡州刺史。这时元稹任翰林学士，提草贬令狐楚为衡州刺史的制书时，其中有一些斥责性的语言，因此令狐楚深恨元稹。长庆元年（821），量移至郢州刺史，迁太子宾客，分司东都。时李逢吉任宰相，极力推荐令狐楚，而李绅却极力阻止，使令狐楚始终无法入朝任职。唐敬宗即位后，李逢吉终于驱逐李绅到外地，于是用令狐楚为河南尹，兼御史大夫。不久，又迁汴州刺史、宣武军节度使。

汴军素来骄横，多次驱逐过主帅，因此一些主帅大都采取严刑峻法，以弹压骄兵。令狐楚到任后，改变严刑峻法，实行宽仁政治，军民皆感悦。以往的惯例，新帅到任都要取钱二百万作为自己的私藏，供其自用，令狐楚一文不取，而是把羡余之财拿出修葺官署廨舍数百间，受到了吏民的称赞。文宗大和二年（828），入朝任户部尚书。后多次在地方任职，多有善政，政绩突出，他还反对榷茶，主张让利于民。大和九年，入朝任户部尚书。由于这期间宦官专权，令狐楚遂上表请求外任，遂外放兴元尹、山南西道节度使。开成二年（837）十一月，死于任上，终年七十二岁。

481. 牛僧孺在牛李党争中充当什么角色？

牛僧孺（779～847），字思黯，安定鹑觚（今甘肃灵台）人。德宗贞元时中进士，任伊阙尉，迁监察御史。宪宗元和三年（808），因对策中批评时政，为宰相李吉甫所排斥，久不得叙用。至穆宗时，累官至户部侍郎、同平章事。敬宗时，出任武昌军节度使。文宗大和四年（830），再次还朝任兵部尚书、同平章事。武宗时，李吉甫子李德裕为相，他被贬为循州长史。宣宗时还朝，于途中病死。著有传奇《玄怪录》。

牛僧孺是牛李党争中牛党的首领之一，与李逢吉、李宗闵、杨嗣复、白敏中、令狐绹等结为朋党，与李德裕为首的李党展开了长达数十年的斗争。牛党执政期间，则大力排挤李党人物；李党得势时，又排挤倾轧牛党，双方水火不相容，极大地影响了当时的朝廷政治。牛僧孺曾两次拜相，在任期间，在政治上无所作为，唯知排挤异己，勾结宦官，打击排挤裴度等正直官员，对藩镇采取妥协政策，把持朝政，“权震天下”。宋代著名史学家司马光对牛僧孺曾给予了严厉的批评，后世学者也认为牛党在政治上不如李党积极进取。

482. 李石任宰相以来有什么作为？

李石（784～845），字中玉，唐朝宗室。宪宗元和十三年（818）中进士，在藩镇幕府任从事。李石机辩有才略，为吏精明，不恤近幸，受幕府同事的赞扬。文宗时历任工部郎中、刑部郎中、户部侍郎，后加中书侍郎、集贤殿大学士，领盐铁转运使、同平章事。甘露之变后，宦官专权，盛气凌人，每次在延英殿议事，宦官们必引用李训、郑注等人之事，欺辱朝廷大臣，只有李石敢于当面反驳，坚持正确的主张，使朝廷政事不至于混乱。开成元年（836），改元大赦，李石等人商议准备放免京师地区百姓一年赋税，并停止诸道进奉，将这些钱用来代替百姓所欠钱税。所有这些措施都极大地减轻了百姓的负担。他还主张在关中开兴成渠，以扩大水田灌溉面积，造福于百姓，得到了皇帝的支持。李石曾用金部员外郎韩益判度支案，后来韩益因贪赃被治罪，李石遂主动承担了用人不当的责任，受到了唐文宗的称赞。开成三年正月，李石离开其家上朝时，有盗突出，欲杀李石，箭伤李石皮肤，李石拨马急奔回家，才到坊门，又有一盗挥刀砍来，由于马跑得快，只砍断了马尾，而李石侥幸逃得一命。皇帝得知此事后，派宦官慰抚，并为宰相配置禁军兵士三十人作为侍卫。对于这件事，当时的舆论都认为是宦官仇士良指使人干的，皇帝虽知其缘故，却无法惩治。李石见状，知道自己不为宦官所容，遂再三上表，请求辞去相位。文宗无奈只好任命他为江陵尹、荆南节度使。

武宗即位后，李石转任太原尹、河东节度使。由于发生了杨弁为首的兵变，乱军驱逐李石。武宗会昌五年（845），李石任检校司徒、东都留守，不久又贬为太子太保，分司东都，随后死去。

483. 李绅是何许人？在文学上有什么成就？

李绅（772～846），字公垂，排行二十。原籍谯（今安徽亳县），其父寓居无锡（今属江苏），遂为无锡人。他身形短小精悍，故友人白居易等称其为“短李”。元和元年（806）登进士第。南归润州，浙西观察使李锜辟为从事。元和二年，李锜谋叛逆，李绅数谏，又不肯为其作疏，遂遭囚禁。李锜败，始获释。元和四年为校书郎。元和九年迁国子助教。元和十四年，为山南西道观察判官。同年五月，除右拾遗。穆宗即位，擢翰林学士。他与李德裕、元稹齐名，号为“三俊”，旋迁右补阙。长庆元年（821），加司勋员外郎、知制诰。长庆二年，迁中书舍人，加翰林学士承旨，为李逢吉所排挤，于三年三月改御史中丞，罢内职。十月，出为江西观察使，未离京，改户部侍郎。敬宗即位，又遭张又新等诬陷，贬端州司马。宝历元年（825）五月，量移江州长史。大和二年（828）迁滁州刺史。四年改寿州刺史。大和七年正月，授太子宾客，分司东都。闰七月，为浙东观察使。至九年复为太子宾客，分司东都。开成元年（836）任河南尹，六月改宣武军节度使。五年九月，代李德裕为淮南节度使，严惩贪吏吴湘。会昌二年（842）二月，拜中书侍郎、同中书门下平章事。会昌四年闰七月，罢为淮南节度使。六年七月卒，谥“文肃”。

李绅早年游苏州，以诗见知于韦夏卿。乡赋之年，其诗讽诵多在人口。尝以《古风》（一作《悯农》）二首谒见吕温，吕温对齐煦曰：“斯人必为卿相。”意思是他将来一定拜相。元和四年，作《乐府新题》二十首（已佚），与白居易、元稹同倡新乐府运动。白居易、元稹对他的创作评价颇高。《新唐书·艺文志》著录《追昔游诗》三卷，今存；

《批答》一卷，已散佚。《追昔游诗》编成于开成三年，未包括早年和晚年作品。自序云："盖叹逝感时，发于凄恨而作也。""词有所怀，兴生于怨，故或隐显，不常其言"。喜以诗自夸政绩，炫耀荣宠。李绅是新乐府运动的发起人之一，主张作诗与生活相联系，提倡盛唐的现实主义诗风，从而发挥了文学的积极作用，使唐代诗歌得到了新的发展。

484. 李德裕为什么被称为"李党之首魁"?

李德裕（787～850），字文饶，赵郡（今河北赵县）人，宪宗时名相李吉甫之子。少年时苦心力学，尤精《汉书》、《左传》。他自以为门第高贵，耻于与诸生共同参加科举考试，所以无意于仕进。后来先到藩镇幕府任职，逐渐升任大理评事、殿中侍御史等职。唐穆宗即位后，升任考功郎中、知制诰，转中书舍人、翰林学士。他在翰林时，李绅、元稹等人均在翰林任职，往来密切，遂为牛党李逢吉所厌恶。元稹、裴度罢相后，当时牛僧孺与李德裕拜相的呼声都很高，牛僧孺由于有李逢吉的帮助得以任宰相，而李德裕则被排挤出京，外任浙西观察使，后又任剑南西川节度使等职。所到之处，政绩斐然，深受百姓爱戴。唐武宗即位后，早就闻李德裕的大名，遂召入京师拜为宰相。在任期间，他辅佐武宗讨平了擅自袭任泽潞节度使的刘稹，沉重地打击了跋扈藩镇的气焰。他还力主对侵犯边境的回鹘坚决回击，从而保证了唐朝北部边境的安宁。唐武宗坚持抑制佛教发展，采取措施打击佛教，也得到了李德裕的支持。武宗死后，唐宣宗即位，牛党重新得势，他被贬为崖州（治今广东琼山东南）司户，后死任上。著有《次柳氏旧闻》、《会昌一品集》等书传世。

李德裕被视为李党首魁，与牛僧孺、李宗闵为首的牛党进行了长达数十年的明争暗斗。总的来看，李党的政治主张更积极一些，而牛党则趋于保守。如在对待跋扈藩镇问题上，李党主张讨伐，牛党则主张姑息；在对待吐蕃、南诏等民族问题上，李党的态度比较积极，主张练兵强国，用军事手段保卫疆土，而牛党则主张姑息，以息事宁人为能事，主张消极的防御；在对待宦官问题上，两党都利用过宦官势力来达到自己的政治目的，但牛党之人则陷得更深一些。且李党人物大都政绩突出，不像牛党人物多碌碌无为。不过李德裕以门第自高，反对科举考试，主张朝廷公卿大臣应由贵族子弟充任，这些都是不可取的。

485. 李德裕任节帅期间有何作为?

李德裕先后曾任过浙西观察使，剑南西川、淮南、镇海军等道节度使，在这些地区他都能有所作为，做出了突出的政绩。他在浙西之时，徐州节度使王智兴曾在泗州置坛度僧，以图厚利，每人收取二缗钱，便可度为僧人发给度牒，江淮以南百姓纷纷前往泗州，已经失去丁壮六十余万，对社会经济造成了极大的影响。李德裕奏明唐敬宗，罢去了泗州的度僧坛。宝历二年（826），有人说亳州有圣水，饮之可以治病。于是江南之人纷纷前往，每二三十家就有一人前往取水。当地人将此水每斗卖三贯钱，有不少人为了发财，取回之后又加进其他水，对外出卖，不少老年人饮后，不但不治病，反而加重了病情。李德裕在交通要道派兵堵截取水百姓，又奏请皇帝下诏给本道观察使令狐楚，命令他取缔了亳州圣水。

他任剑南西川节度使时，川蜀地区在南诏、吐蕃不断侵扰之后，社会经济残破，而前任节度使郭钊治理无术，致使民不聊生。李德裕到任后，加强边防，修复关隘设施，派兵戍守。又遣使往南诏，讨回被俘去的工匠四千余人，初步稳定了动荡的社会秩序。大和五年（831），吐蕃维州守将投降唐朝。维州地理位置非常重要，是西蜀控扼吐蕃的军事要地。李德裕非常高兴，派兵前往镇守，并向朝廷上奏说明利害关系。但是宰相牛僧孺出于朋党私利，破坏了李德裕的计划，强令他归还维州及原守将，给唐朝在西南的边防造成了极不利的影响。此外，李德裕还修复了邛峡关、台登城，加强了对南诏的防御。《旧唐书》本传说："其在蜀也，西拒吐蕃，南平蛮、蜑。数年之内，夜犬不惊，疮痏之民，粗以完复"，给予了他很高的评价。

486. 李德裕任宰相期间有什么作为?

李德裕一生曾两次拜相，第一次在文宗大和七年（833）二月，但是到次年九月，就被牛党排挤出朝，任镇国军节度使。第二次拜相是在武宗会昌元年（841）九月，至宣宗大中元年（847）罢相。李德裕第一任宰相由于时间短暂，很快就被排挤出朝，故没有大的作为，他的成绩主要在第二次任宰相期间。

在这期间，李德裕主要办了以下几件大事。其一，回鹘被黠戛斯击破，部族离散，无法在故地容足，余众在其乌介可汗率领下南迁，同时还带来了早年远嫁回鹘的唐朝大和公主，于会昌二年，逼近塞上，并遣使向唐朝求助兵粮，同时还要求借天德军辖区以安置公主。朝臣多主张出兵进击，而李德裕认为回鹘过去曾有功于唐朝，应该借给粮食，天德军兵寡将弱，不能抵御回鹘，先借其粮，然后静观其变，再做决定。不久回鹘发生内乱，乌介势孤，遂率军侵扰唐朝边境。李德裕命大将石雄奇袭回鹘牙帐，夺回大和公主，然后出兵击退了回鹘的侵扰，稳定了唐朝的边界。其二，泽潞节度使刘从谏死，其侄刘稹不待朝命自为留后。朝臣中不少人主张授予节钺，承认其地位。李德裕认为泽潞不同于河北三镇，力主用兵讨伐。在讨伐泽潞的过程中，太原发生兵变，驱逐其节度使李石，拥立都将杨弁为留后。李德裕主张用兵讨叛，终于平定了这次叛乱，稳定了河东地区。接着官军一鼓作气，终于攻下潞州，平定了刘稹之乱。这次胜利是唐朝自平定淮西以来，在平定藩镇之乱中最大的一次胜利，对提高朝廷威望，震慑不法藩镇，稳定社会秩序都有极重要的意义。其三，在这期间，李德裕整顿朝政、吏风，限制宦官权势，发展社会经济，制定法规，使唐朝的政治气象为之一新，受到了史家的高度评价。《旧唐书·李德裕传》评价说：“德裕特承武宗恩顾，委以枢衡。决策论兵，举无遗悔，以身捍难，功流社稷”，确是比较客观的评价。

487. 李德裕有什么著述传世?

李德裕多才多艺，一生著有《会昌一品集》二十卷，还有《次柳氏旧闻》、《御臣要略》、《伐叛志》、《献替录》等书传世。除《会昌一品集》、《次柳氏旧闻》尚存外，其他诸书均已亡佚不存了。《会昌一品集》又称《李文饶文集》，是李德裕的个人文集。四部丛刊本《李文饶文集》共二十卷、别集九卷、外集四卷、补遗一卷。这部书主要收录了李德裕起草和撰写的制敕、表状、书信、诗歌等。其中有不少重要的资料，是研究唐后期历史与文化的宝贵史料。

《次柳氏旧闻》一卷，据李德裕本人说，这部书是大和八年（834）秋，唐文宗向宰相王涯问起高力士的事迹，王涯说高力士当年初流放时，曾对同被流放的史官柳芳言及当年宫中之事，后来柳芳回朝根据回忆写成一本书，取名《问高力士》。文宗命取其书来，但柳芳的孙子却说此书已经亡佚，无法再获得了。李德裕之父李吉甫与柳芳的儿子柳冕在贞元时同为尚书郎，后来又一同被贬，在道上曾详细谈到这本书的内容。后来李吉甫又多次对李德裕说过这方面的内容，李德裕遂将其笔录下来，共写成十七事，取名《次柳氏旧闻》，以备史官之用。书名中的“次柳氏”三字，表明此书的内容是来自柳氏之家，而非作者亲耳所闻。

488. 杨嗣复在朋党斗争中发挥了何种作用?

杨嗣复（783～848），字继之，虢州弘农人。德宗贞元二十一年（805），登进士第。宪宗时，累官兵部郎中。穆宗长庆元年（821），拜中书舍人。他与牛僧孺、李宗闵为同年进士，故情义相得，同进退取舍。牛僧孺为相，即任杨嗣复为礼部侍郎。文宗即位，拜户部侍郎。大和四年（830），以守父丧而罢任。开成初，入为户部侍郎，领诸道盐铁转运使，与李珏同以本官同平章事。武宗立，李德裕辅政，出其为湖南观察使，再贬潮州刺史。宣宗即位后，拜其为吏部尚书。返回朝中时，行至岳州病死，赠左仆射。

杨嗣复是牛党中的骨干分子，他在朝中任宰相期间，大力扶持牛党人物，同时又全力打击李党之人，将郑覃、陈夷行等人排挤罢相。杨嗣复还与宦官集团关系密切，他在宦官支持下赶走李石，才得以拜相。他还极力荐引李宗闵入相，虽然最后没有得逞，但却使李宗闵升了官，从杭州刺史升为太子宾客，分司东都。牛僧孺则以检校司空、同平章事，领山南东道节度使。其他牛党人物也多有提拔重用。因此在文宗开成年间，杨嗣复成了牛党的实际党魁。在他这段执政期间，唐朝的政治比以前进一步衰败，因此杨嗣复也是一个颇为人非议的历史人物。

489. 文宗重用宋申锡为宰相，为什么又贬黜了他?

唐文宗即位以后，一直想利用朝中大臣的权力来抑制宦官，为此，他先后提拔韦处厚、路随、李德裕、牛僧孺为相，但这些人虽有能力，却互相排斥，不能把精力放在朝政上。在这种情况下，文宗在大和四年（830）九月，私下诏翰林学士宋申锡密谈。交谈中，宋申锡看出文宗急于铲除宦官的心理，就对文宗表示：对于宦官，只能逐步翦除，不能急于求成，并详细阐述了自己的看法。文宗认为宋申锡秉性孤直，忠厚诚实，不树派别，不结朋党，便提拔他做了宰相。

宋申锡认为要铲除宦官，首先需要翦除他的羽翼，郑注是权宦王守澄一手提拔起来的佞臣，必须捕而杀之。为此，他引荐吏部尚书王璠为京兆尹，随后又与御史中丞宇文鼎拿着文宗诛杀郑注的密诏，让王璠去逮捕郑注。谁知王璠竟将逮捕郑注的“堂帖”拿给王守澄看，王守澄得知这一消息以后，立即通知郑注，郑注才免于被捕。王璠私通宦官王守澄，放走郑注的事，宋申锡与宇文鼎都被蒙在鼓里。

大和五年（831）二月，文宗又授给宋申锡密旨，让他除掉宦官王守澄。谁知京兆尹王璠又把这一消息透露给郑注，郑注马上将宋申锡的计划向王守澄做了报告，于是两人合谋，诬陷宋申锡阴谋拥立漳王李凑为帝。文宗的兄弟漳王李凑贤能而有威望，文宗对他本来就心存顾忌。郑注唆使神策都虞候豆卢著先行揭发，然后又由王守澄向文宗秘密报告。豆卢著说得绘声绘色，许多大臣信以为真。文宗本人也分辨不清，听后勃然大怒。王守澄想趁机派兵屠杀宋氏家族，被飞龙使马存亮阻止。

大和五年二月二十九日，文宗召宰相到中书省集会，其中没有宋申锡的名字，宋申锡这才知道获罪。文宗立即下令逮捕与此事有关的易敬则、王师文等人，三月二日，文宗又贬宋申锡为右庶子。宰相、大臣知道事情有疑，但都不敢申冤，只有京兆尹崔琯、大理卿王正雅联名上疏要求明察此案，左常侍崔玄亮等谏官也请求将此案交与外廷复核，文宗不准。崔玄亮叩头流涕，说：“杀一个平民百姓还不可不慎重，何况是堂堂一相国呢?”文宗这才开始听取谏官的意见。郑注害怕文宗复查案情，使真相大白，便让王守澄早做裁决，建议文宗宽大处理，减去死刑。五月，朝廷下诏，贬漳王李凑为巢县公，宋申锡为开州司马，处死晏敬则等人，并流放百人，宋申锡两年后死于开州。

开成元年（836），宰相李石替宋申锡诉冤，文宗这才恢复了他的官爵。

490. 兴元节度使李绛被害的原因是什么?

李绛（764～830），赵郡赞皇（今属河北）人，进士出身。史载其为人刚正不阿，嫉恶如仇，他后来之所以被害，与自身的这种性格也有很大关系。

李绛在宪宗时一度出任宰相，辅佐宪宗做出过许多正确的决策，为削平藩镇割据耗尽心力，后来以足疾上表请求罢相，几起几落。敬宗时担任左仆射之职，在对待昭义镇刘从谏问题上，李绛主张朝廷应该另行任命节帅，不能答应刘从谏擅自袭位的请求。但宰相李逢吉、宦官王守澄等人接受刘从谏的贿赂，极力主张任命他为留后，这样，李绛便与李逢吉交恶，被排挤出朝，以太子少师分司东都。文宗即位以后，李绛再度被召入京师，任太常卿，但仍然不为佞臣宦官所容。

大和二年（828），李绛出任兴元（治今陕西汉中）尹、山南西道节度使。次年冬天，南诏进攻西川，占据成都，文宗下令山南西道出兵援救。李绛因为本道兵少，又另外招募了千余人和诸军一同前去救援。四年正月，南诏退兵，山南西道的军队随即退回本道。由于山南西道的兵数有常额限制，所以中央下令将新招募的士兵全部遣散。二月，李绛接到诏旨以后，召集新募军队宣布朝廷的旨令，发给饷粮以后，都予以遣散。被遣散的士兵心中不满，怏怏而退。

当时任山南西道监军使的是宦官杨叔元，他平日恃宠骄横，贪财不法，而李绛为人正直，不附权贵，杨叔元与他素来就有摩擦。所以，在被遣散的兵卒向他辞行时，杨叔元便乘机挑拨说所赐之物太少，借以煽动这些士卒的不满情绪，士卒们本来就对这次遣散心存怨气，听到杨叔元的煽动后，群情激愤，聚集起来打开武器库，哄抢兵器，冲向节度使府衙。

当时，李绛正和宾客、幕僚会宴，事先没有听到任何风声，因而也没有丝毫防备。牙将王景延率领少数卫士拼死力战，终因寡不敌众，在卫士伤亡殆尽、矢穷力竭的情况下，被乱兵所杀。李绛在王景延的掩护下，逃出使府，登上北城，左右亲信请他缒城而下，来避开乱兵，李绛不愿独自逃生，被赶来的乱兵杀害，终年六十七岁。与他同时被害的还有其家属及使府从事赵存约、薛齐等人。

杨叔元在怂恿乱兵杀了李绛以后，反咬一口，在给文宗的奏文中，反说是因为李绛收回发给遣散兵卒的赏物，导致兵乱。随后，文宗任命尚书右丞温造为山南西道节度使。对于李绛无辜被害一事，朝廷群情激愤，三省官员共同上疏为他鸣冤，谏议大夫孔敏行上疏，说是因为杨叔元操纵乱兵，杀死李绛。温造到任后，也如实向文宗上奏兵变情况，文宗这才知道，杨叔元实为罪魁祸首，于是授以温造便宜行事之权，由温造出面平定此次兵变。由于计划周密，温造没有劳师费财，迅速处理了这一问题，但所用手段极其残忍，将乱兵杀戮殆尽，有唐以来也是不多见的。唐廷杀戮如此之多，却不能立斩宦官杨叔元，难服众人之心，文宗处事不明、优柔寡断的个性也可在此略窥一斑。

491. 王涯被杀时为什么百姓拍手称快?

王涯（？～835），字广津，太原（今山西太原西南）人。唐德宗贞元间中进士，后又登宏辞科。初任蓝田尉，召充翰林学士，拜右拾遗。宪宗元和初，贬虢州司马。元和五年（810），召回朝中任吏部员外郎，此后仕途顺利，至元和十一年时，已经升任中书侍郎、同平章事。他任宰相两年时间，元和十三年（818），被罢去相位，任兵部侍郎。

穆宗长庆元年（821），王涯任剑南东川节度使，后又任盐铁转运使、江南榷茶使等。文宗时晋封代国公，拜司空，加开府仪同三司，仍兼领江南榷茶使等。他在这期间收淄、青等州铜铁冶赋税，罢京畿榷酒钱，变茶法为官采官卖。他博学好古，能为文，家书数万卷。甘露之变时，王涯为相，并未参与李训等谋，当时王涯正好在中书进食，突然被涌进来的禁军捕获，同时还逮捕了他的家属，关狱中严刑拷问。而王涯确实不知这次事变的内情，由于受刑不过，只好自诬与李训一同谋反，被宦官仇士良等冤杀。王涯任盐铁转运使时，主持过榷茶事务，百姓对他非常痛恨，他被处死时，百姓诟骂不绝，并用砖瓦碎块投击其尸体。他的家产也被乱军和市民抢劫一空，尤其可惜的是，王涯生前收集的大量古代书画，藏在其家墙壁之内，这时也被人破墙取走，由于这些人不懂书画本身的价值，只是取走了函盒上的金玉装饰之物，却将书画随意抛弃，几乎丧失殆尽。王涯无辜被杀，士大夫们皆以为冤，后来昭义节度使刘从谏上疏为其辩冤，宦官们心中害怕，嚣张气焰才稍有收敛。

492. 归义军始置于何时？如何评价张义潮的历史贡献?

“安史之乱”以后，吐蕃乘唐政府征调西北边兵入内地平定叛乱之机，发动大规模的军事行动，逐步占领了河西、陇右地区。在吐蕃占领区的河陇，还有大唐的臣民五十余万人，这些汉人从此遭到吐蕃奴隶主的残酷剥削和掠夺，大批汉人被屠杀，更多的人则沦为奴隶。他们被迫改换服装，只准每年元旦用唐衣冠祭拜祖先，每年的这一天，唐人都向东号哭，盼望唐廷来收复失地。

宣宗大中元年（847），吐蕃落门川讨击使尚恐热篡夺了吐蕃大权，与鄯州节度使尚婢婢在河西展开争夺，尚恐热大掠河西鄯、廓八州，更加深了河西百姓的灾难。唐王朝利用这一机会，收复了清水、原州（今宁夏固原）、石门等六关及威州（今宁夏中衔县）、扶州（今甘肃文县西）地区。张义潮也正是利用吐蕃的内乱和统治区百姓的归唐愿望，发动了沙州（今敦煌）百姓反对吐蕃残暴统治的民族大起义。

张义潮在大中二年一举占领沙州，驱走吐蕃守将，自已统领州事，旋即派遣十队使者，携带表文，分十路赶往长安，向唐廷报捷；四年，表文送到唐廷。在此期间，张义潮发兵略定附近诸州，到大中五年，先后收复了瓜州、伊州（今哈密）、西州、甘州、肃州、兰州、鄯州、河州、岷州、廓州等地区，并派他的兄长张义潭为使者，带上十一州地图去长安入见皇帝。唐廷于是任命张义潮为节度使，管理十一州事务，并在这年十一月在沙州设置归义军，不久又加授张义潮为左仆射。

当时，张义潮虽以十一州图籍入献朝廷，但实际上由归义军控制的不过只有瓜、沙、伊、肃、甘几州，当时的鄯州为吐蕃将拓跋怀光所守，廓州为尚恐热占据。在张义潮的影响下，大中十一年（857），吐蕃将领尚延心以河、湟二州前来请降；懿宗咸通七年（866），拓跋怀光入廓州，斩尚恐热，传首京师；张义潮自己又统领由吐蕃和汉人组成的七千士兵在咸通二年（861）收复了凉州；西州则是咸通七年北庭回鹘首领仆固俊战败吐蕃时夺取的。

在张义潮收复失地的过程中，唐朝政府因为内部阶级矛盾的尖锐，无力顾及河西，收复疆土，这样，经营河西、遏制吐蕃势力的任务就全部由张义潮一人承担。在河西，东面有党项，北面有回鹘，东南有强大的吐蕃，张义潮在抵御周边少数民族统治骚扰的艰苦斗争中，还领导沙州及河西人民恢复生产，扫除吐蕃奴隶主统治遗留下的落后的统治方式和生活习惯，采用了汉族先进的技术与文化建设家园。

唐懿宗咸通八年（867），张义潮入朝，被授以检校司徒、右神武大将军，并赐以庄宅，随后留居长安，咸通十三年，在长安去世。张义潮入朝后，河西事务就交给他的侄子张淮深管理。僖宗乾符元年（874），朝廷正式任命张淮深为节度使，在他的统治下，张氏政权发展到极盛时期，对当地的经济文化的发展、维护丝绸之路的畅通都起到了积极作用。

493. 韩建是何许人?

韩建（855～912），字佐时，许州长社（今河南许昌）人。秦宗权占据蔡州时，韩建被招为军士，累迁为军校，后韩建率领所部迎唐僖宗于蜀，被大宦官田令孜收为养子。僖宗回到京师长安以后，韩建出为潼关防御使兼华州刺史。当时潼关等地经流寇的骚乱，户口流散，韩建劝课农桑，种植蔬果，出入闾里，亲问百姓疾苦，不出数年，军民充实。他还积极招商，发展商业贸易，从中收取商税，从而使其积累了大量的财富。后累迁为同华节度使、检校太尉、平章事。

护国（河中）节度使王重盈死后，前任节度使王重荣之子王珂与王重盈子王珙为留后之位互相争夺，王珂是李克用的女婿，有李克用的支持；王珙则厚结王行瑜、李茂贞及韩建，有三镇的援助。时昭宗同意李克用的奏请，任命王珂为护国留后，韩建等人心中不满，遂于乾宁二年（895）五月，各自带领数千精骑入朝，奏称南、北司互有朋党，紊乱朝政，杀了大臣李谿及韦昭度。昭宗无奈，只好答应他们的请求，同意以王珙为护国节度使。但三镇进而又谋废昭宗，想要另立皇帝。李克用听到这个消息后，举兵讨伐三镇，三镇畏惧退缩，才使关中避免了一次战乱之苦。

乾宁三年，李茂贞借口朝廷想对凤翔用兵，率军进逼长安，昭宗逃离京师长安，想到晋阳投奔李克用，途中听从韩建的劝阻，来到了华州。

韩建为达到控制昭宗的目的，视诸王所掌的侍卫亲军为眼中钉，必欲除之而后快。他指使亲信张行思诬告诸王专兵谋叛。昭宗接到报告十分惊慌，想向韩建解释不让亲王领兵的原因，但韩建拒而不听，还狂妄地说："各位亲王应当自避嫌疑，交去兵权。陛下要保全他们，可令他们依旧共居一处，千万不可掌握军队，干预朝政。"韩建还担心昭宗不依从他的意见，带领手下精兵围困行宫，并接二连三地上奏申诉。在软硬兼施下，昭宗迫不得已，下诏将诸王所掌侍卫亲军全部解散，遣归田里，同时强行将诸王幽禁起来，并将各王原有的盔甲兵器全部交给韩建掌管。这样，天子侍卫亲军被完全裁撤，昭宗也失去了保卫自己的最后一点军事力量，彻底受制于强藩。

事后，韩建仍不满足，为完全孤立昭宗，永绝后患，他又决定对诸王下毒手。乾宁四年正月，韩建又别有用心地上奏昭宗说："自陛下即位以来，朝廷与靠近京师的藩镇关系交恶，都是因为皇室各王掌有兵权，逞凶作恶之徒从中较易挑起争端。近来我奏请罢免各王的兵权，实在是担心会有难以预测的变乱发生。现在我听说贾王和周王正在酝酿阴谋诡计，希望陛下果断清除逆乱，以防患于未然。”昭宗览奏后马上明白了他的用意，但毫无办法，只是一个劲儿地摇头说：“哪里至于这样呀!”韩建也不等朝廷诏令就抢先动手。他与知枢密刘季述假传朝廷旨意，发兵围攻各王的住所十六宅，将覃王、延王、通王、陈王、沂王等十一位亲王一并挟持到部外，就地诛杀。事后才向昭宗奏报说将他们以谋反罪论处。失去了诸王支持的唐昭宗至此完全成为“孤家寡人”，任由韩建摆布。

494. 唐昭宗为什么要违心地处死杜让能?

杜让能（841～893），字群懿，京兆杜陵（今陕西西安东南）人。唐懿宗朝宰相杜审权之子。他于懿宗咸通十四年（873），登进士第。累除兵部员外郎。黄巢攻入长安，唐僖宗逃向蜀地，杜让能奔走至行在见皇帝，被任命为翰林学士。唐僖宗返回京师后，杜让能也一同返还京师，迁兵部尚书。李克用大兵逼近长安，唐昭宗逃向宝鸡，接着又逃至梁州，杜让能都始终追随皇帝，未曾离开过帝侧。唐昭宗因此对杜让能非常信任，遂拜其为宰相。

昭宗景福中（892～893），凤翔节度使李茂贞成为关中最强大的藩镇，他还不满足，欲攻占山南地区，便借口宦官杨复恭逃到了梁州，要求进兵讨伐，真实目的就是要自己独占山南。昭宗知道其真实意图，没有同意。李茂贞竟擅自用兵，山南平定后，朝廷遂任命他为山南节度使，另外委任新的凤翔节度使。李茂贞很不高兴，拒不奉诏，还上疏大骂朝廷。昭宗实在忍无可忍，便下诏讨伐李茂贞。杜让能知道朝廷实力不足，主张不要急于用兵，昭宗不听，结果官军大败。李茂贞的军队很快逼近长安，京城大乱，人们四散逃命。在这种情况下，唐昭宗只好归罪于杜让能，将他赐死，终年五十三岁。后来唐昭宗还是找机会为他昭了雪，并赠官太师。其子杜晓后来在后梁也当了宰相。

495. 李克用奉命讨伐李茂贞、王行瑜、韩建，为什么仅诛王行瑜一人而归?

唐昭宗乾宁二年（895），护国节度使王重盈病死。前任节度使王重荣之子王珂与王重盈子王珙为争夺节度留后的位置，争斗不已。双方都拉拢强大的藩镇作为靠山，王珂是河东节度使李克用的女婿，所以得到李克用的全力支持；王珙则笼络李茂贞、王行瑜及韩建三人，将三大强镇引为外援。李克用恃势极力上表朝廷，说王重荣于国家有功，请求赐给他的儿子王珂节度使节钺。王珙不服，与李茂贞等人交结，轮番向朝廷进呈表章，声称王珂并非王重荣亲子，请立王珙为节度使。昭宗几经权衡，下诏以王珂为河中留后。

在此之前，静难节度使王行瑜谋求尚书令未遂，因此对朝廷深为不满。此次他联合李茂贞、韩建共同出面为王珙争取节度之位，又遭到失败，心中愤恨，于是王行瑜就派弟弟王行约攻打河中，新任留后的王珂急忙向李克用求救。当年五月，王行瑜、李茂贞、韩建各率精骑数千人奔赴朝廷，企图协迫昭宗改变主意。迫于武力威胁的昭宗只好下诏改以王珙为河中节度使。王行瑜等人尝到了挟帝自重的甜头后，野心迅速膨胀，意欲打算废掉昭宗，另立新君。

李克用听说三节度使入京后，立刻上表昭奏，称王行瑜、李茂贞、韩建派兵进犯京师，罪不可恕，并请求讨伐他们。随后，他向王行瑜等人分别发去了征讨檄文，起兵“勤王”。在其强大的军事压力下，李茂贞、王行瑜都打算劫夺昭宗到自己的藩镇，因而产生矛盾。昭宗则趁乱逃离长安，驻于终南山。李茂贞与李克用作战失败后，内心忧惧，首先向朝廷请罪。昭宗传谕李克用，命其暂且赦免茂贞，全力讨伐桀骜不驯的王行瑜。十一月，李克用军攻占了王行瑜所在的邠州（今陕西彬县），诛杀了王行瑜。

李克用讨平王行瑜后，本打算一鼓作气，攻灭李茂贞，他派人询问朝廷的意思。昭宗与宰臣商谋对策，认为如果李茂贞也被消灭，那么李克用的势力必然继续膨胀，不听朝廷号令，到时朝廷就会陷于危险之中。于是昭宗颁诏晋封李克用为晋王，并督促他回军晋阳（今山西太原）。李克用不得已，率领军队撤回河东。李克用离开之后，李茂贞又恢复了以往的骄横之态，尽数占据了河西的各州县。唐廷在其强压之下，处境更加艰难。

496. 隋唐长安城是毁于黄巢义军，还是毁于朱全忠之手？

唐末天下大乱，社会动荡不安，作为帝都的长安城也不能幸免，屡遭劫难。

起事于冤句（今山东菏泽）的黄巢义军经过五年的浴血奋战，转战于黄河两岸、大江南北，终于在唐僖宗广明元年（880）十二月攻入长安，但长安在黄巢军占领时期并没有遭受很大的毁坏。相反，农民起义军对城内宫殿等建筑都保护得较好。据记载，“初，黄巢据京师，九衢（街道）三内（西内太极宫、东内大明宫、南内兴庆宫），宫室宛然。及诸道兵（唐王朝军队）破贼（义军），争货相攻，纵火焚剽，宫室居市闾里，十焚六七”。破坏长安城的不是黄巢义军，恰恰是平乱的唐王朝军队。

黄巢农民起义失败后，军阀混战日甚一日，盘据凤翔的军阀李茂贞、盘据太原的军阀李克用，以及盘据在开封的朱全忠等割据势力，你争我夺，互相火并。作为皇帝所在的政治中心长安也未能逃脱兵燹的浩劫。唐僖宗为避祸逃离长安，投靠军阀韩建之时，李茂贞就曾进入长安城，将僖宗中和以来所修缮的宫殿、市街和店铺一并焚毁，但对长安城而言，最具毁灭性的打击还在后头。

天祐元年（904），朱全忠为了完全操控朝廷，逼迫昭宗将都城东迁洛阳。为了彻底打消昭宗西返的念头，他对长安城进行了毁灭性的破坏。朱全忠任命其部将张廷范为御营使，负责拆毁长安的宫室、官署及民间房舍，并将拆下来的木材，投入渭河之中，顺黄河漂浮东下，用于营建洛阳。城内居民也被强制搬迁到别处。经此一劫，千年名都长安从此失去了昔日的规模与盛况，辉煌不再。

497. 孙儒对江淮地区造成多大的破坏？

孙儒（？～892），河南人。早在忠武军为牙校，黄巢起义时，其所在部队隶属于秦宗权，孙儒在其部下为都将。光启元年（885），秦宗权命孙儒率军攻洛阳，他攻入城中后，放火烧毁了宫室，并纵兵屠杀居民。此后他追随秦宗权在河南一带与朱温大战，所到之处，杀人放火，无恶不作。秦宗权见淮南节度使高骈昏庸，便派其弟秦宗衡与孙儒率军南下，争夺江淮地区。这一时期杨行密已经占据了扬州，孙儒率军与杨行密展开了长期的争夺战，致使江淮地区连年战火不息，生产破坏，百姓流离失所。

文德元年（888），孙儒攻破扬州，自为淮南节度使，与时溥联合。朱温曾写信招孙儒归降，所以他一度归顺了朱温，并将秦宗衡、秦彦、毕师铎等人首级献给了朱温，朱温上奏唐昭宗，遂授孙儒为检校司空，朱温署其为招讨副使。龙纪初（889），孙儒全力攻宣州，被杨行密击败。后来他夺得润、常、苏三州，兵力强大，命刘建锋守润、常。朱温见其势力强大，便又与杨行密联合对付孙儒。孙儒打算平定江南，然后向北争夺天下，担心朱温乘机偷袭其后，乃遣人卑辞厚贿，朱温又荐于朝廷，诏授淮南节度使。

大顺元年（890），杨行密取润州，以安仁义守之，常州以李友守之。孙儒大怒，三分其军渡江，刘建锋攻克常、润。朱温遣将庞师古率军十万攻至高邮，孙儒全力抵御，杨行密趁机攻取了润州，刘威、田頵等攻下常州。次年，孙儒引兵自京口转战，杨行密诸将闻孙儒至，纷纷退走。杨行密自引军迎战。被孙儒大军包围，黑云将李简以骑兵驰援，杨行密才得以脱身。接着孙儒兵围宣州。由于发生了水灾，孙儒遂焚毁扬州，引兵向西，传檄远近，号称有兵五十万，旌旗数百里，所过烧庐舍，杀老弱以供军食。杨行密惧，打算引兵退去，经人劝解后，决定与孙儒决战。他派人进入扬州，发粮数十万斛救济饥民，争取了人心。不久田頵、刘威与孙儒军决战，大败孙儒军。杨行密派陶雅屯润州，扼其归路。景福元年（892），孙儒再次围宣州，屯陵阳。杨行密战败，刘威献计说："孙儒大军前来，粮草不足，只要坚守不战，粮尽时再出兵追击，可获大胜。"于是杨行密乃分兵攻广德，断绝孙儒军粮道。正好孙儒军中爆发大疫，孙儒本人也身染重病。由于营中无粮，他派刘建锋、马殷等部将分别率军抄掠周围诸县。杨行密得知城下孙儒兵少，派兵出城进攻，连破其寨五十余，孙儒军大败。孙儒病重，不能行动，被杨行密军俘获。田頵执儒献行密，其部下诸将皆降。杨行密遂将他处死，并传首于长安。后来马殷占据湖南，念其旧恩，便表奏朝廷，赠孙儒为司徒、乐安郡王，立庙祭祀。

江淮地区本为富庶之地，经过唐末孙儒与杨行密的战争破坏后，土地荒芜，生产停滞，一派残破景象。扬州本是全国最大的商业都市，经过这次战争后，全城百姓仅有数百户，且残破不堪。后来经过杨行密长期的恢复，江淮一带的社会生产才有了一定程度的恢复，人口也有所增长。

498. 成汭是什么人？为什么有“北韩南郭”的美称？

成汭（？～903），青州（今山东益都）人。早年因酒后杀人，遂剃度为僧以避祸。后来参加了秦宗权的军队，改姓名为郭禹。戍守在江陵，得到荆南节度使陈儒的赏识，在其部下任裨校。陈儒部将张瓌囚禁了陈儒，因成汭凶慓，打算杀死他。成汭遂率领千余人奔入峡，并袭占归州，他自称刺史。他在这里招抚流亡，训练士卒，拥有精兵三千。以后他就以这些军队为基础，逐渐夺取了江陵，唐昭宗遂拜其为荆南节度使。于是他便恢复了旧姓，改名为汭。

成汭整顿吏治，重视法律，经常亲自审问大案，平反了不少冤案。江陵一带久经战火破坏，人口稀少，生产荒废，成汭招抚流亡，恢复生产，百姓纷纷归乡，户口达到数万。唐昭宗下诏褒奖。当时占据华州一带的镇国节度使韩建对恢复生产也有很大贡献，人们遂称成汭与韩建为“北韩南郭”。成汭后来官至检校太尉、中书令，封上谷郡王。晚年喜好术士，服食丹药，几乎丧命。

天复三年（903），淮南节度使杨行密围攻鄂州，朱全忠令韩勍救援，并命成汭与马殷、雷彦威为犄角，共同救援鄂州。成汭受命后亲自率军前往，其部下知成汭不是杨行密的对手，但无人敢谏，只有亲吏杨师厚劝他，却不为其接受。成汭造有巨舰，可乘兵士千人，他亲率水军行至公安时，雷彦威派兵偷袭了江陵，成汭诸将有后顾之忧，均无斗志。杨行密大将李神福驻守沙桥，分军截击成汭，成汭水军船大，运转不便，在君山大败，敌军采用火攻，兵士大溃，成汭见大势已去，遂投江而死。天祐中，朱全忠上表说成汭死于国事，请与杜洪皆建庙祭祀，得到了唐朝的批准。

499. 河南尹张全义是何许人?

张全义（853～926），濮州临濮人，字国维，原名张言。唐末黄巢起义时，张言亡命入军，跟随黄巢东西作战，黄巢军进入长安，被拜为吏部尚书充水运使。后黄巢兵败，张言投奔河阳的诸葛爽，累迁至裨校，因为屡立战功，又迁为泽州（今山西晋城）刺史。李罕之占据河阳（今河南孟县）后，张言则占据了东都洛阳，并向河东李克用求援。光启三年（887）六月，李克用上表朝廷，请求任命李罕之为河阳节度使，张言为河南尹，以对抗蔡州的秦宗权。

当时李罕之在河阳专事攻掠，民怨鼎沸，张言在洛阳却政绩斐然。东都洛阳经过百年战乱，已经是一片废墟，张言初为河南尹时，户民不满百口，满地白骨，遍地荆棘。张言于是在麾下选十八人为屯将，到河南十八县故墟张榜招募流散的居民，规定政府不向回乡耕种的百姓收取租税，同时又废除了各种严厉的刑罚，于是流民归之如市，人丁开始恢复了兴旺的景象。随后，张言又在其中挑选了一些体格强壮的男子编为民兵，教习战阵。几年之后，东都的城坊逐渐恢复了旧制，河南各县的户口也渐渐增加，野无荒土，百姓安居乐业。

张言处理政事明察秋毫，奸佞不能相欺，但对治内的一般百姓却颇为宽简。张言出城如果见到庄稼丰实，就下马和僚属一起观看，并亲赐美酒慰劳田农。有养蚕种麦收成好的农人，张言也亲自到他的家里，慰问全家老幼，赐以茶果衣物。反之，如果有人任田地荒芜，他就一定厉声责问，集众杖罚。如果庄稼人诉说缺乏人力耕牛，便召来他的邻里责问，这样，邻里之间也能够互相帮助，男耕女织，户户都有积蓄。即使不幸遇到灾年也不遭饥馑，河南境内皆称富庶。

后来李罕之因为境内缺乏粮食，屡屡向东都借食，贪得无餍，甚至扣留河南输给朝廷的租赋，张言于是袭取河阳，投靠朱全忠，朱全忠加张言天平军节度使之职，以韦震为河南尹。张言在河南尹任上政绩卓著，民间歌颂之声不绝，朝廷于是将他赐名为张全义。入梁后，张全义累官至中书令，天下兵马副元帅。后唐庄宗灭后梁，又加拜他为太师、尚书令，封齐王，卒谥“忠肃”。

500. 浙东节度使董昌建立了什么政权?

董昌（？～895），杭州临安（今浙江临安北）人。唐朝末年，黄巢起义时为保卫乡里，董昌曾与钱塘刘孟安、富阳闻人宇、盐官徐及、新城杜稜、余杭凌文举、临平罗信等人各招募了一支地方乡兵，号称“杭州八都”，董为其首领。后来浙西镇遏使王郢拥兵作乱，他奉命平叛，被朝廷授予石镜镇将。在平定王郢乱后，董昌势力渐盛，趁势袭占杭州。威令不行的唐廷无奈只得授予他为杭州刺史。此后不久，董昌又凭部将钱镠之力占据了越州（今浙江绍兴）。割据一方的他逐渐志得意满，拱手将杭州让与钱镠，盘踞于越州一隅，自称“知浙东军府事”。

董昌是一个目光短浅、有勇无谋的悍将，表面上虽然尊奉朝命，但实际上却野心勃勃，企图以杭、越为根据地，外与朝廷抗衡，内与群雄逐鹿。唐昭宗乾宁二年（895），不自量力的他不顾众人反对，抢先称帝，建立割据政权，定国号为“大越罗平”，并大置官署，铸造钱币、印信。唐昭宗不容董昌僭越，但由于朝廷无力判裁，乃诏令钱镠发兵讨伐，并许以官爵。以杭州为根据地并致力于向外扩张的钱镠，当然不会放过这个翦除异己的好机会。为取代董昌在两浙的霸主地位，他立刻率军进讨董昌，董见钱镠兵甲强盛，来势汹汹，内心十分忧惧。于是主动取消帝号，并上表朝廷请求赦免。钱镠一方面极力劝说昭宗不应赦免董昌的叛逆大罪，一方面全力逼压董昌。同年五月，昭宗下令革除董昌官爵，并再次下令讨伐董昌。

在钱镠的强大攻势之下，董昌渐失人心，陷于内外交困之中。乾宁三年，钱镠军攻拔越州，四面楚歌的董昌被迫投降。钱镠将董昌及其全族三百余人全部诛杀，并将首级送到京师长安邀功。董昌被诛后，钱镠占据了杭、越二州，以此为据点苦心经营两浙，为日后建立吴越国奠定了基础。

501. 凤翔节度使李茂贞是一个怎样的人?

李茂贞（856～924），深州博野人，本名宋文通，出身于将军之家。唐僖宗时，李茂贞因为平乱护驾有功，被封为凤翔节度使，加检校太尉，兼侍中，晋爵陇西郡王。后来李茂贞看到朝政混乱，开始萌生反叛之心。

乾宁三年（896）五月，唐昭宗授李茂贞为东川节度使。当时为了稳固京师，朝廷在神策军两军的基础上又设置了安圣、保宁数万军士，并下令让诸王典兵。李茂贞怀疑朝廷想要讨伐自己，于是扬言要入京师请罪。七月，李茂贞率兵进逼京师长安，唐昭宗逃奔到渭北，又被韩建劫持到华州。李茂贞打败守卫京师的几万军士，守兵纷纷逃入山谷，李茂贞大军进入长安后，烧毁宫室，抢掠财物，长安自黄巢起义后，几经焚毁又数次修复的宫室、市肆又被李茂贞的乱兵焚毁一尽，长安城成为一片废墟。

同时，被韩建劫持到华州的昭宗受韩建的胁迫，遣散亲兵，而诸王也被韩建幽禁并杀害。天复元年（901），昭宗又被宦官韩全诲劫往凤翔，李茂贞乘机挟持昭宗与朱温对抗，两年混战后，到天复三年，李茂贞所占据的山南各州相继失守，势单力孤，被迫与朱温和解，并诛杀韩全诲等二十余人，奏请昭宗还京。李茂贞本是关中强藩，经此一战后，实力大大衰落，不足再与强藩抗衡。

后来朱温取代唐朝统治，建立了后梁政权，李茂贞自称岐王，割据一方。后唐庄宗同光二年（924），李茂贞向后唐上表称臣，改封秦王。

502. 黄巢攻入长安后，郑畋传檄诸镇的意义何在?

郑畋（820～883），字台文，荥阳（今河南荥阳）人。进士及第，又考中书判拔萃科，任渭南尉。宣宗时刘瞻为相，荐入翰林为学士、知制诰。僖宗立，以兵部侍郎，晋同中书门下平章事，封荥阳郡侯。僖宗乾符六年（879），因与卢携相诟，罢为太子宾客，分司东都。次年任凤翔陇西节度使，这时黄巢已攻入长安，唐僖宗仓皇逃往西蜀。郑畋得知京师陷落的消息后，遂赶往斜谷迎接圣驾，面见皇帝，表示坚决对抗义军。然后返回凤翔，尽出家财赏给士卒，并整军备战。中和二年（882），黄巢大将尚让率军五万来攻，被郑畋击败。因此唐僖宗任命他为同平章事、京西诸道行营都统。当时在京畿地区散处的禁军尚有数万，郑畋发布制书，招集散兵，同时将诸道勤王的军队都团结在他的周围，并发布檄文，号召全国各地的官吏和官军匡扶王室。当时由于长安陷落，消息中断，很多地方都以为唐朝从此垮台了，当他们收到郑畋的檄文后，无不振作，各藩镇的勤王军队遂相继开赴关中，参与镇压义军。郑畋还有一个功劳，就是由于他的原因，使义军无法西进，也就不能跟踪追击逃往西蜀的唐僖宗，同时也保证了汉中、西蜀地区的安全，从而使唐王朝能够组织力量进行反扑。

这年冬天，郑畋患病，遂表奏其部将李昌言为节度使，自己到成都养病，并上表请求辞去宰相。次年，罢相，授太子少保，不久就死去了，终年六十三岁。

503. 王重荣在围攻黄巢起义军中发挥了什么作用？

王重荣（？～887），太原祁（今山西祁县）人，一说河中（今山西永济西）人。以父荫补军校，历河中步军都虞候。僖宗广明元年（880），为河中节度留后。黄巢攻入长安后他一度投降，由于黄巢不断派人向他索取军需物资，河中难以承受，遂很快又归顺于朝廷，被正式任命为河中节度使。黄巢派朱温等率数万军队来攻，反被王重荣击败。不久忠武监军杨复光率陈、蔡之军万余人与王重荣会合，河中实力进一步增强。遂出兵攻打华州，擒黄巢大将李祥，攻占华州。黄巢大将朱温镇守同州，在王重荣的引诱下，不久也归降了他，王重荣占据同、华，对长安威胁很大。于是黄巢亲率精兵数万来攻，双方在梁田坡大战，官军大胜，但也遭到了很大的损失。王重荣担心义军再来进攻，将无力对抗，便与杨复光商议后，向朝廷建议，起用李克用率领的沙陀军围攻义军。中和三年（883），李克用领兵进入关中，并很快攻下长安，王重荣以功拜检校太尉、同中书门下平章事，封琅邪郡王。所以旧史认为在击败黄巢，收复长安这个问题上，王重荣倡议启导之功，应居首位。

以后他又联合李克用大破田令孜率领的禁军，逼迫僖宗逃往山南。又反对朱玫拥立襄王李煴，杀李煴拥护僖宗复位。王重荣执法甚严，其部将常行儒曾遭到谴罚，心怀怨恨。光启三年（887），常行儒发动兵变，将王重荣杀死。

504. 河东节度使李克用是镇压黄巢义军的功臣，唐廷为什么却下诏讨伐他?

沙陀族人李克用（856～908），身为河东节度使，在唐末镇压黄巢起义军的过程中，出力颇多。平乱之后，他自恃功勋卓著，兵势日盛，并不把朝廷放在眼里，以晋阳（今山西太原）为根据地，四处征伐，扩大势力范围。

大顺元年（890），在宦官杨复恭的拥立下刚刚即位的唐昭宗，面对唐廷日衰的局面，很想效仿先辈，有一番大作为。这时，汴宋节度使朱全忠在河南已形成了一支强大的势力。颇有野心的朱全忠企图借朝廷的名义消灭李克用，于是上奏请求朝廷讨伐李克用，昭宗览奏后犹豫不决，便召集朝臣共同商议此事。群臣中认为不可兴兵讨伐的占十之六七，其中包括宰相杜让能、刘崇望等人。而素与克用有矛盾的宰相张浚企图借外来势力来排挤朝中宦官势力，以达到一箭双雕的目的，于是积极怂恿昭宗："先帝（即僖宗）第二次出逃到山南地区，正是李克用率领沙陀人马逼迫所致。为臣一直担心李克用势力膨胀，朝廷将无法控制。现在朱全忠等人自己请求讨伐李克用，真是千载难逢的好时机，请陛下给我统兵大权，短期之内便可大功告成，否则错失良机，将来必定追悔莫及。"另一位宰相孔纬也随声附和。于是昭宗就听从了他的意见，决定讨伐李克用。

当年五月，昭宗下诏削夺李克用官爵、属籍，以张浚为河东行营都招讨制置宣慰使，京兆尹孙揆为副使，朱全忠为南面招讨使，发兵五万征讨李克用。双方展开激战，李克用兵势强盛，未经训练的官军难以抵御，屡战屡败，结果副使孙揆被擒后遭残害，张浚则兵败后落荒而逃，归附了镇国节度使韩建。

第二年，昭宗在宦官和藩镇的内外压力之下，被迫恢复了李克用的官爵，并加封他为中书令，以示安抚。此战使得唐廷损兵折将，仅有的一点威信也荡然无存，日趋衰微。

505. 田令孜是如何专权擅政的?

田令孜（？～893），字仲则，蜀（今四川）人。本姓陈，唐懿宗咸通中，跟随其义父入内侍省为宦官。田令孜读过诗书，颇有谋略，从诸司小使逐渐升至诸镇监军，又升任为神策中尉、左监门卫大将军。唐僖宗乾符中，农民起义蜂起，唐政府调动诸道军队镇压，以田令孜为观军容、制置左右神策、护驾十军等使。黄巢义军攻入长安后，田令孜跟随唐僖宗逃往成都。僖宗返回长安后，田令孜自以为护驾有功，专权擅政，威权振于天下，连僖宗都称其为“阿父”。

这一时期关中残破，国用不足，田令孜与河中王重荣争安邑、解县两地盐池，王重荣不愿割让给朝廷，田令孜遂动员军队进攻河中。王重荣无力抵御，遂与河东李克用合军抵御。双方在沙苑决战，官军大败，河中与河东军进逼长安，田令孜挟皇帝再度出奔。僖宗逃到兴元后，由于诸道藩镇皆怨田令孜生事，田令孜无法在朝廷容身，遂自任为西川监军使，赴成都避难。后为王建所杀。

506. 刘季述是如何废黜并囚禁皇帝的?

刘季述（？～901），不知其籍贯。他出身贫贱，入宫后逐渐升至高位，唐僖宗至唐昭宗时期，升任枢密使、神策中尉，因为得罪了大宦官杨复恭，被排挤在外任监军使。自从杨复恭死后，关中一带藩镇割据，战争连年不息，朝中南衙北司斗争激烈，几任神策军中尉或被杀或被贬，于是昭宗便以刘季述、王仲先为左右神策军中尉。他们都对宰相崔胤尤其痛恨，双方情同水火。唐昭宗因为外受藩镇欺凌，内逢朋党之争，心中不快，故经常饮酒消愁，醉后怒责左右近侍，宦官们大都非常恐惧，不知哪一天大祸临头。刘季述因前任多人被诛，对昭宗心怀疑惧。正逢一位皇子患病，刘季述介绍医工车让、谢筠入宫治病，久久不出，刘季述对昭宗说宫中不可让外人久待，昭宗不听。刘季述便怀疑昭宗与外人有什么谋划，于是便欲联合强镇朱温，共同谋划废去昭宗，遭到拒绝，刘季述非常沮丧。

光化三年（900）十一月的一个晚上，昭宗酒醉杀侍女三人。第二天直到中午，宫门仍不开。刘季述对宰相崔胤说：“宫中是不是有什么不测之事发生?”遂与右神策军中尉王仲先等率卫士千人，破门而入，想借机废去昭宗，结果没有得逞。这天夜里，他们又派宦官将皇太子秘密带入宫中，然后假借皇后的名义，立太子为皇帝。天亮后，刘季述陈兵于宫门，对宰相说："主上胡乱杀人，滥饮无度，不理朝政，应当废去，另立太子为帝。"并召百官入宫，共同拥立太子。宰相崔胤与百官在武力威胁下，不敢公然表示反对。于是刘季述带兵入宫，见人就杀，昭宗见此状况，惊吓倒地，幸亏皇后出面求情，才未加害。政变之后，遂将皇后与昭宗一起关入少阳院。太子即位，尊昭宗为太上皇，皇后为太上皇后。

事后，刘季述派使到汴州向朱温报告废立情况，想取得其支持，朱温犹豫不决，谋士李振认为宦官擅自废立天子，如果再不讨伐，将无法号令诸侯。朱温醒悟，遂派李振入京与宰相崔胤共同谋划铲除逆党之事。天复元年（901）正月，崔胤联合禁军将领孙德昭、周承诲等人，率军将昭宗迎入宫中，恢复了帝位。然后派人捕获了刘季述，乱杖打死，同时斩杀同党数十人，并族灭刘季述等人三族。而孙德昭等人以功授节度使、同平章事。

507. 大宦官杨复光是何许人？

杨复光（841～883），福建人氏，本姓乔。在唐宣宗统治时期，从福建来到长安，入侍皇宫，当时只有十几岁，于是投在内常侍杨玄价门下，成为其养子，改名为杨复光。

懿宗即位以后，杨玄价以拥戴之功恩宠特异，对于军政号令、拜免将相等事都横加干预，杨复光耳濡目染，深切感到权力的重要，同时也意识到要想成就大事，必须依靠自己的努力。为此，他向杨玄价请求到地方担任监军。杨复光虽然身为宦官，却略涉武功，而且善于谋划布阵，所以在担任监军的期间，很多人都对他印象不错，凡有征讨作战，杨复光也一定参加。

僖宗乾符二年（875），唐末农民大起义正在如火如荼地发展。在此期间，杨复光历任曾元裕、宋威、王铎诸军的监军，帮助镇压农民军，维护唐廷的统治。乾符四年，王仙芝所率领的义军被曾元裕、杨复光击败。杨复光当时担任招讨都监之职，他看到农民军力量分散，就派了判官吴彦宏潜入义军内部，诱说王仙芝投降。王仙芝大为动摇，随即派大将尚君长等亲自就投降事宜展开谈判，谁知在途中被招讨使宋威派兵抢劫而去，宋威为谎报战功，奏称自己和尚君长军队在颍州西南作战，俘获了尚君长等人。杨复光向朝廷上奏，言明实情，但是宋威为了防止他节外生枝，竟抢先将尚君长一干人全部杀害，结果这一次劝降因为宋威的缘故而没有成功。

广明元年（880），黄巢义军攻入长安。不久，黄巢命令大将朱温攻打邓州，杨复光兵败，逃到许州，准备投靠忠武军节度使周岌。周岌曾是杨复光的部下，广明元年十一月任忠武军节度使。十二月农民军攻下长安后，周岌就投降了黄巢，但是周岌并不是一心降巢，杨复光此时也看出了周岌的观望之意，便想劝他复归朝廷。中和元年（881）五月的一天，周岌设宴，邀请杨复光赴宴，杨复光的左右侍从都认为这可能是阴谋，劝他说："周岌已经投降了黄巢，恐怕对你要下毒手，千万不能去啊。"杨复光却认为这是个劝降的好机会，不能轻易放过，于是对部下说："事情已到了这般地步，也只能舍生取义了！"随后亲自赴宴。酒宴时，周岌谈起了唐朝政府的一些事情，杨复光见时机成熟，对周岌说："大丈夫应该感恩报答，你从一般的小百姓一跃成为公使，这都是当今天子给予的，为何要舍弃天子而向贼人称臣？"第二天，杨复光派他的养子杨守亮率兵在旅馆把农民军的使者杀死，周岌便公开叛变义军，投归朝廷。

之后，杨复光又成功吞并了蔡州割据者秦宗权的部分军队，并将它分为八都，自任总指挥。不久，被皇帝升任为天下兵马都监，监督诸路大军，入关镇压农民军。王重荣为东面招讨使，杨复光率兵与他会合，向长安进发。中和二年（882）夏，王重荣、杨复光进攻同州（今陕西大荔），和朱温对峙。杨复光派奸细潜入同州城，先以高官重金收买了朱温的部将胡真、谢瞳，接着胡、谢二人又极力劝朱温投降。九月，朱温公开叛变义军，举城向杨复光投降，从而使形势发生了重大变化。随后，杨复光又联合沙陀贵族李克用收复长安，击败黄巢义军，成功镇压了这场起义。

在镇压农民起义的过程中，杨复光可以说是立下了汗马功劳。长安收复以后，僖宗回到京城，下诏晋封杨复光为开府仪同三司，同、华制置使，封弘农郡公，赐号"资忠辉武匡国平难功臣"。但是杨复光还没有享受一下特权，就于中和三年六月，突然得病，死在了河中，时年四十二岁。杨复光虽然身为黄门近幸，但向来胸怀大志，善于安抚军心，战场上也常常身先士卒，屡立战功，故去世时，军中上下悲痛欲绝。

508. 杨复恭在唐末的政治中起到了什么作用?

杨复恭（？～894），字子恪，本姓林，后投到大宦官杨玄翼门下，成为他的养子，遂改姓杨。杨玄翼的两个弟弟杨玄寔任神策右军中尉，杨玄价任河阳监军，杨复恭就生活在这样一个权贵的家庭中。他自小就进入内侍省供职，略涉经书，有一定的文化。由于他的养父为枢密使，所以屡次奉命出任监军。咸通十年（869）九月，庞勋率领戍卒在桂林起义，杨复恭在镇压这次起义时立下军功，受到朝廷的青睐，屡迁至枢密使。

唐末黄巢义军攻克长安后，宦官田令孜为天下观军容制置使，专制内外，恃宠弄权。杨复恭颇不以为然，每遇到事情都要力争得失，被田令孜贬为飞龙使，于是索性称病退于蓝田，以观时变。后僖宗从四川回到京师长安，杨复恭又出任枢密使，不久又代田令孜为左神策军中尉，封魏国公。杨复恭在内掌兵权、操纵朝政之后，顺应军心民意，斥逐了一批田令孜的心腹与爪牙，将王建、晋晖、张造、李师泰等田令孜的养子贬到地方。邠宁节度使朱玫胁迫嗣襄王李煴监国称帝期间，也是由杨复恭穿针引线，请出河中王重荣及沙陀贵族李克用一起讨伐朱玫。在他的周旋下，讨伐朱玫的斗争得以顺利进行，不久取得胜利。

文德元年（888），僖宗病故，杨复恭拥立昭宗李晔即位，加开府、金吾上将军，专典禁卫。从此以后，杨复恭利用手中权力，上胁天子，下凌群臣，颇干朝政。昭宗对此极为不满。当时国舅王瓌居中任事，杨复恭不想让他分夺自己的权力，于是上奏朝廷，将他调为黔南节度使，同时又暗中策划谋杀活动。王瓌奉命离京前往黔南途中，杨复恭命令其兄杨复光的养子、山南西道节度使杨守亮跟踪行刺，当王瓌所乘之船行至利州益昌县柏津时，被凿沉于江，王瓌及其家人全部落水身亡。事后，杨守亮向昭宗奏报，说王瓌是因船坏不幸遇难的，但没过多久，就有人向昭宗详细说明了王瓌的死因，昭宗开始对杨复恭恨之入骨。

杨复恭的养子杨守立任天威军使之职，勇武冠于六军，众人对他都很敬畏。昭宗想要除去杨复恭，唯恐杨守立作乱，于是召杨守立入宫侍卫，赐其姓名为李顺节，恩宠非常，势侔枢要。杨守立本来也是一个权迷心窍的野心家，看到昭宗宠信异常，就迎合昭宗的心意，不断将杨复恭恃宠弄权的情况报告给昭宗。

大顺二年（891），昭宗断然解除了杨复恭手中所有的兵权，并将他调离京城，到凤翔（今陕西凤翔）去担任监军。杨复恭见自己既已失势，就退止商山别居，家在昭化里，位于玉山营的附近。他的养子杨守信为玉山军使，因此常到杨复恭家中探望。不久，就有人告他与杨守信谋乱，昭宗于是命李顺节率禁军攻打。杨复恭与杨守信逃往兴元，投奔节度使杨守亮，杨守亮起兵向李顺节宣战。昭宗遂令李茂贞、王行瑜率兵征讨。次年，杨守亮兵败，杨复恭被韩建的士兵抓获，当即斩首。杨复恭恃要弄权，最终自食其果。昭宗借助藩镇势力除去了杨复恭这一心头之患，但他并没有从根本上铲除宦官制度。同时，在铲除杨复恭的过程中，藩镇势力又乘势再起，遂使唐王朝陷于无法自拔的窘境。

509. 朱温为什么要投降唐朝官军，他的投降对义军有何影响？

朱温（852～912），即朱全忠，原为黄巢军中的一位将领，在僖宗中和二年（882）九月投降唐朝，使起义军的力量大为削弱。

据载：中和二年九月初，唐朝河中军的三十艘粮船路经夏阳时，被朱温军队所夺。唐政府于是派遣河中节度使王重荣带领三万军队前往救援。朱温凿沉粮船，准备和唐朝的官军决一死战，同时请求黄巢发兵救援，但几次求援都被义军左军使孟楷截住，不报黄巢，而朱温军业已被唐军包围。这时，唐诸军行营都监杨复光派使者向朱温招降，朱温的部属胡真、谢瞳也极力劝说朱温降唐。朱温见黄巢军队势力日衰，朝不保夕，于是杀了监军严实，和部将胡真、谢瞳一起在同州（今陕西大荔）向王重荣投降。朱温的母亲姓王，与王重荣同姓，朱温为维护自己的地位，遂称王重荣为舅。不久，唐廷授朱温为同华节度使、右金吾大将军、河中行营招讨副使，并赐名全忠，同时派遣朱全忠讨伐黄巢义军。朱温降唐，极大削弱了黄巢军队的势力，动摇了军心。随后，驻守华州的黄巢部将李详见王重荣优待朱温，也想向唐政府投降。黄巢发觉后杀死李详，改任自己的弟弟黄邺为华州刺史。

510. 高骈任安南都护期间做出了什么贡献？

高骈（？～887），字千里，幽州（今北京西南）人。其家世代为禁军将领，曾统兵屯驻西南。唐僖宗时历天平、剑南、镇海、淮南节度使，加诸道行营都统、盐铁转运等使。

唐懿宗咸通初年，李琢任安南都护，由于贪财纳贿，重税盘剥当地少数民族，引起了怨恨，他们组织起来围攻唐军，攻陷了安南。唐政府多次命帅镇压，都未能收复安南。咸通五年（864），朝廷改任高骈为安南都护。他召集广西诸州军队，采用了招抚与军事进攻两种办法，只诛首恶，不问胁从，一年之内就很快收复了安南。安南都护府的治所在交州（今越南河内），他派人疏通了广州至交州的运输水路，使军粮供给得到了保证，不再依赖于当地，从而减轻了当地的负担，缓和了矛盾，使唐朝在安南的统治得到了巩固。高骈本人因此得到了朝廷的表彰，后移任天平军节度使。

511. 高骈为什么不敢阻止黄巢义军渡江北上？

唐僖宗乾符六年（879），黄巢义军从广州北返，进入两湖，在江陵遭到官军伏击，大败，士卒损失十之七八。义军北上的道路被阻，只好东下江淮。广明元年（880）四月，时任淮南节度使、诸道行营兵马都统的高骈，调集诸道军队阻截义军。高骈派大将张璘渡过长江击败并招降义军将领王重霸。接着官军又与黄巢大战于大云仓，黄巢战败，常宏章率众数万投降官军。不久，张璘攻占饶州，义军退守信州。五月，义军在信州遇疾疫，士卒多死，战斗力大大削弱。黄巢用黄金贿赂张璘，同时派人致书高骈，表示愿意向他投降。高骈欲诱歼义军，便许以官爵。六月，诸道官军皆已抵达淮南，高骈为了抢功，上奏将其全部遣还。黄巢见高骈中计，遂率军向淮南进击，击败了官军，杀死了张璘。七月，义军自采石渡过长江，围攻天长、六合，兵势甚盛。高骈估计自己无法抵御，不敢出战，命诸将据城防守。为了推卸责任，高骈又上奏说义军势大，自己兵力太少，无法抵御。朝廷下诏谴责高骈遣散诸道军队，致使义军乘虚渡江。高骈又上表抗争，加之其部将吕用之劝他保存实力，守境自固，于是高骈遂自称患病，不再与义军作战，使义军顺利地进入淮南，并渡淮北上，攻入中原，然后进逼关中。

512. 高骈是怎么死的？

高骈原本是一个颇有谋略的将才，但同时也是一个野心家。他见黄巢义军攻入长安，唐僖宗逃往成都，认为唐朝从此一蹶不振，便产生了吞并江淮诸镇，割据江南的想法。因此他拒不发兵解救朝廷危难，唐朝政府便解除了他诸道都统之职，使他失去调遣诸道军队的权力，从而威望大减。后来当传来官军收复长安的消息后，他又后悔当初没有发兵入关，致使别人独享大功，部下见他无所作为，日益离心。高骈既然在政治上无所作为，遂转而相信神仙之术，将一切军政事务委托给部将吕用之，自己退居内院，不见部下、宾客，一心求道成仙。

吕用之又推荐诸葛殷、张守一等人，说他们均有长生之术，于是高骈署他们为牙将。他另外兴建道院，院中有迎仙楼、延和阁，高八十尺，装饰华丽，有侍女数百，皆羽衣霓裳，高骈居其中，每日与吕用之、张守一等人谈论其间，传授道家法箓。

僖宗光启二年（886），淮南发生大蝗灾，高骈不理不问。接着连续数年，淮南灾荒不断，百姓困苦，粮价腾贵，饿殍遍野。

光启三年三月，秦宗权派军攻入淮南，高骈派大将毕师铎率军抵御。毕师铎因不满吕用之专权用事，遂率军回攻扬州。四月，扬州城陷，毕师铎将高骈囚禁于道院。不久杨行密又自寿州率兵三万来攻扬州，一时攻不下来，只好采取长期围困的办法，致使扬州城中缺粮，斗米五十贯，城中饿死者大半。高骈与家属均困在道院，柴米皆无，甚至发生奴仆相食的现象。九月，毕师铎出城战败，担心高骈会成为杨行密内应，于是便派人将其杀死。杨行密攻破扬州后，将其安葬。

513. 王建是怎样夺取西川的?

王建（847～918），陈州项城（今河南沈丘）人，五代时前蜀的创建者。少年时颇为无赖，以贩运私盐为业。唐末，他在忠武军为队将，跟随杨复光击败黄巢军队，升为都头。僖宗避难成都时，他随军前往，被权宦田令孜收为养子。光启二年（886），僖宗再次出逃兴元，王建随军护驾有功，被任命为壁州刺史，后又升任为永平军节度使。

唐僖宗死后，昭宗即位，田令孜得罪过昭宗。这时田令孜任西川监军使，昭宗于是将西川节度使陈敬瑄与田令孜的官爵一并革除。但陈敬瑄拒绝接受昭宗的命令，死守成都，而王建早有图谋占据成都的野心，于是出兵进攻成都，与陈敬瑄大战三年。大顺二年（891）八月，王建以重兵攻城，环城烽焰五十里，声势浩大。他又派王鹞进城游说，致使人心浮动。

王建派人到城内探听虚实，知道王鸥的游说已然奏效，于是派重兵攻城，一时呐喊震天，城中百姓惶惶不安，好像末日来临一般。此时，王建已经占领成都周围的州县，成都孤立无援，粮草缺乏。田令孜、陈敬瑄只得投降。王建于是入主成都。

随后，王建自称西川留后，擅自处死田、陈二人，自成割据之势。朱全忠取代唐朝统治后，王建遂在成都称帝，国号蜀，史称“前蜀”。

514. 罗绍威是什么人？为什么牙军被诛后魏博镇便一蹶不振了？

罗绍威（877～910），字端己，魏州贵乡（今河北大名东北）人。其父罗弘信死后，袭父位为魏博节度使，昭宗天复末年，累加至检校太傅，兼侍中、长沙王。天祐初，晋封邺王，赐号“忠勤宣力致理功臣”。魏博牙军自从田承嗣占据魏博组建以来，历时百余年，都是招募军中子弟，父死子继，亲党胶固。历任节度使都给予他们很优厚的待遇，因此他们非常骄横，强买豪夺，违反法令，不听约束。他们还经常发动兵变，变易主帅，如同儿戏。但是这支队伍战斗力却很强，是魏博军事力量的中坚，也是魏博镇长期割据的基础。正因为如此，历任节帅都对他们姑息迁就，经常给予赏赐，以安抚其心。

由于朱温在刘仁恭进攻幽州魏博时，曾援救过罗绍威，罗绍威心怀感激，于是便归附于朱温。唐哀帝天祐二年（905）七月十三日，魏博牙校李公佺作乱，罗绍威只身逃到沧州，才幸免于难。于是罗绍威派人求援于朱温，设法铲除牙军。朱温嫁与罗绍威的儿子罗廷规的女儿，这时已死，朱温派将选精锐军士千人，密藏兵器，然后开赴魏州，声言是派人帮助葬女。朱温本人亲率大军随后跟进。罗绍威怕牙军生疑，百般安抚，然后与汴军合力围攻牙军。一夜之间，杀牙兵及其家属八千多家。经此一变后，魏博镇虽然铲除了心腹大患，但军事实力却从此大大削弱了，不再成为唐末强镇。罗绍威入仕后梁数年，患病而亡，终年三十四岁。

515. 王世充真的是被仇人所杀吗？

王世充，字行满，隋朝新丰（今陕西临潼东北）人。本是西域胡人，后改姓王，在隋朝担任军官。隋末农民起义时，王世充曾是深为隋炀帝信任的一个血腥镇压农民起义军的刽子手，参与镇压农民起义，逐渐成为中原地区一支割据势力的首领。隋炀帝死后，王世充等拥立越王杨侗即位，被封为郑国公。后他率军击溃瓦岗军，自称郑王。武德二年（619）王世充篡位自立为帝，国号郑，年号开明，占据了以洛阳为中心的中原广大地区。

武德三年，李世民率唐军来攻。王世充自恃实力雄厚，与唐军展开血战。王世充为人阴险狡诈，为政残暴，不久就众叛亲离，被围困在洛阳，形势窘迫。迫不得已，只好向割据河北的窦建德求救。武牢关一战，李世民击溃了窦建德援军，王世充在救援无望，弹尽粮绝的情况下，只好率残部向李世民投降。

王世充被押送到长安后，高祖李渊历数他的种种罪行，王世充仍大言不惭地说："我虽然罪该万死，但秦王李世民答应饶我不死。"于是高祖贬王世充为平民，并把他和家属一起流放到蜀地。就在他们要上路的时候，王世充被仇人羽林将军独孤修德所杀。独孤修德的父亲独孤机曾是越王杨侗的手下，王世充篡位废杨侗，独孤机密谋归唐，被王世充处死。因此史书上记载独孤修德借机复仇，杀死王世充。

王世充之死的缘由表面看起来无懈可击，其实是经不起推敲的。经众多学者考证，王世充对抗唐朝数年，与大唐有不共戴天之仇，况且他为人阴险跋扈，在中原一带还有许多余部，有东山再起的实力，不杀他难免养虎为患。但唐高祖为了实现李世民许王世充不死的诺言，守信于天下，就秘密派心腹、禁军将领独孤修德以报杀父之仇为名把王世充杀死，以达到瞒天过海的目的。旧史家修史没有真实地记载这一段历史，遂造成了王世充被仇人所杀的误解。王世充死后，他的儿子、哥哥等家人又以谋反为由被唐朝处死。从中也可以折射出唐高祖对王世充及其家人到底采取了什么态度。

516. 李密出身于什么社会阶层？其在瓦岗寨所率军队为什么称蒲山公营？

李密（582～619），字玄邃，又字法主，京兆长安（今陕西西安）人，祖籍辽东襄平（今辽宁辽阳）。他出身于名门大族，是北魏司徒、八柱国之一李弼的曾孙。祖父李曜，北周太保、魏国公；父亲李宽，隋朝的上柱国、蒲山公，都是当时声名显赫的人物。

李密从小就刻苦好学，志向远大，气度不凡。长大后以门荫入仕隋朝，袭父爵蒲山公，任左亲侍，宿卫宫廷。隋炀帝见其貌非凡，就不准他在身边宿卫。李密索性辞官不做，发奋攻读。有一次，他骑牛外出，把《汉书》挂在牛角上，边走边翻阅，正好被隋朝最有势力的大臣杨素看到了。杨素和李密交谈后，对自己的儿子杨玄感等说："李密的见识很高，你们都比不上他，一定要多和他交往啊。"

后来，杨玄感在黎阳起兵反隋，李密为他出主意说：应出其不意，率兵长驱直入到幽州，堵住隋炀帝在高丽的退路，这样隋炀帝的军队必然溃散，这是上策；攻取长安，以关中为根据地与隋炀帝对抗，这是中策；下策是攻取洛阳，但洛阳城坚粮足，不一定有必胜的把握。杨玄感偏偏按照下策行事，最后失败了。李密被隋军捕获，途中设计逃脱，改名换姓，藏在民间一段时间。

后来李密投奔翟让领导的瓦岗军，他有知识，有胆略，帮助翟让出谋划策，屡次击败隋军。特别是在荥阳阻击隋军，一举击杀隋朝名将张须陀，使瓦岗军名声大振，也使翟让了解到李密的才能，从而更加信任和尊重他。于是翟让便让李密自己建立了一支军队，李密就以自己袭封的爵号蒲山公命名了这支部队，号"蒲山公营"。从此，李密在瓦岗军中有了自己的势力，站住了脚跟。后来瓦岗军在他的领导下，成为一支具有强大力量的农民起义军。

517. 李密为什么能够成为瓦岗军的领袖?

杨玄感反隋失败后，参与起兵的李密流亡了一段时间后，就投奔了翟让领导的瓦岗军。当时的瓦岗军只是众多反隋义军的一支，李密的到来，使瓦岗军迅速崛起为义军的中坚力量，一度成为势力最大的义军。李密有计谋，有胆略，他给翟让出谋划策，屡次击败隋军，并取得了翟让的信任。于是翟让令李密单独率领一支军队，号蒲山公营。李密劝翟让灭隋夺取天下，发兵攻取离东都洛阳不远的兴洛仓。公元617年春，李密和翟让攻破兴洛仓，并打开粮仓放粮，令几十万老百姓随便搬取粮食，为瓦岗军赢得了声望，在中原站住了脚跟。随着李密功勋的增多、地位的巩固，为了瓦岗军更快地发展，翟让不顾瓦岗军旧将的反对，决定让贤，推李密为魏公，使他成为瓦岗军的领袖。

此后，李密和翟让率领瓦岗军多次在洛阳附近打败隋军，他们攻下回洛仓，在那里修城扎营，以围逼东都。李密还发布了讨伐隋炀帝的檄文，历数隋炀帝的罪行后指出："罄南山之竹，书罪未穷；决东海之波，流恶难尽!"这两句话成为千古名句。

随着战事的胜利，李密的威信越来越高，掌握的权力也越来越大，他逐渐引用亲信故友和隋朝旧臣，在瓦岗军中培养自己的势力，引起翟让亲信的疑忌。翟让的哥哥翟宽对他说："天子应该自己当，怎么能让给李密？你要不当，那由我来做。"瓦岗军中李密集团和翟让集团两派的矛盾日益发展。终于在617年十一月的一天，李密设计邀请翟让到其住所赴宴，乘翟让不防之际，令其亲信将翟让杀死。李密的行为导致了瓦岗军的分裂，造成了很不好的历史影响。

518. 李密自愿降唐，为什么又叛唐？

李密率领的瓦岗军被王世充打败后，走投无路，决计投奔唐朝。早在李渊太原起兵反隋时，曾写信给李密，称他为兄，还推他为反隋义军的盟主。李密以为自己率领瓦岗军长期和宇文化及、王世充作战，使李渊无东顾之忧，才得以轻松入关，占领长安，对于唐朝的建立自己是有很大功劳的，李渊一定不会亏待自己，因而李密决定率部下前往长安投奔唐朝。李密原以为李渊一定会拜他为宰相，但是到了长安后，唐高祖虽然对他很客气，却只给了他光禄卿的官职，虽然位列九卿之一，但却属于事务性的官职，没有多大权力。最让李密没有面子的是，每当重大的朝会仪式，作为光禄卿的他还要主持廊下食，给百官供给食物。这使李密感到极大的耻辱，所以他很后悔投唐，等待机会东山再起。

武德元年（618）十一月，唐高祖决定派李密出关招降他的旧部，李密以为机会来了，决定乘机重新起事。对于李渊的这个决定，唐朝很多官员反对，他们担心李密会重新拉起自己的势力，极力劝止李渊，不要放走李密。于是李渊又改变了主意，命已经出发的李密返回长安。李密半路接到命令，以为唐高祖已经开始怀疑自己了，便决意叛唐。他打算先攻下桃林县（今河南灵宝），然后收编那里以前自己的部队，补充粮饷，再北渡黄河，前往黎阳。他的旧将徐世勣仍驻守在那里，有很大的势力，他只要到了黎阳，就可以再次独树一帜，争夺天下了。十二月，李密设计攻下桃林县。在熊耳山南山道的进军途中，李密遇到唐将盛彦师的伏击，李密被杀死，死时才三十七岁。

519. 强大的瓦岗军为什么失败？

瓦岗军在李密到来之后，经过荥阳大捷，连续攻占兴洛仓和回洛仓之后，逐渐成为反隋义军中势力最强大的一支力量，在中原站住了脚跟。李密杀死翟让，夺取了瓦岗军的最高领导权，虽然他成为了瓦岗军的真正领袖，但也导致了瓦岗旧将的离心和疑忌，为以后瓦岗军的失败和分崩离析埋下了祸根。

隋炀帝未死以前，李密领导瓦岗军与隋军作战，其他各路义军遥相呼应，保持了相当大的优势，把隋军压缩在东都洛阳周围，有效地牵制和打击了隋军主力。隋朝大臣宇文化及等在江都杀死隋炀帝以后，以李密为首的众多义军势力好像一下子失去了斗争的对象和目标，他们不像以前那样相互配合打击隋军了，而是开始相互猜忌，争夺地盘。失去了其他农民义军的支持，也是瓦岗军失败的原因之一。而瓦岗军失败的直接原因就是李密投靠隋室，率瓦岗军阻击宇文化及，使主力受到重创，被王世充乘机击溃。

隋炀帝死后，留守东都的越王杨侗，即位称帝。宇文化及则率领十万急于返乡的隋军精兵从江都北上。在宇文化及的威胁下，杨侗与李密达成了协同对付宇文化及的协议。杨侗封李密为魏国公，让他先对付北上的宇文化及，然后入朝辅政。李密在杨侗花言巧语的诱惑下，顿时以匡复隋室为己任，率领瓦岗军精兵步、骑两万抗拒宇文化及。宇文化及缺少粮食，利在速战。李密看准了这一点，偏偏坚壁不战，命令徐世勣坚守黎阳，又派兵堵死宇文化及的退路。武德元年（618）七月，两军在偃师决战，宇文化及退败。瓦岗军虽然取得了胜利，但也损失惨重，元气大伤。这时，东都洛阳的局势发生了变化，王世充杀死了主张同李密联合的大臣，控制了东都的大权。这年九月，王世充率领盘踞在东都的隋军主力进攻李密，瓦岗军在实力大损的情况下，仓促迎战，被王世充击败。

瓦岗军失败后，部将一部分依附了王世充，李密则率亲信投靠了唐朝，另外还有以徐世勣为代表的部分将领仍驻守原地，后多被唐朝招降。

520. 杜伏威的死亡原因到底是什么？

杜伏威，齐州章丘（今属山东）人，隋末江淮农民起义军的首领。他出身于破产的农民家庭。十六岁那年，他与同乡人辅公祏（shí）在家乡起义。作战时他身先士卒，勇往直前，因此受到起义军的拥戴，被推举为首领。大业九年（613），他率部投奔长白山（今山东淄博附近）一带的义军首领左君行，没有得到重用。不久他率领所部南下，进入淮南，自称将军。此后，他先后合并了当地武装苗海潮、赵破阵等部，队伍发展到数万人。隋江都留守派校尉宋颢（hào）率军征讨，杜伏威佯败，诱隋军陷入芦苇泽中，然后用火攻，一举消灭了宋颢部，从此声威大振。

杜伏威在历次战斗中陆续选拔了有勇有谋的三十多个壮士收为自己的养子，当作心腹，由他们分别统领军队。他还精选出部队精锐五千人，组成了一支敢死队，待遇优厚，战斗力极强。杜伏威统军严整，违反军纪者无论亲疏一律按照律令严惩。因此他的部队所到之处，秋毫无犯，受到了当地百姓的拥护。杜伏威本人平时与士兵能同甘共苦，所俘获的财物全都分给部下，很受部下的爱戴。大业十三年，隋炀帝派大将陈稜率精兵八千征剿杜伏威。陈稜起初采取了坚壁不战、等待时机的战术。而对杜伏威来说，部下士气正旺，利于速战。于是他就派人送给陈稜一套老太太的衣服，意思是骂他像老太婆一样胆小，不敢迎战，并笑称他为“陈姥”。陈稜恼羞成怒，令全军猛攻杜伏威。战斗开始时进行得十分惨烈，杜伏威率先陷阵杀敌，其部下士气大振，各个奋勇争先，杀得隋军大败，仅陈稜一个人逃脱了。杜伏威乘机攻取高邮，占领历阳（今安徽和县），建立割据政权。他自称总管，以辅公祏为长史，并分军攻略附近各地，锋芒直逼隋朝政治军事重镇江都。杜伏威所领导的江淮农民军，遂发展成为隋末三大农民军之一。

隋越王杨侗在洛阳称帝后，杜伏威遣使称臣，被封为楚王。后来王世充篡位自立，杜伏威便于武德二年（619）归附唐朝。唐高祖李渊封他为楚王、和州总管、东南道行台尚书令，不久改封吴王。武德三年，杜伏威派辅公祏统兵南进，打败了李子通领导的割据势力，尽有江西之地，杜伏威移居丹阳（今江苏南京）。次年，他又派大将王雄诞消灭了李子通余部，兼并了汪华、闻人遂安等武装。至此，杜伏威已经拥有了江东、淮南的大片土地，南面一直到五岭，东面一直到大海。杜伏威在他的统治区内，实行了许多改革，例如减轻赋税，废除殉葬，严惩作奸犯科等，使境内百姓生活安定，秩序井然，路不拾遗。

武德六年，杜伏威在唐高祖的屡次征召下，只得入朝，留辅公祏留守丹阳，并派养子王雄诞实际控制军权，暗地监视辅公祏，以防生变。杜伏威到长安后，虽然被封为太子太保，仍兼任东南道行台尚书令，但实际被软禁起来了。八月，辅公祏杀王雄诞，并假称受杜伏威的密令，起兵反唐。因为杜伏威在江东的影响和号召力极高，唐高祖怕他利用这个时机，东山再起，就假称他与辅公祏阴谋勾结，于次年二月秘密将其毒死，对外则假称突然暴死。辅公祏被镇压后，高祖又追夺了杜伏威的官爵，抄没了他的家产。唐太宗即位后，知道杜伏威与辅公祏造反无关，遂恢复了他的官爵，以礼改葬。

521. 如何评价窦建德所建政权的统治政策?

窦建德（573～621），隋末贝州漳南（今山东武成东北）人，隋末农民起义军领袖。他出身农家，祖祖辈辈都是农民。他从小就富有同情心，很讲义气，在隋朝曾任过当地里长。隋末天下大乱，群雄并起，在农民起义风起云涌的形势下，窦建德在高鸡泊参加农民起义军。在义军中，窦建德和普通士兵的关系很好，彼此都以兄弟相称，同甘苦，共患难。每次打了胜仗，他把所得的财物都分给大家，自己从来不留。他平易近人和抚下无私的作风，深得部下爱戴，因此，逐渐成为这支义军的领袖。

窦建德率领的义军屡败隋军，声名大振，逐渐控制了河北大部分郡县。武德元年（618），窦建德建立政权，国号大夏，自称夏王，建都乐寿，后又迁都洺州。此时的窦建德已发展成为众多的反隋势力中较大的一支力量，号称三大农民起义军之一。

窦建德在自己统治管辖的区域内，一改隋末苛政，轻徭薄赋，实行劝课农桑、发展生产的政策，老百姓都很拥护，乐为其用。他虽然做了一国之主，但可贵的是，仍旧保持着艰苦朴素、谦虚谨慎的作风。他和他的家眷每餐吃的不过青菜小米，从来不食荤腥；穿的都是自己手工缝制的衣服，从来不穿绫罗绸缎。他很重视文人，对当地贤达、隋朝旧臣都能以礼相待。他以身作则，严格要求部下、臣僚、官吏，因此夏国的社会风气很好。不仅政权稳固，而且境内社会治安十分良好，受到了当地百姓的爱戴和拥护。即使在窦建德失败后，河北的人民还一直深深怀念他，老百姓自发修建了很多夏王庙，以纪念这位农民领袖。

522. 窦建德擒获唐臣释而不杀，唐为什么擒窦建德却立斩不赦?

窦建德是隋末河北义军首领，在唐初的争战中，曾在黎阳俘虏过唐高祖李渊的妹妹同安公主，还抓住了李唐宗室李神通以及李盖等大臣。他先后释放了同安公主与李盖，李神通虽然没有释放，但窦建德也待之为上宾。窦建德鼓励自己的手下忠于自己，同时也鼓励敌人的大臣忠于对方。出于这种想法，他俘获唐朝军将、大臣往往不杀，有的甚至释放回去。

唐、郑、夏三方洛阳决战后，王世充的郑国自然灰飞烟灭，窦建德的夏国虽然未受战火波及，但其主力部队已经被歼，窦建德本人又被俘继而被杀，无奈之下只好举国投降。群雄逐鹿的局面发展到此本应结束，但由于李渊的一系列错误处置，终于激反了本已解甲归田的窦建德旧部，河北重新燃起战火。

李渊对窦建德旧部的处置十分奇怪，他先是毫不留情地处死了窦建德，接着又纵容派到河北的接收大员欺压迫害窦建德的旧部，还下令“请”窦的主要将领到长安“见面”。燕赵自古多慷慨悲歌之士，窦建德又一向得河北人心，李渊步步进逼，终于引起强烈反弹，窦建德旧部在刘黑闼、徐圆朗领导下于武德四年（621）七月揭竿再起，声称为窦建德复仇，河北豪杰纷纷杀掉唐朝的接收大员起而响应。

李渊是十分老练的政治家，为什么会以德报怨，杀掉窦建德呢？主要是因为窦建德在河北一带影响很大，而窦本人又颇有政治才干，为了巩固唐王朝的统治，李渊只能杀死窦建德，以绝后患。

523. 刘黑闼对唐初的统治构成了什么威胁？

刘黑闼，隋末贝州漳南（今山东武成东北）人，唐初割据河北一带的武装首领。他出身贫寒农家，与窦建德同乡，自幼关系密切。隋末，刘黑闼先参加了河北郝孝德的农民起义军，后又归附李密领导的瓦岗军。瓦岗军失败后，他又依附王世充，为骑将。但他看不起王世充的为人，遂投奔窦建德，被任命为将军。刘黑闼智勇兼备，与敌作战，常常能窥知敌军虚实，出其不意，多所克获，在军中号称神勇。窦建德被杀后，他返回故乡，以种菜为生。

唐朝占领河北后，本应安抚当地民众，致力于恢复生产，但当地官吏却反其道行之，对窦建德旧部大肆追究和迫害，迫使他们重新拥立刘黑闼为主，于武德四年（621）七月起兵反唐。刘黑闼以恢复窦建德遗志为号召，很快得到了河北故地的响应，窦建德余部纷纷起兵。他自称大将军，先率军打败唐贝州和魏州驻军的讨伐，又击败唐朝廷派来征讨的大将李神通等部，即便是一代名将李世勣也败在他的手下。刘黑闼只用了不到半年的时间，就收复了窦建德全盛时期的版图。武德五年正月，刘黑闼在相州称汉东王，建元天造，以洺州为都城，复窦建德旧制，设置百官，建立了政权。攻战勇决胜过窦建德的刘黑闼成为唐朝统一战争后期最强、也是最难对付的割据势力。

武德四年十二月，秦王李世民奉命率军出征，从河南正面进讨刘黑闼，唐幽州总管李艺（即罗艺）则率军从北面协同作战，刘黑闼处于腹背受敌的不利局面。刘黑闼率兵在正面与李世民大军隔洺水展开激烈的拉锯战。刘黑闼击斩唐朝勇将罗士信，连李世民都陷入重围险些被杀；而在北面，李艺进军比较顺利，趁机连克定州、赵州等四州。李世民一看硬攻不利，就采取了坚壁待机的战术，并派程名振率所部切断了刘黑闼的粮道。武德五年三月，困兽犹斗的刘黑闼急于与唐军决战，不料中计。李世民决开洺水水淹敌军，刘黑闼大败，仓皇逃亡突厥，其所属州县也纷纷降唐。

不甘心失败的刘黑闼在突厥的支持下，不久又卷土重来，继续与唐朝为敌。武德五年四月，刘黑闼率余部，在突厥几万大军的配合下，一举攻克唐代州，击杀唐朝大将李大恩，又连克定州、瀛州、观州等地，旧部纷纷响应。唐高祖派淮阳王李道玄统兵三万协同诸部进讨，结果李道玄年少轻敌，身陷重围被杀，唐军大败，伤亡惨重。河北州县留守的唐将大都弃城逃跑，河北大部又叛唐归附了刘黑闼。

太子建成为巩固太子之位，主动请缨率军出征河北，平定刘黑闼。他在魏征的建议下，采取了赦免刘黑闼党羽、释放被俘将士的怀柔分化政策。这一招果然厉害，加上刘黑闼的军粮十分紧缺，很快就军心大乱，部下又纷纷降唐，刘黑闼只得连夜北逃，沿途数战皆败，加上各地唐将的阻击，逃到河北北部的饶州时，他身边众叛亲离，只剩下一百多人，结果被他所任命的饶州刺史诸葛德威活捉，献给了李建成。不久刘黑闼就与他的弟弟和亲信一同在洺州被处死了。

524. 裘甫起义是怎么回事?

唐朝末年，政治腐败，中央政府和地方藩镇之间争战连年，各种矛盾一触即发，裘甫起义就是在这样的背景之下发生的。

宣宗大中十三年（859）十二月，裘甫领导浙东农民暴动。由于当时朝廷在浙东的兵力十分薄弱，所以起义民众发展很快。他们攻占了象山（今浙江象山），多次击败朝廷的征讨，懿宗咸通元年（860）正月，浙东观察使郑福德派兵征讨，也被裘甫击败。义军乘胜攻下剡（shàn）县（今浙江嵊县），开府库，分粮食，招募兵力，队伍发展到几千人。裘甫自称天下都知兵马使，改元罗平，铸印天平，同时积聚大量的粮草资财，聘请优良工匠，打造军用器械，连续攻占了上虞、余姚、慈溪、奉化、宁海等县，声势浩大，震动中原。

这时，义军将领刘暀提议急取越州（今浙江绍兴），扼守浙江，再遣刘从简率军沿海南征，袭取福建，掌握唐朝的东南贡赋之地。但进士出身的王辂（lù）反对刘暀提出的方略，他对裘甫说："刘副使的计谋是效仿孙权偏安江东的做法，这种做法只有在汉末天下大乱时才能办到，现在天下一统，割据一方是不可能的。不如拥众据险固守，必要时耕田打鱼自给自足，一旦官军来攻，便再回来。"裘甫听了双方的意见，犹豫不定，竟把这件大事搁置下来，没能使队伍继续壮大。

咸通元年（860）三月，懿宗调安南都护王式为浙东观察使，合忠武、义成、淮南三道镇的兵力攻打裘甫队伍。王式坚决进攻，裘甫束手无策，不等决战，胜败其实已经一清二楚了。王式到了越州之后，用浙东兵和称为土团的地主武装作为向导，又用居住在江淮一带的吐蕃、回鹘军人充作骑兵，率领诸军分路向农民军进攻。义军与唐军前后十九战，均不能取胜，占有的土地逐渐被政府收复。刘暀对裘甫说："早用我的计谋，先取越州，事情就不会这样危急。"于是将王辂等几个进士杀死，并说都是这些人坏事。

六月，裘甫的军队被围困于剡县，三天中拼杀八十三次，战事惨烈。后裘甫、刘暀、刘庆率领百余壮士在夜间突围，遭擒被杀，刘从简弃城守山，也战败被杀，裘甫起义至此被彻底镇压。

525. 庞勋起义是怎么回事?

庞勋起义是唐末在徐州一带爆发的较裘甫起义规模更大、影响也更为深远的桂林戍卒兵变。

早在咸通四年（863），南诏攻占安南之后，朝廷下令让徐、泗两镇招募两千兵士赶赴前线救援，并分其中八百人戍守桂林，约定以三年为期，派兵前来替代。但是到了咸通九年，戍守桂林的兵卒已满六年，多次请求代还，而徐、泗观察使崔彦曾、都押牙尹勘却以府库空虚，费资浩繁等为由，要求这些戍卒再留守一年。对此，戍卒愤不可遏，都虞候许佶，军校赵可立、姚海、张行实等带头起事，杀死都将王仲甫，推举粮料判官庞勋为都将，北上还乡，直奔徐州。

崔彦曾命令都虞侯元密率领三千士兵迎击庞勋，又下令宿州、海州出兵截击东进的戍卒，结果都被打败，庞勋等乘胜攻占了宿州和徐州。起义的戍卒囚禁了崔彦曾，并杀死尹勘等人，队伍发展到万余人。朝廷以右金吾大将军康承训为行营都招讨使，王显权、戴可师为北、南面招讨使，大发诸道兵加以征讨。到年底，庞勋所率的兵众以徐州为中心，攻占了今天的山东南部、江苏、安徽北部的广大地区，占据淮口（泗水入淮之口，在今淮阴北），截断运河交通，威胁唐政府的生命线，造成极大的声势。咸通十年四月，庞勋杀崔彦曾，自称“天册将军，大会明王”。

面对这样的形势，庞勋开始产生骄傲自满的情绪，渐渐不能听取部下的建议。而朝廷方面，从咸通十年二月起，官军调整了部署，四面进击庞勋所占领的地盘，接连获胜，逼近徐州。庞勋引兵向西进攻唐军后方的宋州和亳州（今安徽亳县），徐州失守，许佶等被杀，康承训随后以沙陀兵为前锋，进行追击。义军在蕲（qí）县（属宿州）西面的涡水沿岸被困，庞勋力战而死。

这次因为戍卒不能轮替而爆发的起义，前后历时两年零四个月，波及桂、湘、皖、苏、豫等广大地区，一年之后，庞勋的余众仍散居于山东各地，坚持作战，这对于后来王仙芝、黄巢领导的大起义，是一个十分有利的条件。

526. 王仙芝起义于何时？结局如何？

王仙芝（？～878）起义是唐朝末年继裘甫、庞勋起义之后的又一次大规模的农民起义。唐僖宗乾符元年（874）十二月，濮州（今山东甄城东北）人王仙芝在长垣县（今河南长垣县）聚众数千人起义，自称“天补平均大将军兼海内诸豪都统”。

次年六月，黄巢也聚众响应，在冤句（今山东荷泽西南）起义。两支军队汇合之后，势力得以壮大，攻打州县，横行山东，数月之间，队伍发展到几万人。

朝廷随即任命平卢节度使宋威为诸道行营招讨使，统领淮南、忠武、宣武、义成、天平五镇军共五千人加以征讨。乾符三年七月，起义军兵败沂州（今山东临沂）以后，便转入河南，攻占了阳翟（今河南禹县)、郏(jiá)城(今河南郏县)等地，东都大为震动。十一月，起义军南进湖北，攻占郢州(今湖北京山)、复州(今湖北沔阳西南)、申州(今河南信阳)、光州(今河南潢川)、寿州(今安徽寿县)、庐州(今安徽合肥)、舒州(今安徽潜山)等地，在将近半年的时间里，于山东、河南、湖北、安徽等地，流动作战，所到之处，势如破竹。

在攻打蕲州(今湖北蕲春)时，朝廷授予王仙芝左神策军押牙兼御史大夫的职位，在朝廷招降面前，王仙芝有所动摇，想要接受政府的官职。黄巢大怒，责骂王仙芝道："起初大家立下重誓，要齐心协力，横行天下，现在你去左军做官，五千弟兄该到哪里去?"拉住王仙芝痛打，众将士也表示反对，王仙芝无奈，被迫表示拒绝，旋即又占领蕲州。但这次诱降导致了军队内部的分裂，王仙芝与黄巢开始分道扬镳，王仙芝继续转战南方。

八月，王仙芝军攻克随州(今湖北随县)，活捉刺史崔休征，掠地复、郢，连续打了几次胜仗。但唐廷知道王仙芝有投降之心，就在十一月遣招讨副使、都监杨复光，判官吴彦宏向王仙芝招降，王仙芝回派尚君长等三员大将去见杨复光，商量投降事宜。没想到三人在途中被宋威劫取。宋威上奏冒功，说他在战斗中俘获了尚君长等人，杨复光得知后，向朝廷上表，奏称尚君长等人是主动投降，朝廷派侍御史前来审讯，审不明白，结果宋威杀了尚君长三人，王仙芝白白丧失三员大将。消息传到王仙芝军中，王仙芝大怒，率军从郢州直扑江陵(今湖北江陵)。荆南节度使杨知温不懂军事，不设防务，乾符五年(878)元旦，大雪纷飞，王仙芝的军队渡过汉水，攻陷罗(外)城，城中将士退守牙城，杨知温却若无其事，穿着文官袍帽上城抚慰士卒，还在城上赋诗与幕僚交游。山南东道节度使李福和驻扎襄阳的骑兵闻讯连夜赶来援救，在荆门(今湖北荆门)与王仙芝军队相遇，沙陀骑兵骁勇善战，义军战败。王仙芝得报，焚烧了江陵罗城，往北向申州转移。

正月初五，王仙芝在申州遭到曾元裕的袭击，损失两万人。王仙芝被迫往南撤退，穿过大别山区，二月，进入黄梅(今湖北黄梅)。不料曾元裕军在此早设有埋伏，当王仙芝退入黄梅山时，官兵四起，号角连天，王仙芝力战而死，五万义军也大都战死，鲜血飞溅，染红了黄梅山峦。

王仙芝死后，大将尚让率领残部到亳州(今安徽亳县)投奔黄巢，推黄巢为王，号冲天大将军，改元王霸，设置官署，建立了农民政权，起义事业继续发展。

527. 黄巢大军是怎样进入长安的?

僖宗广明元年（880），唐廷驻守淮河的各支军队，互相杀夺，相继溃散。黄巢义军渡过淮河，攻破申州，分路进攻河南诸州，并向东都洛阳顺利进军。面对这一形势，唐将齐克让只好退守潼关，东都的宦官迎接义军入城。

权宦田令孜下令让左右神策军增援齐克让驻守潼关，谁知义军一部从被称为“禁坑”的小路进到关后，前后夹攻潼关，唐军大溃。接着，义军占领华州，黄巢命令部将留守，自己则率领大军直取长安。长安得讯，顿时大乱。

十二月初五，唐僖宗带领少数妃嫔及官吏，在田令孜率领的五百神策军的护拥下仓皇逃往成都。同一天，黄巢义军的前锋部队进入长安，随后，唐金吾大将军张直方带领文武百官迎接黄巢进入京师。黄巢金装肩舆，率军浩浩荡荡地进入长安居住，大肆杀戮留在长安的官僚贵族。

僖宗广明元年（880）十二月十三日，黄巢在长安称帝，国号大齐，改年号为金统，启用唐廷四品以下的官员，三品以上的停职，并处死了一批拒绝投降的唐朝高级将领，没收了地主的财物。接着，黄巢又任命尚让为太尉兼中书令，唐朝降将崔璆、杨希古为宰相，孟楷等为左右仆射。不过黄巢政权没有提出明确的经济纲领，没有整顿民生，也没有乘胜追击唐廷的残余部队，不久就使自己陷入了重重危机之中。

528. 黄巢大军入长安后，唐政府采取了哪些措施对付义军?

黄巢过高估计了夺取西京的胜利，没有进一步发展大好形势，没有及时追击逃往四川的唐僖宗，也没有进攻西北各藩镇，并错误地将一些中原要镇交给唐朝的降将防守，贻误了战机。而此时，唐政府却利用这段时间休养整顿，积极采取了各种措施来对付义军，终于卷土重来，收复了长安。

广明元年十二月初九，逃到骆谷的唐僖宗下令让支持勤王的凤翔节度使郑畋抗击黄巢军队，并安抚诸藩，纠合邻道，建立大功，同时还授予他根据情势自主处理事务的特权，郑畋立刻把分散关中的几万名禁兵召集到凤翔加以整编。中和元年（881）三月十三日，唐僖宗任命郑畋为京城四面诸军行营都统，郑畋又马上联络唐廷原来在西北、关中的诸镇节度使，进兵关中，共同对付义军。僖宗逃往成都后，惊魂未定，便又遣使让各节度使收复京师，并以高骈为东面都统，杨复光为京西南面行营总监，这样，本已分崩离析的唐王朝及其各地残余势力得以重新集结，对付义军。

同时，驻守陈（今河南淮阳）、许、洛阳等中原要镇的周岌、诸葛爽、王重荣等唐降将降而复叛，唐军很快向关中形成新的军事压力。而黄巢直到中和元年二三月间，才派兵出击，即使如此，也没有用主要力量首先打击对长安威胁最大的关中唐军，而是兵分两路：东路由朱温率领，出关中进攻邓州，企图控扼荆、襄，以切断巴蜀同江汉的联系。这一路虽有小胜，攻克了邓州，但对整个局势影响不大，并不能切断四川同江南的联系。西路则由尚让等率领，进攻凤翔节度使郑畋，但凤翔西有陇山，东有岐山，南控入川的陈仓道，易守难攻。义军轻兵冒进，在龙尾陂（今陕西岐山县东二十里）中了埋伏，大败而归。

龙尾陂之战以后，唐军乘胜发起反扑，不断向长安进逼。黄巢看到自己处境不利，在四月初五这天主动撤离长安，屯兵灞上。接着，义军趁唐军程宗楚等部进入长安，大肆掳掠之际，反戈一击，取得一次较大胜利，重新占据了长安及周围的战略要点，但这并没有从根本上改变他们被围困的态势。在这以后一年多时间里，双方在长安外围形成了僵持状态。

在相持过程中，唐王朝可以从富庶的四川、汉中得到补给，并仍然可以从江南征得赋税，经济、军事实力不断增强，而黄巢军队长期受困，粮食匮乏，形势日益艰难。而且在这段时间里，唐政府积极采取措施，使态势进一步向着有利于自己的方向发展。一是诱降朱温。黄巢所派遣的同州节度使朱温，见义军形势不利，在杨复光的招降下发生叛变，使义军在潼关方向失去屏障。二是起用北方沙陀族首领李克用。后者于十二月率领四万部众援助唐廷，大大增强了唐政府的军事实力。朱温的叛变、李克用的参战，使双方力量对比和战争态势很快发生了改变，唐军不久就发起了大规模进攻，并成功镇压了这次起义。

529. 黄巢起义失败的原因和历史意义？

黄巢领导的农民起义军，英勇奋战十年，转战大江南北，经过山东、河南、湖北、安徽、江西、浙江、福建等十二个省区，行程数万里，席卷大半个中国。义军人数由数千发展到五六十万，攻占帝京长安，建立政权，其时间之长、规模之大，在农民战争史上都是空前的。关于黄巢起义之所以失败，大体上有以下几个主要原因：

一、进入长安后，没有立刻向四川进军，穷追猛打，斩草除根，彻底推翻唐王朝的统治；也没有积极进攻关中诸镇，消灭唐军的有生力量。

二、受到物质引诱，义军的领导分子意志不坚强，混进来了不少野心家，在关键时刻背叛起义事业，投降官军，起到了分化瓦解义军的作用。

三、盲目打击，军事上没有通盘计划，结果不能分化敌人，且促使敌人合力讨伐义军。

四、没有建立巩固的根据地，犯了流寇主义的错误。退出长安以后，却没有采取流动作战的方式，反而去围攻防守坚固的城池，从而失去了主动权，被唐军主力追上击溃。

五、在经济上大搞平均主义，结果却适得其反，落得自身无粮，到了无法维持基本生活的地步。

关于这次起义的历史意义，一般学者都认为是打击了藩镇割据势力和唐廷的统治，特别是荡涤了魏晋以来残存的士族地主势力。在政治上，促使门阀观念消除，五代以后取士、婚姻不以家世、门阀作为标准；经济上，削弱了大土地所有制，使土地高度集中的情况有所缓和。而且在唐末的农民战争中，农民军领袖都在自己的称号上冠以“均平”两字，这虽然不是明确的斗争纲领与口号，但毕竟是我国农民战争史上农民均平意识的第一次表达，对后世的农民战争的影响意义深远。

530. 有唐一代共有多少位宰相？分别出自哪些姓氏？

有唐一代共有宰相三百六十九人，凡九十八族，即：长孙、杨、李、褚、刘、骞、狄、姚、娄、陆、苏、杜、宗、魏、张、唐、韦、萧、岑、宋、郭、窦、源、苗、郑、武、王、牛、崔、白、卢、裴、孔、徐、豆卢、薛、房、令狐、夏、柳、仆固、田、朱、侯、于、韩、乌、希等九十八姓。其中，再次为相者五十七人，三次拜相者十二人，四次、五次拜相者，各三人。

531. 赵莹对修撰《旧唐书》出力甚大，为什么撰者却署名是刘昫?

五代后晋时官修的《旧唐书》，是现存最早的系统记录唐代历史的一部史籍，它原名《唐书》，宋代欧阳修、宋祁等编写的《新唐书》问世后，才改称《旧唐书》。《旧唐书》共二百卷，包括本纪二十卷、志三十卷、列传一百五十卷。《旧唐书》的撰者署名刘昫，其实对撰修《旧唐书》出力最大的应该是赵莹。《旧唐书》始撰于天福六年（941），其时赵莹以宰相监修国史。不久朝廷又颁诏，命张昭远、贾纬、赵熙、郑受益、李为光等同修《唐书》，仍由赵莹以宰相监修。据《旧五代史·少帝纪》记载，开运二年（945）六月，“监修国史刘昫、史官张昭远等以新修《唐书》纪、志、列传并目录凡二百三卷上之”。说明开运二年，全书才修成，而刘昫已于开运元年七月，以宰相监修国史，而此时赵莹早已罢相，所以《旧唐书》成书后，署名者是刘昫。

532.《旧唐书》记述唐朝历史为什么前期详而后期略?

《旧唐书》共二百卷，包括本纪二十卷，志三十卷，列传一百五十卷。后晋高祖天福六年（941），石敬瑭命撰修唐史，由当时的宰相赵莹负责监修。到出帝开运二年（945），全书修成，历时仅四年多。

由于此时距唐亡不远，史官有条件接触到大量的唐代史料，所以能在短短的四年多时间里修成这样一部二百卷的大书。但是，《旧唐书》撰修于乱世，文献档案多有丧失，后晋皇帝虽曾下诏访求佚书，所得并非甚多：《武宗实录》多散佚，宣宗以后诸帝的实录又未修成，也就是说，会昌至天祐间六十年的史事多有阙略；《旧唐书》撰修时，晚唐史事可作为凭借的，只有贾纬的《唐年补录》等极少的书籍可以参阅，其他典籍缺略；加之成书仓促，所以对于唐代晚期史事的记述，仍显得粗糙。

《新唐书》行世后，《旧唐书》在很长一段时间里几乎被人们遗弃，直到明朝嘉靖十七年（1538），闻人铨等重新刊印此书后，才又广泛流传开来。《旧唐书》传布过程中的兴衰，既反映了它的缺点，也说明它自己的长处，非《新唐书》所能取而代之。

533. 如何看待新、旧《唐书》记事互异现象？

由于新、旧《唐书》编成于不同的时代，加之两书所采用的史料也有所不同，所以两书记事存在互异现象也是毫不奇怪的。对于两书中存在的这种现象，前人早已指出过，并且列举了大量的实例。这些著作主要有：吴缜《新唐书纠谬》二十卷、赵翼《陔余丛考》四十三卷、王鸣盛《十七史商榷》一百卷、汪应辰《唐书列传辨证》二十卷、王若虚《新唐书辨》三卷、陈黄中《新唐书刊误》三卷、罗振常《南监本新唐书斠义》一卷等。对于两书记事互异现象，前人中有不少人对此表示了极大的不满，大张挞伐。其实，存在差异反倒是件好事情，从中可以发现问题，通过研究后求得历史真面目；如果都改成一致的，这样反倒有可能将原本正确的东西改掉了，将错误的东西留了下来，因此存在互异并不是什么坏事情。《新唐书》晚出，但它并没有强行统一这种异说，而是将其保留下来，这样做是正确的。

总的来看，这两部书各有优劣，在体例上，《新唐书》优于旧书；但在史料上，两书则各有优劣，尤其是旧书多采自唐朝国史、实录，保留了大量的第一手史料，对于研究工作来说，具有极重要的意义。

534. 既有《旧唐书》，为什么宋朝却要另行修撰《新唐书》？

《旧唐书》撰成后，到了北宋仁宗时，又有《新唐书》的撰修。既然有《旧唐书》在，为什么又要另撰新书呢？因为在修撰《旧唐书》时，《武宗实录》大部散佚，宣宗以后的实录也未修成。唐代晚期的史料相当缺乏，只能根据征集到的残存日历、制敕册书、诸司吏牒以及贾纬所撰的《唐年补录》之类的资料，勉强修成，所以《旧唐书》对唐朝晚期历史的记载相当粗糙。在材料的占有与剪裁、体例的完整、文字的简洁等方面，都存在不少缺点。曾公亮在进《（新）唐书》表文中，也曾说："旧书详略失中，文采不明，事实零落，不能不另行撰修。"

由于《旧唐书》主要是依据唐朝国史及实录撰成，对这些典籍中歪曲史实、为尊者讳等问题，一仍其旧，没有做大的改动，致使一些历史问题记载不实。正由于《旧唐书》存在以上这些问题，所以受到了宋人的抨击，纷纷要求重修唐朝国史。于是宋仁宗时下诏重修，参与其事的有欧阳修、宋祁、范镇、吕夏卿、王畴、宋敏求、刘羲叟等人。其中列传主要由宋祁负责，本纪、志、表主要由欧阳修负责，所以《新唐书》署“欧阳修、宋祁撰”。

宋祁有文名，曾任知制诰、翰林学士等职。他历时十余年完成列传，于嘉祐三年（1058）交齐全部列传的稿子。欧阳修是北宋著名的文学家，擅长古文。他因参加推行“庆历新政”的活动，被贬为地方官，至至和元年（1054）才调回朝任翰林学士，主持修史工作。等到他写定本纪、志、表时，已是嘉祐五年（1060）了。列传与本纪、志、表合在一起时，并没有经过严格的整齐划一。

《新唐书》二百二十五卷，包括本纪十卷、志五十卷、表十五卷、列传一百五十卷。《新唐书》比起《旧唐书》来，确有自己的一些特点：首先，《新唐书》的作者对志下了一番功夫，增加了以前各史所没有的《仪卫志》、《兵志》。其他几个志也各增补了新资料，质量多在《旧唐书》之上。尤其是《新唐书》增加了《旧唐书》所没有的表这一体例，使该书的体例更加完整。在列传方面，《新唐书》增加了一部分的传记，使入传人数超过了《旧唐书》。此外，宋人还将“文省事增”作为《新唐书》的一大优点。但是《新唐书》颁行不久，就引起了一些人的不满，吴缜为此专门写了《新唐书纠谬》一书，找出了书中存在的大量差错，同时对“文省事增”的说法也提出了质疑。

535. 何谓《五经定本》?

唐代是我国经学的再度统一时期，表现之一就是《五经定本》的颁行，著名学者颜师古对《五经定本》的形成做出了杰出贡献。

古代经书流传到唐代，因版本差异、传抄讹误和师承等原因，存在着不少异字别文，既不利于人们学习，也不适应唐初政治大一统的需要。因此贞观四年（630），唐太宗下诏令颜师古等人考定《五经》，以统一其版本和文字。师古受命后，利用秘书省（唐代主管全国图书事业的机构）珍藏的大量经籍图书，以晋、南朝宋以来古今异本为依据，悉心加以校勘。历时两年多，选校了《周易》、《尚书》、《毛诗》、《礼记》、《左传》五种典籍，取名为《五经定本》，呈献给唐太宗。太宗下诏由房玄龄召集诸儒进行详议讨论。由于当时诸儒传习师说，舛谬已久，对颜师古的定本并不能接受，所以群起反对，异端蜂起。于是颜师古援引晋宋以来古本解答晓谕，证据确凿详明，使诸儒尽皆叹服。贞观七年，朝廷便将颜师古所校订的五经颁行天下，作为中央官学至地方州县学的标准教科书，称为《新定五经》。这是空前的盛举，使汉魏以来五经版本与文字的不统一局面彻底改变，对于士人学习儒家经典提供了极大的方便，后来孔颖达等学者修撰《五经正义》就是以《五经定本》为底本进行的。

536. 何谓《五经正义》?

《五经正义》是唐代经学家孔颖达奉唐太宗之命编撰的，对《五经定本》的内容进行文字注解和经义阐释，初名《五经义疏》，是具有代表性和权威性的儒家经典注释本。

唐代以前儒家经书的注疏工作，多且繁杂。有些解经者为了阐明自己的主张，往往不惜笔墨，致使字多文繁，冗杂难读。此种状况，颇不利于政治上的大一统。为此，唐太宗贞观十二年（638）令孔颖达等修《五经义疏》，统一各家说法。贞观十六年，初稿完成。随后又进行了大规模修订，至永徽四年（653）始以《五经正义》之名颁布。

《五经正义》全书一百八十卷。其中《周易正义》十四卷、《尚书正义》二十卷、《毛诗正义》四十卷、《礼记正义》七十卷、《春秋正义》三十六卷。此书体例是各经均选旧注一家，注下作“疏”。《五经正义》将经与注集而为一，分别注释。先释经，后释注，广征博引，采选众说，并对各派经学家的见解进行协调折衷。

《五经正义》颁布后，一扫东汉以来纷纭矛盾的儒经师说，作为官方的定本而被各界接受，一直处于独尊地位，科举考试均以此书为依据。《五经正义》对中国封建社会后半期的学术思想和文化，具有极大的影响。孔颖达因在编撰这部不朽的学术著作的过程中贡献最大，在后世享有很高的声誉。但是这部书的问世也产生了一些消极影响，限制了学术的自由讨论、自由研究，一度使唐代的儒学处于停顿状态，直到中唐时期啖助、陆淳的出现，才打破了这种沉闷的局面。

537.《五代史志》是一种什么典籍?

唐代史学成就突出，二十四史中的八史完成于唐代。《五代史志》是唐初的一个重要史学成就。

唐太宗贞观十年（636），先后撰成了《梁书》、《陈书》、《北齐书》、《周书》和《隋书》五部史籍，统称《五代史》。但这些史书均没有记述典章制度及其流变的志。原来计划是编写十篇共同的志。贞观十五年，右仆射于志宁、太史令李淳风、著作郎韦安仁、符金郎李延寿、秘书丞令狐德棻、谏议大夫褚遂良、著作郎敬播等奉诏修撰志书。至高宗显庆元年（656）成稿，历经十多年，共三十一卷。“十志”的篇目为：《礼仪志》（七卷）、《音乐志》（三卷）、《律历志》（三卷）、《天文志》（三卷）、《五行志》（三卷）、《食货志》（一卷）、《刑法志》（一卷）、《百官志》（三卷）、《地理志》（三卷）、《经籍志》（四卷）。当这“十志”编成时，五部史籍早已流行，所以志也就单独流行了，称之为《五代史志》。当“十志”与五部史籍合编时，是附在《隋书》之后的，故又称之为《隋书志》。

“十志”的学术价值较高。自魏晋以后，典章制度变化多端，而史籍记载或无志，或虽有之，断限过短，致使典章演变不明。《五代史志》记叙的范围是梁、陈、齐、周、隋五个朝代的典章制度史，修撰者又多学有专长，所以此书成就较高，对于我国典章制度的研究有着不可低估的价值。

538.《大云经》是武则天时期伪造的吗？

武则天崇奉佛教，在诸多佛经中，武则天特别看重《大云经》，她下令各州都要建立大云寺，各寺都要藏一部《大云经》。她还对向她献《大云经》和作《大云经疏》的和尚薛怀义、法明、法宣等大加封赏。《旧唐书》说《大云经》是薛怀义等人伪造的，并不是事实。唐以前已有两种《大云经》的完整版本，即前秦竺佛念所译《大方等无相经》（一名《大云经》）和北凉县无谶所译《方等大云经》。汤用彤先生认为，薛怀义等向武则天所献的《大云经》，系对以往译本的重抄或改造。而《大云经疏》则主要是怀义、法宣等和尚所伪造。

539.刘知几所撰的《史通》是一部什么书籍？

《史通》是唐代史学家刘知几在史学领域的代表作。全书共二十卷，完成于唐中宗景龙四年（710）。从内容上看来，此书是一部史学理论作品。其中包括内篇十卷，共三十九篇（今亡佚三篇）；外篇十卷，十三篇。刘知几根据自己多年的修史经验，论述了史籍的源流、体例，史官的建置和旧史的优劣得失，其中多有精辟的见解。书中的主要内容包括以下几个方面：

首先，提出史才须有三长：才、学、识，而史识尤为难得。所谓“史识”，即史学所应具备的奋笔直书、不避强权、刚正不阿的品质。刘知几在书中认为“良史以实录直书为贵”，他反对修史者以个人喜好，对史书任情褒贬，妄加评议。因此，他对以往儒家经典和古史记事中虚美讳饰、难以征信之处，提出了尖锐的批评，并主张优秀的史家撰史应客观公正，不受外来因素的干扰。

其次，对史书的源流体例做出总结、归纳。刘知几依据书的内容、体例，将唐以前历朝史书归纳为《尚书》、《春秋》、《左传》、《国语》、《史记》、《汉书》六家，并统归于编年、纪传二体。在书中，他对编年、纪传二体的优缺点做出了一番全面的评析，对后世史家有很大的启发意义。同时，他还将史学的辅助学科细析为编纪、小录、逸事、琐言、郡书、家史、别传、杂记、地理书、都邑簿共“十流”。

最后，作者还就撰史工作提出了一些基本要求。他认为史籍应以叙事为先，以简要为主，尽量做到言简意赅；在取材方面必须大量搜集史料，即“征求异说，采摭群言”，还要注意辨明材料的真伪；针对史书的内容，刘知几认为要“事关军国，理涉兴亡”，具备现实的积极意义是史书所应具备的特点，而反映时变，详今略古是史书应注意的问题。

《史通》是中国古代首部系统研究、探讨史学理论的专著，它把史学作为一个领域、一个专门学科来进行研究，反映了史学家在某种程度上的反思与觉醒，因而对后世史家有着积极的指导意义，是中国史学发展的一个里程碑。

540. 李吉甫所撰的《元和郡县图志》是一部什么书?

《元和郡县图志》是李吉甫所著的一部地理志著作，成书于唐宪宗元和八年（813）。原书有志四十卷、目录二卷，共四十二卷。它以元和时全国行政区划为准，依十道分卷，从京兆府到陇右道，共写了四十七镇，在介绍每个镇前都附有一幅图。但在宋以后，地图及部分志已散佚，今存志三十四卷，所以又称《元和郡县志》。此书分镇记载了府、州与属县的等级、户口、沿革、贡赋，以及山川、河流、城邑、名胜、盐铁、垦田、水利、军事设施、兵马配备等。全书共记载河流五百五十多条、湖泊一百三十多个。李吉甫在书中对节度使控制的府州，都标明该地归哪一节度使管辖和该节度使管辖的范围，以便引起人们的注意，达到削弱藩镇势力，维护全国统一的目的。此书还记述了各府州的户口资料，更值得重视的是书中列举了开元与元和年间的户额，不仅反映出唐代户口的分布情况，而且反映了“安史之乱”前后人口分布的变化。此书具有极高的史料价值，为研究经济、军事、地理等提供了重要的资料。

《元和郡县图志》是我国现存最早、最完整的全国性方志名著，同时也是一部以疆域政区为主体的地理总志。它继承和发展了汉魏以来的地理志、图志和图经的编纂方法，叙述颇有章法，内容翔实可信，后世认为此志“体例最善”。它为后世修地理总志提供了范本，所以被誉为“地志书鼻祖”。

541.《元和国计簿》是一部什么样的书?

《元和国计簿》一书由宰相李吉甫等人于唐宪宗元和二年（807）撰成，共有十卷。该书汇总了当时全国方镇、府、州、县数与户口、赋税、兵员的实际情况，是唐代有关国家财政赋税的重要著作。

书中共记全国四十八个方镇、二百九十五个州府、一千四百五十三个县、二百四十四万二千五百四十户，租税总收入为三千五百十五万一千二百二十八贯、石。其中，凤翔、鄜坊、邠宁、振武、泾原、银夏、灵盐、河东等军镇都在边陲，不纳赋税；易定、魏博、镇冀、范阳、沧景、淮西、淄青等藩镇都是世袭，割据一方，根本不申报户口，不上交赋税，所以国家每年的赋税都只依赖浙江东、西，宣歙、淮南、江西、鄂岳、福建、湖南等八道四十九州，一共有一百四十四万户人口，比玄宗天宝年间（742～756）的税户减少了四分之三。全国兵卒则有八十三万多人，比天宝年间增加了三分之一，大约两户养一个兵士。因为水旱灾所减免的税额，以及因战事所征收的税额，不在此数。

542. 杜佑所撰的《通典》是一部什么书?

杜佑（735～813）所撰写的《通典》，是我国古代第一部专门记述历代典章制度沿革的史学著作。其所记事，上起传说中的黄帝、尧、舜，下讫唐玄宗天宝末年，肃宗、代宗以后的变革，则附载于自注之中。

《通典》全书共二百卷，分食货、选举、职官、礼、乐、兵、刑、州郡、边防九门，每一门下又分为若干子目，如《食货典》里就分为《田制》、《水利田》、《屯田》、《乡党》、《赋税》、《历代盛衰记》、《丁中》等十六个子目。每一门下面，大致以朝代为序，每一朝代，又以时间先后为序，将各种制度的兴废沿革及历代贤哲对各种制度的评论有序地进行编排，并用说、议、评的形式，表达自己的见解与主张，再用小注的形式对正文进行注释、补充和考辨（只有《兵制》例外，只叙述战例，不讲兵制沿革），包罗宏富，浑然一体，成书以后，盛传一时，为历代学者所称道。

杜佑的《通典》可以说是中唐史学最为杰出的代表作。作为我国第一部专记典章制度的通史，它把唐以前纪传体史书中的各种《书》、《志》扩而充之，发展成为政治、经济、礼乐、刑法等典章制度的专史，从而超越了前人以人物纪传为中心的史书体例，创立了一种崭新的史书体裁——政书体，为后代史书的编撰开辟了新的途径。在它的影响下，宋代学者马端临撰《文献通考》，郑樵撰《通志》，从而发展成为我国古代著名的“三通”。到清代，继而又有“九通”、“十通”，可见，《通典》对我国古代史学的发展意义重大。同时，值得一提的是，《通典》一书从认识社会结构入手，以颇具新特色的思想内容与编撰方法，适应了中唐社会经济与政治上变革的重大需求，比较正确地回答了当时社会变革中提出的问题，体现了中唐史学着意于经世致用、疏通知远的史学意识。因此，它绝不仅仅是一部制度史，也是一部完整描述上古至中唐社会结构与社会概貌演变轨迹的社会史巨著。

543.《六典》是一部什么典籍？何时撰成？

《唐六典》三十卷，题唐玄宗御撰，李林甫等奉敕注，是我国古代最早的一部行政法典。此书全称《大唐六典》，简称《唐六典》，或称《六典》。

唐朝到玄宗开元年间，臻于极盛。据《新唐书·艺文志》记载：唐玄宗于开元十年（722），下令张说、韦述、陆坚等学士，模仿周公制礼作乐，编撰唐六典，分别为理典（即“治典”，唐人避高宗李治讳，易“治”为“理”）、教典、礼典、政典、刑典以及事典。但是玄宗所谓的六典，本出自《周礼·大宰》，即《周礼》六官，最多相当于唐朝尚书省属下的吏、户、礼、兵、刑、工六部，中书、门下以及其他职官都无法容纳进去，所以，过了很久也没能将书稿完成。后来，由监修张说委任徐钦、韦述等人采用变通的办法，仿照前史的职官志，把唐政府颁行的令、式分别列入职官名下，然后按照《周礼》六官把六部比附上去，其余不属于六部无法比附的，就与六部并列，借《周礼》六官之名仍将书名定《六典》，来敷衍玄宗，历代及本朝的沿革则写入小注之中，终于在开元二十六年（738）成书。

《六典》基本上以唐朝前期的行政机构为部类，按照当时的政府组织形式，分部门编列其编制品秩，陈述其职掌权限，并附注了历朝的沿革、故事，是对盛唐行政机构及其职能的最完备的记述，对后人研究唐朝的政治体制有非常重要的价值。

544. 所谓“石壁九经”是怎么回事？现收藏于何处？

唐文宗大和四年（830），工部侍郎郑覃向朝廷奏称传统的经籍中颇多讹谬之处，请求召集饱学之士一起校订经典，并依据东汉蔡邕刊碑的前例，勒石于太学。文宗准其所奏。

郑覃遂奏请以起居郎周墀、水部员外郎崔球、监察御史张次宗、礼部员外郎温业等校订《九经》文字，然后刻于碑石。所谓“九经”，指《周易》、《尚书》、《毛诗》、《周礼》、《仪礼》、《礼记》、《左传》、《公羊传》、《谷梁传》。接着，文宗又下令由翰林勒字官唐玄度复校字体。开成三年（838）十月十三日，郑覃奏称国子监《石经》修成，并《孝经》、《论语》、《尔雅》共有一百六十卷，是为“石壁九经”。

“石壁九经”现保存于陕西省碑林博物馆内，又名《开成石经》，是我国古代著名的石刻儒家经典书籍，为国宝级的珍贵文物。

545. 唐文宗为什么要修订《顺宗实录》中有关永贞年间之事？

《顺宗实录》是宪宗朝著名学者韩愈主持修撰的，这本史书直笔记载了禁中史事，无所隐讳，揭露了很多宦官弄权擅政的史实。特别是永贞年间，顺宗任用王叔文革新变法，打击宦官专权，引起权宦俱文珍、刘光琦等不满，他们就逼迫顺宗传位太子，贬逐“二王八司马”这段史事，《顺宗实录》记载得尤为详细。这就揭了宦官专权的伤疤和丑处，让宦官们很不满意。故此书修成之后，他们就纷纷上言指责这部史书记载失实，要求重修。

唐文宗即位以来，掌权宦官更是屡屡请求修订《顺宗实录》。于是唐文宗就下诏命宰相路随重新改修《顺宗实录》。结果路随只更改了贞元末与永贞年间几条史事，其他无所变动，基本保持了韩愈修撰的《顺宗实录》的原来风格，使宦官们修改史书，掩盖丑行的目的遭到挫败。

546. “上巳”是什么节日?

“上巳节”是一个古老的节日，因为是在夏历三月初三，所以又被称为“三月三节”。在唐朝，上巳节的娱乐活动主要有修禊、踏青游宴、曲水流觞等，内容丰富，妙趣横生。

修禊也就是上巳春浴。据《荆楚岁时记》载：汉代人徐肇，在某年三月初连得了三位千金，可是在三月之内又都夭折了。人们以为是有邪魔附身，于是争相到水边洗涤，来驱逐邪怪，从此以后，就相沿成习。在唐代，在上巳这一天，人们也要结伴到郊野水畔，用清水洗涤污垢，以驱除病魔。加上这时春光无限，人们相携漫游时，常在风景秀丽的地方坐下，戏水赏花，饮酒作乐。长安周围的风景名胜区，像杏园、曲江、乐游原等，成为唐人聚会的首选之地。大诗人杜甫在他的《丽人行》一诗中，描绘了盛唐时上巳日士女游春的盛况：“三月三日天气新，长安水边多丽人。”此外，游人在河边谈笑取乐的同时，还常常将酒杯放在托盘上面，让盘顺水漂流，人则顺水游走，酒杯漂到谁的面前，那人就倾杯而饮。因为流水弯曲，所以称之为“曲水流觞”，又因长安的游人常在曲江聚会，所以又有“曲江流饮”的美称。

上巳节这一天，皇帝也常常参加游宴活动。据康骈《剧谈录》记载，每逢上巳这天，皇帝就在曲江大宴群臣，并有乐舞助兴。此时，湖中彩船荡摇，皇亲贵戚、翰林学士泛舟湖中，颇为壮观。

唐代社会风气开放，青年男女也往往趁此机会，在水边自由结交，彼此中意的就互表衷肠，定下终身，留下了许多佳话。上巳节传到日本以后，发展成为后来的“女儿节”。在中国，则逐渐合并到清明节中了。

547. “寒食节”是什么节日?

“寒食”是冬至以后第一百零五日，一般多在夏历清明节前一两日。这个节日是为了纪念春秋时期晋国名士介子推而创设的一个节日。介子推对晋国公子重耳有恩，重耳当了国君（晋文公）后，欲请介子推出山做官，介子推不愿，遂躲入山中。重耳为了逼他出山，遂放火烧山，结果介子推宁愿被烧死，也未出山。后来为了纪念他，就把这天定为“寒食节”，即要禁火，吃冷食的意思。据唐人徐坚《初学记》卷四《寒食》条所载：禁火的传统可能在周代就已经存在。寒食节原先延续时间较长，大约一个月左右，后来天数逐渐减少，一月只有数天。唐代诗人元稹《连昌宫词》云：“初过寒食一百天，店舍无烟宫舍绿。”描写的就是寒食节的情景。

由于寒食节过后就是清明，两个节日紧紧挨在一起，节日风俗又大同小异，所以人们常常把这两个节日相提并论。白居易诗《寒食望野吟》就已经把寒食和清明节连在一起了，描绘了时人思念亡亲的画图：“乌啼鹊噪昏乔木，清明寒食谁家哭。风吹旷野纸钱飞，古墓垒垒春草绿。棠梨花映白杨树，尽是死生离别处。冥漠重泉哭不闻，萧萧暮雨人归去。”可见，寒食拜扫的风气在当时已经非常盛行了。

在初唐时期，寒食上墓游乐是遭到明文禁止的。直到开元二十年（732），玄宗针对寒食拜扫、浸已成俗的情况，才下旨允许上墓，但不得取乐。可是在“行乐不违亲”的观念下，饬令的严格还是禁不住人们游乐的欲望。尤其时值仲春，冷暖适宜，空气清新，树绿草青，正是踏青郊游的大好机会，元稹《寒食日》一诗云：“今年寒食好风流，此日一家同出游。”韦庄《丙城年鄜州寒食》诗亦云：“雕阴寒食足游人，金凤罗衣湿麝薰”，“开元坡下日初斜，拜扫归来走钿车。可惜数株红艳好，不知今夜落谁家。”这些诗句都是描写寒食节期间举家外出旅游的情景。

548. 唐朝前后都制定了多少部历法?

有唐一朝近三百年，共制定了十部官方的历法。即高祖时期由傅仕均制定的《戊寅历》，高宗时期由李淳风判定的《麟德历》，武则天时期由瞿昙罗制定的《光宝历》，中宗时期由南宫说制定的《景龙历》，玄宗时期由僧一行和梁令瓒制定的《大衍历》，后来又有肃宗时期由韩颖制定的《至德历》，代宗时期由部献之制定的《五纪历》，德宗时期由徐承嗣制定的《正立历》，宪宗时期由徐昂制定的《观象历》，以及穆宗时期制定的《宣明历》。其中以《戊寅历》、《麟德历》、《大衍历》和《宣明历》最为著名，流传甚久。

《麟德历》颁行于麟德二年（665），采用了定朔排历谱，并正式废除章簿纪元之法，不用闰周，意义重大。但终因误差大而停用。

开元九年（721），玄宗令僧一行修订历法，开元十五年新历修成，一行亦即圆寂。开元十七年，《大衍历》正式颁行。其成就是多方面的：首先发明了“定气”的概念，即太阳运行的轨道并非正圆形；提高了推算日月食的精确度；另外还发明了不等间距二次内插公式等等，为后世所遵循。

颁行于长庆二年（822）的《宣明历》也有不少优点，如计算日食更为精确等。这几部历法都对后世产生了较大的影响。

549. 为什么说《大衍历》具有较高的科学性?

《大衍历》是唐代著名天文学家僧一行主持修订的一部具有较高科学性的历法。

一行（683～727），俗名张遂，魏州昌乐（今河南南乐）人。祖父是太宗朝功臣张公谨，父亲张擅。一行博览经史，尤精历象、阴阳五行之学。武三思仰慕其名，意欲结交。为摆脱纠缠，张遂便削发为僧，法号一行。开元九年（721），太史奏称高宗时所颁行《麟德历》不够周密，需要重修，玄宗便请一行主持此项工作。

在一行的倡导和主持下，开元十二年、十三年对北极高度和圭表日影长度进行实地测量，进行了世界上第一次测量子午线的工作，为编造新历创造条件。他又和天文学家梁令瓒一起制造了黄道游仪，测量日、月、五星的位置，发现恒星的位移。在实地测量、总结历代天文历法成果的基础上，他又参考天竺历法，从开元十三年开始编制新历，至十五年撰成《开元大衍历经》五十二卷，包括经章十卷，长历五卷，历议十卷，立成法天竺九执历二卷，古今丙书二十四卷，略例奏章一卷。

《大衍历》系统周密，结构合理，比较符合天文实际，是当时最先进的历法。在《大衍历》中，一行发明了不等间距二次内插法，计算得出每两个节气之间黄经差相同而时间间距不同的结论。这是较为接近天文实际的“定气”概念。他还应用内插法中三次差来计算日行去黄道的度数，并提出月行白道一周并不返回原处，要比原处退回一度多的科学结论。由于《大衍历》编制采用了不少新方法，所以具有较高的科学性，其影响是深远的，它的结构为后来历代编历者所采用，直至明朝末年吸收西洋历法后才有所改变。

550. 什么叫黄道游仪？有什么用途？

黄道游仪是测量天体位置的仪器。僧一行在观测天象时，发觉当时所用的天文仪器已经陈旧腐蚀，不堪使用，他决定重新设计制造更为精密的仪器。开元九年（721），他和梁令瓒主持制造了黄道游仪，先制成木模，再用铜铁铸造，于开元十一年完成。这架仪器的黄道不是固定的，可以在赤道上移位，以符合岁差现象（当时认为岁差是黄道沿赤道西退，实则相反）。

黄道游仪是用来测定日、月、五星在本身轨道上的位置。它的设计比较以前所用的游仪更为精密、更为完善。以往的游仪都是赤道装置，仅能够测得日、月、五星的运行，但是没法直接确定它们本身轨道上的位置。黄道游仪的特点是仪器上的黄道环和赤道环不是固定在一处，所以能够依据它们的旋转动态，从仪器直接获得答案。黄道游仪制成后，唐玄宗亲为制铭，置于灵台（天文台的古称），以考星度。

551. 唐朝制造并使用过哪些天文仪器？

要想制定准确的历法，就需要发明和制造精良的天文仪器以观测天文，并取得尽可能准确的数据。唐朝制造并使用过的天文仪器，最主要的有如下数种：

贞观年间（627～649），李淳风发明的浑天黄道铜仪。它吸收了北魏铁仪设有水准仪的优点，又新设了一个三辰仪，加在古浑仪的六合仪和四游仪之间，使浑天仪由二重变为三重。三辰仪由黄道环、白道环和赤道环三圆环组成，分别用以测量太阳、月亮和恒星的位置。经过改进后的浑天仪，可以直接用来观测日、月、星辰在各自轨道上的运行情况。可惜此仪不久就亡佚了。

开元九年（721），僧一行与梁令瓒共同研制了一台仪器，开元十一年制成，铸为铜仪，并取名为“黄道游仪”。其基本结构与浑天黄道铜仪一致，但较之更为合理，同样用于天文观测。

开元十一年，僧一行与梁令瓒还制成了另外一件天文仪器，即“水运浑天俯视图”。其主要功能就是演示天象，同时还可以计时。其结构是：浑象球体安置在一个开口向上的木柜中，一半呈现在外，一半隐藏于内，柜内有许多互相交错的齿轮，木柜上缘立两个木人，一位每辰敲钟，一位每刻击鼓，十分精妙。此仪以流水为动力，类似后世出现的自鸣钟。

此外还有一些小的天文仪器制造，由于不重要，就不赘述了。

552. 唐朝宫廷常用的乐器有哪些?

唐朝宫廷常用的乐器种类繁多，其中有继承前代的传统乐器，也有从少数民族地区或外国传入的乐器，主要有以下乐器：箫、笛、篪（chí）、桃皮筚篥（bìlì）、柷（chù）、敔（yǔ）、舂牍、拍板、琴、瑟、筝、筑、琵琶、阮成、箜篌、七弦、太一、六弦、埙、缶、钟、錞（chún）于、铙（náo）、铜拔、钲、铜鼓、磬、鼓、抚拍等。

553. 唐朝的“十部乐”是如何形成的? 都包括哪些乐曲?

隋唐宫廷宴享典礼所用乐舞，人们常习惯地称之为隋唐“燕乐”。隋朝统一南北后，宫廷即整理、集中了汉族和四方少数民族及域外乐舞于一堂，编制了著名的宫廷燕乐——《七部乐》，后又增为《九部乐》。这是在中国历史上第一次将各民族、各地区的乐舞艺术以平等的地位，分别列于宫廷燕乐乐部，而不再像前代那样，将各少数民族及域外乐舞称之为“四夷乐”。唐代继承了隋的《九部乐》，即《西凉伎》、《清商伎》、《高丽伎》、《天竺伎》、《安国伎》、《龟兹伎》、《康国伎》、《疏勒伎》、《文康伎》（又称《礼毕》）。

唐太宗贞观十一年（637）废除了《文康伎》，十四年创制了《燕乐》，并列为第一部。同年统一了高昌（今新疆吐鲁番）。贞观二十年（646），宴百官，加奏《高昌伎》，自此以后，构成《十部乐》，即《燕乐》、《清乐》、《西凉乐》、《天竺乐》、《高丽乐》、《龟兹乐》、《安国乐》、《疏勒乐》、《康国乐》、《高昌乐》。宫廷设置这些乐部的目的，是为了显示国力的强盛和万国来朝的繁荣景象。除歌颂唐朝兴盛的《燕乐》及汉风浓郁的《清乐》外，其余都是兄弟民族及外国乐舞。

《十部乐》主要乐曲指：《燕乐》，歌颂大唐的兴旺发达。《清乐》是流行在中原地区的汉族传统乐舞。《西凉乐》，今甘肃武威一带凉人所传中国旧乐，并杂以羌胡之声。《天竺乐》，古印度歌舞。《高丽乐》古代朝鲜歌舞。《龟兹乐》，今新疆库车一带少数民族乐舞。《安国乐》，今中亚一带民族乐舞。《疏勒乐》，今新疆喀什噶尔及疏勒一带少数民族乐舞。《康国乐》，今中亚撒马尔罕一带民族乐舞。《高昌乐》，今新疆吐鲁番一带少数民族乐舞。

唐代《十部乐》乐舞大多来自民间，生动活泼，具有顽强的生命力。它们在一定程度上反映了隋及唐初域内外各民族、各地区乐舞以本来面目集聚中原的历史事实。

554. 唐朝宫廷经常演奏的散乐有哪些?

散乐始于秦汉，称为百戏，汉代又称角抵戏，南北朝后才称为散乐，是乐舞杂技的统称。北齐时，有鱼龙辟邪、俳优朱儒、山车、巨象、拔井、种瓜、东马、剥驴等百余种项目。大多来自西域，以天竺传入者为多。隋大业二年（606），炀帝命总四方散乐，集于洛阳会演百戏。此后每年正月十五日皆有演出，盛况空前。

唐代的歌舞戏也十分盛行，其中如《大面》、《拔头》、《踏摇娘》等不仅在民间十分流行，甚至开始在宫廷中上演。

《大面》又叫《代面》，原称《兰陵王入阵曲》，是起源于北齐，盛行于唐代的一种歌舞。《大面》讲的是兰陵王高长恭，勇猛善战，与军士同甘共苦，但其容貌却十分秀丽，为了使自己显得更加威武，高长恭在打仗时就戴上假面具。军士们为了歌颂他，就编制了《兰陵王入阵曲》。

《拔头》又称为《钵头》或《拨头》，是从西域传入中原的民间歌舞戏。表现一个西域人被老虎吃了，他儿子到山上去寻找父亲尸体，并捕杀猛虎的情景。表演者身着素衣，披头散发，面带哭相，应该是带有悲伤情调的节目，可是这个歌舞戏却曾在玄宗的生日时上演，到处一片欢笑声，因此此戏可能有些诙谐的情趣在其中。

《踏摇娘》也称《踏谣娘》，说的是相传有一苏姓男子自称郎中，喜酗酒，容貌丑陋，醉酒之后常打妻子。妻子貌美善歌，常向邻人哭诉。此戏最初就是模仿妻子哭诉的音调和受屈挨打的动作。后来发展到唐代，其重点成为妻子那段动人心弦的歌舞，有举手整妆的动作，有群众整齐的和唱声，还有富于表情的说白，观者为之动容。

唐代的歌舞戏，有些已十分成熟。这些带有人物、故事情节的歌舞，已具备了后世戏曲艺术的雏型，是后世戏曲艺术的萌芽。散乐还包括杂技，如绳伎、蹋球、舞马、舞象犀、幻术、筋斗、扛鼎、跳丸等，种类繁多，是今天杂技节目的早期形态。

555. 唐朝初年由何人修定雅乐?

隋文帝建国之初，便着手整理雅乐，经过七年的时间才确定了雅乐之制。只用黄钟一宫，以反映皇帝的德气，后又凑得陈、宋、齐等旧乐，方为“正乐”，所用乐器是钟、鼓等打击乐器。

唐初雅乐，用隋之旧制。武德九年（626），高祖才命祖孝孙修定雅乐。贞观二年（628），祖孝孙上奏：“陈、梁旧乐，杂用吴楚之音；周齐旧乐，多涉胡戎之伎。于是斟酌南北，考以古音，作为大唐雅乐。”也就是说祖孝孙修定唐朝雅乐时，既吸收了南、北朝雅乐的有益成分，也参考了古代音乐，在这些基础上最终确定了大唐雅乐，这是大一统政治在国家乐制上的反映。祖孝孙所制是十二和之乐，共三十一曲，八十四调，祭圜丘、方泽、宗庙分别用黄钟宫、林钟宫、太族宫，五郊、朝贺享宴则以隋之日月律为宫。

祖孝孙死后，协律郎张文收认为祖孝孙虽创其端，但于郊禋用乐并不周备。于是他在此基础上进行改革，祭昊天上帝，用圜钟为宫，黄宫为角，太簇为征，姑洗为羽，奏元和之舞。如泰山封禅，也用此乐。不同的场合，就用不同的乐章。此乐一成，太宗十分满意，对参与修定雅乐的人都给予了奖赏。

556. 何谓《秦王破阵乐》？有什么影响？

《秦王破阵乐》是唐代乐舞的典型代表，包括乐和舞两个部分。唐太宗为秦王时，率大军击破刘武周，军中战士作《秦王破阵乐》曲，歌唱以庆祝胜利。太宗即位后，每举行宴会，都要表演此曲。后来令吕才重新配乐，李百药、虞世南、褚亮、魏征等制歌辞，其声韵慷慨激昂，被称为唐代第一乐。表演时，选一百二十人，身穿银铠甲，手持长戟，队形左圆右方，先编后伍，交错屈伸，首尾呼应。舞队有三次变化，每次变化有四种不同的队形。舞者做出作战的动作和姿态，并唱《秦王破阵乐》。据说当时群臣看完演出后，肃然起敬。

贞观十七年（643），因舞三段，每段有四个变化，故更名为《七德舞》，唐高宗时又改名为《神功破阵乐》。《秦王破阵乐》影响很大，印度摩迦陀国国王曾向玄奘询问此舞，后来此舞又传到了日本。

557. 何谓《功成庆善乐》？后来有什么变化？

贞观六年（632），唐太宗率领群臣回到他的诞生地——武功旧宅，并改名为庆善宫，在这里大摆宴席，赏赐故居附近的居民。荣归故里的唐太宗非常高兴，遂赋诗数首，由吕才为他配上乐曲，称之为《功成庆善乐》。此乐具有西凉乐的风格，选六十四个童子表演，此乐舞表现的是和平、祥和的气氛。

唐高宗麟德二年（665）十月规定，文舞用《功成庆善乐》，武舞用《神功破阵乐》，也就从两方面反映了唐太宗的统治思想，既要以武功取得政权，统一国家；又要以文德治理天下，使国家繁荣富强。《功成庆善乐》简称《庆善乐》，与《破阵乐》、《上元乐》并称为唐代的三大乐舞。

558. 唐初的立部伎、坐部伎所演奏的都是哪些乐舞?

唐代初期的坐部伎、立部伎中的乐舞节目绝大多数是以中原乐舞为基础，大量吸收、融合了国内少数民族和外国乐舞而创作的新乐舞节目。

按照不同的演出情况，分坐部伎、立部伎。堂上坐奏的叫坐部伎，在室内厅堂演出，规模小，表演人数少，三人至十二人不等。这种乐舞比较精致，艺术性较强，艺人的技艺水平都比较高。包括《燕乐》、《长寿乐》、《天授乐》、《鸟歌万岁乐》、《龙池乐》、《小破阵乐》。堂下立奏的叫立部伎，在室外广场庭院演出，规模大，表演人数多，舞人多至一百八十人，最少也有六十四人。舞蹈讲究排场，气势雄伟，包括有《安乐》、《太平乐》、《破阵乐》、《庆善乐》、《大定乐》、《上元乐》、《圣寿乐》、《光圣乐》。

坐部伎和立部伎中除了《太平乐》外，其余都是为了歌颂某一个帝王而创作的。这种做法是前代的传统。在乐舞艺术高度发展的唐代，统治阶级充分调动了乐舞的特殊功能，使其尽可能有效地为政治服务。

559. 传入唐朝的外来乐舞主要有哪些?

唐朝是中国舞蹈史上除西周、西汉之外的第三个集大成的时代。它上承周、汉传统，近取魏、晋、南北朝各族乐舞的丰富营养，广采国内各民族、各地区的传统乐舞，博收世界各国特别是西域及周边邻国乐舞文化的精华，编创了绚丽多姿、光彩夺目的大唐乐舞文化。其中传入唐朝的外来乐舞主要有以下几种：高丽乐、百济乐、扶桑乐，为东方之乐；天竺乐、骠国乐，为南方之乐；高昌乐、龟兹乐、疏勒乐、康国乐、安国乐，为西方之乐；鲜卑乐、吐谷浑乐、部落稽乐是马上之乐，为北方之乐。

560. “梨园”何时建立？它是什么性质的场所？

梨园是唐玄宗李隆基在开元年间（713～741）为自己设立的内廷乐舞机构，因为它设置于禁苑内的梨园而得名。梨园分男、女两部，男部三百人住在梨园，女部数百人住在蓬莱宫旁边的宜春北院。这些人员都是从坐部伎和宫女中严格挑选出来的优秀乐舞人才，统由指派的中官梨园使主管，人称“皇帝梨园弟子”。白居易《长恨歌》一诗中有“梨园弟子白发新，椒房阿监青娥老”之句，便是指这批人。玄宗所创作的作品常常交由梨园演奏，并且经常亲自指导排练。此外，宫外还有梨园别教院约一千人，隶属长安太常寺；洛阳太常寺也有梨园新院一千五百人，都是“散乐”机构，他们的演技水平相对较低，其中优秀人才可以选入教坊坐部伎。

“安史之乱”以后，代宗于大历十四年（779）解散梨园，其中部分人留在太常寺。开元时期著名的宫廷乐师李龟年，在“安史之乱”以后也流落江南，在逢年过节及喜庆日子时，才为人弹唱几段，在坐众人无不为之落泪。杜甫《江南逢李龟年》一诗云：“岐王宅里寻常见，崔九堂前几度闻。正是江南好风景，落花时节又逢君。”

后人称戏曲表演场所为“梨园”，艺人为“梨园弟子”，戏曲行业为“梨园行”，戏曲表演世家为“梨园世家”，都溯源于此。

561. “舞马”是一种什么马？

“舞马”是唐代宫廷用来进行马舞表演的马。隋唐五代时期，乐舞十分兴盛，上自宫廷，下至民间，盛行一时。其中燕乐是唐代各族人民吸收外域音乐，并进行艺术创作的成果，尤可视为是唐乐的代表。燕乐有相当部分是伴舞的，配合燕乐的舞蹈种类很多，如健舞、软舞、字舞、花舞、马舞等。

马舞盛行于唐玄宗开元、天宝年间。宫廷教习舞马有百匹之多，分左右部，马各取名为某家宠、某家骄。衣以文绣，络以金银，饰其鬃毛，间杂珠玉。奏乐曲称“倾杯乐”，马则应节而舞，以人佐之，奋首鼓尾，纵横翩翩；或设三层板床，蹬床而舞，旋转如飞；或命壮士举一榻，马在榻上与举者一同起舞，无不合节拍。乐工数人，少年俊美，着淡黄衣衫，饰以玉带。玄宗每逢生日，往往命马舞于勤政楼下，尤以舞马衔杯上寿为奇观。

“安史之乱”以后，马舞逐渐衰弱，但在朝中群臣大宴时，偶尔仍有表演。

562. “长行”是一种什么活动？

“长行”是盛行于唐代社会的一种博戏，通常又有“双陆”、“握槊(shuò)”、“婆罗塞戏”、“双六”等名目，唐人视之为“雅戏”。

长行的具体玩法现在已经失传，据日本的《日用百科全书·围棋与将棋·双陆锦囊》载：唐代的双陆，有棋盘，上下各有十二道；有棋子三十枚，双方各执十五枚，以黄黑两种颜色予以区分；行棋时以掷骰子决定先后，骰子二十枚，各为二十一点。从唐朝东传日本，其形制仍保留到今天的双陆玩法是：两人对局，黑棋从上左向右行，再由下右向左行，白棋由下左向右行，再由上右向左行。两人轮流掷骰子行棋，同一道中同色的棋子任重数子，有两枚同色棋子的，敌棋不得入，已入者取去，但取掉的棋子可以在敌方下次掷骰子时入局。如果取掉的棋子不得入局，那么其他的棋子也都不能行走。一方不能行棋，就由另一方掷骰子行棋，如果一方棋都入最高六道（黑棋为下内六道，白棋为上内六道）者为胜。这种玩法有点类似于今天的跳棋。

长行是唐代棋戏中最为广泛盛行的一种游戏，上至公卿皇族，下至黎民百姓，无不为之迷狂，以至于有“双陆无休势”之语。唐人李肇《唐国史补》卷下载：当时的博戏，以长行最盛，有不少王公大臣耽溺于此，为之废寝忘食，甚至输得破产。至于嗜之如命者，也不乏其人。据记载，高宗时贝州有一位庶民，名叫潘彦，无论到什么地方都随身携带着双陆棋局。有一次，渡海遇上风浪，船被吹翻，潘彦右手夹一块木板，左手护住双陆棋局，口中衔着双陆骰子，在海中漂浮了两天一夜才到岸，此时两手已可见骨，但棋局和骰子却始终没有丢掉。

唐人吟咏长行的诗赋也有很多，如赵抟的《废长行》、释皎然的《薛卿教长行歌》及邢绍宗的《握槊赋》等，这些都为我们了解这一古老的游戏提供了生动的素材。

563. “泼寒胡戏”是怎么回事？

“泼寒胡戏”是来自域外的著名乐舞。泼寒，又称乞寒，是冬季人们裸身相互泼水取乐的一种群众性歌舞娱乐活动。最早从波斯传入中国，约在北周大象元年（579）十二月。最初称乞寒胡戏。隋及唐初，并不多见于记载。直至武则天末期，又从波斯传入，在每年冬十一月或十二月举行。

泼寒胡戏在唐中宗时大为盛行，神龙元年（705）十一月，唐中宗在东都洛阳，登上城楼观看人们表演泼寒胡戏。景龙三年（709）十二月，中宗在京师长安，又令诸司百官到醴泉坊观看泼寒胡戏。由此可见，泼寒胡戏在唐中宗时比较盛行。

泼寒胡戏的表演方式大概是这样的：有人穿戴胡服骑马相互追逐泼水取乐，一般裸露身形，按照一定的鼓乐而有节奏地舞蹈，同时相互泼水乞寒。在举行泼寒胡戏时，除了舞蹈，还有歌曲。在唐代影响甚大的《苏摩遮》即是配合此戏所唱歌词的曲调名。唐张说有《苏摩遮五首》，比较具体地描写了泼寒胡戏的歌舞场面：

“摩遮本出海西胡，琉璃宝服紫髯胡。闻道皇恩遍宇宙，来将歌舞助欢娱。绣装帕额宝花冠，夷歌骑舞借人看。自能激水成阴气，不虑今年寒不寒。腊月凝阴积帝台，豪歌急鼓送寒来。油囊取得天河水，将添上寿万年杯。寒气宜人最可怜，故将寒水散庭前。惟愿圣君无限寿，长取新年续旧年。昭成皇后帝家亲，荣乐诸人不比伦。往日霜前花委地，今年雪后树逢春。”

从上面的歌词来看，泼寒胡戏有祈求风调雨顺、丰收吉庆的意思。

但是泼寒胡戏在唐代并未流行很长时间。唐开元元年（713）十月，宰相张说建议罢废此戏。张说从传统的儒家观念出发，反对这种不甚雅观的胡戏。十二月，玄宗下令禁止，结果泼寒胡戏在中原流行了八九年后就废止了。

564.《大唐开元礼》何时修成？它有什么影响？

唐玄宗时，唐朝建立已近百年，但礼仪仍然没有定制，《贞观礼》、《显庆礼》行用不废，遇有大事，再斟酌审议而定。开元中右丞相张说把统一礼制、修订五礼之事又提上日程。于是玄宗下诏令宰相萧嵩主持改撰新礼，后由起居舍人王仲丘撰定礼文一百五十卷，是为《大唐开元礼》，开元二十年（732）颁布施行。《大唐开元礼》将五礼的排列次序由原来的吉、凶、军、宾、嘉改为吉、宾、军、嘉、凶。全书一百五十卷中的前三卷为序例，卷四至七十八为吉礼，卷七十九至八十为宾礼，卷八十一至一百三十为嘉礼，卷一百三十一至一百五十为凶礼，五礼共一百五十二仪，完整地展示了官方礼仪的规模与内容。

《大唐开元礼》是唐代礼制发展到第三阶段的标志，其条目较为完备，内容比较详细，是唐代礼仪发展的集中体现。但由于《大唐开元礼》的内容十分复杂，所以在具体的实行中不可能完全以此为标准，于是在《开元礼》颁行之后的几十年中，唐代的某些礼仪出现了简约化的趋势。总之，《大唐开元礼》自颁行以来，影响很大，宋代的《开宝通礼》即依据《开元礼》增删而成，并对明、清礼制产生了一定的影响。

565. 何谓“大傩之礼”?

“大傩之礼”是岁终一种扮演各种鬼怪所害怕的人物，跳着特殊舞步，以达到驱鬼除疫的仪式。仪式开始前选年龄在十二岁以上十六岁以下者做伥鬼，带假面具。二十四人为一队，六人为列。执事十二人带赤帻，穿赤衣，着麻鞭。工人十二，其中一人为方相氏，一人为唱帅，均带假面具，着黑衣。黎明前，傩者从长乐门、永安门入，前导敲大鼓，至左右上阁，方相氏唱，伥鬼和，从顺天门出，分至各城门，仪式结束。

这种仪式在今天一些少数民族地区还能看到。每当农暇过年时，桥上来了一队人马，前导敲着大鼓，其他人穿着怪异，跳着奇怪舞步，这就是傩舞情景。

566. 何谓“合朔伐鼓”?

“合朔伐鼓”是古代祭祀自然神的一种仪式。日月有食，在古人看来是重大的灾变，因而要采取措施抢救日月。中国是世界上最早记录日月食的国家。《尚书·胤征》载：“乃季秋月朔，辰弗集于房。”记载的是约四千年前发生的一次日食。

唐《开元礼》“合朔伐鼓”礼规定：合朔前三刻，郊社令及门仆都头戴赤色巾帻，身着绛色衣服，守卫社坛四门。鼓吹令率工人各自按照方位手执大旗，站在四门屋下，旁边放置“龙蛇鼓”。队正率卫士五人手执矛、戟、斧、钺、矟五种兵器，围绕于鼓外而立。社坛四隅用朱色丝绳萦绕，太史官一人身穿赤色衣服，头着赤色巾帻立于社坛北，面向日观变。社坛上有黄色大旗及龙鼓、弓矢。太史看到日食发生，便说：“祥有变。”工人立刻一齐举大旗挥舞，擂动大鼓，声震如雷。

直至日月恢复正常，而后停止。皇帝身穿素服，避正殿。百官着素服，各在其官府前率众向日而立，直至日光复明。唐代推算日月食的发生、亏初及复末时刻等技术都已较为完备，又从天竺传入“迦叶孝威”等天竺法。不过仍然有推算失误之时。代宗广德时，仆固怀恩叛乱，又有吐蕃人攻陷长安。广德二年（764）五月丁酉朔，原测定将发生日食，但是到时候却并没有发生，君臣都以为这是祥瑞之兆，为之庆贺。

567. 唐代为什么要祭祀前代帝王?

据《礼记》记载：凡是抗御过大灾、大疫，做过利国利民好事的古代先贤，后代都应该祭祀。而尧、舜、禹、汤、周文王、周武王等，都是有功于民之人，自古以来均被视为贤明的君主，因此历代对他们进行祭祀，表示纪念。另外，祭祀先代帝王，也是兴灭继绝之仁义的体现。中国古代祭祀前代帝王，大体不外以上两个原因，唐代也不例外。早在秦代，就开始祭祀前代帝王，此后历朝都有所沿袭，具体祭祀对象各朝略有不同。

唐《贞观礼》中没有关于这项礼制的规定，唐玄宗时制定的《开元礼》，则详细规定了祭祀先代帝王的礼仪，享官从斋戒起，对神座行三献礼，期间读祝文，最后瘗埋，焚祝版。天宝六年（747）始于京城内置三皇五帝庙，以此享祭。所谓三皇，即伏羲、神农、黄帝，五帝为少昊、颛顼、帝喾、尧、舜。天宝七年，又增加了三皇以前帝王，在京城内置庙祭祀。其历代帝王肇迹之处未有祠宇者，规定所在地方官府应该为他们各置一庙，以供四时祭祀。

568. 何谓“九宫贵神”? 唐朝为什么祭祀这些神?

唐代的祀天包括日月、星辰、风雨等等，其中星辰包括五星和二十八宿。在星辰祭祀中尤以九宫太一为重。所谓“九宫贵神”，是指五星之北方辰星中的太一、摄提、轩辕、招摇、天符、青龙、咸池、太阴、天一九星，因以其所在位置为九宫，故有是名。太一又称太乙、泰一，被尊为天神，司水旱。祭祀九宫贵神中的太一，最早起于汉武帝时，唐朝在唐玄宗时才正式施行九宫贵神之祭。天宝三年（744），在长安城东的朝日坛东，置九宫贵神坛，其坛三成，每成三尺、四阶。其上依方位置九坛，坛一尺五寸，八方各置一坛，再加上中央一坛，共成九神之位。每季孟月祭祀，其礼仪仅次于祭昊天上帝。

历朝之所以祭祀九宫贵神，其原因只有一个，希望它能降福禳灾，祈求风调雨顺，避免水旱灾害。

569. 唐朝为什么要举行“籍田之礼”?

“籍田之礼”在晋（265～420）以前就已出现，后来历经王朝更迭，中原分裂，少数民族入主，渐至荒废。我国自古以来以农立国，视农业为本业，工商业为末业，这种重农抑商思想的表现之一，就是皇帝在正常情况下，每年都举行籍田之礼，以表示对农业生产的重视。唐太宗贞观三年（629）正月，皇帝亲执耒耜以祭先农，为唐朝实行籍田之礼的开始。

籍田之礼，每年孟春（即春季的第一个月）举行，届时天子亲耕，并祭祀先农。所谓先农，即肇兴农事的炎帝神农氏，而天子耕于籍田，是春耕的开始，具有象征性的示范作用，一方面祈祷该年风调雨顺、五谷丰登；另一方面则体现了天子关心农事、爱民如子的高风亮节。

太宗贞观三年，将籍田之礼改在东郊进行，此后每年有专门的部门掌管此事，武则天时改籍田为先农。神龙元年（705）又改先农为帝社坛，于坛西立帝稷坛，与太社、太稷同礼。玄宗开元二十三年（735）正月，玄宗亲祀先农，为九推，是开元天子劝耕敦本的一段佳话。

570. 何谓“缌麻之亲”?

在中国古代的丧葬仪式中，往往根据与死者关系的亲疏远近而定丧服、丧期的标准，即按斩衰、齐衰、大功、小功、缌麻服丧守孝，这五服既是丧服的五种规格，也成为亲属关系的代名词。

所谓“缌麻之亲”是五服中最轻的一种，说明与死者的关系已经比较疏远了，但仍在五服之内。丧服用精细的麻布制成，服丧期为三个月，如族曾祖父母、族祖父母、族父母、族兄弟、庶孙之妇、庶孙之中殇、外孙、乳母、曾孙、甥、妻之父母、姑之子（外兄弟）、舅之子（内兄弟）等亲戚之丧，皆服缌麻。缌麻之亲说明关系疏远，缌麻之外，则不服丧，因其不在五服之内。后来把出五服之外引申为亲戚关系非常疏远的同义词。

571. 唐代“五服之制”的内容是什么?

“五服之制”，即丧服的五个等级，即斩衰、齐衰、大功、小功、缌麻，按照生者和死者之间亲属关系的远近而制定。“五服”以内，称为“本家”，凡是本家，交往甚密。“五服”之外，虽是同宗、同姓，关系较之“五服”内就稍远了。根据这层亲疏关系，守孝人穿孝服时间的长短、饮食和睡寝用品也有各种具体规定，有的人只是禁酒，有的则不许服荤，有的人甚至不能吃饭，只可喝粥，以表示心情的哀痛。

五服之中以斩衰为重。其服以极粗的生麻布制成，衰即指上衣；制作时将麻布斩断，不加缝缉，形成毛边，故称为“斩”。儿子、未嫁之女为父母，重孙为祖父，媳为公婆，妻妾为夫，臣为君等服丧，都用这种服饰，服期三年。斩衰时男子戴丧冠，女子用丧髻。头上和腰间系以麻绳编成的带子，在头上的称“首绖”，在腰间的称“绖”，脚上则穿草鞋，名谓“菅履”。胸前另缀有一小块麻布，称“绖”，手上还要时刻握着一根“苴杖”，即哭丧棒，表示哀痛至极，不能站立，所以要靠扶杖。

齐衰次于斩衰，也以粗麻布为衣，所不同的是衣服的边缘缝缉整齐，有别于斩衰的毛边，故名“齐衰”。具体服期分为四等：父卒为母、为继母，父在为母服期三年；男子为伯叔父母、孙女为祖父母，服期一年；为曾祖父母，服期三月。齐衰时，男子也戴丧冠，女用丧髻，绖带、绳屦等一应俱全。凡为齐衰之丧，饮食标准是“疏食水饮，不食菜果”，执杖者还外加一条，不许听音乐。

大功次于齐衰。因以“大功布”制成，故名。大功布是一种经过锻治的熟麻布，其色微白，麻布的质地也比齐衰为细。男子为已出嫁的姊妹及姑母，为堂兄弟；女子为丈夫之祖父母、伯叔父母服丧，都用此服。服期为九个月。凡为大功之丧，寝具可用席子，但不能食“醋、酱”一类的调味品。

小功又次于大功。也以熟麻布制成，麻布质地较大功更细。男子为伯叔祖父母、堂伯叔父母、再从兄弟、堂姊妹、外祖父母；女子为丈夫之姑母姊妹及妯娌服丧，都用此服，服期为五个月。服小功者，晚上睡觉可以用床，但“不饮醴酒”。

缌麻是五服中最轻的一种，所以衣服的质地也最细，其布精如丝帛。《释名·释丧制》：“缌麻，缌，丝也。绩麻细如丝也。”说的就是这种情况。与此相配，首绖和腰绖也用细麻布为之。凡为族曾祖父母、族祖父母、族父母、族兄弟，为外孙、甥、婿、岳父母、舅父等服丧，则用此服。服期为三个月。有关食宿方面的要求，基本上和小功相同。

572. 唐朝为什么要在天下各州置太公尚父庙？

开元十九年（731）四月十八日，唐玄宗下诏在东、西二京及天下各州各置太公庙一所，以张良配享，另外又选取历代名将十名配享太公庙，每年春秋按时祭祀。太公庙是祭祀西周初著名军事家姜太公（姜尚）的，太公庙当时称为武成王庙。各州每年解送武举人或出征命将之前，要到武成王庙辞行。上元元年（760），唐肃宗追封太公为武成王。依文宣王庙（孔子庙）的办法，祭祀武成王庙，择古今名将按文宣王庙的制度配附武成王庙。唐代的这一做法被宋、元、明、清各朝所沿用。

古代的统治者历来讲究所谓文治武功，作为古代帝王成功的标志。“文治”的表现就是政治清明，经济文化发达，社会繁荣昌盛。为了崇文，大力推崇孔子，给予孔子极高的祭祀规格，以此在社会上形成重文的风气。“武功”的表现就是开疆拓土，国力强盛，国威远播。像崇文一样，也需要竖起一个宣武的偶像加以崇拜。于是唐玄宗就选择了姜太公来作为这样一个典型。姜太公是有这个资格的，他辅佐文王、武王终于完成了翦商、灭商的大业，可谓武功显赫。开元中期，唐玄宗在政治上取得了较大的成功，国力也蒸蒸日上，他正在建立起自己的文治武功。开元中期以后，玄宗把很大精力放在了开拓疆土上，为了推重武事，所以玄宗设立了武成王庙加以祭祀，服务于他的武力拓边国策。

总之，无论是文宣王庙，还是武成王庙，都是统治者统治政策的有机组成部分。

573. 何谓“明堂”？它是举行什么活动的场所？

明堂制度最晚在周代已经出现。关于明堂，在唐初曾有一番激烈的讨论，到高宗时仍无定论。这主要是关于明堂的用途、样式、规格、尺寸、装饰等的讨论，众说纷纭，莫衷一是。比如太宗时孔颖达认为，明堂是单纯的祭天之所，应尽量简约，魏征则认为明堂应集祭天与布政于一体。凡此种种，议论颇多。直到武则天临朝称制，又有人屡次上奏请求兴建明堂，武则天力排众议，在东都洛阳之乾元殿原址兴建，并于垂拱四年（688）正月建成。

明堂高二百九十四尺，东西南北各三百尺，共有三层：下层象征四时，为方形；中层象征十二辰，为圆盖，盖上盘有九龙捧之；上层象征二十四节气，也为圆盖。亭中有巨木十根，上下贯通，气势宏伟，并布以黄金，十分奢华，名为万象神宫。其用途主要是祭祀先王、五帝，同时也是天子布政之宫，兼为辟雍之所，行礼乐，宣德化，甚至还作为三教议论的场所。

神龙元年（705），唐中宗复位，仍在洛阳亲享明堂，二年回到长安，在圜丘行事，直到睿宗，亦是如此。唐玄宗开元五年（717），欲在东都行大享之礼，王仁忠、冯宗、陈贞节等认为武则天时的明堂不合制度，有违典制，请求改回在乾元殿。此后玄宗在乾元殿于元日冬至受朝贺，后来又拆掉上层，平座上置八角楼，缩小了规模。最后在开元二十年（732）之前建成了新明堂。开元二十年季秋，玄宗大享于明堂，祀昊天上帝，以睿宗配，又以五方帝、五官从祀。代宗、宪宗、穆宗时都曾行大享明堂之礼，然此时明堂制度已不再受到人们的重视，此后便不再见于记载了。

574. 何谓“昭穆制度”？

所谓“昭穆制度”，就是古代宗庙的排列次序。据《周礼·春官·小余伯》载：“辨庙祧之昭穆。”郑玄注曰：“自始祖之后，父为昭，子为穆。”也就是说，始祖在宗庙中居中，以下子孙分别排列左右两列，左为昭，右为穆。始祖之子为昭，始祖之孙则为穆；始祖孙之子又为昭，始祖孙之孙又为穆。这样一来，在昭穆的排列中，父子始终异列，祖孙则始终同列。另外在墓地的葬位也同样以此为准分为左右次序。在祭祀时，子孙也要按照这样的规定来排列次序，用以分别宗族内部的辈分。正如《礼记·祭统》所说：“夫祭有昭穆，昭穆者，所以别父子、远近、长幼、亲疏之序而无乱也。”

575. 为什么说唐朝的太庙制度较为健全？

太庙，又称为大庙，是祭祀帝王祖宗之庙。中国历来有尊重祖先的传统，宗庙之营建要先于居室，以体现尊祖之意；另外有无宗庙也是先秦时期城邑能否作为都城的重要标志。一般来说，王宫居中，左边为宗庙，右边为社稷，是历代都城布局的基本格局。

宗庙之数，传为夏代五庙、殷代六庙、周代七庙。周代以后则天子七庙基本上成为定制。所谓七庙即三昭三穆，与太祖之庙共为七庙。

一般来说，一年五祭太庙，四时之祭外加蜡祭，为常祭。此外还有三年一祫祭，五年一禘祫礼。天子如有事，必告宗庙。凡有封禅、南北郊、祀明堂、巡狩征伐、登极、上尊号、上谥、葬陵、纳后、皇太子加云服、筑宫立阙等大事，也都要祭告宗庙，称告庙。

春秋以后，礼废乐崩，宗庙祭祀也在一定程度上荒废了。西汉元帝曾一度想要恢复天子七庙，东汉时也有此意，皆未成功。此后曹魏、东晋、南朝宋、梁等都曾做过恢复周礼的努力，但皆因以下两个原因而失败：一是东汉继西汉，东晋继西晋，就使得对前朝皇帝的祭祀不好定位。二是魏晋以来各朝大都立国短暂，无法形成开国皇帝以下三昭三穆的规模，这也是礼制设计中的固有矛盾，难以解决。

太庙制度在这样一种无定规的情况下，发展到了唐代。到唐玄宗（712～755）时，将天子七庙扩充为九庙，供奉有献祖、懿祖、太祖、世祖、高祖、太宗、高宗、中宗和睿宗。《开元礼》中还规定皇帝一年五享太庙，四孟月及腊月，还有宗庙三年一祫以孟冬，五年一禘以孟夏，并详细制定了自斋戒起，陈设、省牲器、銮驾出宫、晨祼、馈食至銮驾还宫的全部礼仪。唐朝是自两汉以来第一个国祚绵长的统一王朝，皇帝较多，左昭右穆，终于能按顺序排出长长的一队，认真实行了太庙制度。宣宗时又将庙数定为九代一室之判，终唐而不改，所以说唐朝的太庙制度是较为健全的。

576. 唐朝在每年冬至、夏至、孟春、季秋、孟冬都举行哪些祭祀活动?

唐朝在固定的节气举行的祭祀活动都属于吉礼，其中每年冬至祭祀昊天上帝于圜丘，圜丘就是天坛，冬至这天白天最短，但从这天起太阳开始回归，阳气上升，天道转圜，故被视为大节。这天皇帝要亲自祭祀于圜丘，坛之正面设昊天上帝神座，左首设高祖皇帝神座，各层台上分设五方帝、日月和五星、十二辰、河汉等座以祭祀。

夏至日则祭祀皇地祇于方丘坛上，并祭神州地祇于坛第一等，祭五岳、四镇、四海、四渎、五山、五川、五林、五泽、五丘、五陵、五坟、五衍、五原、五隰于内壝（qiǎn）之外，各依方面。祇是指地神，皇是大之意，方坛是指地坛。所谓“五岳”是指东岳泰山、西岳华山、南岳衡山、北岳恒山、中岳嵩山。镇也是大山之意，“四镇”是指扬州会稽山（今浙江绍兴东南）、青州沂山（今山东沂水北）、幽州医无闾山（今辽宁北镇西医巫闾山）、陇州吴山。“四海”为东、南、西、北海。四渎为江、河、淮、济，以其独流入海而得名。其余五山、五川等都无确指。夏至之祭祭于内墙之外，方坛建于宫城北郊十四里，与天坛相对。

孟春祭先农并耕籍。孟春是春天的第一个月。先农即神农炎帝，天子籍田是春耕的开始，表示重农，以农为本。

季秋大享明堂，祀五方上帝。明堂上圆下方，以象征天地，四面为堂，以模仿四方，为天堂之道，以顺四时，行月令，祀先王，祭五帝。

孟冬享太庙，是四时之祭中的第四祭。并祭司寒，司寒是北方之神黑帝，祭祀后纳水，窖藏以备暑天之用，这种祭祀皇帝通常遣祭官代祭。

577. 什么是律、令、格、式？

唐代的法律有律、令、格、式四种形式。律是刑事法规，令、格、式都是行政法规。唐人说“令以设范立制”，也就是说它是大唐帝国制度的总汇，包括官制、礼制、田制、学制、选举制、兵制、赋税制等相关规定。唐代曾多次颁布令，武德中裴寂等在编修《唐律》的时候，同时也修纂了《唐令》。至贞观初，又令房玄龄等刊定《唐令》。此后麟德中源直心，仪凤中刘仁轨，垂拱初裴居道，神龙初苏环，太极初岑羲，开元初姚崇、宋璟等，都曾对《唐令》进行过刊定。唐令今已不存，日本学者仁井田陞的《唐令拾遗》，辑有七百一十五条令，池田温又编修了《唐令拾遗补》，现已出版。

格，唐人的定义是：“格以禁违正邪”，共分为二十四篇，以尚书二十四曹为篇目，编录当时的制敕，作为各曹司施政的法则，也是尚书省各部门职掌的详细规定。唐高宗永徽二年（651），在编成律十二卷、令三十卷、式四十卷“颁行天下”的同时，“遂分格两部：曹司常务者为《留司格》，天下所共者为《散颁格》。《散颁格》下州县，《留司格》本司行用”。如今完整的唐格已不存在，敦煌文书中的《散颁刑部格》等，保留了唐格的部分原貌。

所谓“式以轨物程事”，即国家机关的公文程式和活动细则，分为三十二篇，除了尚书二十四曹外，还有秘书省、太常、司农、光禄、太仆、太府等寺，以及少府监和监门、宿卫、计账等篇目。唐代有

《永徽式》十四卷，垂拱、神龙、开元《式》二十卷。唐式的佚文散见于《唐律疏议》、《唐会要》等书中。敦煌发现的唐《水部式》残卷，保留了部分“式”的内容，是关于水利设施的利用和管理细则。

唐代律、令、格、式的关系是：“令者，尊卑贵贱之等数，国家之制度也；格者，百官有司之所常行之事也；式者，其所常守之法也。凡邦国之政，必从事于此三者。其有所违及人之为恶而入于罪戾者，一断以律。”这一段话基本上将四者关系说清楚了。

578.《唐律疏议》是一部什么书？具有什么影响？

《唐律疏议》三十卷，唐长孙无忌等奉敕编撰，原名《律疏》，见于《旧唐书·经籍志》、《新唐书·艺文志》、《宋史·艺文志》以及《崇文总目》和《玉海》所引《馆阁书目》等。后人以其所疏为唐律，文中又冠以“议曰”二字，故称之为《唐律疏议》或《唐律疏义》。

《唐律疏议》是唐代重要的法律文献。唐初统治者鉴于隋末暴政滥刑导致农民起义的经验教训，十分重视建立和完善封建法制，因而唐代的封建法制素称完备。唐代有四类法典：律、令、格、式，其中律是断案定罪的法律。

《唐律》主要沿袭了隋《开皇律》而来，隋《开皇律》“近承北齐，远祖后魏”，而北魏律乃兼采汉律和魏、晋律成之。而“汉承秦制”，秦律则直接源于战国李悝的《法经》。同时，唐律对隋律又有所损益，唐太宗贞观初，命长孙无忌、房玄龄等“重加删定”，前后费时十余年，“定律五百条，分为十二卷，一曰名例，二曰卫禁，三曰职制，四曰户婚，五曰厩库，六曰擅兴，七曰贼盗，八曰斗讼，九曰诈伪，十曰杂律，十一曰捕亡，十二曰断狱”。修定后的《贞观律》成为唐律的基本蓝本。

唐律自贞观撰定，没有再发生大的变动。唐高宗即位以后，除对律文做过一些个别的调整外，主要是解决律文在执行过程中产生的解释无凭等问题，即为律文定疏，这就是今本《唐律疏议》。全书以律文为经，按照律十二篇的顺序对五百零二条律文逐条逐句进行诠解和疏释，并设置问答，辨异析疑。但是，由于编撰者在解释律文的同时，还根据战国、秦、汉、魏、晋、南北朝至隋以来的封建法律理论，叙述其源流，发挥其微义，补充其未周未备，从而大大丰富了律文的内容。加上它是官修诏颁，具有极大的权威性，其疏文实际上享有和律文同等的法律效力。

从法学研究的角度看,《唐律疏议》是我国现存最早、最完整的封建法典。它集战国、秦汉、魏晋南北朝至隋以来封建法律理论之大成,成为宋、元、明、清历代制定和解释封建法典的蓝本,并对古代日本、朝鲜、越南等国建立和完善本国法典产生了广泛的影响,被称为世界五大法系之一“中华法系”的代表。

从史学研究的角度看,《唐律疏议》中广泛征引唐代的令、格、式,涉及唐代各种典章制度,保存大量有关唐代的政治、社会经济史料,有许多是他书阙载或言之不详的内容,清代学者王鸣盛誉之为“稀世之宝”。

579. 何谓“三日中五复奏”?这一制度的实施有什么积极意义?

“三日中五复奏”是唐朝实行的一项司法制度,最早实行于唐太宗贞观时期。河内人李好德有妖妄之言,被官府捕获治罪。大理丞张蕴古认为此人有癫狂之症,按照法律,不应该治罪。治书侍御史权万纪弹劾张蕴古与犯人之兄关系密切,故徇私枉法,所反映的情况不实。唐太宗大怒,遂下令将张蕴古斩杀。后又因为交州都督卢祖尚忤旨,斩于朝堂。太宗皆悔之莫及。因此太宗决心从制度上解决这一问题,规定即使已经判处了死刑,在执行前二日中,也要五复奏,地方州府要求三复奏。具体规定是:行刑前一、二日两复奏,行刑之日三复奏,如果是犯恶逆罪的,一复奏即可。实行复奏制度的目的,是为了避免冤假错案的发生,也是对剥夺人的生命慎重的表现。如果在行刑前的这段时间内,案情有变化,就要及时上奏皇帝,从而达到避免错杀的目的。

580. 唐朝监狱是如何管理的?

唐代凡州县皆有监狱。唐朝规定京师之囚犯,刑部一月一奏,由御史巡察。每年立春至秋以及大祭祀、朔望、上下弦、二十四节气、假日、断屠月,皆停止执行死刑。五品以上官员犯罪当死,乘车就刑,由大理正决断,或赐死于家。囚犯无亲属者,由将作监提供棺木,葬于京城七里外,坟有砖铭。罪犯家人也可以取尸自行安葬。

各监狱的长官,五日检查一次囚犯。夏天置浆饮,每月沐浴一次。

如果患疾病要提供医药，病重者可以暂时除去枷械，并许其家一人陪侍；职事、散官三品以上，允许妇女子孙二人入侍。囚犯二十日一讯，三讯而止，拷打不得超过二百下。重大疑狱大理寺不能决断的，尚书省集众商议。经复核而定刑者，刑部每年正月遣使巡查复核。

581. 唐初的“十道”是根据什么划分的？后来有什么变化？

“道”在唐代有多种含义，在唐前期主要是指监察区。贞观元年（627）太宗分天下为“十道”，即关内道、河南道、河东道、河北道、山南道、陇右道、淮南道、江南道、剑南道、岭南道，都是按自然山川形势而划分的地理区域。但此后所置的巡察等使，并不按“十道”分遣，直到天授二年（691）以后，“十道”才成为定制。唐初的道没有固定的职官，贞观八年（634）仿照汉代十三部刺史的形式，派李靖等十三人为黜陟大使，考察地方官吏的政绩以施赏罚，并询访下情。对经过战争或受过水旱灾的地区，则另派大使巡视，以安定社会秩序，安抚人心，称为安抚使。到高宗神龙二年（706），以五品以上官二十人为十道巡察使，又称存抚使，其职责是考察各道官吏的政绩，巡视道辖的灾区。此时的“道”已是名副其实的监察区。

唐玄宗开元二十一年（733），又新置京畿道、都畿道、黔中道，并分江南道为江南东道、江南西道，分山南道为山南东道、山南西道，是为开元十五道。每道置采访处置使，并有了固定治所，这个时期的“道”仍是一种监察区，采访使属于监察官员。

“安史之乱”以后，道的数量越来越多，名称也变化颇多。至德（756～757）以后，改采访使为观察使，天下道增至四十余，其中大道辖十余州，小道仅辖二三州，基本上以军事、行政需要划分。观察使一般兼节度使，或兼都团练使或防御使。观察使成为道的基本使职，掌监察，并兼理民事。其长官带节钺者为节度使，不带节钺者为观察使，掌管军事、民事、财货。道的性质也就由监察区逐渐变成凌驾于州郡之上的一级行政实体，遂使唐代的行政区划由州县二级制发展成为三级制。

此外，在唐代还有其他性质的道，如作为军事行军路线的道，如引月道、金牙道等；作为军事防御区域的道，武德中（618～626）分关中为十二道；还有作为行台省统领的区域，比如武德年间的陕东道大行台、河北道行台省等。

582. 洛阳在唐代为什么称之为“东都”？有何重要地位？

唐高祖李渊建立唐朝时，以长安为国都，因为洛阳宫阙被毁，所以废除东都的名号。唐太宗贞观六年（632），号称洛阳宫。显庆二年（657），唐高宗李治移都洛阳，复称洛阳为东都，因其地位于长安之东而名。武后临朝称制时，于光宅元年（684），改东都为神都。公元690年，武则天称帝，改唐为周，即以神都为都城。后来中宗复位，又以神都为东都。从武则天到中宗复位止，洛阳实际居于国都地位，西京长安只设留守。唐玄宗也曾五次居住于洛阳，时间长达十年。有唐一代，前后共有七个皇帝在洛阳居住过，约四十六年时间。

唐代是洛阳的繁荣昌盛时期。唐代的洛阳城在隋朝修建的基础上，经唐高宗，尤其是武则天的多次重修扩建，其规模越来越大。其中，最负盛名的是高宗在上元年间修建的豪华壮丽的上阳宫和武则天于垂拱四年（688）建造的高出重霄的明堂（又称万象神堂）。史载，上阳宫在宫城西南，神都苑东部，南临洛水，西拒谷水（今涧河），东靠宫城，北达禁苑，是唐代宫殿中最壮丽的建筑。明堂则是武后毁乾元殿，在其基址上重建的又一雄伟殿堂，高二百九十四尺，共三层。明堂饰以玉珠，涂以丹青，高耸雄拔，气势非凡。

唐代的东都洛阳，经济繁荣，文化发达，是全国的交通中心。它不仅是国内的商业大都市，也是国际贸易的大都会。当时全国使者、商人、学者、僧尼、留学生和艺术家，纷至沓来，大诗人李白、杜甫在洛阳相会，成为文坛佳话，他们都在洛阳留下了不朽的诗篇。特别是白居易，晚年在洛阳居住了十八年，曾捐资修龙门八节滩，死后又葬在龙门东山的琵琶峰，也就是今天的白园，为东都洛阳增添了许多动人的故事。此外，龙门石窟中的艺术精华奉先寺群像，是武则天捐赠脂粉费开凿的一组绚丽壮观的佛龛，为后代留下了宝贵的财富。

洛阳之所以被作为东都，还有一个重要的原因，就是长安的地理位置偏西，加之三门峡的阻隔，漕运困难，而洛阳地理位置适中，且漕运方便，故唐朝将其作为东都。

583. 长安“独柳树”是什么地方？

“独柳树”位于唐长安城皇城西南丁字路口处，是肃宗以后唐朝政府专门用来处决政治要犯的场所。

唐代处决死囚一般沿用前代的旧规，在闹市区行刑，但唐肃宗以后，除了在长安城东、西两市以外，又在独柳树处斩刑犯，并一直延续到唐末迁都为止。考察唐代在独柳树行刑的所有案例，都非常清楚地体现着这样一条法律原则：即象征国家的皇权神圣不可侵犯。唐朝法律有“十恶”之条，其中又以谋逆之罪为首，例如最早被杀于独柳树的达奚珣（xún），他的罪名就是叛节投敌。又如昭宗龙纪元年(889)，反叛朝廷的节度使秦宗权被抓获，送到长安，也是在独柳树问斩的。与唐长安城东、西两市所处斩的死囚相比，更能显示出独柳树作为新设刑场用于处斩政治要犯的特点。如唐文宗时因为甘露事变而被牵涉的人物，有的被腰斩于独柳树，有的却被处死于东市。其中王涯、舒元舆、郭行余、李孝本和罗立言等高官都在独柳树下腰斩，而韩约受人指使参与了这一事件，且官位较低，便在东市处斩。

唐政府在太宗贞观元年就规定官员不能入市，所以在东、西市行刑，示众效果虽然很好，受到威慑的却只是普通百姓，对官员不能起到警示作用。而“安史之乱”以后，众多文武官僚中，有的叛变朝廷投降叛乱，有的抗拒朝命自立为王，面对这一情况，最高统治者采取了多种措施来重振皇威。措施之一就是在皇城西南角的独柳树开辟新的刑场，命令百官从皇城内的各个官署就近前往观看，到刑场接受训诫，如文宗大和九年（835）处斩王涯等人时，就命令百官前去观看。而且，凡是在独柳树行刑，过程都非常复杂。先要把犯人押送到宗庙、社稷，向列祖列宗、天地神灵诉说他的罪行；然后再把犯人押到熙熙攘攘的东市、西市进行示众，宣布他的罪名，警戒百姓；最后才押到独柳树行刑，要百官引以为戒，不可效尤。其中的政治用意是很明显的。

584. 大明宫何时所建？在长安诸宫殿中具有什么样的地位？

大明宫是唐代长安三座皇宫之一，其中太极宫居中，兴庆宫位于东南，大明宫位于东北，三者合称“三大内”。

东内大明宫乃贞观八年（634）太宗为其父李渊所建之夏宫，本名永安宫，工程未完，李渊去世，遂于九年改称大明宫。高宗于龙朔三年（663）入居，并予以扩建，曾一度将其改名为蓬莱宫、含元宫。长安元年（701）复称大明宫。

大明宫位于龙首原上，是长安城的制高点，可以俯瞰全城。大明宫的中轴线从南端丹凤门起，延至北面的太液池，长达数公里，并以南北中轴线上纵列的含元殿、宣政殿及紫宸殿为治朝（中朝）和燕朝（内朝）。左右为中书、门下两省及弘文、史两馆。另有别殿、亭、观等二十余所。自高宗起到唐末二百余年间，大明宫成为朝廷听政和皇帝寝息的主要宫殿，凡国家大典、皇帝接见百官群臣以及外国使节等多在这里举行。著名诗人王维在诗中就有“九天阊阖（chānghé）开宫殿，万国衣冠拜冕旒（liú）”之句。

唐德宗时，泾原军发生叛乱，拥戴朱泚在大明宫称帝，黄巢率领农民起义军攻克长安时，也在大明宫内建国改元。唐末，大明宫曾被朱温所毁坏，又经韩建缩建长安城时拆毁，遂成为废墟。

585. 唐玄宗为何长期居于兴庆宫?

兴庆宫位于唐长安城东部的隆庆坊（今西安兴庆公园一带）。相传武则天时，隆庆坊王纯家中井水外溢，溢出之水在附近积成数十垣大的水池，人称隆庆池。大足元年（701），临淄郡王李隆基、宁王李宪等兄弟五人，陪同祖母武则天从东都洛阳来到长安。武则天将隆庆坊中的部分宅第赏赐这兄弟五人，称为五王宅。李隆基做皇帝后，为避讳“隆”字，改隆庆坊、隆庆池，为兴庆坊、兴庆池。同时，宋王李成器认为五王宅出了真龙天子，不是常人所居之地，上疏玄宗，请求献兴庆坊五王宅为皇帝修建皇宫，玄宗同意。开元二年（714）动工修建新皇宫，因其位于兴庆坊，故取名“兴庆宫”。开元十四年，又把北边永嘉坊的一部分并入兴庆宫，使此宫面积大为扩大。开元十六年，玄宗把政治中心从大明宫移到兴庆宫，这里成为玄宗朝的政治中心。

兴庆宫占地二千余亩，平面呈长方形。其建筑特点是不拘一格，因地制宜，风格多样。兴庆宫的布局可分为两部分：北半部为宫殿区，主要有兴庆殿、大同殿、南薰殿等；南半部是园林区，主要是兴庆池，建筑有勤政务本楼、花萼相辉楼、长庆殿、沉香亭等。

兴庆殿是兴庆宫的正殿，唐玄宗常在此料理朝政。龙池（即兴庆池）是南部园林区的核心，其平面为椭圆形，面积约二万平方米。龙池东岸是沉香亭，这是兴庆宫中最有名的建筑之一。该亭为唐玄宗和杨贵妃观赏牡丹而建，以沉香木作料，故名“沉香亭”。

勤政务本楼和花萼相辉楼是玄宗从事重大政治活动和举行盛大宴会的地方。花萼楼是玄宗专为兄弟会聚而建造，玄宗常与兄弟在此楼宴饮行乐，甚至备长枕大被，同卧同起，以示亲密无间。勤政务本楼，寓意政治上励精图治，这里也确是玄宗移驾兴庆宫后的大朝之处，皇帝改元、朝廷大赦、举行国宴、接待外宾等重大活动都在此楼举行。然而玄宗后期并未勤政务本，而是沉湎于酒色，废弛朝政，结果导致“安史之乱”的爆发，唐王朝由盛而衰，一蹶不振。

586. 唐京城长安设置了多少市、坊？并有什么行政建制？

唐代京师长安分为东、西两市。长安城南北向有十四条街，东西向有十一条街，将长安城分为一百一十个坊。每个坊长宽都在三百步左右。皇城之南大街叫朱雀大街，其东之五十五坊，归万年县管辖；其西之五十五坊，归长安县管辖，京兆尹总负其责。

东、西二市聚集四方财货，是繁盛的商业区。市中出售同类货物的店铺称为肆，若干肆集中排列在同一区域称作行。同一行业往往有行会的组织，行会有行头或行首。行的数量是一个城市商业发达程度的标志。长安城仅东市就有二百二十行，西市的人口较东市为多，其商业也就更为繁华。

东、西两市设有专门的市场管理机构，称为两京诸市署，市署设市令一人、市丞二人，其下又有府、录事、掌固、典事等若干，负责评议物价、监校斛斗秤度、发放契券、征收商税以及掌管市场门户，维护市场秩序等等。两京诸市署直接由太府寺管辖。

587. 唐朝的温泉宫设在何处？唐玄宗为什么经常驾临该宫？

温泉宫即华清宫，是唐代最著名的行宫，建于骊山（今陕西临潼骊山）。名为温泉宫，因温泉而建，先凿温泉，后成宫殿。唐代诸帝中，唐玄宗对温泉宫情有独钟。据史书记载，玄宗在位期间巡幸此宫达四十多次，几乎每年必去。他对此宫的巡幸，大体可分三个阶段：

第一阶段，开元二十八年（740）以前。这个阶段来此的目的以避寒休息为主，停留时间一般不超过半月。这个时期玄宗为“开元之治”而忙碌，处理政务，只是冬天来此略事休息。

第二阶段，从杨玉环入宫（741）到册封贵妃之前的天宝四年（745）。这时，玄宗已经怠于政事。自宠幸杨妃之后，到骊山的次数明显增多，每次往往呆一个月以上。表明玄宗开始由励精图治向贪图享乐过渡。

第三阶段，册立杨玉环为贵妃以后。天宝四载冬，杨玉环第一次以“贵妃”身份游温泉宫，此次游历玄宗在此停留长达六十二天。天宝六载冬起，华清宫几乎成为另一个政治中心。此后玄宗的居留时间更长了，天宝十载在华清宫停留时间创历史最高纪录，长达九十六天。

总之，开元和天宝临幸温泉宫的明显区别和杨贵妃的入宫及其专宠有直接关系。一方面，通过骊山之游，李、杨情爱越来越深，彼此更加了解；另一方面，玄宗耽于游乐与荒怠政事同步发展。看来，李、杨“爱情”的确立所付出的政治、经济代价是十分高昂的。

588. 乾陵前的六十一宾王像是怎么回事?

乾陵是唐高宗和女皇武则天的合葬墓，位于今陕西乾县城北六公里的梁山上，距西安市八十五公里。乾陵规模宏大，气势雄伟，是唐代十八座帝陵中最具代表性和迄今保存最好的陵墓。

唐高宗于弘道元年（683）十二月病逝，文明元年（684）八月葬于乾陵。武则天于神龙元年（705）病逝，神龙二年五月与高宗合葬于乾陵。乾陵的营造时间约有二十几年，原有大量地面建筑，其中六十一宾王像便是其中具有代表性的一批。

六十一宾王像，又称“蕃臣曾侍轩禁者”像，位于乾陵陵园朱雀门前两侧，东西对称。西三十二尊，东二十九尊，两群体均作四行八列。群像曾遭破坏，如今绝大多数均首残或缺上半身。石像穿紧袖衣，腰束宽带，足踏皮靴，两手前拱，以示祈祷。石像背部刻有其人所属国名、官职和姓名。目前能辨识的有七个，他们大都是各少数民族羁縻国的首领，这些国家的位置分别在今伊朗、阿富汗和新疆一带。六十一宾王像反映了唐朝国力强盛，边疆各族和中亚各国与唐友好往来的历史。

唐高宗和武则天统治时期，唐朝国力强盛，统治势力影响所及北逾大漠，西跨葱岭，达到中亚各地。周边少数民族与唐的往来十分频繁，“四夷酋长”多被任命为唐朝的地方官，或在朝中担任十二卫大将军之职。因此，高宗下葬时，有六十一个友邦和少数民族曾派特使前来参加葬礼。武则天为了纪念当时的盛况，下令雕刻了六十一宾王像，置于陵前。另一说法认为，神龙二年唐中宗在埋葬武则天时，把当年曾在朝廷中担任职务的少数民族首领六十余人雕成石像，置于陵前，以反映唐高宗与武则天的文治武功以及各民族对唐王朝的臣属关系。

无论哪种说法，六十一宾王像都反映了唐朝的强盛以及各族之间的友好往来的历史事实。

589. 唐朝在开元时共有多少郡县、户口、耕地？

唐朝自建国以来，经过了贞观年间的休养生息和恢复建设，到玄宗（712～755）时社会经济已经有了较大的发展。玄宗从即位之初就开始积极地采取措施，解决困扰唐廷已久的流民问题，安抚流亡百姓，减轻农民负担，进行综合治理取得了显著的效果。到开元二十八年(740)，全国共有三百二十八个郡、一千五百七十三个县、八百四十一万二千八百七十一户、四千八百一十四万三千六百零九口，应受田共一千四百四十万三千八百六十二顷一十三亩。这些数目与两汉时相比略有不及，但已是魏晋以来的最高记录。这也是开元盛世得以出现的重要物质基础。至天宝时期人口和耕地有了进一步增长，终于达到了中国封建社会的鼎盛时期。

590. 《新唐书·地理志》记载了多少羁縻府州？

唐初，自唐太宗平定突厥，西北各民族纷纷内附，唐朝即在其部落列置州县。其大者为都督府，以其部落首领为都督、刺史，皆可世袭。每年虽向朝廷贡赋，但均不上户部，皆由边州都督、都护所领，定为成式。突厥、回纥、党项、吐谷浑隶关内道，设府二十九、州九十。突厥之别部及奚、契丹、靺鞨、降胡、高丽隶河北道者，设府十四、州四十六。突厥、回纥、党项、吐谷浑之别部及龟兹、于阗、焉耆、疏勒、河西内属诸部族、西域十六国隶陇右者，设府五十一、州一百九十八。羌、蛮隶剑南道者，设州二百六十一。南方各部族隶江南道者，设州五十一。隶岭南道者，设州九十三。又设党项州二十四。共计府州八百五十七个，称为羁縻府州。

591. 《新唐书》关于福建是宦官“区薮”的说法正确吗？

《新唐书·宦者传》说：“诸道岁进阉儿，号‘私白’，闽、岭最多，后皆任事，当时谓闽中为中官区薮。咸通中，杜宣猷为观察使，每岁时遣吏致祭其先，时号‘敕使墓户’，宣猷卒用群宦力徙宣歙观察使”。欧阳修所说的这一段话影响很大，从而使人们皆以为唐代的宦官今福建出的最多。最新研究成果表明，唐代宦官籍贯以关内道最多，约占宦官总数的一半以上，其次是陇右道、江南道、河东道、河南道，福建所在的岭南道约占百分之三，只比剑南道、淮南道略多。这就说明《新唐书》以上的说法并不准确。从南北方的分布来看，北方诸道约占总数的百分之八十以上，而南方诸道包括西南地区在内仅占不到百分之二十。形成这种分布状况的原因，与关内道地处政治统治中心，具有绝对的地理优势有着密切的关系。

唐代宦官的来源，主要有三种途径：一是诸道进献，二是良胄入侍，三是宦官养子。还有几种其他途径，如民间贫穷之人因生活所迫自愿受阉入宫，犯罪官员子弟被强制为奴后自愿阉割者或出于某些特殊原因而被阉入宫者，这几类情况都不是主要途径。除了诸道进献之外，其他几种途径都不可能在远离京师的地区进行，一般都会在京师或者附近地区发生，这就是唐代宦官之所以大都来自靠近京师地区的根本原因。如果说在诸道进献这一途径中，岭南地区所占人数最多，这倒是可信的。因为在唐代，闽广、剑黔等地区的山区或半山区社会发展较为落后，质人为奴，买卖人口，较为常见，因此当地官员通过买卖手段获得小儿，阉后进献宫中，以向皇帝献媚，其他诸道无法与岭南地区相比，如果就此点而言，说闽中为“私白”区薮倒是可以的，但不能说是宦官区薮。

592. 有“扬一益二”之称的扬州是怎样遭受破坏的？

“扬一益二”是指扬州与益州（今四川成都）两个城市，意思是说扬州的繁华程度为天下第一，而益州则为天下第二。这种说法产生于唐代中期。而经过唐末五代的破坏，以后这两个城市再也未能恢复为全国最大经济都会的地位，所谓“扬一益二”终于成为历史上的过眼烟云。对于扬州来说其原因主要在于以下几个方面：

对扬州造成直接破坏的，首先就是唐末五代的战乱。唐末，扬州成为一些割据江淮的藩镇争夺的中心，连年的混战和焚掠，使扬州遭到毁灭性的破坏。

其次，从唐朝后期起，由于自然环境的变迁，扬州所在的长江河口段，因为长江江流携带的泥沙不断沉积，出现束狭的现象，由于束狭的不断发展，扬州附近江面宽度仅有隋唐以前的一半，长江主流不断南移，扬州以南的瓜州逐渐扩大，致使运河必须重新开辟新航道，这就是开元时的伊娄河。但伊娄河只能解决漕船的通航问题，随着唐后期瓜洲的并入北岸，终于堵塞了海船到达扬州城下的航路。因此江流的南移和瓜洲的向北并岸，使海舶再不能到达扬州，从而使扬州慢慢地失去了对外贸易港口的地位。

扬州的兴盛，主要是依靠它作为全国水道的中心和对外贸易的海港发展而繁荣。唐末五代时期，扬州本身受到战乱毁灭性的破坏，同时由于自然条件和其他因素的变化，扬州又失去了对外贸易海港的有利条件，再也不能独占东南地区漕运和盐业中心的地位。所以，扬州在唐末以后由盛转衰，不再保持全国最大工商业城市的地位，“扬一益二”的说法也就从此消失了。

593. 为什么说敦煌是中西文化的交汇之地?

敦煌位于甘肃省的河西走廊之上。河西走廊是一条东西方向的狭长地带，自古以来就是从中原通向西域的孔道。它南临青藏高原，北界腾格里沙漠和巴丹古林沙漠，南北宽度从十几公里到几百公里不等，降雨量稀少，年平均降水量约五十毫米，主要依靠祁连山的雪水才形成片片绿洲，而敦煌就位于走廊的最西端。古玉门关在敦煌西北一百公里处，而阳关则在敦煌西南约二十公里处。出了玉门关和阳关，就进入了广大的西域，在古代中原人看来就已经是异域。而敦煌以西则是蒲昌海（即罗布泊）和库姆塔格沙漠，所以这里也是西进商旅的最后一个休憩地，或者说是迎接西域来客的前哨。

早在新石器时代（前 10000～前 4000），敦煌就有人类活动，以后历代在此居住的有塞种人、乌孙人、月氏人等等。到汉代时打通了河西走廊并在此地建立了四郡：武威（今甘肃武威）、酒泉（今甘肃酒泉）、张掖（今甘肃张掖）以及敦煌（今甘肃敦煌西）。汉代时有两条路可从中原到达西域，分为南道和北道。南道经过楼兰（今若羌东北）、于阗（今和田）、皮山、莎车，越葱岭（今帕米尔）到大月氏（今阿富汗）、安息（今伊朗）一带，向西到达阿拉伯半岛上的条支和地中海一带的大秦（今意大利罗马）；北道经车师前（今吐鲁番）、龟兹（今库车）、姑墨（今阿克苏）、疏勒（今喀什），越葱岭到大宛、康居，直抵安息、大秦。两条丝绸之路的走向说明西方商人要想来到中原，无论走哪条道，都必须经过敦煌，此后所设的阳关和玉门关就有扼两道咽喉的重要作用。敦煌是丝绸古道上最大的交通枢纽，在宋代新开海外贸易之前，它是在政治、经济、军事和文化上联结中原和西域、中亚以及欧洲的咽喉之地，当时被誉为“华戎所交一都会”。敦煌特殊的地理位置是它成为中外文化交汇之地得天独厚的先决条件。

关于“敦煌”的得名或解释，东汉应劭认为：“敦者，大也；煌者，盛也。”唐李吉甫也认为：“敦，大也，以其广开西域，故以盛名。”而近代学者认为这是匈奴语的音译，日本学者则认为是吐火罗语的音译，总之说法不一。

敦煌的重要性还体现在，它所拥有的巨大石窟群及其中包涵的丰富文化艺术内容，而光绪二十六年农历五月二十六日（1900 年 6 月 22 日）藏经洞的发现，更是开启了一座宝库。由于清政府未能对其进行应有的保护，致使其中大量敦煌遗书和文物先后被英、法、日、俄等国家盗劫和破坏，分散于世界各地，对中国文化造成了难以估量的损失，但在客观上也推动了东西方学者从不同角度对它进行整理和研究，并在二十世纪形成了一门新的世界性学科——敦煌学。

敦煌石窟艺术中，到处可以看到外来文化的影响，以及中外文化交融的痕迹。比如在敦煌石室中发现了大量的梵文佛经写本，莫高窟壁画上的玻璃器皿出现了萨珊的艺术风格，在新发现的丝织品上也有伊朗风格的图案，等等。

敦煌作为丝绸之路上的重镇，一方面源源不断地传送着从中土来的丝绸、瓷器、汉文典籍等；另一方面又迎来络绎不绝的自西域而来的使者、商人。它不断从内地吸收传统文化，同时又汲取西域、印度的文化，形成了自己独具魅力的融合性文化特色，主要体现在以下几个方面：以唐代为例，敦煌石窟中唐代壁画人物的风格，既有印度犍陀罗式的外形，骨子里又渗入了中国的写实手法，生动雄健中又有圆润柔和的风格。敦煌壁画、遗书中关于音乐、舞蹈的记载，既有西域、印度的特点，又有中原本土的特色。从敦煌壁画所反映的内容来看，也有许多是有关丝路贸易以及植物、动物、珍奇物等。中外经济文化的交流，丰富了各国的物质文化生活，促进了社会经济的发展。此外，敦煌还对中外科学技术的交流发挥了独特的作用，为世界文化的发展做出了较大的贡献，是我国西部著名的文化宝藏。

594. 都护府都设置有哪些职官?

都护府是唐王朝为加强对周边少数民族的统治而设置的管理机关。从贞观十四年（640）平高昌后设置第一个都护府——安西都护府起，到武后时期已有安东、东夷、安北、单于、安西、北庭、昆陵、蒙池、安南九个都护府，至开元天宝（713～755）时，只剩下安东、安北、单于、安西、北庭、安南六个都护府。

都护府分为大、上两等。大都护府置大都护一人，从二品，以亲王遥领；副大都护二人，从三品，主掌府政；副都护四人，正四品上；长史一人，正五品上；司马一人，正五品上；录事参军一人，正七品上；参军事三人，正八品下；录事二人，从九品上；其下分功、仓、户、兵、法五曹，各置参军事一人，正七品下。上都护府与大都护府的职官设置相同，只是品秩低一级。

都护府一般具有以下两重性质：一是统率各羁縻府州之都督、刺史，掌军政，治民事，管理归附的少数民族，负责当地的安全；二是监察区，监督赏罚，叙录勋功，对各少数民族的内部事务一般并不予干涉。

595. 都督府分为多少等？是根据什么划分的？都有哪些职官设置？

都督府是唐王朝在重要军事地区设置的地方行政机构。唐初在军事要地设总管府。武德七年（624）改为都督府。唐太宗即位后，整顿地方机构，共有都督府四十三个。武德七年曾规定凡辖十州以上者称大都督府，不满十州称都督府。贞观二年（628）去掉“大”字。开元十七年（729），又按所管民户多少及军事地理位置分都督府为上、中、下三等。上都督府户数不详。户满二万以上为中都督府，不满二万户则为下都督府。由于各府废置不常，故数目难以统计，大致说来，开元时有五大都督府、五上都督府、十三中都督府、十六下都督府。睿宗景云二年（711）天下分置二十四都督府，其性质则与置于边疆的“以总军戎”的都护府不尽相同，属于州县以上监察机构的性质。都督府的职任是统筹数州镇防行政事务。

都督府长官称都督，大都督府为从二品，中都督府为正三品，下都督为从三品。大都督一般由亲王遥领，而以长史负责主持府事。都督之下的上佐是别驾、长史与司马。长史一人，大府从三品，中府正五品下，下府从五品上；司马，大府二人，从四品下，中府一人，正五品下，下府一人，从五品下；别驾只设于中、下府，各一人，分别为正四品下与从四品下。此外还置有：录事参军事、七曹参军事、参军事、市令、经学博士、医学博士等若干员，其品秩大都督府同于京府，其余则低于京府，略高于诸州，其职掌则类似。

596. 安西都护府设置于何时？它的设置有什么意义？

唐太宗贞观十四年（640）八月，大将侯君集攻灭高昌国（今新疆吐鲁番），将高昌王麴智盛及其大臣押送长安。唐太宗下令将高昌贵族全部迁入内地，在高昌设立西昌州，下辖诸县，使这块土地成为大唐版图的一部分。

太宗在高昌设州置县，引起了一部分大臣的反对。以魏征、褚遂良为首的部分大臣认为高昌既远且穷，在此设州县，必然常年留兵驻守，军费开支较大。朝廷并不能从其地获得什么经济利益，反而要支付大量粟帛，得不偿失。但太宗并没有听取他们的意见。贞观十四年九月，又把西昌州改为西州，不久又在原属高昌的交河城（今新疆吐鲁番西北雅尔湖村附近）设安西都护府，留兵镇守。

安西都护府的设立意义重大。将高昌纳入唐朝版图，能够确保中西交通的畅通与安全，防止西突厥卷土重来，有利于唐朝在西域扩大版图，加强中西经济文化的交流。可以说，西州及安西都护府的设立使唐朝在西域建立了一个桥头堡，对于唐朝恢复汉代旧土，国威远播，都起着巨大的作用。后来安西都护府的管辖区域扩大到整个天山以南地区，下辖安西四镇，对保证丝绸之路的畅通，巩固多民族的国家都有着重要意义。

597. 北庭都护府始置于何时？它的设置有什么重要意义？

长安二年（702）十二月十六日，武周设置了北庭都护府，管辖天山以北的西域地区。

唐太宗贞观十四年（640），唐灭高昌，以此地为西州。随后又打败西突厥，遂以可汗浮图城为庭州。高宗龙朔二年（662），唐政府为了加强原昆陵都护府辖区的统治，维护天山以南地区的安全，在西州设置舍山都护府，但很快又转归安西都护府管辖。垂拱元年（685），武后重新设立昆陵都护府，但由于都护阿史那元庆统治无方，为了有效管理天山北麓广大地区，唐廷遂于庭州（今新疆吉木萨尔县北破城子）设立北庭都护府。

北庭都护府最初管理盐、治等十六州，景云二年（711）升为北庭大都护府，与安西大都护府分管天山北南，包括天山以北、巴尔喀什湖以南，远至两湖流域的西突厥十四姓部以及各藩属国等地区。北庭都护府的设置，使唐朝在天山以北的广大疆域大体上得以稳定下来，保证了“丝绸之路”的畅通。

598. 安东都护府是如何设置的？兴废情况如何？

唐武德初，高丽王建武遣使入朝，高祖封建武为辽东郡王、高丽王。唐高宗乾封元年（666），高丽掌实权的莫离支（相当于唐朝兵部尚书，中书令）盖苏文死，其子泉男生继位。男生之弟男建、男产不满，兄弟之间相互攻伐，政局动荡。男生派其子入唐求救，盖苏文之弟净土也向唐割地请降。唐派契苾何力为辽东安抚大使率兵救援。九月，大破高丽兵，男生率师来会，唐封其为辽东大都督兼平壤道安抚大使。唐又令李勣为辽东道行军大总管，与契苾何力共同出师。总章元年（668），李勣与契苾何力攻破高丽王城平壤，高丽被平定。唐将其地划分为九个都督府、四十二个州、一百个县，设置安东都护府统辖。治所设在平壤（今朝鲜平壤），辖境西起辽水，南及今朝鲜北部，东与北抵海，包有今乌苏里江以东和黑龙江下游两岸直抵河口之地。咸亨元年（670）四月，高丽酋长钳牟岭率众叛乱。唐遣左卫大将军高侃为行军大总管前往征讨，征战四年，平定叛乱。但平壤遭战争摧残，无法驻军，上元三年（676）三月，唐廷将安东都护府治所迁至辽东州（今辽宁辽阳）。仪凤二年（677），授高藏为辽东都督、朝鲜郡王，到辽东安抚部众，又迁安东都护府治所于新城（今辽宁抚顺北）。圣历元年（698）六月，改安东都护府为安东都督府，任命高藏之子德武为安东都督。神龙元年（705）又恢复安东都护府，以幽州都督兼领都护。开元二年（714）将治所迁于平州（今河北卢龙）。天宝二年（743）又迁至辽西故郡城（今辽宁义县东南大凌河东岸）。自开元七年起，安东都护府例由平卢节度使兼领。肃宗上元二年（761）平卢节度使南迁于淄青（今山东青州），安东都护府遂罢弃。

599. 安南都护府是何时设置的？置于何处？

唐代在边疆地区设置都护府，作为周边少数民族事务的管理机构，安南都护府便是其中的一个。

高宗调露元年（679）改交州都督府为安南都护府，治所在宋平

(今越南河内)，由交州都督充任都护，隶属岭南道，统南海诸国及境内诸羁縻州。至德二年（757）改称镇南都护府，大历三年（768）复旧。宪宗元和二年（807）李吉甫上《元和郡县图志》，当时记载安南都护府管州十三、县三十九、羁縻州三十四。安南都护的地位相当于节度使，故亦称安南都护节度使。懿宗咸通元年（861）一月，府治被南诏攻陷，不久收复。四年，再次陷于南诏，遂移府治于海门镇（今广西合浦）。七年收复，由静海节度使兼领都护。安南都护府的设置加强了中国大陆与南海诸岛的联系。

600. 京兆府设有什么职官？管辖多少县？前后有什么变化？

唐代以雍、洛二州为京都，开元元年（713）改雍州为京兆府，洛州为河南府。

京兆府长官称京兆尹，从三品，京兆少尹为其副手，尹与少尹主府政。其上还设有“牧”一人，从二品，一般由亲王遥领，并不莅职。京兆府之属官有功曹参军事，掌官吏考课、选举、祭祀、佛道、学校及表疏、书启等事，职掌相对比较重要；仓曹参军事，掌仓贮、租赋、财货、市肆之事；户曹参军事，掌户口、籍账、婚姻、田宅、杂徭等事；兵曹参军事，掌武官选举、兵器甲仗及门户管钥，烽燧传驿之事；法曹参军事，掌鞠狱定刑、督捕盗贼；士曹参军事，掌津梁、舟车、官舍与百工之事。此外，京兆府还有司录参军一人，其职责是纠举诸曹，为负责审计与监察工作的专职官职。另外，京兆府还有参军事、经学博士、医学博士、市令等官员，分别负责出使、教授生徒、管理市场等事。

唐朝京兆府所管之县前后变化较大，唐高祖武德元年（618），辖十八县；武德六年，辖二十一县；唐太宗贞观八年（634），辖十七县；唐玄宗天宝元年（742），辖二十三县；唐代宗大历五年（770），辖二十四县；唐哀帝天祐三年（906），辖十四县。

601. 唐朝的州分为几等？都设有哪些职官？

唐朝初年曾分州为上、中、下三等，到玄宗时又根据地位轻重、人口多少和经济发展程度，分为辅、雄、望、紧、上、中、下七等。共有四辅、六雄、十望、十紧。剩余的州则根据户口的多少为标准，分为上、中、下三等。由于社会经济条件的不同，所以户口多少并不固定，以上州为例，武德（618～626）时以三千户为上州，永徽（650～655）时又以两千户为上州，显庆（656～660）时又以三千户为上州，开元十八年（730）以四千户为上州。据天宝（742～755）中期资料统计，全国有上州一百九十个、中州二十九个、下州一百八十九个。

四辅是指京城附近的同、华、岐、蒲四州；六雄是指地处要冲的郑、陕、汴、绛、怀、魏六州；十望是宋、亳、滑、许、汝、晋、洛、虢、卫、相十州；十紧是秦、延、泾、邠、陇、汾、隰、慈、唐、邓十州。

州的长官称刺史，置一人，上州从三品，中州正四品上，下州正四品下。刺史的主要属僚有三类人：一是上佐，即别驾、长史、司马。在刺史缺任或亲王兼领时，上佐可以代理州事。但一般情况下，上佐并无具体职责，因其品高俸厚不视实务，所以多用以优容宗室或安置闲散官员。二是判司，即司功、仓、户、田、兵、法、士七曹参军事（下州不全置），分掌各类具体事务。三是录事参军事，又称纠曹，掌勾检稽失，纠举不法。其下还有参军事，掌出使；经学博士，掌教授学生；市令，掌管理市场；医学博士，掌教授医学学生等。

602. 唐朝有哪些京县？其职官设置情况如何？

所谓京县，是指设在京城内的县。唐天宝元年（742）有京县四个，即万年县、长安县、河南县、洛阳县。京县设县令一人，正五品上；县丞二人，从七品上；主簿二人，从八品上；录事二人，从九品下；县尉六人，从八品下。县令掌导风化，察冤滞，听狱讼，负责全县的各种政务。县丞为其副职，辅佐县令处理各种政务。县尉掌分判众曹，征收课调。贞观初年，诸县开始置有录事一职，负责审计工作。京县还设有司功佐、司仓佐、司户佐、司兵佐、司法佐、司士佐、典狱、门事等各种职务，分别掌管考课、仓库、户籍土地、军事、司法、吏员、监狱以及掌管诸门等事。设有经学博士、助教各一人，掌教授生徒，有学生五十人。

603. 唐朝的县分为几等？有哪些职官设置？

唐朝的县按其所在的地理位置、辖境大小、户口多少和经济发展程度划分为若干等级。《文献通考》与《通典》都说唐县分为赤、畿、望、紧、上、中、下七等，而两《唐书》则说有京、畿、上、中、中下、下六等。县治所设在京都之内者为京县，设在京都之郊的县则称畿县。其余县的划分标准是：六千户以上为上县，三千户以上为中县，不满三千户为中下县。

京县长官称令，一人，正五品上；丞二人，主簿二人，从七品上；录事二人，从九品下；尉六人，从八品下。其下有司功、司仓、司户、司兵、司法、司士六曹，还有典狱、问事、白直、博士、助教、学士等官。

畿县亦设令一人，正六品上；丞一人，正八品下；主簿一人，正九品上；尉二人，正九品下；录事二人。除司兵之外，其余五曹同于京县，余员亦同。

其余县也置令一人，品自从六品上到从七品下；丞一人，自从八品下到九品下；主簿一人，自正九品下到从九品下；尉，上县二人，从九品上，其他县一人，从九品下；录事一人。下设司户、司法、仓监三曹，其他吏职与畿县略同。

县是唐王朝统治地方的基层政权组织，职责十分广泛，中央各个部门下达给地方的任务，大都由县承担。县令主管全县政事，县丞是令之助手，无具体政事，县尉与主簿品秩虽低微，但科第出身者必先经此职试用，以历练其处理民事的能力后方可人为朝官。其他诸曹的职能分别是：司户主管民户、籍账、婚姻、田宅、杂徭、道路之事；司功主管祭祀、礼乐、学校、选举、表疏、医筮、考课、丧葬等事；司兵掌军防、门禁、田猎、驿传、仪仗之事；司法主管刑事诉讼；司仓主管仓库；司士主管河津、营造、桥梁、建筑之事。

604. 进奏院是一种什么机构?

唐“安史之乱”以后，地方藩镇成为行政实体，各藩镇仿照汉代郡邸之制，在京师长安设置邸院，以军将统领，称为上都留后院，代宗大历十二年（777）改为上都进奏院，简称留邸、进奏院，并成为朝廷与藩镇之间联系的重要桥梁。

进奏院的职能，除了藩帅入朝或奏事官进京用作居留之处外，主要是执掌章奏、诏命以及各种文书的投送传递，并承办上交的贡赋、经营汇兑、进奉贿赂以及本镇交办的各种杂务。因此，从朝廷角度看，进奏院替代了以前朝集使的作用；从藩镇的角度看，通过进奏院，也可以随时了解朝廷和其他藩镇的动向，并向本镇报告，具有收集情报的作用。

进奏院以进奏官主其事，以军将充任，也称为邸官。唐末藩镇跋扈，诸镇都在京师长安置有进奏院，进奏官都可入见天子，骄恣专横，受到了社会舆论的非议。

605. 天策上将是何种官职？有什么相应的机构？

天策上将是唐初职官，唐高祖武德四年（621）置。唐太宗贞观初（627）废。唐高祖李渊之所以特设这样一个官职，是因为其次子秦王李世民在唐初统一战争中功劳太大，以至于现有的任何官职都不能彰显秦王之战功，故特设此官以酬秦王，其地位在王公之上。此职务并非荣誉虚衔，具有实际职权，即专掌“国之征伐”。

天策上将的办公机构即天策上将府，天策上将府具有完善的机构和府属。天策上将以下有长史、司马、从事中郎、军谘祭酒、典签、主簿、诸曹参军事等。天策上将负责全国战争事宜并主持天策上将府工作；长史、司马、从事中郎负责协助天策上将通管天策上将府各方面工作；军谘祭酒负责参谋军事及对外联络；记室参军负责文书起草和档案管理；功曹参军负责本府官员的休假、医疗保健、选举、考课、俸禄等；仓曹参军负责粮草、膳宿、田园等后勤保障工作；兵曹参军负责士兵的兵籍、帐篷、点卯等；骑曹参军负责马驴、杂畜、薄账及牧养草料等；铠曹曹参军负责武器保管；士曹参军负责工程营造及罪罚之事；参军事负责出使及杂检校之事。各曹还配有令史、书令史等吏员，负责各曹的各项具体工作。其机构完备，俨然是一个职能齐备的庞大军事指挥机构。

唐太宗即位之后，鉴于国内统一战争已经结束，战事渐少，加之天策上将位高权重，便将其撤销。

606. 天下兵马元帅、行军元帅是什么职官？

元帅一职最早设于春秋（前 770～前 476）晋国，为三军中军主将之称。天下兵马元帅是唐玄宗天宝十五载（756）所置，都统朔方、河东、河北、平卢等节度兵马，以平定“安史之乱”，代宗大历八年（773）罢。至昭宗天复三年（903），又置诸道兵马元帅以代替。唐代的元帅皆以亲王任之，掌征伐，另置副元帅实际统兵作战，兵罢即废。

行军元帅为北周王朝临时设置的最高统兵官，统领一道或数道行军总管，兵停则罢，多以亲王或重臣为之。隋唐前期仍沿袭此制，行军元帅通常只统率一路军队，战争结束后，就不再设置。

607. 折冲府是什么性质的机构？有哪些职官设置？

折冲府是唐朝府兵管理的基层机构，又称军府、兵府。折冲府有内、外之别，内府是中郎将府，是诸卫掌管的设置在京师的军府；外府则是指设置于各地的折冲府。

折冲府按其领兵多少而分为上、中、下三等，领兵一千二百人为上府，一千人为中府，八百人为下府。其长官称折冲都尉，其品阶根据府等的高下而不同，上府，正四品上；中府，从四品下；下府，正五品上。副长官称左右果毅都尉，各一人，品级亦有差别。折冲府主要职责是统率和训练府兵。折冲府下的编制情况是：以三百人为一团，长官称校尉；一百人为一旅，长官称旅帅；五十人为一队，有队正；十人为一伙，有伙长。

608. 唐朝共设了多少个折冲府？分布情况如何？

唐高祖于武德初置十二卫，下设军府，称骠骑府，或统军府。太宗贞观十年（636），更号统军为折冲都尉，别将为果毅都尉，诸府总称折冲府。将天下划分为十道，置府六百三十四，而关内道占二百六十一，形成了军事上居重驭轻的局面，有利于加强中央集权。每逢战争，皇帝命将帅领府兵出征，战争结束后，“兵散于府，将归于朝”，防止形成将帅专兵的局面。

折冲府分上、中、下三等，上府有卫士一千二百人，中府一千人，下府八百人。府兵例从受田民户中选拔丁男充当，三年一拣点。这种亦农亦兵的卫士平时耕稼，冬季讲武，既减轻了军费开支，又保证了农村劳力。府兵的主要任务是番上宿卫，即轮流到京师宿卫；另一项任务是戍边征防，即出征和到沿边的镇、戍充当防人。府兵执行这些任务时，均须自备衣粮和部分武器。卫士免除一般的课役负担。

609. 何谓“天子六军”？分别组建于何时？有何职官设置？

唐代的“天子六军”，是指左右羽林军、左右龙武军、左右神武军，各置有大将军一人，正三品；将军三人，从三品；其下有长史、诸曹参军等管，职掌与十六卫相同。

左右羽林军，最早由玄武门所置左右屯营发展而来，正式改称羽林军是在龙朔二年（662）。左右龙武军，是开元二十六年（738）从羽林军中分出的左右万骑营扩建而置的。左右神武军，又称左右神武天骑，是开元二十六年分羽林军而置，不久即废。至德二载（757），又以灵武元从军士及扈从官子弟来充任，重新组建了该军。六军的设置是以加强唐朝中央政府军事力量为目的的，在府兵制破坏后，使唐朝廷仍能保持比较强大的军事力量，对维护中央集权，巩固统治发挥了重要的作用。

610. 神策军在唐朝的禁军中占有什么样的地位？

唐代后期的禁军分为天子六军与左右神策军。六军已经没有多少兵力，只是用来装点天子门面而已。而这时的神策军却是唐中央政府唯一直接指挥的军事力量，是唐朝的军事支柱。

唐玄宗天宝十三载（754），陇右节度使哥舒翰击破吐蕃，在临洮以西设置神策军，以成如璆为军使。“安史之乱”发生时，成如璆派他的部将卫伯玉率领一千多兵士赶赴内地参战，驻扎在陕州（今河南三门峡市）。后来，神策军原先的驻地被吐蕃攻占，于是唐中央政府就以卫伯玉所统领的军队为神策军，以卫伯玉为神策军节度使，下令让他和陕州节度使郭英乂（yì）一起镇守陕州，并由宦官鱼朝恩监其军。后来卫伯玉被罢免，郭英乂一度兼神策军节度使，郭英乂升为仆射后，神策军便归由担任观军容使的宦官鱼朝恩统辖。

广德元年（763），代宗为躲避吐蕃，出奔陕州，鱼朝恩统率在陕州的军队迎扈。代宗回到长安时，鱼朝恩率领驻陕诸军保护皇帝返京，神策军也是其中之一，当时驻扎在禁苑。以后神策军逐渐壮大，并发展成为天子禁军。

德宗贞元二年（786），改神策军左右两厢为左右两军。贞元十二年，设立左右神策军护军中尉，由宦官窦文场、霍仙鸣充任，从此宦官统领禁军成为定制，直接统领神策军的左右神策大将军都要听命于宦官。由于神策军待遇优厚，西北边军往往请求遥隶于神策军，于是神策军的人数曾多达十五万，势力在其他禁军之上。神策军除担任宿卫外，还经常出征作战，是朝廷的一支劲旅，所以神策军兼具禁军与野战军的性质。后来神策军逐渐腐化衰落，黄巢起义时遭到沉重打击。重建后，至唐昭宗时，在藩镇的压力下彻底罢废。

611. 唐朝建立以来共进行过几次职官改革?

唐朝自建立以来，在职官制度方面曾有过数次变化，大体情况是这样的：唐高祖李渊攻入长安，建立唐朝后，其职官制度仍沿袭隋朝制度，未加变动。直到武德七年（624），才颁布官品令，确立唐朝自己的职官制度：以太尉、司徒、司空为三公，以尚书、门下、中书、秘书、殿中、内侍为六省，以太常、光禄、卫尉、宗正、太仆、大理、鸿胪、司农、太府为九寺，以下有将作监、国子学、天策上将府等机构。武官系统有左右卫、左右骁卫、左右领军、左右武候、左右监门、左右屯、左右领为十四卫府，此外还有东宫系统、王府官、公主邑司等官员。在地方上则分州、县两级职官。同时还确立了文、武散官以及各级散号将军和军府职官等。武德七年确定的这套职官制度，是在隋制的基础上稍加变化而成的。

唐太宗即位后，在贞观元年（627），再次对职官制度进行改革，主要是对武德官制做了一些调整。如取消了天策上将府；改国子学为国子监，从将作监中分出了少府监，这样加上将作监，总称“三监”；增加了太师、太傅、太保为“三师”；进一步改革了文、武两套散官以及勋官、爵等制度等。

唐高宗时期曾进行两次职官改革，其中龙朔二年（662）的一次改革变化最大。主要是将文、武散官的官名重新进行了确定，将其中容易与勋官相混淆的部分，分别予以改定，使这些制度更加明晰、清楚。此外就是对各机构和官名进行较大规模的改动，比如改尚书省为中台，中书省为西台，门下省为东台；改仆射为匡政，尚书为太常伯，侍郎为少常伯，郎中为大夫等……这种改变没有多大的意义，而且打破了相沿数百年的习惯，反倒容易造成混乱，所以到了咸亨元年（670），又恢复了旧称，只是将左右金吾卫、左右威卫的名号保留下来。

武则天统治时期，唐朝的职官制度又一次发生较大的变化。光宅元年（684），宣布更改中央各机构的名称，如改尚书省为文昌台，左右仆射为文昌左右相，改吏部为天官，户部为地官，礼部为春官，兵部为夏官，刑部为秋官，工部为冬官，门下省为鸾台，中书省为凤阁。此外，九寺、诸卫、御史台等机构的名称大都做了改动。此后，武则天还陆续对一些机构和官名做过一些小规模的调整和改动，更多的只是官名或机构名称的改换，并未对职官制度本身进行大的改革。不过武则天对唐朝职官制度所做的一些小的补充和调整，还是有一定的意义。比如，在尚书都省增设了左右司员外郎，给中书、门下两省各增设了左右补阙、拾遗等官职，从而加强了谏官的数量，这些变化大都为后世沿袭下来。武则天对机构名号和官名的改变，到她死后，又统统恢复了原名。

此外，唐朝在玄宗开元元年（713）、天宝元年（742）两次改变过一些机构和职官的名称，到肃宗至德二年（757）又恢复了旧称。

612. 何谓“堂印”、“堂帖”？

“堂印”，指政事堂之印。唐初以中书、门下、尚书三省长官为宰相，所以这时的宰相都是兼职宰相，宰相们在一起商议国事的场所就叫“政事堂”。他们每天上午在政事堂办公，这时他们就是宰相，下午回到本部门工作，就成了部门长官。开元以后，由于宰相数少，就不再回到本部门去了，于是便成了专职宰相，政事堂也就成了宰相的日常办公机构。政事堂既然是宰相的办公机构，那就必须有一个印信，这就是“政事印”，也叫“堂印”。唐玄宗开元十一年（723），改政事堂为中书门下，政事印也就改为“中书门下之印”了。

“堂帖”，是政事堂发出的公文之一。政事堂处理日常公务有两种形式，一种叫“堂帖”，一种叫“堂案”。堂帖是宰相处理在京各部门事务的公文，堂案是宰相处理地方事务的公文，两者是有区别的。当然这是严格而言，如果笼统而言之，宰相处理公务的文书都可以称为堂帖。堂帖通常由堂后主书等官吏起草，由秉笔宰相亲自签署，其他宰相同署后，才能发出。

613. 监军使是何种职官？其演变情况如何？

唐朝初年以御史监军，玄宗开元二十年（732）以后，改派宦官监军，谓之监军使。唐开元天宝年间，由宦官充任监军使的例子，并不多见。较早的有天宝元年（742），高仙芝攻达小勃律，由宦官边令诚为监军。到天宝末年，宦官出任监军已经逐渐增多，但还没有普遍设立，而且此时监军的职任，也只是在将帅出征时随军监察而已，事毕既罢。“安史之乱”以后，由于全国普遍设立节度使，藩镇之兵强盛，朝廷如果不能有效地控制绝大多数藩镇，将难以存在下去。于是，政府就把宦官监军制度加以推广，在节度使的驻地普遍设立监军使院。

德宗贞元十一年（795），朝廷颁给监军使院印信。

由宦官充任的监军使，是监军使院的主官，其职责是代表皇帝监视刑赏，纠察违谬，是朝廷控制藩镇的有利工具。监军使有时也称为“监军”，是否带“使”字，由出任监军的宦官品秩高下而定。元代著名史学家胡三省在《资治通鉴注》中说：唐代宦官出任监军的，品秩高的为监军使，其下则为监军。监军之下有副使，也称为副监。下属的官吏有判官若干人，分掌各项具体事务，又有小使若干人供差遣驱使，同时还有自己的卫队。出军作战时，偏将所领军队中设监阵，如果调诸道兵进行大会战，则在任命都统、都都统等统兵官的同时，也派出都监、都都监等监军宦官。监军使的任期一般为三年，如皇帝有特敕，可以提前调动或继续留任。

唐代的宦官监军制度一直维持到唐末，直到昭宗天复三年（903）才停诸道监军使、副监及判官。

614. 观军容使是一种什么职官？

观军容使是唐代职官名，全称为观军容宣慰处置使，此职系由唐代监军制度发展而来。

为了加强对军队的控制，隋唐时期有监军制度。所谓监军制度就是指朝廷委派使节或某些官员对驻外军队实行监察，以有效地维护皇权。隋及唐初一般以御史监军。开元二十年（732）以后，改派宦官监军，谓之监军使。此后宦官监军渐成定制，是维护皇权的得力工具。

观军容使之职是由监军使发展而来的，但其名分、职权高于一般的监军使。观军容使是监督出征将帅的特别使职，也由宦官充任。肃宗乾元元年（758），唐九节度使统兵讨伐安庆绪，当时因诸节度使地位相当，相互之间难相统属，故不设统帅，而由宦官鱼朝恩为观军容宣慰处置使，实行监督，此为观军容使设置之始。代宗广德元年（763）又更名为天下观军容宣慰处置使，仍以鱼朝恩为之。唐末黄巢起义军攻长安，朝廷以神策军左军中尉田令孜为天下观军容处置使，专制中外。观军容使的设立对于加强皇权、维护中央权威起了一定的作用，但其消极作用也是显而易见的。尤其是在战争期间，观军容使限制了军队将领的灵活应变权力，容易导致战争的失败。

615. 馆驿使是什么职官？为什么朝官反对宦官充任此职？

馆驿使，使职职官名。“馆驿”，就是唐代在交通沿线设立用来招待朝廷公差使节和往来旅客的住所。按照唐制，三十里一置，大路为驿，小路为馆，通称“馆驿”。馆驿是连接各个交通要地的枢纽，战略位置和地理位置都很重要。唐朝开元年间，一般由监察御史兼任馆驿事务，后又以监察御史又监管两京馆驿。大历十四年（779），代宗以御史台官员负责馆驿，始称馆驿使。馆驿使看起来不起眼，但实际作用很大。

宪宗元和年间，宦官受宠，势力很大，他们逐渐侵夺南衙朝官的权力。起初，朝官薛存诚任监察御史，兼管馆驿。因为朝廷用兵讨伐四川叛乱的刘辟，军务文书往来繁忙，馆驿邮传的地位显得特别重要，于是宪宗就想让身边的宦官担任馆驿使。薛存诚得知皇上有此用意后，立即密表上奏，认为宦官掌管馆驿，违背惯例，有失公体。正好谏官也上疏极谏劝阻，宪宗只得作罢。然而不久，宪宗还是找机会任命宦官担任了馆驿使一职，自此宦官始任馆驿使。由于宦官任馆驿使后，大多专横凶暴，引起了朝官的不满。每当舆论反对强烈时，皇帝便改用朝官充任此职，所以这一职务时常在朝官与宦官之间轮流担任，并非宦官专任。

616. 何谓“北门学士”？为什么要设置此类官职？

唐太宗统治时期，经常召学士草制，但当时并没有什么名号。唐高宗乾封（666～668）以后，诏令弘文馆直学士刘祎之、刘懿之、著作郎元万顷、周思茂等皆以文词待诏，并于翰林院草制，参与朝政，以分宰相之权。翰林院在银台之北，常从皇宫北门出入，故当时称为“北门学士”。北门学士的出现，与皇权、相权的矛盾有关。相权中最重要的部分便是决策权，按照唐朝制度，诏敕的提草由中书省负责，而中书省正是宰相领导下的机构。皇帝在中书省之外另外设置官员掌管诏敕的提草，并让他们参与朝政，严重侵削了相权。

617. 唐朝封爵制度的具体内容是什么？

我国封爵制度最早可以追溯到商周时期（前 16 世纪～前 3 世纪）。爵本是一种酒器，后来又用做祭祀的礼器，分封必须有天子赐爵，以主持一方祭祀，后来以封爵作为分封的代名词。

唐代封爵分为九等，各自有相应的食邑封户和品阶：亲王，食邑万户，正一品；郡王，食邑五千户，从一品；国公，食邑三千户，从一品；开国郡公，食邑二千户，正二品；开国县公，食邑一千五百户，从二品；开国县侯，食邑一千户，从三品；开国县伯，食邑七百户，正四品上；开国县子，食邑五百户，正五品上；开国县男，食邑三百户，从五品上。其中亲王只授予皇子，郡王授予亲王承嗣者及太子之子，其余可以封给异姓。而封爵中的食邑若干户，只是虚封，实际上并不领实惠，只有加上“食实封”等名号才能得到相应的封户租调。所以在封国封邑内会有国官或邑官来管理租调收入等事务。唐代规定爵位继承时，通常要降一阶承袭，如果特恩则可以原爵承袭，而实封的户数在继承时一般要减半。

唐朝前期，爵位的名称通常取受封者的得姓之地，如裴度是河东（今山西）人，所以封晋国公。也有取美称的，如卫国公、英国公等，这些大都授予功臣，一般人是不能享受到这种待遇的。

618. “勋官制度”的具体内容是什么？

勋官制度最早出现于北朝（386～581）时期，本来是用来奖励有功将士所加的官称，后来范围逐渐扩大，朝官也开始加此称号。

唐初，勋官与散官的名称混乱，难以区别。高宗咸亨五年（674）对勋官制度进行改革，将勋官分为十二转，以转数多少来区别级别的高低，转数越多，级别就越高。这十二转分别是：上柱国，十二转，视正二品；柱国，十一转，视从二品；上护军，十转，视正三品；护军，九转，视从三品；上轻车都尉，八转，视正四品；轻车都尉，七转，视从四品；上骑都尉，六转，视正五品；骑都尉，五转，视从五品；骁骑尉，四转，视正六品；飞骑尉，三转，视从六品；云骑尉，二转，视正七品；武骑尉，一转，视从七品。

凡是以战功而获勋之人，根据其杀敌多少来评定战功，然后决定勋级的授予。守城苦战者，立一等功奖以三转，二等功奖以二转，三等功则为一转。破敌城敌阵者，首先根据双方实力定出战役的程度，如以少击多则为上阵，兵力相当为中阵，以多击少则为下阵。然后再根据杀敌多少定战果的等级：灭俘敌人在百分之四十以上为上获，百分之二十以上为中获，百分之十以上为下获。这样就得出了以战功授勋的办法：凡上阵上获立一等功则授予四转；上阵下获、中阵上获、中阵中获、下阵上获立一等功则授予三转，立二等功则授予二转，立三等功则授予一转；中阵下获、下阵中获立一等功则授予二转，二、三等功则授予一转；下阵下获也授予一转。

除以上详细的条文规定外，以殊功特授、泛授的情况也很多。单授勋官者没有具体的职掌，多于兵部或本郡服役，有若僮仆，所以处境颇为尴尬。

619. 文散官是指哪些职官?

散官是相对于职事官而言的，没有具体职掌。散官早在汉代已经出现，指无印绶、无官署、无具体职掌的官员。

唐代散官分文武两种，文散官共有二十九等，分别是：开府仪同三司，从一品；特进，正二品；光禄大夫，从二品；金紫光禄大夫，正三品；银青光禄大夫，从三品；正议大夫，正四品上；通议大夫，正四品下；太中大夫，从四品上；中大夫，从四品下；中散大夫，正五品上；朝议大夫，正五品下；朝请大夫，从五品上；朝散大夫，从五品下；朝议郎，正六品上；承议郎，正六品下；奉议郎，从六品上；通直郎，从六品下；朝请郎，正七品上；宣德郎，正七品下；朝散郎，从七品上；宣义郎，从七品下；给事郎，正八品上；征事郎，正八品下；承奉郎，从八品上；承务郎，从八品下；儒林郎，正九品上；登仕郎，正九品下；文林郎，从九品上；将仕郎，从九品下。

唐代规定官员章服根据散官的高低而定，所以职事官通常都授有相应的散官，三品以上散官可以朝参皇帝，可以给俸禄；四品以下散官则要到吏部番上，即每年要有一定时间到这里服役。

620. 武散官指哪些职官?

武散官共有四十五种，分为三十一等，分别是：骠骑大将军，从一品；辅国大将军，正二品；镇军大将军，从二品；冠军大将军、怀化大将军，正三品上；怀化将军，正三品下；云麾将军、归德大将军，从三品上；归德将军，从三品下；忠武将军，正四品上；壮武将军、怀化中郎将，正四品下；宣威将军，从四品上；明威将军、归德中郎将，从四品下；定远将军，正五品上；宁远将军、怀化郎将，正五品下；游骑将军，从五品上；游击将军、归德郎将，从五品下；昭武校尉，正六品上；昭武副尉、怀化司阶，正六品下；振威校尉，从六品上；振威副尉、归德司阶，从六品下；致果校尉，正七品上；致果副尉、怀化中候，正七品下；翊麾校尉，从七品上；翊麾副尉、归德中候，从七品下；宣节校尉，正八品上；宣节副尉、怀化司戈，正八品下；御侮校尉，从八品上；御侮副尉、归德司戈，从八品下；仁勇校尉，正九品上；仁勇副尉、怀化执戟长上，正九品下；陪戎校尉，从九品上；陪戎副尉、归德执戟长上，从九品下。

武散官主要授予武官，其待遇与管理办法同于文散官。

621. 什么是“铨选制度”？由哪个部门主持铨选？

所谓“铨选”，就是量材授官。古代举士与授官相一致。到唐代时，变为由礼部举士，吏部授官。根据选授对象的不同，可以分为流内铨和流外铨，流内铨任命执事官九品以上的官员，流外铨则任命不入流的吏职。

流内铨又分为两种，一是五品以上官，由皇帝亲自任命或经宰相提名皇帝任命。二是六品以下官，由吏部、兵部任命。其中文官由吏部主持，称为文选；武官由兵部主持，称为武选。文、武选一般都在京城长安进行，在东都洛阳进行则称为“东选”，而岭南黔中等南方各地因路途遥远、风土不同等原因，由中央派人前去主持选官，称为“南选”。参加流内铨，必须具有一定的官资，包括前资官、科举出身者、门荫出身者、勋官出身者、伎术出身者以及流外出身者。所谓前资官，是指曾任过职的流内官，他们参加铨选主要是为了提升或者获得新的职务。根据考课的情况决定其是否升迁，宰相议定，皇帝任命。科举出身者则指通过科举考试定出不同的等级，再据此授官，一般最高不过正八品上。门荫出身者则凭借父、祖之官资而得官，一般是先补入三卫，以宿卫宫廷与京城，然后授官，最高不过正七品上。有战功的勋官，可以授予流内官或流外官，如参加流内铨选可获得提升，流外铨选则可入流内。伎术出身者则是指具有专门的知识、技术和艺能的人，如医药、阴阳、卜筮、天文、图画、音韵等，具有这些专业技能的人经政府聘用若干年后，再经吏部考核，可升任流内官，称为“伎术入流”。流外出身者多是政府聘用的秘书、职员、办事员等，称为胥吏，不是国家的正式官员，但多是具有实际办事能力的人员。流外官任职一定时间以后，经过吏部考选，可以升为流内官，称为“流外入流”。

唐代铨选中最主要的是文选，从每年十月开始，到翌年三月结束。铨选具体程序与方法大致如下：首先，五月颁选格于州县。所谓选格，就是指向各州县下达的本年选人的资格范围，州县根据选格确定选人，并将其档案以文书形式上报吏部的南曹，选人则于十月会集于京师参选。其次，南曹检勘，驳放伪滥。就是由南曹来审核各位选人的档案材料，包括检勘选人出身、课绩以及是否符合当年的选格等，如有伪误，即予驳放。这一环节相当严格。再次，三铨考试长名留放。即将合格的选人分为三组分别铨试，谓之三铨。其中六、七品官由尚书主持，谓之尚书铨。八、九品官分别由侍郎主持，谓之中铨与东铨。文官铨试内容有四，即身、言、书、判，所谓身取其体貌丰伟，言取其言辞辩正，书取其书法遒美，判取其文理优长，是为四才。以后两者为重。试判合格者，谓之入等，分德、才、劳三者留放。现次，三唱三注，依格拟官。三铨定出留放人员后，向选人公布，并依书判成绩、选人资级、亲族回避等原则，注拟官职。如选人不同意所注拟官职，可要求重新注拟，经三次注官唱名，仍不满意，可以等下届冬集再来参选，届时可以免试书判，这一程序谓之三唱三注。复次，都省审复，门下过官。注唱完毕，要报尚书都省审查，然后再将选人名单及相关材料送门下省复审，称为过官，如这些审查均未发现问题，即可进入最后一道程序。最后，授予告身，廷谢圣恩。门下省过官通过以后，便由中书省中书舍人起草任命状，即告身，受官之入廷谢皇恩，有时皇帝还会赏赐一些物品，并赐食。这些工作都必须在三月底之前完成。

文武五品以上的官员也要铨选，但与六品以下官略有不同。因为这些官员多是中央和地方的高级官员，他们的铨选就显得难以把握。贞观（627～649）年间，五品以上官以“具员簿”为准授予官职。所谓具员簿，就是指五品以上官员的名簿，其中包括官员的考绩、乡贯、历任、官讳等内容，由中书门下来主持除授。德宗（780～804）末年一度废止，宪宗（806～820）即位后又恢复此制，除依据具员簿授官以外，员阙情况也十分重要，可以说这两个因素决定着五品以上官的铨选。

流外铨也在吏部举行，由郎中主持，称为小铨。参加流外铨者，一般没有出身、资历的限制，所以多为未入仕者，主要是六品以下、九品以上子及州县佐吏，还有庶人也可以参加流外铨。选拔流外官的标准为书、计和时务。流外官虽地位很低，也很庞杂，但其内部仍有从勋品到九品九个等级。在吏部、兵部、考功、尚书都省、御史台、中书、门下等七个官署中任流外职者地位又高一等，号称七司。流外职的迁转一般也要经三考以后才能参加，有才能则提升，否则继续留任本职，而转选也要试判。

除以上各类铨选外，唐代还增加有科目选、非时选等，作为正常铨选制度的补充。所谓科目选，是为了选拔特殊人才而进行的铨选，多是吏才之选，由吏部主持。所谓非时选，则是为了表彰有特殊功绩的官员而进行的铨选，没有选数和时间的限制，也由吏部主持。

622. 什么是“考课制度”？制定了哪些考课标准？

“考课制度”就是依据一定的标准考核官吏政绩的制度。唐代官员每年进行一次考课，称为小考，主要是评定当年的政绩优劣；三至四年进行一次大考，这是对官员任期内的政绩总的考核。

每次考课，先由本人做出自我鉴定，然后由本部门或所在州府议定优劣，定出考第。如本人有异议，可以复审，于年底之前送报尚书省。中央主管考课的部门是尚书省吏部的考功司，考功郎中负责京官考课，员外郎则负责外官考课。各地各部门官员的考簿汇总到考功司之后，考功郎中、员外郎并主事三人、令史十五人、书令史三十人进行分类整理登记，做出初步审核，分别评出考第。唐朝在太宗统治时期规定，每次考课时，置监考使、校考使各一人，对考课工作进行监督，以保证考课公平进行。校考完毕即予公布，对每个被考核的官员都发给考牒作为凭据。

对于中央各部门长官、刺史、都督乃至宰相等高级官员的考课，由皇帝亲自或另行派人审校，称为内考或内校。考功司负责的是四品以下的京官和外官考课。

关于考课的标准，因其职官性质的不同，而有所不同。职事官的考课分为九等，即上上、上中、上下、中上、中中、中下、下上、下中、下下。每个等级都有一定的考课标准，也有一定的奖惩方法。职事官的考课标准分为“四善”和“二十七最”。“四善”是在个人品德和工作态度方面对全体官员的共同要求，即德义有闻、清慎明著、公平可称、恪勤匪懈。“二十七最”则是根据不同的工作性质与职责对官员提出的不同要求，即献替可否，拾遗补阙，为近侍之最；铨衡人物，擢尽才良，为选司之最；扬清激浊，褒贬必当，为考校之最；礼制仪式，动合经典，为礼官之最；音律克谐，不失节奏，为乐官之最；决断不滞，与夺合理，为判事之最；部统有方，警守无失，为宿卫之最；

兵士调习，戎装充备，为督领之最；推鞫得情，处断平允，为法官之最；雠校精审，明于刊定，为校正之最；承旨敷奏，吐纳明敏，为宣纳之最；训导有方，生徒充业，为学官之最；赏罚严明，攻战必胜，为将帅之最；礼义兴行，肃清所部，为政教之最；详录典正，词理兼举，为文史之最；访察精审，弹举必当，为纠正之最；明于勘复，稽失无隐，为勾检之最；职事修理，供承强济，为监掌之最；功课皆充，丁匠无怨，为役使之最；耕耨以时，收获成课，为屯官之最；谨于盖藏，明于出纳，为仓库之最；推步盈虚，究理精密，为历官之最；占候医卜，效验多者，为方术之最；检察有方，行旅无壅，为关津之最；市廛弗扰，奸滥不行，为市司之最；牧养肥硕，蕃息孳多，为牧官之最；边境肃清，城隍修理，为镇防之最。

以上“四善”、“二十七最”之中，一最四善为上上，一最三善为上中，一最二善为上下，无最二善为中上，无最一善为中中，职事粗理，善最不闻为中下，爱憎任情，处断乖理为下上；背公向私，职务废阙为下中；居官谄诈，贪浊有状为下下。此外对于州县官员，除以上标准外，还根据其户口增殖、土地垦辟等情况另定进考等第。

流外官的考课则另有四等，即清谨勤公为上，执事无私为中，不勤其职为下，贪浊有状为下下。

“安史之乱”以后，对节度使、观察使等使职也有一套考课标准，即节度使销兵为上考，足食为中考，边功为下考。观察使以丰稔为上考，省刑为中考，办税为下考。团练使以安民为上考，惩奸为中考，得情为下考。防御使以无虞为上考，清苦为中考，政成为下考。经略使以计度为上考，集事为中考，修造为下考。凡考第中上以上，每进一等，加禄一季；中中守本禄；中下以下，每退一等，夺禄一季；中级官员以下四考皆中中者进一阶，一中上考复进一阶，一上下考进二阶，有下下考者解任。

623. 市舶使是何种官职？置于何处？

唐代海外贸易发达，为此唐政府设立了专门管理海外商舶贸易的管理机构——市舶司，其长官称市舶使。

开元二年（714）十二月，岭南市舶使、右威卫中郎将周庆立，波斯僧及烈等广造奇器异巧进奉朝廷。岭南监选使、殿中侍御史柳泽上疏玄宗，认为应禁止这种做法。这是有关市舶使较早的一条记载，周庆立在开元二年既已担任市舶使，则市舶使的设立当在此之前。

市舶司设在岭南重要的对外港口广州。市舶司是唐廷派驻广州的机构，不归地方管理。市舶使由皇帝委派，直接对朝廷负责。市舶使和岭南节度使都负有管理对外贸易的职责，但市舶使还有一定的监察权。由于市舶使直接向皇帝负责，所以其权力是相当大的。市舶使除了朝廷特派的朝官之外，通常由岭南节度使兼任，唐后期多由宦官担任，便于朝廷聚敛海外珍奇异宝等奢侈品。市舶司创设之初分工不甚明确，机构亦不完善，甚至没有固定的衙署和完整的档案材料，后来其机构与职能才日趋完善。

市舶使的主要职责是管理海外贸易，例如登记外国商船及其货物，收纳关税，查禁唐朝不许进出口的货物以及对外商人员的管理等皆为其责。市舶司的设立是唐朝加强对外贸易管理的一个举措，也是唐朝海外贸易发展的产物。同时市舶使的监察功能在一定程度上也抑制了广州地方官员借对外贸易而横征暴敛和中饱私囊。

624. 何谓“六部二十四司”？有何职权？

“六部二十四司”是指尚书省下设的吏、户、礼、兵、刑、工六部及其下属的二十四司，负责处理全国军政、财务、兵刑、钱谷等一切事务。六部的主要工作是发布政令，也管理部分实际事务。其中吏部，主要掌文官的铨选、考课、封爵、勋级等事。开元以前，科举考试也由吏部主持，开元二十四年（736）移归礼部。户部，掌全国户口、田赋、仓储等民政、财务方面的政令。礼部，掌全国礼仪、祭祀、教育、科举等政令。兵部，掌管军籍、武官铨选、军训讲武等。刑部，掌全国刑法及徒隶、勾复、关禁的政令，刑部的长官还与大理寺及御史台长官共同参加“三司”推鞫。工部，掌土木、水利工程及国家农、林、牧、渔业的政令。

六部长官称尚书，龙朔中（661～663）曾改为太常伯，正三品。其次官称侍郎，龙朔中曾改为少常伯，吏部侍郎为正四品上，其余五部侍郎均为正四品下。

六部之下各设有四司，共二十四司。司的正长官称郎中，从五品上；副长官称员外郎，从六品上。其下还有主事、令史、书令史、掌固等官员。其中吏部下统吏部、司封、司勋、考功四司。吏部司掌文官阶品、朝集、禄赐、给假、告身、假使；司封司掌封诰、爵位、赐予之级；司勋司掌官吏勋级；考功司掌文武百官功过、考课及其行状。

户部下统户部、度支、金部、仓部四司。其中户部司掌户口、土地、赋役、贡献、蠲免、优复、婚姻、继嗣之事；度支司掌天下租赋、物产丰约之宜，水陆道涂之利，岁计所出而支调之，实即掌管国家财政预算；金部司掌天下库藏出纳、权衡度量之数，管理两京市、宫市等交易之事，并供给宫人、王妃、官员奴婢衣服，其中最主要是掌管国库出纳；仓部司掌天下库储、出纳租税、禄粮、食禀之事，即掌管国家粮库出纳。

礼部下统礼部、祠部、膳部、主客四司。其中礼部司掌礼乐、学校、衣冠、符印、表疏、图书、册命、祥瑞、铺设及百官、宫人丧葬赠赙之数；祠部司掌祠祀、享祭、天文、漏刻、国忌、庙讳、卜筮、医药、僧尼之事；膳部司掌陵庙之牲豆、酒膳；主客司掌外国及少数民族朝觐之事。开元二十四年（736）开始，玄宗诏礼部侍郎主持科举考试，大大提高了礼部的地位。

兵部下统兵部、职方、驾部、库部四司。其中兵部司掌兵马名籍、武官阶品及选授、军戎调遣；职方司掌地图、城隍、镇戍、烽候、防人道路的远近及周边少数民族归化之事；驾部司掌舆辇、驿传、马牛、杂畜等的簿籍；库部司掌兵器、卤簿、仪仗之政令。

刑部下统刑部、都官、比部、司门四司。其中刑部司掌辅佐尚书、侍郎掌律法及按复大理寺及全国各地上报的大案；都官司掌配没之隶和俘囚簿录，给其衣粮医药，并理其诉免；比部司实际上是中央财务审计机关，负责勾会内外赋敛、经费、俸禄、勋赐、赃赎以及军资、器械、和籴、屯田所入；司门司主管天下诸关门禁出之政令，以及各地上缴失物的处理。

工部下统工部、屯田、虞部、水部四司。其中工部司掌城池、土木、工程之政令；屯田司掌全国屯田及在京文武官员的职田、公廨田；虞部司掌京都衢巷、苑囿、山泽、草木及百官、蕃客的蔬果、薪炭的供给及畋猎之事；水部司掌渡口、桥梁、陂堰、沟洫、渔捕、运漕诸事，是国家的水利行政主管部门。

625. 何谓“三省制度”？其详情如何？

“三省制度”是指以中书省、门下省、尚书省为国家最高决策和政务机构，其中，中书省负责提草诏令，门下省负责审议封驳，尚书省负责政务的执行。三省分工明确，相互制约，是古代中央官制发展到成熟阶段的一个标志。

中书省，设中书令二人，是中书省的长官，正二品（代宗以前为正三品）。高宗龙朔元年（661）改中书省为西台，中书令称为右相。光宅元年（684）改中书省为凤阁，中书令称为内史。开元元年（713）改中书省为紫微省，中书令称为紫微令。不久均又恢复旧制。中书令总体负责中书省的事务，安史之乱以前，是当然的宰相，在政事堂议事，决策国家的大政方针。又设有侍郎二人，正三品，也参议朝廷大政，临轩册命，若四夷来朝，则受其表疏而奏之。又有中书舍人六人，正五品上，是中书省的骨干官员，掌侍从进奏，参议表章，草拟诏旨制敕及玺书册命。他们可以就省内所讨论的军国大政及上报的奏状，发表自己的意见，并署名，称为“五花判事”。专门负责执笔草诏的称为“知制诰”。中书舍人中选出一个资格最老的，称为“阁老”，负责处理本省杂事。六名中书舍人还分押尚书省的六部，辅佐宰相判事。此外还有起居舍人二人，从六品上，掌记言记事，季末送往史馆；通事舍人十六人，从六品上，掌朝见引纳，殿廷通奏，导其进退，告以礼节，并接受呈进四夷贡物；有主书四人，从七品上；主事四人，从八品下；右散骑常侍二人，右谏议大夫四人，掌供奉讽谏之事。

门下省，置有侍中二人，为其省长官，正二品（代宗以前为正三品）。高宗龙朔二年改门下省为东台，改侍中为右相。光宅元年，改侍中为纳言。垂拱元年（685）改门下省为鸾台。开元元年改门下省为黄门省，侍中又称黄门监。不久均又恢复旧称。侍中与中书令一样，在安史之乱前都是当然的宰相，政事堂会议的参与者，负责本省事务。有侍郎二人，正三品，一度称为东台侍郎、鸾台侍郎，为门下省之副贰。门下省的属官有左散骑常侍二人，正三品下，掌规讽过失；给事中四人，正五品上，掌分判省事，凡百司奏抄，则驳正违失。凡是诏敕有不便者，涂而奏还，谓之“涂归”；起居郎二人，从六品上，掌记录天下起居。此外，门下省还设有录事四人，从七品上；主事四人，从八品下，分掌各类事务。左补阙六人，从七品上，掌讽谏。城门郎四人，从六品上，掌京城、皇城、宫殿诸门之开关；符宝郎四人，从六品上，掌天子八宝及国家之符节。

尚书省是朝廷的最高行政机构，主要负责具体政务的执行。龙朔二年改尚书省为中台，光宅元年改为文昌台，垂拱元年又改为都台，不久又恢复旧称。尚书省置令一人，正二品，掌典领百官。由于太宗李世民曾在即位前任此职，故此后不复置，即以原副长官左右仆射为本省的实际长官。左右仆射各一人，从二品，唐初也是当然的宰相，总理六部，纲纪庶务。另有左丞一人，正四品上；右丞一人，正四品下，主持省内的日常事务。有左右司郎中各一人，从五品上；员外郎各一人，从六品上，为丞之助手，分判本省六部诸司的事务。以上都是尚书都省的官员，尚书省下设有六部二十四司，分别由左右丞来统摄。

626. 内枢密使是一种什么职官？

内枢密使本称枢密使，因为枢密使之职在唐代全部由宦官充任，所以也称内枢密使。唐朝中期以后，朝廷决策机构多元化的趋势逐步形成。其首要原因是皇帝不断加强自己的决策权力，使皇帝一方面不断夺取和分割决策核心集团一部分成员的权力，一方面又把这些权力交给自己所信任的另一些亲信，使他们成为决策核心集团的新成员。其次则是因为形式齐整的“三省六部制”已不能适应因为社会变化而出现的新情况，导致行政系统以外的使职差遣越设越多，内枢密使便是当时大量出现的使职中的一个。在朝廷核心决策集团在宰相系统之外，又形成了两大系统，即宦官系统与翰林学士系统。其中宦官系统的首脑便是掌领禁军的神策护军中尉和掌握传达皇帝诏令的枢密使。

枢密使的设立开始于代宗统治时期。唐代宗永泰二年（766），设置掌枢密，由宦官充任。其职掌主要是承受表奏，向内中进呈，如果皇帝有所处分，则宣付中书门下施行。当时还没有枢密使的使名。至唐敬宗宝历二年（826），才出现了枢密使的使名，通常设置两员。枢密使的办公场所——枢密院，也分为上下两院。这样，枢密使作为决策核心集团的又一成员，成为翰林学士之外的又一“内相”，和外朝宰相共同构成了唐后期的决策系统。

枢密使承上启下，介于皇帝与宰相之间，随时可以按自己的意见修正宰相的政策。此外，宰相还常常邀请枢密使共同商议政事，如武宗即位之初，想要处死旧相杨嗣复与李珏，宰相李德裕等想要救这两人，便令崔珙（gǒng）、崔郸、陈夷行上奏，又把枢密使邀请到中书省，请他们向皇帝上奏。不仅宰相可以邀请枢密使参加议政，枢密使也可以主动到中书门下与宰相议事。到昭宗时，枢密使出席延英会议更成为惯例，宦官也因此更加骄横。杨复恭、西门季元想要谋夺相权，就在堂状后贴黄，指挥公事，宰相也只能俯首听命。

宦官所担任的左右枢密使，和神策护军左右中尉合称“四贵”，是唐中后期朝廷决策集团的重要成员。枢密使在唐朝后期不仅在实际权力上，而且在任命方式上也和宰相相同。他们与神策中尉虽然在某些情况下也会产生矛盾，但在涉及宦官集团利益时又会一致行动，所以在决策集团中同属于宦官系统。到昭宗时，昭宗听从宰相崔胤的建议，借朱全忠的力量尽诛宦官。五代时期枢密使虽然仍有设置，但已改由士人担任，到宋代时其职掌已转向军事决策方面。

627. 观察使是什么性质的职官?

观察使是唐代地方行政机构——道的行政长官。唐初，道作为一种区域，有几种不同的划分。一是行台省统领的区域；二是作为行军路线的道，如引月道、定襄道，大体按照行军方位、作战地点命名，长官称为某道行军总管；三是作为监察区的道；四是作为军事防御区域，如高祖武德年间，朝廷令关中为十二道，分置十二军，其他像开元年间在边境设置的八道节度使，也是这种道。上述几种道，它们的划分区域都不尽相同。前两种道唐初以后不久就不用了，后两种道，即监察区域的道和军事区域的道则各自划分，使监察权与军权分离，便于朝廷对地方进行控制。到中唐以后，监察区域的道与军事区域的道相互结合，军政长官合一，形成了所谓的藩镇时，道就成了行政实体，成为朝廷与州（府）之间的一级行政组织，地方政区也由州县两级制演变为道、州、县变相的三级制。

唐贞观初年，按照山河形势，分全国为关内、河南、河东、河北、山南、陇右、淮南、江南、剑南、岭南十道。开元二十一年（733），又在原来十道的基础上，增置京畿道、都畿道、黔中道，并分山南道为山南东道和山南西道，分江南道为江南东道和江南西道，共计十五道。每道设采访处置使一人，简称采访使，采访使以“六条”巡察所部，其主要职权为监察，相当于汉代的刺史。采访使作为使职，有的由中央官员兼任，有的则由刺史兼任。同时设判官二人，分别掌判尚书省诸司及州郡簿书；支使二人，出使支郡，其职任就如同节度使的随军；推官一人，掌理推鞫狱讼。

肃宗乾元元年（758），政府改采访处置使为观察处置使，简称观察使。“安史之乱”以前，采访使虽为监察使职，但事实上已成为道的行政长官，与道的军事长官——节度使并行，各自行使职权，不相统属。“安史之乱”以后，因为节度使与采访使并置的二元体制已经不适应当时形势的需要，于是改成观察使，在军事地区以节度使兼任观察使，这就形成了军事指挥权和行政督察权相结合的藩镇；在非军事的重要地区，没有设节度使的，就以观察使为行政长官并兼管军事，与节度使同为藩镇。

唐代中期，黄河南北及关中地区都已设置节度使，只有江南地区，如宣歙、江西、福建、鄂岳、湖南、黔中等只设观察使，岭南西道的桂管、容管、邕管也设观察使，到了唐后期，则多相继改为节度使并加军号。节度使有旌节，观察使没有旌节，所以观察使的地位要比节度使略低，节度使可以兼任观察使。

观察使作为使职，其所带检校官衔从御史中丞到六部尚书不等，其辖领二州以上的地区，照例由观察使兼任治所所在州的刺史，并带都防御使或都团练使衔，凡兵甲、财赋、民俗等事务无所不领。观察使的府署称为使府，可以自辟僚属，有副使一人，判官二人（后减为一人），支使、推官、巡官各一人，转运巡官人数不详，衙推一人，参谋人数不详。

628. 节度使是什么性质的职官？有何职权？

节度使是使职差遣的一种，“安史之乱”以后，成为事实上的地方高级军政长官。唐初，总领地方军民两政的长官为都督、刺史。睿宗景云二年（711），唐廷以贺拔延嗣为凉州都督，充河西节度使，始有节度使之称。玄宗开元年间，因为边防的需要，朝廷在沿边以及沿海的重要地区设置了安西、北庭、河西、朔方、河东、范阳、平卢、陇右、剑南九个节度使，赐有旌节，专制一方，他们的权力已经比都督为重。

“安史之乱”以后，国内战乱不断，内地也都相继设立节度使，而且使之与行政督察权相结合，节度使得以兼任本道观察使及安抚、度支、营田、招讨、经略等使，总掌管内诸州的军事、行政和财政大权，他们的辖区在事实上成了朝廷与州之间的一级行政实体，称为藩镇，节度使也就成了地方的高级军政长官。据《读史方舆纪要》等书记载，德宗以后，全国有藩镇五十余个。

节度使所管辖的地区往往赐以军号，如果以亲王遥领节度使，则称某某道节度大使，而实际上以副大使知节度事，并代行节度使的职务。由于节度使为使职官，没有官阶的规定，通常都要兼领中央官职，所兼官职最高一级的是同平章事，称之使相；次一级的兼衔有“检校三公”、“检校尚书仆射”等。节度使所属文职官员，称之为幕职官，均由节度使自行辟置。所属武职官员主要有：兵马使、都知兵马使、都押衙、都虞候、都教练使等。

629. 节度使府与观察使府都有哪些幕职官?

唐后期的方镇，也称之为“道”，其基本使职是节度使、观察使。两者的官署均称为使府或者幕府，其僚属则称为幕职。

节度使府的幕职官主要有：节度副使、行军司马、判官、掌书记、巡官、推官、参谋等文职和都知兵马使、都押衙、都虞候、都教练使等武官。

观察使府的幕职官主要有：副使、支使、判官、掌书记、推官、巡官、衙推、随军、要籍、进奏官等。

630. 京兆尹是一种什么职官?

京兆尹是唐代京兆府的行政长官。唐代以雍、洛二州为京都，玄宗开元元年（713）改雍州为京兆府，洛州为河南府。以尹及少尹主持府中的行政事务。京兆尹本为雍州别驾，少尹为治中，太宗贞观二十三年（649），改别驾为长史，治中为司马，玄宗开元元年又改名为尹及少尹。

京兆府历称西京、上都，其官员皆同京官待遇。尤其是京兆尹，掌管京城所在之地，繁剧而又重要，其地位并不亚于台省长官。元稹《授卢士玫权知京兆尹制》称：“朕一大清早就亲临便殿，召集丞相以下的官员共商大事，大京兆也是其中的一员。”这说明京兆尹也有权参议国家大事。

作为首都所在地，京兆府的百物供给、夫役调拨，都较外府州为重，而权贵与宦官、禁军将校的横暴，京兆府又首当其冲，所以京兆尹及所属京、畿、赤县的令丞簿尉，朝廷都要挑选能力精强的官员担任。同时，为了防止权贵政要和京兆府官结成势力，唐政府又规定，权要贵戚子弟不得担任京兆府官。

631. 唐代宰相名号是什么？是如何演变的？

唐代宰相名号之多，为历代所仅见。唐承隋制，实行三省六部制，三省长官皆为宰相。中唐以后，同平章事和同中书门下三品成为正规的宰相名称，三省长官若不带同平章事（或同三品），也就不是宰相。

三省长官中书令（中书省）、侍中（门下省）和尚书令（尚书省）在唐初皆为宰相，但尚书令因位高权重，并不轻易授人，有唐一代仅李世民未登基前曾为之。这样，武德（618～626）、贞观(627～649)年间，尚书省副长官仆射不仅是尚书省长官，与中书令、侍中同为相职，而且在众宰相中还具有超出他相的首席地位。

武德年间还没有以三省长官之外的官员任宰相的。太宗时期，以他官参预宰相事的记载逐渐增多。这包括两种情况，一是资历较浅的官员加“参议朝政”、“参知政事”之类名号行宰相之权。另一种情况是给一些老资格的功臣元勋加“平章事”或“同三品”的名号，使其继续参与宰相事务。

高宗时期，以参知政事、参预朝政等名号行宰相事的逐渐减少，安史之乱后则几乎绝迹。而“同中书门下三品”和“同中书门下平章事”在高宗时则相继成为正式固定的宰相名号。高宗后期，“同平章事”的使用更加广泛，而“同中书门下三品”则渐渐减少，代宗之后，“同三品”的名称最终绝迹了。

高宗后期，三省长官作为宰相职官的地位也发生了变化。武德贞观之世，左右仆射具有实际首席宰相的地位。高宗即位时，李勣以太子詹事同中书门下三品，谓同侍中、中书令。仆射本来是从二品，为宰相正官。高宗此举开了一个先例：此后，凡除仆射者，必须加同中书门下三品方为宰相。也就是说，官员只被任命为左右仆射而不加“同中书门下三品”称号便不是宰相，不能参与宰相事务。

开元（713～741）、天宝（742～755）之后，中书令和侍中也不再轻易授人，“安史之乱”后，两省长官已基本停止单授。大历二年(767)，中书令、侍中升为正二品，只有藩镇勋臣才带此称号，但只具有荣誉性质，已失去作为宰相职官的意义。

综上所述，尽管唐代宰相名号，纷繁复杂，大约在代宗大历(766～779）以后，已基本统一到“同中书门下平章事”上来了，终唐之世不变。不论是哪一种职官，只要有“同平章事”之号，均为宰相之任。

632. 开元时设置了哪十个节度使、经略使?

这十个节度使、经略使分别是:

安西节度使,设于开元六年(718)。治所在龟兹(今新疆库车)。统龟兹、疏勒、于阗、碎叶四镇及诸军、城、守捉。辖境西到今咸海,东接阿尔泰山,北至天山,南达昆仑山和阿尔金山。

北庭节度使,设于先天二年(713),治庭州(今新疆吉林萨尔北破城子)。辖翰海、天山、伊吾三军及诸城、守捉。辖境西抵今咸海,北至巴尔喀什湖和额尔齐斯河上游,南抵天山。

河西节度使,设于景云二年(711),治凉州(今甘肃武威)。统赤水、大斗等八军,张掖等三守捉,辖境约当于今甘肃河西走廊及青海北部地区。

朔方节度使,设于开元九年(721),治灵州(今宁夏灵武西南)。统经略、丰安等四军及西、东二受降城、安北都护。辖境约当今宁夏大部、内蒙中西部、蒙古国及俄西伯利亚南部一带。

河东节度使,设于开元十八年,治太原(今太原西南)。统天兵等四军,忻、代、岚三州及云中守捉,辖境约当今山西长城以南,中阳、沁源、左权以北地区。

范阳节度使,设于开元二年,治幽州(今北京西南),统威武等九军及诸城、守捉。辖境约当今河北怀安、新城以东,抚宁、昌黎以西,天津以北地区。

平卢节度使,设于开元七年,治营州(今辽宁朝阳)。统平卢、卢龙二军、榆关守捉、安西都护府。辖境约当今河北遵化、唐山以东,辽宁大凌河以西,阜新、朝阳以南地区。

陇右节度使,设于开元二年,治鄯州(今青海乐都),统临洮、河源等十军,绥和等三守捉。辖境约当今甘肃南部及青海湖以东地区。

剑南节度使,设于开元七年,治益州(今四川成都),统团结营及松、维等八州,天宝、平戎等六军镇。辖境约当今四川中部、贵州西部及云南大部。

岭南经略使,设于开元二十一年,治广州(今广东广州),统清海等二军,桂、容、安南、邕等四经略使。辖境约当今广东除连山、连江以外全省及广西全部,云南东南以及越南中部地区。后升格为节度使。

633. “五坊”是什么机构？五坊使是何种职官？

“五坊”是唐朝宫廷中豢养鹰犬，以供皇帝狩猎的机构。这五坊是雕坊、鹘坊、鹞坊、鹰坊、狗坊，五坊设五坊使一人掌管。至少在唐玄宗时担任五坊使的仍有士人，后来便成为宦官的专任，五坊使也就成为内诸司使之一。开元、天宝时期，以闲厩使兼领五坊使。“安史之乱”后，多以宫苑使兼领，称之为五坊宫苑使，后来，宫苑使别置使，遂与五坊使分置。

自从宦官专任五坊使以后，他们凭借皇帝的势力，经常胡作非为，欺压百姓。史籍中有关五坊小儿，也称小使，即五坊的小宦官，欺凌百姓的记载比比皆是。如代宗大历时，户县令崔发听到门外有人斗殴，一查有人殴打百姓。崔发大怒，下令将打人者捕获，由于当时天色已黑，看不清人的面目，第二天才发现是一名五坊小使。皇帝大怒，下令御史台收捕崔发，还未审问，却被宦官五十余人持棒一顿乱打，几乎打死。此事引起了朝野震动，朝臣纷纷上疏皇帝，要求严惩打人宦官，释放崔发。其中李渤论争最为激烈，皇帝竟然将李渤贬为桂州刺史。德宗贞元中，五坊小使每岁都要到京畿地区放训鹰犬，所到之处官吏必须热情招待，他们到处勒索，百姓畏之如寇盗。有时他们张网于百姓家门或井口，使人不能出入和打水，或者聚集于酒家，随意吃喝，走时还留下一筐蛇，要主人好好饲养，不要使其饥渴。主人只有拿钱贿赂，方肯将蛇提去。顺宗“永贞革新”则一度罢废，而后更加猖狂。宪宗元和初年，有一小使到下邽县（今陕西渭南北），县令裴寰除了在公馆予以接待外，此外再无宴请送礼，小使大怒，回来向宪宗诉说裴寰无礼。宪宗遂下令将裴寰逮捕下狱治罪。后经宰相武元衡以及裴度等人极力劝谏，才将裴寰释放。由于皇帝的袒护，五坊宦官气焰更加嚣张。

五坊下属的人吏颇多，不仅有大批小宦官在那里做事，而且唐朝还给五坊配备了色役户，专门负责五坊为所养的鹰犬提供食物和力役，他们归五坊使直接管辖，剥削量非常沉重，是当时的弊政之一。直到元和二年（807）六月，才将五坊色役户划归州县，不再直隶于五坊。

634. 尚书都省是什么机构？

尚书都省是唐代尚书省的总官署，又称为都司、都台或都堂，内部机构设左右两司。都堂居中央，吏、户、礼三部居其东，兵、刑、工三部居其西。

尚书都省的职官编制定额为九十五人，其中长官尚书令一人，正二品，总领百官，仪刑端揆，职权特重。由于武德（618～626）中秦王李世民曾任该职，此后人臣皆避而不敢居此位。龙朔二年（662）废尚书令衔，以左右仆射为尚书省长官。左右仆射各一人，从二品，本为尚书省副职，后为长官，总理六官，纲纪庶务，别司之僚，皆为统属。龙朔二年改称左右匡政，武则天时又改为文昌左右相，玄宗开元（713～741）初曾称左右丞相，天宝（742～755）后复称左右仆射。其下还有左右丞各一人，其中左丞正四品上，分管吏、户、礼三部，右丞正四品下，分管兵、刑、工三部，二丞共同主持省内日常工作。除此以外，还有左右司郎中各一人，左右司员外郎各一人，分判六部诸司，都事六人，主事六人，令史十八人，书令史三十六人，亭长六人，掌固十四人。

尚书省是国家行政权力最高执行机关。都省统领百官，指令六部，提举纲纪，总理国务。主要职权包括：召开八座会议、讨论决定各类行政事务。所谓“八座”，即左右仆射和吏、户、礼、兵、刑、工六部尚书，八座会议是尚书省最高级行政会议，所议之事包括：向皇帝荐举人才，上承皇帝敕旨任官，下统吏部选贤举能，从组织上保证军国政令的执行；决辞听讼，汇理冤滥大案，掌管官府纪纲程式，纠正省内违失，弹劾御史不当者，从法纪上保证军国政令的贯彻执行；迅速而准确地处理公文密件，保持上下政情通达，包括抄写复制公文，检核行朱讫监印，发遣公文以及检查各地各单位对公文的处理情况；纠察省属官员，封还诏书等。

635. 御史台是什么机构？设置有哪些官职？

唐承隋制，设置御史台，为全国最高监察机构。御史台长官称大夫，设一人，正三品；次官唐初称治书御史中丞，高宗时，改称御史中丞，正五品下。由于御史大夫地位尊贵一般不轻易授人，故御史中丞成为御史台的实际长官。

高宗龙朔二年（662），改御史台为宪台，大夫改称大司宪，中丞改称司宪大夫。睿宗文明元年（684），改御史台为肃政台，武则天光宅元年（684），又分御史台为左右台，左台知百司，监军旅；右台察州县，省风俗。神龙元年（705），中宗改左右肃政台为左右御史台。到先天元年（712）又合并为一台。

御史台下辖三院：台院主察京官；殿院察殿廷礼仪；察院巡按州县。分别由侍御史（从六品下）、殿中侍御史（从七品上）、监察御史（正八品上）居其职，合称三院御史。三院分工负责，构成了一个十分完整而严密的监察体系。其中，侍御史四人，掌纠举弹劾百僚、推鞫狱讼、知公廨等事。弹劾是指按朝廷行政法规指控官员的不法行为；推鞫狱讼是指对被告发官员进行审理；知公廨是指处理台内的日常杂务。殿中侍御史六人，掌殿廷供奉之仪式，在朝廷的重大典礼活动中，负责纠察殿廷供奉的仪式，包括典礼的服饰、祭祀和皇帝巡省的大驾卤簿及一应文物的准备情况。监察御史十人，主要任务是分察百僚，凡狱讼、军戎、祭祀、营作、太府出纳等事均莅临监察。

御史台除在中央有设置之外，肃宗至德以后，诸道使府参佐，皆带御史衔，谓之“外台”。另外在东都洛阳设有留台，有中丞一人，侍御史一人，殿中侍御史二人，监察御史三人；元和以后，不置中丞，以侍史或殿中侍御史、监察御史主持留台事务。

太宗时期允许其风闻奏事，凡纠弹失真也不予追究。开元十四年（726）以后，宰相以御史权重，建议弹奏先告知中丞、大夫，再通状中书、门下，然后得奏，这样御史纠弹就受到了三省的制约。中唐以后，凡藩镇跋扈的地区，御史难以履职，其他藩镇州县内，御史的纠弹之权也不同程度地受到其他使职的侵夺，御史台的监察职能已无法得到正常的发挥。

636. 翰林院是什么机构？有什么职权？

唐朝在宫禁之中设有翰林院，为文人学士、卜医技艺等供奉官待诏之所，其中有词学、经术、合练、僧、道、卜祝、术艺、书、奕等类别，大都是以自己的专长陪天子作诗、写字、下棋、绘画或举行宴乐活动，这时的翰林院与政治没有多大关系。

玄宗初年，选文学之士人禁中，号为“翰林待诏”、“翰林供奉”等，掌四方进奏，中外表疏批答，判诏书敕，应和文章，以备顾问。随着政务的纷纭复杂，唐玄宗以中书务剧，文学多滞为由，于翰林院之外，另设学士院，改供奉为学士，号为“内相”，为天子私人，专掌内命，使学士院变为皇帝直接指挥下的政治机关，是皇帝削弱相权，加强皇权的产物。

学士院的职责主要是起草重要诏令，凡任免将相，册立皇后、太子，号令征伐或宣布大赦，均由学士院学士事先承命撰写，次日召集群臣宣布。起草诏书本来是中书舍人或知制诰之职，自从学士院设立之后，中书省只掌普通诏敕的修撰，用黄麻纸书写，称为“外判”；学士院则掌重要诏敕，机密程度颇高，用白麻纸来书写，称为“内判”。德宗兴元（784）以后，诏书则全由翰林学士草拟，中书舍人名存实亡。学士院还负责协助皇帝处理或批答四方进奏、中外表疏。除此以外，翰林学士还侍从皇帝左右，应对顾问。

学士院供职的主要官员是翰林学士，一般为六人，均以词艺学识俱佳者充任。其中，以年长德高者一人为承旨学士，是学士院的负责人，权任尤重。由于学士院并非国家正规机构，又直属皇帝，所以职官编制的伸缩性颇大。另外由于翰林学士在唐代也不是正官，只是差遣职务，上至各部郎中，下至京畿县尉，皆可任之。由于学士升迁甚易，甚至可以拜相，故文士皆以登翰林为荣。

637. 武则天为什么要设置控鹤府？它是什么机构？

张易之、张昌宗兄弟入侍武则天，成为女皇的新宠以后，为进一步加强他们的尊贵地位，武则天于圣历二年（699）正月，又特置控鹤府，以原任司卫少卿的张易之为新机构的长官——控鹤监。这个新设机构的名称颇具道教色彩，一方面似乎与初通道术的张氏兄弟有关，另一方面也反映了步入晚年的武则天渴望从繁重的政务中解脱、享受余生的思想。该机构本来就没有什么公务，只是招集了一批文采风流、倜傥潇洒的文人学士、俊美少年在宫中大行宴饮，陪伴武则天行乐。内中任职的人员除二张外，还有左台（御史台）中丞吉顼、殿中监田归道、夏官侍郎（兵部侍郎）李迥秀，以及凤阁舍人（中书舍人）薛稷和正谏大夫员半千等。

同年六月，武则天将控鹤府改名为奉宸府，张易之任奉宸令。“宸”是指皇帝的住所，同时，又引当时著名文人周朝隐、薛稷、员半千等为奉宸供奉。因此，“奉宸”有侍奉皇帝燕居生活之意。据记载，武则天每次宴集，都命令与宴的奉宸供奉官以嘲戏公卿大臣为乐；如果是内殿曲宴，则让二张兄弟与诸武宗亲及一班阿谀大臣侍坐其间，纵情畅饮、博戏享乐。为了改变朝臣们对这个新机构的不良印象，也为了给张氏兄弟找点儿正经事干，武则天下令让张氏兄弟带领奉宸府内属官文士李峤、宋之问等负责编修《三教珠英》。所谓《三教珠英》，就是从儒、道、佛三教的浩翰典籍中选择、摘录名言警句加以汇编。当然主要事务是由专门的文学之士担任的，二张只是挂名而已。为进一步追求享乐，晚年的武则天则开始多选美少年充盈奉宸府，以至于有些不知羞耻的人自荐貌美，请求入宫侍奉女皇。对此朝廷舆论大哗，而武则天仍我行我素，不为所动。

控鹤府（奉宸府）的存在与发展，不仅使二张兄弟在朝廷网罗了一批支持者，从而在其周围形成了一股政治势力，并开始左右朝政，也使得晚年的武则天怠于朝政，纵情声色之娱，对武周政局产生了消极影响。

638. 什么叫“宫市”？为什么当时人对它大加指责？

白居易的《卖炭翁》云：“翩翩两骑来是谁，黄衣使者白衫儿。手把文书口称敕，回车叱牛牵向北。一车炭，千余斤，宫使驱将惜不得。半匹黄纱一丈绫，系向牛头充炭直。”这正是中唐之世扰民的宫市的真实写照。什么是宫市呢？我们都知道京城的皇宫住着皇帝、皇后、皇子、皇孙，还有数不过来的妃子、宫女、宦官，这么一大帮人每天肯定要消费很多东西，吃、喝、用等等，而这些东西皇宫内不可能全部自产，也不可能全靠贡献，所以就要派人到集市上采购。起初有专门负责为皇宫置办物品的官员，但从天宝末年开始出现宦官代为采买的现象，而且随着“安史之乱”以后宦官势力的逐渐扩大，到德宗贞元末年正式改由宦官为宫市使，负责为宫中采购物品。宫市使采购多压价强买，仗势欺市，因此“宫市”就是指唐时宦官承办宫中用品，在市场上以低价强购掠夺商品的方式。后来宫市使干脆又设置“白望”数十人于长安东、西两市及闹市区，凡见所需之物，则强迫卖主送到皇宫，所付价钱甚至不到十分之一。卖主把货送到宫门口时，还要被征收进门的钱，等等。名为宫市，实为劫掠。

正因为宦官打着为皇宫采购的旗号，光天化日之下在街市行抢、勒索，致使怨声载道，所以顺宗皇帝即位后，在王叔文等人的建议下，罢去宫市，长安市民为之欢呼雀跃。

639. 政事堂是什么机构？有什么变化？

政事堂是唐代宰相们议政的场所。政事堂大体上经历了三个发展时期，即门下省政事堂、中书省政事堂和改为中书门下时期。

唐代中书省负责草拟诏令，门下省负责封驳，所以在行政运作中容易出现意见相左，产生矛盾。于是太宗就规定两省先在政事堂议定，然后奏闻，以提高办事效率。可见在唐初，政事堂的主要作用是协调中书、门下两省关系的，所以这时的政事堂就设在门下省。至高宗末年，裴炎任中书令，由于他长期执笔政事堂，即长期担任首席宰相，所以就把政事堂从门下省移到中书省，表明中枢决策重心由门下省转到了中书省。

至开元时期（713～741），政事堂又发生了进一步的变化，这就是改政事堂为中书门下。玄宗以前的宰相都为兼职，无论三省长官担任宰相，还是由他官充任，他们都有自己的本职工作，往往是上午在政事堂议事，下午则回到原部门办公。开元以后，宰相数目减少，且成为专职，这就有必要为宰相们设立一个专门的办公机构。开元十一年（723），宰相张说奏改政事堂为中书门下，政事印也改为中书门下之印，在政事堂正厅之后，设置了吏房、枢机房、兵房、户房、刑礼房，谓之“堂后五房”，作为政事堂的秘书班子。

在政事堂（中书门下）办公的诸位宰相中，有一位秉笔宰相，谓之“执政事笔”。秉笔宰相具有首席宰相的身份。起初规定宰相们每十日一秉笔，到德宗贞元十年（794）又改为每日一人轮流秉笔，其目的就是为了防止首席宰相的专权，但并未能坚持下去，长期秉笔的宰相依然存在。他们不仅主持政事堂会议，承接诏旨，而且值宿于政事堂中，百僚请示问题，也由秉笔宰相应对，可见秉笔宰相在处理中书门下（政事堂）日常事务方面具有相当的职权。

宰相在政事堂处理日常事务，有“堂帖”与“堂案”两种形式。其区别在于堂帖是处理在京各部门事务的公文，堂案则是处理地方事务的公文，堂帖和堂案都必须由秉笔宰相签署，其他几位宰相同署。

640. 史馆制度始于何时？有什么历史影响？

史馆始置于太宗贞观三年（629）。南北朝时，修史之任属秘书省著作曹，并有了“史馆”之称。唐太宗重视修史工作，于是别置史馆，以宰相为监修，隶属门下省，开元（713～741）时又改隶于中书省。

史馆置修撰四人，其资格较老者为直馆。天宝（742～755）以后，以他官兼史职者称修撰，初入馆者称直馆。元和六年（811）又规定朝官领史职者为修撰，以高官一人判管事，未登朝官者皆为直馆。天祐二年（905）又改修撰为兼修国史，以崇其名。另外还有楷书手二十五人、典书四人、亭长二人、掌固六人、装潢直一人、熟纸匠六人。史官掌修国史，不虚美，不隐恶，直书其事。但天地日月、山川封域、昭穆继代、礼乐师旅、诛赏废兴等事，都以起居注、时政记所记为准，以编年为其体例。唐代史馆荟萃了当时史界之精华，组成修撰集体，利用丰富的资料等优越条件以及政府的大力支持，修撰人员责成事功，分工合作，开创了修撰国史的一种较好模式，它具有私人修史不可比拟的优越条件。

我国自古就有设立史官的传统，但官修史书的制度化则完成于唐代，自此以后历代政府都有为前一王朝修撰史书的责任，成为一个优良的传统。史馆最主要的职责还是撰修本国国史，即当代人修当代史，并成为一种制度，保证了历史记载的延绵不断。

641. 唐朝掌管观察天文、编制历法的机构是什么?

唐朝掌管观察天文、编制历法的机构是司天台。唐初称为太史监，武德中称为太史局，此后名称几经变化，如秘书阁局、浑天监、浑仪监等，大体上称“局”则隶属秘书省，称“监”则独立为署。直到乾元元年（758）改称为司天台，从此以后司天台就成为独立的国家天文气象机关。

司天台长官为司天监，从三品，与秘书监同品，其下设有司天少监、丞、主簿，还有正、副正、保章正、监候、司历、灵台郎、挈壶正、司辰等，均为技术官。其中五官正分为春官正、夏官正、秋官正、冬官正、中官正等，掌测验天文，考订历法，每季向朝廷报告所测日月星辰、风云、气候、祥瑞。每年制定历法，呈报皇帝后颁布。选择祭祀、冠婚及其他重大典礼的日期。其具体分工是：五官正各一人，正五品上；副正各一人，正六品上，掌司四时及其方变异；五官保章正各一人，从七品上；五官监候各三人，正八品上；五官司历各一人，从八品上，掌历法及测影。五官灵台郎一人，正七品下，掌天文变化；五官挈壶正各一人，五官司辰各三人，掌知漏刻。另外还有观生、历生七百二十六人。

642. 秦王府“十八学士”指哪些人?

秦王李世民在统一天下的过程中，大力网罗文武人才，“秦王府十八学士”便是其中的佼佼者。

武德四年（621），李世民指挥的统一战争已取得决定性胜利，李世民开始把兴趣由崇尚军事转到以文治国的方面。他在秦王府开文学馆，召集名儒十八人为学士，与之议天下大事。所谓“十八学士”，有杜如晦、房玄龄、虞世南、褚亮、姚思廉、李宏道、蔡允恭、薛元敬、颜相时、薛简、于志宁、苏世长、薛收、李守素、陆德明、孔颖达、盖文达、许敬宗。这些人各有专长，或长于谋略，或长于文学，或长于学术，可谓是名流荟萃，一时之选。他们大都是秦王府的官员，在文学馆中是以本官兼文学馆学士。李世民将十八人分三组，轮流在文学馆值宿上班。他们一般白天处理本职工作，公务之余或晚上在馆内研读经史，为李世民提供咨询。

李世民为他们提供丰盛菜肴，恩礼优厚。还令阎立本为他们画像，由褚亮为之撰写赞词，为《十八学士写真图》。时人喻入选学士为“登瀛州”，意思是犹如成仙。

李世民的秦王府十八学士实际上是他的智囊团，房玄龄、杜如晦则是这个智囊团中的首席顾问。正是这个智囊团同秦王府的尉迟敬德、程知节、秦叔宝等一批猛将，一文一武，辅佐李世民取得了“玄武门之变”的成功，成为李世民登上帝位的主要依靠力量。

643. 唐朝的入仕途径有哪些?

唐朝的入仕途径包括：科举考试、门荫、流外入流、行伍和入幕等几种。通过这些途径取得做官的资格，然后参加吏部或兵部主持的铨选。

所谓科举，就是分科取人的意思。隋朝创立科举制度，到唐代臻于完善。唐代科举中以进士、明经两科最为重要。唐代的科举有每年举行的常科，其科目依据举人的条件分为秀才、明经、进士、明法、明算、童子等科。参加常举的有两类人：一是国子监、弘文馆、崇文馆的学生；二是州县举人。他们都没有官资，一旦科举及第就有了出身，即获得了做官的资格。除常举以外还有由皇帝下诏临时举行的制举，制举的应试者可以是有官职的人，也可以是白身。制举的名目繁多，也不固定，常见的有“贤良方正能直言极谏科”、“博通故典达于教化科”等数十种。此外还有武举，出现于长安二年（702），由兵部主持，举人由各州县选送，考试科目有马射、步射、马枪等，可以根据成绩授以官职。尽管一般士人常科及第后就获得了做官的资格，但并不等于参加考试后不久就可以做官，须待若干选后才可以赴集。

门荫出身主要指贵族子弟如皇亲国戚、亲王以下子孙、公主及郡主子和五品以上中高级官员子孙。这些贵族官僚子弟除少数情况外，一般要通过以下途径才能获得参选资格，比如五品以上高官的子孙在担任亲卫、勋卫、翊卫等卫官后若干年，随文武散官参加本部的简试，合格者就可作为有出身人参加兵部、吏部的铨选。又如五品以上官子孙和六品官之子在担任斋郎、挽郎等若干年后，也可以在吏部参选，称为“黄衣选人”。再如大部分斋郎、品子和勋官可以通过纳资或番上获得散官，再经过番上或纳资两年后，就可以获得参加文武铨选的资格。

流外出身者在担任胥吏、技艺人才、专门学生等之后，经过一定的年限，考满后就可以参选入流，入流之后就成为职事官，以后就可以参加文武六品以下官的铨选。

行伍出身者主要通过军功获得勋官，或者擢补低级将校而进入仕途。而入幕则是指在节度使或观察使府担任幕职官，而后进入仕途。

644. 兵部铨选都进行哪些考试?

唐代兵部铨选考试项目共有五项：即长垛、马射、马枪、步射、应对。其中长垛是指远距离射箭，马射、步射都是考校箭法，马枪考枪法，应对则是考言辞、兵法。考试后又按“三奇”决其选，一曰骁勇，二曰材用，三曰可为统帅之用。其中优异者考试完毕后，根据其资劳，量为注拟。五品以上官报送中书门下，六品以下量资注拟。其在军镇要籍者，不得赴选，委节度使铨试，其等第申报尚书省。注官程序与吏部铨选文官相同。

645. 唐朝的科举都包括哪些科目?

科举制是一种允许士人自愿向官府报名，经过分科考试根据成绩从中选择人才任官的制度。此制创始于隋，至唐趋于完善。自唐代开始，科举分为“常科”和“制举”两种。所谓常科，就是根据制度定期举行的考试；制举，则是根据需要临时和不定期举行的考试。

常科的科目设置如下：

进士科：科举中最主要的科目，始置于隋炀帝大业二年（606）。

唐代最重进士，被看做是仕途中的正途。考试内容有：试策（对时事发表议论）、帖经（对儒家经典的掌握程度）、杂文（即吟诗作赋的才能，由于这一考试内容，进士科又被称为“词科”或“辞科”）。

秀才科：唐以博识高才、强学博闻者为秀才，此科最为难考，士人多不敢报考。唐高宗时废除。

明经科：主要考查士人对儒家经典的掌握程度。又细分为五经、三经、学究一经、三礼、三传等。唐代以《礼记》、《春秋左氏传》为大经；《诗经》、《周礼》、《仪礼》为中经；《易经》、《尚书》、《春秋公羊传》、《春秋谷梁传》为小经；而《孝经》与《论语》则要求凡参加科举考试的人均须熟习。凡通三经者为明经。

明法科：属于法律科，选拔法律人才。

明算科：选拔精通数学的人才。

史科：唐穆宗（820～824）时置，分一史与三史两科，选拔具有史学才能的人才。

开元礼科：唐德宗贞元（785～805）年间置，考唐玄宗开元（713～741）年间修定的《开元礼》，选拔礼仪人才。

道举：唐玄宗开元二十九年（741）置。考试内容为《老子》、《庄子》、《列子》、《文子》等道家经典，及第后待遇同明经。

童子科：凡童子十岁以下，通一经及《孝经》、《论语》，每卷诵文十道全通者，授官；通七者，赐童子科出身。

制举的科目设置极为繁多，大致可归纳为文词、军功、吏治、长才、不遇、儒学、贤良忠直七科。属于“文词”科的如辞殚文律科、文以经国科、文辞雅丽科等。属“军功”科的如将帅科、武足安邦科、军谋宏远堪任将帅科等。属“吏治”科的如详明吏理达于教化科、清廉守节致术可堪任县令科、达于吏理可使从政科等。属“长才”科的如文艺优长科、绝伦科、茂才异等科等。属“不遇”科的如才高位下科、才高沉沦草泽自举科、才高未达沉迹下僚科等。属“儒学”科的如抱儒素之业科、文儒异等科、风雅古调科等。属“贤良忠直”科的如志烈秋霜科、疾恶科、贤良方正科等。

制科的考试是在内殿举行，皇帝亲临现场观摩。被录取的待遇是成绩优异者直接授官，其次则给出身（即做官的资格）。唐末五代，制科渐趋废弛。

此外，武则天在长安二年（702）创立专为选拔武官而设的科目，称为武科，亦称武举，由兵部主持。贞元十四年（798）至元和三年（808）武举曾一度中断，此后则定期举行。

646. 唐朝的制科是怎么回事？

关于“制科”，人们一般理解为是由皇帝本人亲自主持的科举考试，因为它通常在京城宫殿中举行，所以又称为“殿试”。《册府元龟·贡举部·总序》说，制诰举人从高宗显庆年间开始，到玄宗开元及德宗贞元时期臻于极盛。因为根据《旧唐书·高宗本纪》的记载，显庆四年（659），高宗曾经亲自策试举人，当时应诏参加制举的共有九百多个人。但查阅有关唐史的其他资料，可以发现，早在高宗显庆以前，已经有制举的存在，如崔仁师在武德初年应制举，被授为管州录事参军；崔信明在贞观六年（632）应诏举，得授兴世丞。《新唐书·选举制》关于制举的定义是：“其天子自诏者曰制举。”《通典·选举三》的定义是：“其制诏举人，不有常科，皆标其目而搜扬之。”都没有提到皇帝亲自策试的问题，这说明“制科”的原始概念就是皇帝下诏分科举人。显然，这是承袭了隋代分科举人的旧制，不过在唐代日益完备，特别是显庆以后，进入了由皇帝亲临策试的新阶段。

制举科目的确定，是根据皇帝的意愿临时决定的。通计有唐一代，大约有贤良方正、直言极谏、文辞清丽、博学通艺、武足安邦、志烈秋霜、不求闻达、英才杰出、经明行修等百十余种。应制举考试的考生，既可以是平民，也可以是科举及第者，或是现任的官员，录取人数则每次仅有数名。平民及第，可以立即授予官职；现任官员制举榜上有名者，可以依原官升迁。所以有才华的士子，往往在常科及第后，又去参加各种名目的制举，借以提高知名度，以利于升迁，如唐代著名诗人贺知章，在证圣元年（695）先举进士，又举超拔群类科制举；张九龄中进士之后，始任校书郎，后以道侔伊吕科策高第，迁为左拾遗。

制举除下诏令各级官员举荐外，还允许自举，这就可能使有志向、有才能的士子和下级官吏不必通过各种社会关系，仅凭自己的考试成绩就可平步青云。制举的根本目的，是选拔高层次的栋梁之才，这种以考试成绩选拔官吏的方式，使唐政权比较开放，也使它有了更为广泛的社会基础。但由于制举每次录取人数较少，又不是常科，所以在整个科举制度中所占地位并不重要。

647. 唐朝的进士及第后是否马上可以任官?

唐代常举考试须先通过礼部试，进士科是常举科目之一，进士科及第仅获得了出身后，要做官还必须通过吏部主持的“四才”考试，即身、言、书、判的考试。身，指体貌丰伟（体格健壮，仪表堂堂，神气深厚）；言，即言辞辩正（语言流利，口齿清楚，善言雄辩，对答敏捷）；书，即楷法优美（书法端正，工整大方，笔力雄健，苍劲秀丽）；判，即文理优长。判的内容是取州县府寺疑案，命其决断，以考其是否具有处理政务的能力。“四才”合格者，始得释褐除官，故吏部试亦称“释褐试”。

648. 进士科为什么最为兴盛?

科举是唐代知识分子的政治出路，在诸科之中，进士科对知识分子最具吸引力。唐代常举诸科中，明法、明书、明算是选拔专门人才的科目，对士子的吸引力不大。秀才科非常难考，命中率极低，一般士人也不愿参加。明经科对士人的吸引力则远不如进士科。其原因在于：首先，考进士远不如考明经容易，因而社会上对考中进士的人看得更重，而有才华的士子也以考中进士为荣。唐代进士的录取率是百分之一二，而明经的录取率为十分之一二。物以稀为贵，由于进士录取率远低于明经，所以当时有“三十老明经，五十少进士”的说法，重进士、轻明经的倾向显而易见。进士比明经难考，是因为两者考试内容上有较大差异，明经主要考应试者对儒家经典的掌握程度，考生只要对儒家经典死记硬背，便可稳操胜券。而进士科除了考儒家经典外，还有试策和杂文两项，要求有较高的写作水平。以文章取士比起死记硬背儒家经典的考试，能给士人以较大的自由发挥余地和表现自身才华的机会，也更能体现出考生的真实水平。

进士科为人看重的原因之二是进士及第者仕途明显优于明经，升迁较快。特别是唐中后期，进士科成为高级官员的主要来源。唐前期，高级官员主要来源于门荫（唐代官员的入仕途径之一，指依靠父祖辈官职的庇护而进入官场），明经出身者也能致取高位。至中后期，进士及第者多能进入高级官员行列，而宰相也几乎全部来自进士及第者。这就更加促进了人们对进士科的推重。唐代，人们在观念上就以“进士为士林华选”；“搢绅虽位极人臣”，若不是进士出身，则“终不为美”。唐宣宗特别看重进士科，喜欢问大臣的出身，若听说是进士出身，就特别尊重；若大臣人物出众，但并非进士出身，则殊表惋惜。参加进士考试的人，在应考之前，就被推重为“白衣卿相”、“一品白衫”。进士科的兴盛和一枝独秀，由此可见一斑，遂使进士科发展较快，成为最重要的考试科目。

649. 凌烟阁是何种性质的机构?

凌烟阁是唐代表彰功臣的一个机构，设在西内太极宫中，它是仿东汉云台阁之制，将功臣画像陈列其中，供后代学习和瞻仰。它的最初设立是在贞观十七年（643），当时正值贞观盛世，由于唐太宗的任贤纳谏，太宗一朝人才济济，蔚为大观。唐太宗正是依靠这批人才尽心竭力地辅佐，才促成了“贞观之治”。出于对这些功臣的纪念，同时也为了教育后代子孙。贞观十七年二月二十八日，唐太宗下诏在凌烟阁图画二十四位功臣的相貌。这二十四位功臣依次是：赵国公长孙无忌、河间王李孝恭、故莱国公杜如晦、故郑文贞公魏征、梁国公房玄龄、申国公高士廉、鄂国公尉迟敬德、卫国公李靖、宋国公萧瑀、故褒国忠壮公段志玄、夔国公刘弘基、故蒋国公屈突通、故勋国公殷开山、故谯襄公柴绍、故邳襄公长孙顺德、勋国公张亮、陈国公侯君集、故郯襄公张公谨、卢国公程知节、故永兴懿公虞世南、故渝襄公刘政会、莒国公唐俭、英国公李勣、故胡壮公秦叔宝。上述二十四位功臣，皆为开国功臣，其中有不少在画像时业已去世。

唐太宗的这一做法为后来唐代诸帝所继承，凡是对在位皇帝做出巨大贡献的功臣，都可列入凌烟阁，享受后世的敬仰。例如建中二年（781），唐德宗因中书令郭子仪功勋卓著，下令将他图形凌烟阁。贞元五年（789），唐德宗又令图画太尉李晟、侍中马燧于凌烟阁，因他们二人在平定藩镇叛乱中战功赫赫。唐朝的许多著名大臣都被图形凌烟阁，如桓彦范、刘幽求、戴胄、马周、娄师德、张九龄、张柬之、张巡、许远、卢奕等，其中有许多大臣是唐后期诸帝追加上去的。

朱温迫唐迁都洛阳后，认为西京有凌烟阁，而自己功劳很大，也应名列其中，于是在洛阳也修了一个类似凌烟阁的机构，但这只是徒有虚名而已。

650. 所谓“开延英”是什么意思?

所谓“开延英”，就是指召开延英殿决策会议，是唐朝宰相面见皇帝、进行商讨决策的一种形式。隋唐时正式的御前决策会议称为正衙朝参，也称为常参。常参会议主要是就军国政事和百官奏议进行决策，其内容包括施政方针、太子废立和皇帝行止等，涉及十分广泛。参加会议的官员则为文武五品以上的职事官，以及中书、门下的两省供奉官、监察御史、员外郎、太常博士，统称为常参官。为了提高决策的效能，保持重大决策的秘密性，唐政府在常参会议之外，又产生了一种新的御前决策会议，即仗下后会议。唐制规定，在常参会议百官奏事完毕，百官随陈列于朝堂的仪仗队退出殿廷以后，皇帝再和宰相以及有关大臣决议军国大事。仗下后会议比常参会议更为灵活，决策效率和保密性也得到了提高，所以在高宗以后，仗下后会议逐渐代替了常参会议。但是这种以宰相和有关大臣单独面见皇帝的方式，也存在许多弊病，主要表现在某些官员利用奏事的机会，攻击他人，或向皇帝提出一些非分的要求，同时，仗下后会议都在常参会议后举行，遇到有需要立即决议的军国大事，往往要被耽误。这样，新的适应需要的御前决策会议——延英殿决策会议就应运而生了。

延英会议产生于唐代宗大历以后，也称之为延英召对，其每次召开，可以由皇帝召见宰相，也可以由宰相奏请开延英，是一种灵活性很强的御前决策形式。初期是根据需要不定期地召开，到后来则逐渐演变为常设性的会议。昭宗天祐二年（905）十二月敕文说："以后每月只许于一、五、九日开延英会议，一月共计九次。但如果有重要的公事，中书、门下奏开延英，则没有日数的限制。"可见延英会议的召开，在唐朝后期已经成为定制，而且有取代仗下后会议的趋势。

延英会议的参加者，主要是皇帝和宰相。为了避免仗下后会议中允许大臣单独向皇帝奏事而出现的弊病，特别规定在举行延英会议时，宰相必须集体面见皇帝而不能单独奏事。有时也允许决策集团中的其他成员参加。大历（766～779）年间，就已经有中书舍人入延英殿论事，此外，代宗有时也会在延英殿分批召见中书舍人和谏官。在这之后，朝廷的其他高级官员也逐渐被吸收参加延英会议。但宰相以外的其他高级官员，一般是在皇帝与宰相议政完毕以后，才得以进入延英殿会见皇帝，所以他们又被称为次对官。宪宗元和（806～820）以后，次对官参加延英会议成为定制。这在唐代中期以后复杂多变的政治环境中，能够集思广益，加强决策的可行性。同时，随着宦官群体的发展，宦官势力也逐渐渗透到延英会议中。早在文宗大和九年（835）甘露事变以后，宦官就已一度参加了延英会议；到唐僖宗时，神策中尉、枢密使等宦官首领也经常参加延英会议，由此加强了他们对朝廷决策的控制。

延英会议由皇帝亲自主持，部分议题也是由皇帝提出，会议的决策等当然也以此为转移。不过在多数情况下，都是由宰相提出议案，经过讨论得到皇帝的口头批准，再由宰相拟订具体的执行办法呈交皇帝，得到皇帝最后的书面批准以后，成为确定的决策。这是延英会议的一种常用决策程序。

延英会议与常参会议相比，除了具有高度的灵活性以外，还有两个明显的优越性：一是保密性高；二是议题广泛，论辩深入。延英会议除讨论军国大事外，对讨论内容并不加以限制。讨论时宰相也可以就所讨论的事情和皇帝展开辩论。如德宗时的宰相杨炎、崔祐甫等，就经常在延英会议上和德宗辩论军国大事，有时甚至到了无复君臣之礼的地步，而对于不敢参加辩论的宰相，不但要受到舆论的责难，甚至还会被认为是“循默”而免职。由于延英会议具有上述优越性，便成为唐朝中期以后最重要的御前决策会议。

651. 开元中唐朝的妃嫔制度有什么变化?

开元之前，后宫妃嫔制度主要继承了隋制：皇后之下，设贵妃、淑妃、德妃、贤妃各一人，称四夫人，品阶都为正一品；夫人之下设昭仪、昭容、昭媛、修仪、修容、修媛、充仪、充容、充媛各一人，为九嫔，正二品；九嫔之下设婕妤（jiéyú）九人，正三品；美人九人，正四品；才人九人，正五品；宝林二十七人，正六品；御女二十七人，正七品；采女二十七人，正八品。这样唐朝皇帝有品级的妃嫔就达一百二十位之多，另外还有属于后宫各部门的女官，负责宫内的各类具体事务。

开元（713～741）年间，玄宗在皇后之下设立四妃，以效法先古时期五帝之一的帝喾（kù）。不久又改为三夫人，即惠妃、丽妃、华妃，品阶仍为正一品。又增设了芳仪六人，正二品；美人四人，正三品；才人七人，正四品，尚宫、尚仪、尚服各二人，正五品。从六品到九品的各种女官若干人，按照宫中各个部门的职务品级依次排列。这样妃嫔制度的变化就减少了皇帝妃嫔的总数，而五品以下妃嫔的女官色彩更加强烈，职责更加具体。但这种变化维持时间不长，后多又参用开元以前的妃嫔名称了，增设了贵妃等妃嫔。

652. 什么是外命妇？其等级是如何划分的？

外命妇是相对于皇帝妃嫔而言的，特指官员的母、妻中授予封号的人。外命妇可以享受一定的待遇，并拥有一定的社会地位。

唐代外命妇可以分为以下几等：皇帝的姑母封为大长公主；皇帝的姐妹封为长公主；皇帝的女儿则封为公主，都视为正一品。皇太子的女儿封为郡主，视从一品。亲王、郡王的女儿封县主，视正二品。亲王、郡王的母、妻都称为妃。一品官及国公的母、妻封国夫人；三品以上官的母、妻子封郡夫人；四品官母、妻子封郡君；五品官或三品勋官如有叙封，其母、妻子则封为县君；勋官四品如有叙封，其母、妻子封乡君。以上各级外命妇都享有朝参皇后的权利，是一种荣誉。

653. 何谓“食实封”？

隋唐的封爵制度虽然有食邑若干户的规定，如唐朝规定亲王食邑一万户、郡王食邑五千户、国公食邑三千户，依次递减，到男爵则食邑三百户，这些均为虚封，只有食实封，才能享有相应的封户租税。

唐代的食实封之家，一是亲王。唐政府规定，皇帝的兄弟、皇子为亲王。亲王的食实封开始于太宗贞观年间，以贞观六年（632）赐徐元礼、韩王元嘉实封最早，其封户一般为八百户。高宗朝则将亲王的食实封数额普遍增加到千户，有的达到一千五百户，如荆王元景。二是郡王。他们一方面可以从封王的父辈那里继承实封，同时自己也可以获得新的封赐。如武则天长安（701～704）中，相王李旦子成器兄弟五人都被封为郡王，并得以赐实封三百户。中宗神龙（705～706）初，成器赐实封通前七百户。三是公主，她们也因为与皇帝的血缘关系而享有实封。太宗时，公主实封为三百户，长公主六百户。到高宗时，因为太平公主为武后所出，食实封逾制。垂拱（685～688）中，太平公主食实封一千五百户，圣历初为三千户，长安中达到了五千户。四是功臣。唐政府规定，文臣武将中功勋卓著的都可以获得食实封。像裴寂、李靖都是创业的元老，房玄龄、杜如晦等都是安定皇位的功臣，哥舒翰、郭子仪等都是战功卓著的武将，他们都可以获得食实封。中唐以后，节度使也有获实封的。就史籍所见，功臣食实封最高者为两千户，像郭子仪、李光弼；最低是五十户，如郭暖。五是外戚、恩泽。外戚食实封以显庆四年（659）七月追赐武士彟（yuè）实封一千户为最早。恩泽是指因为皇帝私恩而受封，如中宗时杨再思因为曾经担任太子官僚而赐实封。六是宦官。唐代有宦官受食实封的，但为数很少，仅有高力士、李辅国、鱼朝恩等少数人。

关于食邑租税的收取，政府规定凡赐食实封者，都以课户充数。封户租税的征收都是由地方州县官吏，会同诸王的国官和公主邑司的邑官，依据簿账，共同向封户收取。封家向封户收取的是租和调，庸则由州县官收取，作为国家的收入。

中宗时封家数目急剧增加，食实封者有一百四十余家，而且封家的实封户数大多都逾制，课户一般都选择人丁旺盛、土地肥沃的地方，这样一来，一个封家的封户有分处于若干州县的。由于封家有直接向封户收取租庸的权力，他们残酷地敲诈掠夺封户，常有额外索取。

玄宗鉴于中宗以来的食实封问题日益严重，对食实封制度进行了改革。首先是取消了封家直接向封户征收租调的权力，所有封户的租调都要送到太府寺，然后再支付给封家；其次是指定了食实封的最高额以三千户为限，皇家的实封数更加以限制；再次是修改了食实封的继承法，规定在受封者死后，他的封户由继承人分食，但到封家玄孙一代，则又全归由玄孙中的承嫡房继承。从长期来看，封家封户的总数不会减少。玄宗时制定封家自始封到玄孙的一个继承周期中，其承嫡房的封户数比较始封时减少了三分之一。不过，此时玄孙代承嫡房的户数仍然较封家嫡男所食封数额为多，所以天宝四年（745），户部建议到玄孙一代，只有承嫡房的封户可以继续依法承袭，不是承袭者则全部停止，而且规定不许归入承嫡房。这样，在继承过程中封家的封户则会更快地衰减，使封家不再成为直接干预社会经济生活的势力。

654. 什么叫“告身”？唐代的告身是什么制成的？

“告身”是任用官职的文凭，始于北朝。隋唐沿北朝之制称告身。唐制凡任命官吏，不论流内、视品及流外，均给予告身。告身一般由中书舍人起草，填写后盖上吏部的告身专用印信，文为“尚书吏部告身之印”。武官则用兵部印。天宝十三载（754）曾诏取蜀郡大麻纸写告身，唐后期的告身用绫纸制作，被任命者要交一笔官告费。唐中叶以后，官爵冗滥，备有空白的告身，随时可以填写人名。

655. 唐代符节各有什么用途?

符节是国家举办大事时的凭证，在唐代，符节仍由符宝郎掌管。《新唐书·百官二》载：遇有国之大事，则颁符作为皇帝命令的凭据，符有左右两半，出右符而藏左符，只有两符吻合，才可行事。发布命令时，除了符之外，还要有皇帝的敕书，两者皆具，手续才算完备。唐代的符节，据《旧唐书·职官二》载，分为以下几种："一曰铜鱼符，所以起军旅，易守长。二曰传符，所以给邮驿，通制命。三曰随身鱼符，所以明贵贱，应征召。四曰木契，所以重镇守，慎出纳。五曰旌节，所以委良能，假赏罚。鱼符之制，王畿之内，左三右一。王畿之外，左五右一。左者在内，右者在外。行用之日，从第一为首，后事须用，以次发之，周而复始。大事兼敕书，小事但降符，函封遣使合而行之"。可见不同的符，用途也是不同的。如果是小事，则不须再颁敕书，只颁下符即可。至于旌节的用途，主要用于命将出征、镇守或派使者出使，给旌表示有专赏之权，给节表示有专杀之权，即不须请示皇帝就可行使这些权力。唐代的符，用不同的材质制成，如官员的随身鱼符，太子的用玉制成，亲王的用金，百官则用铜。

656. 唐朝官员的服色是如何演变的?

唐以前，黄色可以上下通服，如隋朝士卒服黄。唐代认为赤黄近似日头之色，日是帝皇尊位的象征，故赤黄（赭黄）除皇帝外，臣民不得僭用，把赭黄规定为皇帝常服专用的色彩。高宗初，流外官和庶人可以穿一般的黄（如柠檬黄），至高宗总章元年（668）恐黄色与赭黄相混，规定赭黄只能皇帝专用，从此赭黄色成为帝王的象征。

武德四年（621）八月，唐高祖颁布了官员常服的面料及服色规定：亲王至三品官用紫色大科（大团花）绫罗制作，腰带用玉带钩。五品以上用朱色小科（小团花）绫罗制作。腰带用草金钩。六品用黄色（柠檬黄）双钏（几何纹）绫制作，腰带为犀钩。七品用绿色龟甲、双巨、十花（均为几何纹）绫制作，腰带为银銙（扣环）。九品用青色丝布杂绫制作，腰带为输石带钩。唐太宗时期，对百官常服做了更详细的规定：三品以袍衫紫色、束金玉带、十三銙（装于带上的悬挂鞢䪓带的带具，兼装饰作用）；四品袍深绯，金带十一銙；五品袍浅绯，金带十銙；六品袍深绿，银带九銙；七品袍浅绿，银带九銙；八品袍涤青，九品袍浅青，鍮石带八銙。流外官及庶人之服黄色，铜铁带七銙（总章之年禁流外官及庶人服黄）。高宗龙朔二年（662），因怕八品袍服涤青乱紫（古代用蓝靛多次浸染所得涤青泛红色光，故怕涤青乱紫）改成碧绿。自从春秋时齐桓公穿紫袍至此，才确立了以紫为上品的服袋色彩格局，至宋元不变，到明朝时被大红色所取代。

657. 唐朝官员为何要佩带“鱼袋”?

鱼袋、鱼符是唐朝官员朝、礼服的一种佩饰。鱼袋是用来装鱼符的，通常系在大带之上。鱼符是一种长约三寸的鱼形饰物，质料为玉、金、银、铜等材料。鱼符之形为“鲤鱼”，“鲤”喻“李”，是维护李唐天下的一种标志。官员的鱼符按品级不同分别以玉、金、银、铜制作，鱼符上刻有姓名，分成两爿（pán），一爿在朝廷，一爿自带。如有升迁改任，以鱼符相合为证。它也是出入宫廷的凭证。三品以上佩金鱼符，五品以上佩银鱼符。鱼符装入鱼袋中，三品以上鱼袋饰以金，称为金鱼袋；五品以上鱼袋饰以银，称为银鱼袋。武则天时一度改鱼为龟，中宗时复改为鱼。由于赐紫、赐绯者倒赐鱼袋，故常以赐绯、紫鱼袋表示对官员的宠异。在军队中赏金银鱼袋者，离开军队时不得佩用。开元时，常以金、银鱼袋数十枚付军将，对有军功者赐予鱼袋。“安史之乱”后，武人得鱼袋者很多，导致赐鱼袋变得贱滥，失去了其最初用于宠异褒奖大臣的作用。

658. 什么叫龟袋? 它是什么时候采用的?

“龟袋”即鱼袋，又称章服，唐代五品以上高级官员的一种身份标志。唐高宗时开始给五品以上官员随身鱼符，皆盛之以袋，供召命出入查验，以防诈伪。凡三品以上，鱼袋饰以金，简称“金鱼”。五品以上鱼袋饰银。鱼符刻姓名者去官纳还，不刻姓名者传佩相付。开元时，允许致仕者佩鱼终身，凡百官赏衣紫绯者必兼鱼袋。武则天时，改鱼符为龟符，鱼袋遂称龟袋。据《舆服志》载：“中宗初罢龟袋，复给以鱼，郡王、嗣王亦佩金鱼袋。景龙中，令特进佩鱼，散官佩鱼自此始也。”宋代沿用，系于带而垂于后，成为单纯的贵贱等级标志。

659. 何谓“赐紫金鱼袋”?

唐玄宗开元以后，皇帝在授予官职的同时，照例也赐予袍服、鱼袋。因为唐代三品以上的朝官，官袍都是紫色，所佩带的鱼袋也都是用金装饰的，称金鱼袋，所以才有“赐紫金鱼袋”之说。

660. 何谓“赐绯鱼袋”?

鱼袋是古代官员章服所佩带的饰物。唐高宗永徽二年（651）规定，朝中五品以上的官员需要随身佩带鱼符，以表明身份的贵贱。太子所佩带的鱼符用玉制成，亲王用金，百官用铜。个人都在鱼符上题上自己的姓名，并用袋子盛装，所以称为“鱼袋”。到咸亨三年（672）又下令，三品以上官员鱼袋以金装饰，称之为“金鱼袋”；五品以上官员用银装饰，称为“银鱼袋”。玄宗开元以后，皇帝赐予官职的同时，照例都赐给袍服、鱼袋。唐制规定，四品官员的官服为深绯色，五品官员的官袍为浅绯色，所以就有“赐绯鱼袋”之说。

661. 什么叫“卤簿”? 皇帝的卤簿是如何规定的?

“卤簿”，即皇室外出时的仪仗。唐朝的皇帝、皇太后、皇后、皇太子都各有自己的卤簿，皇帝卤簿由羽葆、华盖、旌旗、罕毕、车马等构成。唐制，天子外出巡幸，以万年令为先导，次为京兆牧、太常卿、司徒、御史大夫、兵部尚书等，各乘马带自己的卤簿。

然后才是清游队，顺序是左右金吾卫大将军各一人，带弓箭横刀，领有龙旗、朱雀等队。接着是左右金吾卫果毅都尉各一人，也带弓箭横刀，领夹道铁甲佽飞等队。然后是虞候佽飞四十八骑，带弓箭横刀，分左右夹道，中有黄麾仗。最后是铁甲佽飞二十四人，带弓箭横刀，分为左右，领步甲队。

清游队之后是朱雀队，先后顺序为指南车、记里鼓车、白鹭车、鸾旗车、皮轩车，皆以四匹马驾车，有正道匠一人，驾士十四人。随后是太仆令一人乘辟恶车，着佽飞服，执弓箭。再后面是左金吾卫队正一人，乘皮轩车，银装仪刀，执弩。后面跟有引驾十二重，每重二人，骑马，带横刀。最后是有左右金吾卫果毅都尉各一人，领有细仗、弓箭等。

朱雀队之后是鼓吹，有一人执黄麾仗，左右各二人夹道。随后有殿中侍御史二人、太史监一人、书令史一人，骑马引导行漏舆、相风舆。相风舆由舆士八人驾御，再后面有 掆鼓、金钲、司辰、典事匠各一人，刻漏生四人，分左右。行漏舆由舆士十四人驾御，有正道匠人。

鼓吹之后以次为持钑（sà，一种兵器）前队、持钑后队、诸卫马队、玄武队等，每队各有文武官员、骑兵甲士、旗幡、车舆、仪仗、法物等。

至于皇太后、皇后、皇太子的卤簿，规模和规格都要小于皇帝的卤簿，因为皇帝地位至高无上，自然不能有人超越其上。卤簿的规格高低，主要体现等级的高低。

662. 皇帝的车舆共分几等？详情如何？

唐制，天子车舆共分八等，玉辂、金辂、象辂、革辂、木辂，这五种车舆总称为五辂；加上耕根车、安车、四望车，一共分为八等，这些都供皇帝乘御之用。此外还有指南车、记里鼓车、白鹭车、鸾旗车、辟恶车、轩车、豹尾车、羊车、黄钺车等，这些都是作为仪仗而用，是所谓“副车”。皇帝外出行幸，将这些车分为前后，行驶在仪仗之内。如果举行大的典礼，这些车则分置左右，布置在仪卫之内。

玉辂，底色为青色，以玉装饰，画有青龙、白虎、鸟兽等各种图案。用于纳皇后和参加祭祀时乘用。

金辂，底色为红色，以黄金装饰，也画有各种图案，由红色的马驾御，用于参加乡射、祀还、饮至等活动时乘用。

象辂，底色为黄色，以象牙装饰，画有各种图案，由黄色的马驾御，用于行道时乘坐。

革辂，底色为白色，以皮革装饰，画有各种图案，由白色的马驾御，皇帝外出巡狩或统兵出征时乘用。

木辂，底色为黑色，以漆漆之，画有各种图案，由黑色的马驾御，皇帝外出打猎时乘坐。

以上这五种车舆的车盖以及旌旗的颜色，都与车辂的色彩相同，车盖里面的色彩统统用黄色。

耕根车，底色为青色，装饰与玉辂相同，用于皇帝每年参加藉田之礼时乘坐。

安车，绛紫色，黄金装饰，用红色马驾御，供皇帝临幸时乘用。

四望车，青紫色，黄金装饰，以牛驾御，拜陵、临吊时乘用。

需要说明的是，唐代天子车辂制度前后期不同，并非一成不变。

663. 皇后的车辂分几等？详情如何？

唐朝皇后的车辂共分六等，即重翟、厌翟、翟车、安车、四望车、金根车，用于皇后在不同场合时乘用。

重翟，底色为青色，用黄金装饰，车轮为红色，有各种图案、绣帷、络带、翟尾等进行装饰。用于受册、从祀、享庙等场合乘坐。

厌翟，底色为红色，也用黄金装饰，只是图案和其他装饰物与重翟车略有不同，以红色的马驾御，用于皇后参加采桑之礼时乘用。

翟车，底色为黄色，仍用黄金进行装饰，车轮画朱牙，车侧以翟羽装饰，有各种图案和饰物进行装饰，以黄色的马驾御，用于皇后回家省亲时乘坐。

安车，红色底色，以黄金装饰，有各种图案，以红色四马驾御，用于临幸及吊唁时乘坐。

四望车，也是红色底色，以牛驾御，用于拜陵、临吊时乘坐。

金根车，朱红色底色，装饰有各种图案，以牛驾御，用于平时乘坐。

以上这些车乘也可用于皇后的仪仗，出行时以次而行进在仪仗队伍中。

664. 皇太子的车辂分几等？详情如何？

唐制，皇太子车辂共分三等，即金辂、轺车、四望车。其中金辂为红色底色，黄金装饰，车箱画鸟兽等纹饰，黄色车盖，车轮画有朱牙。用于参加祭祀、大朝会以及纳妃时乘坐。

轺车，黄金装饰，用一匹马驾车，用于东宫之臣朝见以及日常出入行道时乘坐。

四望车，黄金装饰，车身底色为绛紫色，里色为朱红色，用一匹马驾御，供拜陵、吊唁时乘用。

665. 皇帝的服饰共分几等？

唐朝皇帝的服饰共有大裘冕、衮冕、鷩冕、毳冕、絺（chī）冕、玄冕、通天冠、武弁、黑介帻、白纱帽、平巾帻、白帢十二等。这些服饰分别用于不同的场合。

大裘冕：冕没有旒，宽八寸，长一尺六寸。裘（外套）以黑羔皮制成，领口为红色，裳（下衣）为红色，朱红色的袜子，红色的靴子。祭祀天神地祇时穿。

衮冕：冕垂白珠十二旒，红色的上衣，绛色的下衣，革带，佩剑。

这种服饰用途比较广泛，凡是宗庙祭祀、遣将出征、军队班师、即位大典、纳皇后以及元日坐朝等场合，都穿着这类衣服。

鷩冕：这种服饰的最大特点就是共有七种图案，其中上衣用三种，即华虫、火、宗彝，下裳用四种，即藻、粉米、黼、黻。其余和衮冕相同。在国家有事于远方时穿。

毳冕：全服共有五种图案，上衣用三种，即宗彝、藻、粉米，下裳用两种图案，即黼、黻，其余部分则与鷩冕相同。这种服饰用于祭祀大海山岳之神时穿用。

絺冕：有三种图案，上衣用一种，即粉米，下裳用两种，即黼、黻，其余同于毳冕。这一种服饰用于祭祀社稷时穿用。

玄冕：这种服饰的特点是，上衣无图案，下裳只有一种图案，即刺绣黼，其余同于絺冕。用于皇帝祭百神，朝日月时。

通天冠：冠加金博山，有蝉十二，上施珠翠，黑色上衣，白裙，革带，佩剑。用于各种祭祀、冬至朝会、拜王公、元会、冬会等场合。

武弁：这是皇帝在讲武、阅兵、狩猎、大射等场合穿着的服饰，表示不忘武备，提倡尚武精神，冠上附有金蝉，戴平巾帻。弁服：弁（帽）以鹿皮制作，有十二琪，串以白玉珠，穿以玉簪；绛纱衣，素裳，革带，白袜，乌皮靴。每月朔日坐朝时穿用。

黑介帻：戴黑色帻巾，白纱单衣，白裙襦，革带，素袜，乌皮靴。拜陵时则穿用。

白纱帽：白裙襦，白袜，乌皮靴，用于听朝及宴会宾客时穿用。

平巾帻：帻（zé，指包头发的巾）用金宝装饰，玉簪，紫褶（zhě，指夹衣），白裤，珍珠宝钿带，这是皇帝乘马所用的服饰。

白帢：是皇帝前去吊唁重要大臣时的服饰。

除了以上这些各种场合穿用的服饰外，皇帝平时所穿着的便服，也叫常服，是赤黄袍衫，载头巾，六合靴。

666. 皇太子的服饰共分几等？

唐朝在武德时期规定，皇太子服饰分为五等，即衮冕、具服远游三梁冠、公服远游冠、乌纱帽、平巾帻。贞观以后，又加弁服、进德冠之制。

衮冕：冕有九旒以白珠串成，用犀牛角为簪导（发笄）。黑色上衣，绛色下衣，白纱中单（内衣），革带，金钩鲽（鱼），有火、山等图案，朱红色袜，红色靴。用于侍从皇帝祭祀及谒庙、加元服、纳妃时穿戴。

具服远游三梁冠：冠加金附蝉九首，施珠翠，戴黑色头巾，用犀牛角簪导。穿绛色纱袍，白纱中单，佩革带、剑、绶，朱红色袜，红色靴。如果太子年龄未及弱冠（二十岁以下），则梳双童髻，戴空顶黑头巾，双玉导，上有金宝装饰。用于谒庙还宫、元日、冬至、每月朔日（初一）入朝等场合穿戴。

公服远游冠：绛纱上衣，白裙襦（短裙），革带，金钩鲽，白袜，乌皮靴。为元日、冬至接受官员朝贺时的服饰。

乌纱帽：白裙襦，白袜，乌皮靴。为处理公事及宴见宾客时的服饰。

平巾帻：紫褶，白裤，束宝钿起梁带。为太子乘马时的服装。

弁服：头戴鹿皮弁，犀牛角簪导，绛纱衣，素裳，白袜，乌皮履。朔望（每月初一、十五）朝及处理公事时，可以穿用这种服饰。

进德冠：冠有梁，用金玉装饰，可作为日常穿戴或者穿白练裙襦时戴之。如果穿裤、褶，则与平巾帻一并穿戴。

667. 唐代大臣的服饰共分几等?

唐朝大臣服饰有衮、鷩、毳、絺、玄冕，及爵弁、远游、进贤冠、武弁、獬豸冠，共计十等。

衮冕：冕有九旒，以青珠串成，有簪导，青衣，绛色裳，衣服有九种图案，白纱中单（内衣），革带，钩鲽，朱袜，赤靴。为一品官的服饰。

鷩冕：冕有八旒，衣服有七种图案，其他装饰同于衮冕。为二品官服饰。

毳冕：冕有七旒，衣服有五种图案，其他装饰同于鷩冕。为三品官服饰。

絺冕：冕有六旒，服装有三种图案，其他装饰同于毳冕。为四品官服饰。

玄冕：上衣无图案，下裳有一种图案，其他装饰同于絺冕。为五品官服饰。

爵弁：弁即冠，爵弁上有黑色的缨带，用簪导，青衣，绛色的下衣，白纱中单，青色领，革带，钩鲽。为九品以上，六品以下官员的服饰。

远游冠：冠上有梁，犀簪导，金附蝉。三品以上官员，冠加三梁，犀簪导；五品以上两梁，犀簪导；九品以上一梁，牛角簪导。为各级官员出席各种嘉礼，如皇帝、皇太子加元服，皇太子成年之礼等隆重场合时穿戴。

进贤冠：三品以上三梁，五品以上两梁，皆用犀簪导；九品以上一梁，牛角簪导。是文官朝参皇帝时及会见三老五更的服饰。

以上服饰均为正式场合官员穿用的服饰。此外，唐朝还有武弁，平巾帻，是九品以上武官服饰。獬豸冠，即法冠，以铁为柱，上施珠两枚，制成獬豸之形。獬豸是古代传说中的一种兽，独角，能辨善恶，所以唐代的法冠便制成其形状，为御史台九品以上官员执法时穿戴。高山冠，为内侍省的宦官及亲王府的等级低下吏员的服饰。却非冠，为亭长、门仆等低级吏员或仆役的服饰。唐代官员的服饰还分为朝服、公服、常服等类别。朝服，指官员参加陪祭、朝贺、大宴会等重大隆重场合的服饰。公服，是指官员在不十分隆重的场合的服饰，换句话说，礼重时穿朝服，礼轻时穿公服。至于常服指是官员平时出入宫廷或在本部门办公时穿用的服装，即非正式场合穿用的服饰。唐代的常服由幞头（也叫折上巾）、袍衫、靴带组成，由于它穿用方便，所以非常流行。唐高宗时规定，常服的服色三品以上紫色，四品深绯色，五品浅绯色，六品深绿色，七品浅绿色，八品深青色，九品浅青色，庶民穿黄色。

668. 皇后的服饰共分几等？

唐朝皇后服饰分为祎衣、鞠衣、钿钗礼衣三等。这些服饰都是皇后在正式场合穿用的服饰，并非日常服饰。

祎衣：头上饰花十二株，衣为深青色，上有二行翚翟（锦鸡）图案，分为五种颜色，素纱中单，系蔽膝、大带，腰悬白玉佩，穿青色的袜和舄（鞋），舄上有黄金装饰。主要用于重大场合的穿用，如册立皇后、助祭、朝会或其他大事。

鞠衣：头上饰花十二株，衣为黄色，无翚翟纹，无佩，鞋随衣色。用于皇后举行亲蚕之礼时穿着。

钿钗礼衣：头上饰十二钿，服色不定，无翚翟，无佩，穿履。为皇后宴见宾客时的穿着。

唐朝皇后平时所穿的便服，没有统一的规定，所谓“绮罗锦绣，随所好尚”。不仅皇后的便服如此，其他内外命妇以及庶民百姓的妇女，其便服也是如此。唐代皇后的便服大体上由衫（襦）、裙、帔组成，衫是短上衣，一般较薄，襦一般较厚，为夹衣或棉衣。唐代的裙都比较长，样式、颜色十分复杂，有绸裙、纱裙、罗裙、金泥簇蝶裙、百鸟毛裙等；颜色以红、黄、绿为多，红裙即石榴裙。帔是搭在肩上的长帛巾，当时人称“帔子”，也叫“帔帛”、“披帛”、“领巾”等。材料有绫、帛、丝、罗等，颜色以红、绿、黄为多。

669. 内、外命妇的服饰共分几等?

唐代内外命妇的礼服大体可以分为翟衣、钿钗礼衣、公服、宴服四类，用于不同场合的穿戴，具体情况如下：

翟衣：青色，用罗制成，上绣有雉的图案。其头上的花钿数量因命妇的品阶不同而多少不同，一品花钿九株，二品八株，三品七株，四品六株，五品五株。革带、青袜，穿舄，有珮、绶等。用于内命妇受册、随皇后亲蚕、朝会等场合穿着；外命妇用于婚嫁及受册、从皇后亲蚕、大朝会等场合。

钿钗礼衣：颜色没有统一的规定，其他方面同于翟衣，唯无雉及珮、绶，穿履。不同品阶内外命妇，其头上花钿数量规定同于翟衣。这种服饰是内命妇平时参见皇帝、皇后时的穿用，外命妇用于平时朝参皇后及礼会等大事时的穿着。

公服：没有中单、蔽膝、大带，也没有复杂的头饰，是一种平常穿着的服饰。

宴服：没有统一的颜色，各依其夫品阶定其服色，上品命妇可以使用下品命妇宴服的颜色，但下品不许使用上品的服色。

至于内、外命妇在私下穿用的服装样式、色彩、质地，并没有统一的规定，可以随意穿着。

670. 唐朝“均田令”的详细内容是什么?

隋末唐初十余年大规模的战争造成了大面积的土地荒芜和严重的户口减耗，在武德七年（624），国内大规模军事行动结束后，唐朝就于这年四月颁布了田令，推行“均田制”。其后田令屡经补充修改，并重新颁布，使其日趋详备。唐代的“均田令”基本沿袭了隋朝的规定，但也有较大的变化，就其大者来说，唐代百姓受田的数额与隋代相同，十八岁以上的中男和丁男，每人授口分田八十亩，永业田二十亩。不过，唐代关于成丁的年龄规定与隋代不同。唐初定制，百姓二十一岁成丁，六十岁为老。唐中宗时，曾把老丁年龄降到五十八岁，至代宗时又降到五十六岁。与均田制推行的西魏相比，男子足额授田的年龄由十五岁到七十一岁演变到十八岁至五十六岁，缩短了十八年，与隋代相比，亦缩短了四年，实际上等于把三分之一的男子排除在足额授田的范围之外。

隋代取消了对妇女和奴婢的授田，唐朝大体上遵循了这一变动，规定老男、笃疾、废疾授口分田四十亩；寡妻妾授口分田三十亩，如为户主，则再授永业田二十亩；道士、和尚授田三十亩，女冠、尼姑授田二十亩。杂户、太常音声人授田与百姓同。官户与工商业者减百姓之半。上述规定适应了唐代社会结构变化的现实，照顾到了更广泛的社会层面，应该说是一种进步。

与隋代相比，唐代田令中对贵族官僚的授田做了更为详细而优厚的规定。贵族依爵位等级授永业田，多者一百顷，少者五顷。职事官依官品授永业田，多者六十顷，少者二顷。散官五品以上可获得与职事官相同数量的永业田。勋官从上柱国到云骑尉、武骑尉，可获得永业田三十到六十亩。此外官吏依品阶还有职分田十二顷到五十亩，各级官府领有公廨田四十顷至一顷，后两种土地所有权归国家，以其地租收入作为官吏的俸禄的补充和官署费用的支付。

唐代均田制最突出的变化，是土地买卖限制的进一步放松。唐代以前历朝规定比较严格，其范围仅限于永业田。到了唐代，田令中明确规定，百姓迁移及家贫无以供葬者，得卖永业田；由狭乡迁往宽乡以及卖掉住宅、碾硙、邸店之后，并许卖口分田；贵族官僚的永业田及赐田欲卖者，皆不在禁限。这些都说明了唐代关于土地买卖的限制已经比较宽松了，这样就使地主土地所有制的形成进一步加快了。

671. “租庸调制”的内容是什么?

“租庸调制”是唐朝前期实行的赋税制度。其内容是：丁男每年向国家交纳粟二石，称作租；交纳绢二丈、绵三两或布二丈五尺，麻三斤，称作调。每丁每年服徭役二十天，如不服役，每天输绢三尺或布三尺七寸五分，称作庸，也叫“输庸代役”。官僚贵族享有蠲免租庸调的特权。租庸调是以均田制的推行为前提的，均田制规定每个成丁的农民都受田一百亩，因此国家征收租庸调就只问丁身，不问财产。这一制度一直实行到唐德宗即位之初，自从建中元年（780）实行两税法以后，这一赋税制度才算彻底结束了。

672. 唐朝的地税额是如何规定的？有什么变化？

早在唐朝前期就在租庸调之外征收地税，地税本是义仓税，是继承隋代社仓而来的，后逐渐演变成为一种税收。征收的对象是所有人户，包括课户和不课户。地税开始也是按户等征收的，上上户每年纳粟五石，以下依等递减。无田或少田的商贾户则依上上户纳税。从唐玄宗开元二十五年（737）起，改为按田亩数征收户税，标准是每亩地收税两升。只有商贾户、无田或授田不足的民户，才允许按户等征税。天宝（742～755）时期，唐政府每年征收的地税总数达到了一千二百四十余万石，数额还是非常可观的。

673. 唐朝的户税税额是如何规定的？

唐朝在租庸调之外，也征收户税。其征收的原则是，自王公以下分天下户为九等，唐代宗大历四年（769）规定：上上户每年纳钱四千文，上中户三千五百文，上下户三千文，中上户两千五百文，中中户两千文，中下户一千五百文，下上户一千文，下中户七百文，下下户五百文。一品官按上上户纳户税，九品官按下下户纳户税，依次类推。唐朝规定租庸调由课户负担，但户税和地税即使不课户也要承担。所谓不课户，指二十岁以下的男子、老男、废疾、妻妾、部曲、客女、奴婢等。

674. 唐朝的货币制度前后有哪些变化？

唐朝的货币政策前后有过多次变化。第一次是唐高祖武德四年（621）。在唐朝初年，由于忙于统一战争，无暇顾及整顿货币制度，所以仍然使用隋五铢钱。这年七月，下令铸造开元通宝钱，并明令废止使用隋五铢钱。这种货币轻重适中，铸造精美，因此流行颇广。

第二次变化在唐高宗乾封元年（666）。因为此前盗铸钱币较多，市场上劣币充斥，所以高宗下诏铸乾封通宝钱。这种钱较重，规定一文新钱当旧钱十文使用。由于国家的规定大大超过了这种钱币的实际价值，商贾不愿使用，米价上涨，于是又在次年停止了铸造，重新改铸开元通宝钱。

第三次变化在武则天长安中（701～704）。当时放宽了对货币的控制，悬挂钱样于市场上，令百姓依钱样用钱，实际上等于允许民间私铸钱币。于是江淮以南各州盗铸者在深山、大湖之中，凡人迹罕到之处，都有私炉盗铸钱币。这样做的结果使劣币四处泛滥，致使物价上涨，社会不稳。

到了开元六年（718），唐玄宗在稳定了政治局势后，开始在全国整顿币制，下令禁止一切劣币，销毁不用，违者严罚。由于动作太猛，市场一时难以适应，导致物价猛涨，流言四起，只好下令弛禁，但仍不许私铸。以后还有人数次提出允许私铸，都由于反对意见坚决而未能实行。由于长期实行禁止私铸，再加上政府加大了官铸好钱的数额，所以开元天宝时期唐朝币值稳定，经济发展。这可以说是第四次变化。

第五次变化是肃宗乾元元年（758）以来。这一年第五琦奏请铸造乾元重宝钱，以一当十，与开元通宝并用。次年又铸当五十的乾元重宝，二十斤为一贯，与前两种钱同时并用。这种做法造成了极严重的后果，致使物价飞涨，一斗米竟卖七千文钱，许多人因买不起粮而饿死，且盗铸成风。以后唐朝政府多次降低这两种乾元钱的币值，以使其与实际价值相吻合，才逐渐平息了风波。

675.“开元通宝钱”是何时铸造的？为什么这种钱流传颇广？

唐朝建立时，仍沿用隋朝的五铢钱，但流通中劣币充斥，亟待整顿。唐高祖武德四年（621）七月，宣布废除五铢钱，开始铸行“开元通宝”钱。新钱径八分，重二铢四絫，积十文重一两，一千文重六斤四两。这种新钱名“开元通宝”，或称开元钱。开元即开国，作为钱文有爰创轨模，创立一种新的钱制的意思；通宝，即流通的宝货之意。这种钱的行用很成功，终唐之世，除高宗及肃宗时偶铸以年号为名的“乾封通宝”、“乾元重宝”钱外，钱文均以“开元通宝”为定制。

此钱流传范围比较广，在我国新疆各地的唐代遗址中，几乎都能发现。此钱流通广的原因，一是铸造方法比较科学，有了铸造成色的标准；二是它的轻重大小比较合理；三是唐代商品经济的发展，人们的货币意识增强，货币在社会经济中的地位进一步提高。

唐开元通宝钱的创制，在我国钱币形制发展史上，具有划时代的意义。自此以后，历代的铜钱都不再以重量为名，而皆名之曰“通宝”、“元宝”等，金属铸币便全然脱离了以量名钱体系，而发展成为高一级的铸币形式了。这种“通宝”钱制，不仅是唐朝一代的定制，而且在唐朝以后还持续流行了近千年。

676. 造成“钱重物轻”的原因是什么？

唐朝后期出现了“钱重物轻”的经济现象，造成这种现象的原因是多方面的，概括地说，主要有以下几种原因：首先，唐代的铜矿太少，铜材紧缺，因而铜器价格较贵。比如销毁一贯开元通宝钱，可得铜六斤，按唐德宗时的市价，每斤值钱六百文，销一贯钱可得三千六百文。厚利所在，法不能禁。销钱过多，自然会造成市面上流通的货币严重不足。

其次，铸钱量太少。流通货币不足，本来可以通过增大铸造量来解决，但是由于唐朝铜矿不足，无法大量铸造货币，造成了货币投放量的严重不足。

再次，私家囤积和寺院用铜造像。钱重物轻，有钱人家愿意积钱于家，而不愿拿出来流通。唐宪宗时曾下诏，富家积钱超过六千贯，处死刑，王公大臣积钱要重罚，钱没官，但仍不能解决问题。此外佛寺大量用铜铸造佛像，致使铸钱铜材不足，加剧了钱重物轻的现象。因此唐武宗时实行灭佛政策，将捣毁的寺院佛像、铜法器销熔后铸钱，并允许各州按开元通宝钱样自铸钱。这本是改变钱重物轻的好办法，但唐武宗死后，唐宣宗即位，又大力恢复佛寺，致使这个问题长期不能得到解决。

钱重物轻对农民危害极大，因为农民所交的赋税中，不少都要交钱，而农民生产的产品却因钱重而卖不上好价钱，物价长期低迷，即使税额不变，已使农民负担加重不少，更何况赋税还在呈不断提高的趋势。因此钱重物轻现象严重地影响了农民的生活，对社会生产的发展带来极为不利的影响。

677. 什么叫“飞钱”？它的出现说明了什么问题？

“飞钱”是中国古代最早的汇兑制度，出现于唐宪宗时期。当时，商贾至京师经商，往往把钱币纳于诸道进奏院或诸军、诸使、富家，轻装驰趋四方，凭券或牒在指定地点取兑，因此又称为便换。飞钱的出现，克服了铸币不便大批携带之弊，有利于商旅通行。但行之不久，即被禁止。结果，豪商富户多将钱币滞藏于家，以致物价渐轻。后来政府又允许户部、度支、盐铁三司经营飞钱，每千钱收取百钱，即十分之一的利润，由于收取的费用过多，商人都不愿与三司发生关系。于是，又决定取消经营利润，但仍没有什么效果。实际上，一禁一弛之际，飞钱的信誉已经丧失。其深层次的原因之一，显然是封建国家的控制政策与社会经济的发展趋势产生了矛盾。但是在民间这种汇兑方式仍然普遍存在，因此飞钱的出现，标志我国商品经济已经有了相当程度的发展，是社会进步的一种表现。

678. 唐朝户籍制度是如何规定的？户分几等？

唐朝规定凡天下人户，根据其资产，定为九等。每三年，县司修定一次，并由州司复核。规定每百户为一里，五里为一乡，四家为一邻，五邻为一保。在城邑居住者为坊，在田野者为村。村坊邻里，递相监督。士农工商，各就其业。食禄之家，不得与下民争利。工商杂类，不得进入士大夫行列。还规定男女始生者为黄，四岁为小，十六为中，二十一为丁，六十为老。每岁一造计账，三年一造户籍。神龙元年（705），韦庶人为皇后，曾以二十二为丁，五十八为老，韦氏被诛后，又恢复了旧制。至天宝三年（744），又降制书规定，以十八为中男，二十二为成丁。唐朝户籍一式四本，京师长安及东都洛阳的尚书户部各贮一本，州县各贮一本。

679. 唐朝的盐政有哪些变化？

唐朝从唐肃宗乾元元年（758）第五琦任度支使时，开始实行食盐专卖政策。规定凡产盐的地区，都设立监院，亭户（制盐户）生产出来的盐，统归官卖。亭户可免杂徭，但要承担租庸。亭户生产的盐，除了折纳租庸外，全部由监院收买，然后再由监院加税出售。专卖的特点就是垄断产、销，寓税于价。从此盐税成为政府的一项重要收入。经第五琦改革盐法后，政府每年盐税收入达到六十万贯。

乾元三年（760）刘晏代替第五琦任度支、盐铁、铸钱等使，又一次改革盐法。他在产盐地设盐官，收亭户的盐后，再转卖给商人，任其贩卖，各州县不再设盐官。也就是官府从此不再垄断盐的销售。官府转卖给商人的盐已经加了税收，这样官府虽然放弃了销售环节，但却保证了盐税的收入。《资治通鉴》记载说：刘晏改革盐法后，生产和销售方面的情况都是比较好的。到了唐代宗大历（766～779）年间，唐朝每年盐税收入达到了六百万贯，是第五琦时的十倍。

刘晏的改革不同于以往，过去理财者只要能收到钱，不管百姓的死活，刘晏却能照顾到百姓的利益，调动商人的积极性，在百姓能够容忍的限度内谋取利润，这是他理财的一大特色。海盐比池盐产量大，价格低，运销地极广，刘晏不限制商人运销食盐，遂使海盐和漕运的集散地——扬州发展很快，成为全国最大的商业都市。起初江淮盐税每年不过四十万贯，后来增加到六百万贯，而河东池盐税收只有八十万贯。可见刘晏改革后，唐朝盐税之所以增长较大，并不是依靠增加盐税，而是江淮海盐产销量大增，从而导致了政府的盐税也大大增加了。

680. 什么叫“初榷酒”？其详情如何？

唐朝初年对酒实行自由买卖政策，政府并不加以干预，但要征酒税，如唐代宗广德二年（764），下令天下各州确定酤酒户，即确定酿制和出售酒的专业户，要求他们按月纳税，其余人户不许酿酒。到了大历六年（771），又将酤酒户按资产分为三等，按等级课税，也就是说这个期间酤酒户每月所交的税具有资产税与营业税的双重意义。

唐朝实行严格意义上的榷酒，即酒的专卖，是在唐德宗建中三年（782），称之为“初榷酒”，也就是第一次实行对酒的专卖。由官府组织酿酒出售，禁止私酿，违者科罪，但对京师长安不实行这一政策。到了贞元二年（786），对京师及畿县也实行了榷酒，从而扩大了榷酒的范围。然而全国酒的消费数量很大，仅靠官办酒坊显然是无法满足这种需求的，唐朝对酒的专卖并不等于官府垄断酒的生产，而是仍然允许酤酒户生产酒，只是为官府生产而已，酤酒户可以免除差役。政府的专卖收入每斗酒为一百五十文钱，约为酒价的百分之五十。不过唐朝的禁榷政策在全国并不统一，比如在淮南、忠武、宣武、河东等地区，只实行酒曲的专卖，而不是酒的专卖。

681. 什么是“初税茶”？唐朝年茶税收入是多少？

所谓“初税茶”，是指政府开始对茶叶征收赋税。唐初没有茶税，德宗建中三年（782），虽然对茶收取十分之一的茶税，但也仅仅是作为杂税而存在，后来因为收税不多而停止。

后来茶作为饮料由江南传到北方，并且逐渐盛行起来。淮南、浙江、福建、岭南、荆襄、四川等地，都成为著名的产茶区。于是，德宗于贞元九年（793）应盐铁使张滂的奏请，在产茶州县的山场和商运要路设官抽税，税额为十分之一，是为“初税茶”。此后，政府每年得钱四十万贯。据《旧唐书·李珏传》载：唐穆宗长庆元年（821），盐铁使王播增加茶税，增幅达百分之五十。文宗时（826～840），王涯任榷茶使之职，实行茶叶的专卖，并强行命令百姓把自己的茶树移种到官场，禁止民间生产和销售茶叶。由于遭到人民的强烈反对，不久就停止专卖，但仍然征收茶税，而且税率不断加重。到宣宗时（847～859），天下的茶税收入比贞元年间（785～804）增加了一倍。政府的茶税收入，每年有近百万贯，成为重要税种之一。

茶税在中唐的出现，乃至后来出现的榷茶，至少反映了三个方面的问题。其一，茶税的出现是藩镇割据局面形成以后，朝廷为了扩大财源而不得不采取的一个经济措施，希望以此来减轻财政方面的压力；其二，茶税的出现说明饮茶之风在全国各地已经非常普遍；其三，茶税数量之大，一开始就达到四十万贯，其后茶税不断提高，到宣宗时每年高达一百万贯，遂成为当时朝廷财政收入的一个重要组成部分。

682. 何时实施“两税法”？改行新税制的原因是什么？

唐朝经过“安史之乱”后，社会经济遭到严重破坏，人口大批流失，尤其是北方的情况更为严重，加上藩镇割据，战争不息，使政府的经济实力大为削弱，财政状况日益恶化。在这一时期，政府采取了许多措施，整顿均田制，安置流民，招纳客户，但都没有取得明显的效果。为了应付浩大的财政支出，政府先后增加了不少新的税目，但这些税目并不能从根本上解决财政困境，反而造成赋役制度的进一步混乱。在这种状况下，在唐德宗建中元年（780），在宰相杨炎的主持下，新的赋役制度终于出台，这就是“两税法”。

两税法的基本内容是：以大历十四年（779）全国的赋税总额为准，分摊到各州府县，以民户的资产（土地）多少作为征税的依据。每年分夏、秋两季征收，夏税不得过六月，秋税不得过十一月。无固定居处的商人，所在州县依其收入的三十分之一征税。以前的旧税都省废，但为了应付临时性力役的差派，丁额不废。

根据《唐会要》卷八十三的记载，“两税法”的主要原则是不论是本地的土户还是外来的客户，一切在所在州县按拥有土地财产的多少上籍征税；征税的标准不再是以人丁为依据，而是按照贫富等级和土地数额征收财产税和土地税。这反映了以“丁身为本”的“租庸调制”的彻底放弃，而以土地财产的多少来征收赋税。两税法的出台，标志着“均田制”的废弃，“租庸调制”的废止，这是中国古代赋税制度的一大变革，影响十分深远。两税法虽然规定一切杂税都必须废止，但从唐廷此后实施情况看，杂税和一些附加税并未完全废除，而且有越来越重的趋势。

683. 在唐代是不是凡为官者皆有俸禄？

俸禄是官员从国家领到的收入。在唐代官员的俸禄包括职田、实物和钱货三项，到唐后期逐渐发展成为以钱货收入为主。

按照制度的规定，唐代的职事官、散官、勋官、封爵都可以按官品获得永业田，而这并非实际授田，只是政府的一种限田措施。官员从政府那里得到的土地是职分田，按职事官的品级分别给予，离任则必须将其转给下任。京官一品到九品分别授田十二顷、十顷、九顷、七顷、六顷、四顷、三顷、二顷五十亩及二顷，外州府官略高于此，镇戍官员则略低于此。

官员从政府那里获得的实物收入是禄米，禄米是按本品给付的。唐初外官没有禄米，贞观八年（634）开始定外官禄，并分春秋两季支付数额，仍然比京官低。京官一品至九品，分别得禄米七百石到三十石不等。

官员从政府那里领到的钱货收入则是俸料，前后变化比较大。以贞观年间（627～649）为例，一品至九品官的俸料分别是六点八贯到一点三贯不等，乾封（666～667）与开元（713～741）时则比唐初有所提高。地方官的俸料也有明确的规定，但在具体的实行中，却往往出入很大，有的方镇与州县官员俸钱收入远远大于额定数目，而一些边远地区则无俸钱可充。

此外，并非为官者皆有俸禄，据记载，散官三品以下以及勋官、封爵等，如果没有任职事官，则不给俸禄。此外，试官也不给俸禄，员外官只给半俸，加同正员衔者给全俸，但不给职田。

684. 我国古代经济重心南移是从何时开始的?

中国古代经济重心的南移是从唐代中期开始的。“安史之乱”以后，黄河流域成为藩镇割据混战的角逐场所，社会经济发展比较缓慢。但江南地区却比较安定，又有不少北方人因避乱迁到江南，给江南增添了劳动人手。因此在唐朝后期，江南地区的社会经济仍能保持迅速发展的趋势。此外，在唐后期，江南人民掀起了一个兴修水利的热潮，大量陂塘堤堰的修整和兴建，不仅增加了灌溉面积，而且也使许多荒废的土地开辟成为肥沃的农田。唐代修筑的水利工程，前期北方多于南方，后期南方则显著多于北方，这种升降变化反映了唐后期长江流域经济逐渐超过了北方。

除了水利的兴建外，生产工具也得到改进，这都促进了江南的粮食生产的发展。在唐后期，江南地区的粮食生产已居全国首位，漕运粮食到关中成了维系唐政权的命脉。江南的手工业生产，在唐后期也有突飞猛进的发展。以丝纺织而论，这时南方已超过北方。吴越是江南地区的丝纺织中心，贞元（785～805）以后，越州向朝廷进贡的丝织品达数十种之多，因而当时有“犨越而衣”的说法。荆州（今湖北江陵）和宣州（今安徽宣城）也成了丝织物的重要产地，荆州的贡绫、宣州的红线毯，都居全国的上选。

唐后期的商业也有显著的发展，特别是长江流域的商业更为活跃。唐后期的扬州，是漕米、海盐、茶叶等货物的集散地，故而富甲天下，商业更加繁荣。商人在这里从事珠宝一类的奢侈品买卖。益州是西南地区的政治、经济中心，西南地区出产的各种货物，多在这里运销外地，所以商业也非常繁荣，时人称“扬一益二”。可见在唐后期，扬州、益州的经济地位已超越长安和洛阳。东南地区的杭州，到唐后期也发展成为繁荣的商业城市。广州、泉州、明州是著名的对外贸易城市。大历五年（770），外国商船到达广州的有四十多艘。它们载来了香料、药品、象牙、犀角、珍宝等货物，从中国贩走瓷器、丝绸等物品。唐朝廷在广州设立市舶使，管理对外商务。唐末在广州居住的外国商人数以万计，在泉州也有不少外商居住。明州则是对日贸易的重要港口，许多商船从这里出海前往日本。江南地区的经济繁荣发展与北方社会的残破形成了鲜明的对照，遂使这里的经济逐渐超过了北方，成为唐王朝的经济命脉。所以说从唐代中期以后，全国的经济重心开始南移。

685. 欧阳询在书法方面取得了什么突出成就?

欧阳询（557～641），字信本，潭州临湘（今湖南长沙）人。他的书法成就以楷书为最，笔力险劲，结构独异，后人称为“欧体”。其源出于汉隶，骨气劲峭，法度谨严，于平正中见险绝，于规矩中见飘逸，笔画穿插，安排妥贴。楷书以《九成宫醴泉铭》等，行书以《梦奠帖》、《张翰帖》等最为著名。其他书体，也无一不佳。

唐初书法家虞世南说他写字对纸与笔没有要求，都能写出一笔好字。他还能写一手好隶书。《徐州都督房彦谦碑》就是其隶书作品。究其用笔，圆兼备而劲险峭拔。他所写《化度寺邑禅师舍利塔铭》、《虞恭公碑》、《皇甫诞碑》被称为“唐人楷书第一”。他的楷书无论用笔、结构都有十分严肃的程式，最便于初学。后人所传“欧阳结体三十六法”，就是从他的楷书归纳出来的结字规律。他的行楷书《张翰帖》，体势纵长，笔力劲健，墨迹传世，尤为宝贵。欧阳询的儿子欧阳通，继承了他的书法特点。父子均名声著于书坛，被称为“大小欧阳”。小欧阳《道因法师碑》，隶意更浓，然而锋芒过露，含蓄处不及其父。

欧阳询的书法早在隋朝就已声名雀起，远扬海外。进入唐朝，更是人书俱老，炉火纯青。但欧阳询自己却并不满足于已经取得的成就，依然读碑临帖，精益求精。有一次，欧阳询外出游览，在道旁见到一块西晋书法家索靖所写的章草石碑，看了几眼，觉得写得一般。但转念一想，索靖既然是一代书匠，那么他的书法定会有自己的特色。于是伫立在碑前，反复地观看了几遍，才发现了其中精深绝妙之处。欧阳询坐卧于石碑旁摸索比划竟达三天三夜之久。欧阳询终于领悟到索靖书法用笔的精神所在，使得自己的书法更臻完美。常见的欧书碑刻有：

《九成宫醴泉铭》，楷书，是欧阳询的代表作，学欧书多以此为范本，魏征撰文，唐太宗贞观六年（632）立碑。书法严谨峭劲，不取姿媚之态。

《虞恭公碑》，全称《唐故特进尚书右仆射上柱国虞恭公温公碑》，也称《温彦博碑》，楷书，写此碑文时，他已八十高龄。于唐太宗贞观十一年（637）立碑。

《皇甫诞碑》，全称《隋柱国左光禄大夫宏议明公皇甫府君之碑》，也称《皇甫君碑》，楷书，是欧阳询年轻时的作品，无立碑年月。

《化度寺塔铭》，全称《化度寺故僧邕禅师舍利塔铭》，楷书，是欧阳询得意的作品，唐贞观五年（631）立。

他所创的“欧阳询八诀”书法理论，具有独到见解，对明代人李淳的八十四法和清代人黄自元结构九十二法的著述，均有启示。因此，他是唐初著名的四大书法家之一，对我国书法艺术的发展做出了很大的贡献。

686. 虞世南的书法成就如何?

虞世南（558～638），字伯施，越州余姚（今属浙江）人。他是唐初文学家、书法家。唐初武德、贞观年间（618～649），虞世南号令文坛，领尽风骚。唐太宗赞扬虞世南有五绝：一是德行，二是忠直，三是博学，四是文辞，五是书法。

虞世南出身贵族名门，小时候他就和哥哥虞世基拜著名学者顾野王为师，学习经书文史。兄弟两人都很聪明好学，特别是虞世南沉默寡言，笃志勤学，十余年间，精思不倦，文章写得很好，兄弟俩在当时都享有盛名。隋朝时，虞世南任秘书郎，隋炀帝死后，先后依附宇文化及和窦建德。后虞世南降唐，李世民仰慕他的才名，就把他引为秦王府记室参军，与房玄龄共掌文案，成为著名的秦王府“十八学士”之一，很受李世民器重。有一次，李世民曾让他把《列女传》写在屏风上，当时手头没有书，虞世南就凭记忆默写出来，竟一字不差。

李世民即位后，虞世南任著作郎，兼任弘文馆学士。唐太宗很器重博学多识的虞世南，经常在政务之余和他讨论经史，畅谈古今治乱之理。虞世南虽然看起来清瘦柔弱，但秉性正直刚烈，敢于进谏，经常联系实际规谏太宗。

虞世南不仅是位文坛领袖和谏官名臣，还是一位杰出的书法家，在中国书法史占有一席之地。虞世南同郡有位历史上有名的大书法家智永和尚，他是王羲之的七世孙。智永的书法师承二王，曲尽其妙。虞世南拜智永为师，得其真传。虞世南的字姿容秀出，内含刚柔，偏工行草，声名出于名列“楷书四大家”之一的欧阳询之上。虞世南与欧阳询、褚遂良、薛稷并称“唐初四大家”。由于唐太宗雅好王羲之的书法，而虞世南又师承王羲之的后人，所以在唐初虞世南的字备受推崇。其行草书传真迹多收入《淳化秘阁法帖》，又有传世墨迹《汝南公主墓志》行书草稿，已有影印本存世。至于楷书的代表作则是《孔子庙堂碑》，但不如同时代的欧体影响广泛深远。虞世南的书法成就为他带来了很高的历史声誉。

687. 薛稷在书法上有什么成就?

薛稷（649～713），字嗣通，蒲州汾阴（今山西万荣西南）人。他出身名门，是唐初名臣魏征的外孙、薛元超的侄子。他以辞章书画闻名于世，尤精书法，与虞世南、欧阳询、褚遂良并称为“唐初书法四大家”。

薛稷举进士入仕，最高任清要的中书舍人一职。他与堂兄正谏大夫薛曜在朝中都以才学出众而知名，为时人所称道。中宗景龙（707～709）年间，他历任谏议大夫、昭文馆学士等职。睿宗即位后，薛稷晋封太常少卿，后转任中书侍郎、参知政事（即宰相），为睿宗所器重。后因他与崔知用不和，在朝中互相攻击，罢相改任工部、礼部尚书，封爵晋国公。后薛稷与太平公主等结党专权，被赐死在狱中。

薛稷为人风雅好古，以书画文辞知名。他善于画人物、鸟兽、树石，画的仙鹤尤为生动，时称一绝。书法上尤其精通草书和隶书。他的字取法唐初著名书法家虞世南和褚遂良，书法精秀，笔态遒丽，无人能及。他的代表作有《信行禅师碑》，有拓本传世。

688. 如何评价颜真卿的书法成就?

颜真卿（708～784），唐代著名书法家，书法端庄雄伟，独树一帜，人称“颜体”，传世很多。墨迹有正书《自书告身》、行书《祭侄文稿》。碑刻有《多宝塔碑》、《颜勤礼碑》、《麻仙姑坛记》等。后人辑有《颜鲁公文集》。

颜真卿的书法吸取了前代和同时代书法家的艺术精华，茶神陆羽称他的字体得王羲之之筋骨心肺，笔法师承了唐代书法家张旭，并请教过名僧怀素。颜真卿对笔法很有研究，曾作笔法十二意。他擅长于正书、行书，尤以正书而名闻后世，字形具有蚕头燕尾的特点。

他的书法遗迹一直为后人珍爱，并得到了极高的评价。他的高超书法和他的高尚品格一样，可以并传而不朽。

689. 骆宾王在文学上有什么贡献?

骆宾王（627? ～684?），字观光，婺州义乌（今浙江义乌）人。

七岁就能够作诗。高宗显庆（656～660）时，为道王李元庆的属官。闲居齐鲁十余年，后赴京对策中式，授奉礼郎，兼东台详正学士。因事被贬，从军于西域。后又调赴姚州平叛，并奉使入蜀。后返回京师，历任武功主簿、明堂主簿、长安主簿，迁侍御史。不久被诬陷下狱，遇赦获释。武则天光宅元年（684），徐敬业起兵讨武则天，军中书檄，皆出其手，著名的《为徐敬业讨武曌檄》一文便是这时写成的。徐敬业兵败后，骆宾王被杀，一说逃亡后落发为僧。

骆宾王写诗擅长于七言歌行，《帝京篇》当时被认为绝唱。《畴昔篇》五七言间用，洒洒洋洋，可见其生平行迹及嵚崎磊落之气，对以后歌行颇有影响。其五言律诗亦时有佳作，在《在狱咏蝉》一篇中，托物兴怀，至今犹为人所传诵。吴之器称赞他的诗：五言诗则气象雄杰，构思精沉，包罗万象，卓然不群；七言诗则字字珠玉，气吐山河。《帝京》、《畴昔》是他的代表作，而《灵妃》、《艳情》也是不可多得的极品。他还擅长撰写骈体文，他的《为徐敬业讨武曌檄》，据载武则天看了后，曾经感叹到宰相怎么会让这样一个人才流失呢？他与王勃、杨炯、卢照邻等齐名，世称“王杨卢骆”。

唐初四杰的作品，在诗歌的发展上，起到了承先启后的重要作用，杜甫在《戏为六绝句》中称之为“不废江河万古流”，可见也是承认他们在文学史上的地位的。

690. 卢照邻在唐初文坛具有什么影响？

卢照邻（634？～686?），字升之，号幽忧子，幽州范阳（今河北涿县）人。十余岁跟从曹宪、王义方学习《苍》、《雅》及经史，博学多才且文笔很好。二十岁时任邓王李元裕府典签，深得邓王赏识，邓王曾对群官说他是邓王的司马相如。李元裕任寿州、襄州刺史时，卢照邻皆跟随至任所。其间曾出使益州及庭州。唐高宗龙朔中（661～663），迁益州新都尉，任满后，遂游于蜀中，放旷诗酒，与王勃有诗相酬唱。后离蜀入洛。咸亨三年（672），患风疾辞官，入长安，向著名医学家孙思邈问医道。上元二年（675）前后，入太白山，服玄明膏不慎而中毒，遂成痼疾。永隆二年（681），又到洛阳的龙门山学道服饵，与朝士名流书信往来，乞衣药之资。武则天垂拱元年（685），移居阳翟具茨山下，病情加重，遂为自己预先修好了坟墓。大约在垂拱二年前后，因不堪疾病折磨，自投颍水而死。

卢照邻善于撰写骈文、诗歌，其诗歌之题材最初主要写宫廷生活，后来主要以市井生活为题材，前后变化较大。卢照邻尤其擅长于七言歌行，对推动七言古诗发展多有贡献，《长安古意》为其代表作。卢照邻由于长期患病，痛苦不堪，加上受道家思想的影响，故其作品中透露出消极悲观的思想。他与王勃、杨炯、骆宾王以文辞齐名于海内，称“王杨卢骆”，亦号“初唐四杰”。有文集二十卷、《幽忧子》三卷，均已亡佚。

691. 王勃是什么人？在文学上有什么成就？

王勃（649～676），字子安，绛州龙门（今山西河津）人。隋末大儒王通之孙。从小就聪明好学，九岁读颜师古注《汉书》，撰《指瑕》十卷指出此书的失误。唐高宗麟德元年（664），上书刘祥道，刘祥道表荐于朝。三年，应幽素科举，对策高第，授朝散郎，后为沛王府侍读。当时诸王斗鸡，王勃于总章二年（669）戏作《檄英王鸡文》，唐高宗看后非常生气，被逐出府。遂南游巴蜀。友人凌季友时为虢州司法参军，乃求补虢州参军。王勃恃才傲物，为同僚所嫉妒。咸亨五年（674），因藏匿杀官奴的曹达，犯死罪，遇赦革职。其父王福畤时任雍州司户参军，亦受牵连被贬为交趾令。上元二年（675），王勃赴交趾探亲，途经南昌，作《滕王阁序》。自交趾返回时，渡海溺水而死。时年二十八岁。

王勃在唐初四杰中成就最大，在短短的二十八年生涯中，竟能写出内容丰富的著作，的确难能可贵。他补完了其祖父王通有录无书的著作共二十五篇，又创作了大量的诗歌作品。其文章以《滕王阁序》最为有名。诗歌中的代表作有：《采莲曲》、《送杜少府之蜀州》、《山中》等。他在纠正当时文坛积弊方面，曾发挥了积极作用。他的诗歌风格意境高远，旷达爽朗，感情真挚，为人们所广泛传颂，在唐代以及后世有很大的影响。他与杨炯、卢照邻、骆宾王并称为“初唐四杰”，而他无愧于四杰之首。

692. 杨炯是什么人？如何评价他的文学成就？

杨炯（650～693?），排行第七，华州华阴（今属陕西）人。少年时聪明博学，能写一手好文章。十岁时举神童，待制弘文馆。唐高宗上元三年（676），应制举登科，授校书郎。永淳元年（682），经薛元超表荐，任太子李显的詹事司直，充崇文馆学士。武则天垂拱元年（685），因堂弟杨神让的牵连，被贬为梓州司法参军。其后在洛阳宫内习艺馆任职。如意元年（692），出任盈川令。世称杨盈川。大约在长寿二年（693），死于任所。

杨炯恃才凭傲，为政苛酷。在诗歌方面擅长五律，其代表作《从军行》、《出塞》、《紫骝马》等都是描写边塞征战生活的作品。当时杨炯有建功立业的愿望，因而作品气势昂扬，风格豪放，为当时的上乘之作。他与王勃、卢照邻、骆宾王以文辞齐名于海内，并称“王杨卢骆”，亦号“初唐四杰”。杨炯听说后，以自己位居卢照邻之前而惭愧，而以位居王勃之后而耻辱。唐人张说也认为杨炯的文思才华不亚于卢照邻与王勃。但就现存作品来看，其成就似不及卢、王。其所作《王勃集序》论及龙朔间“上官体”泛滥情况以及自己与之斗争的情况，叙述较详，有重要史料价值。有文集三十卷，已佚。

693. 陈子昂有什么文学成就？

陈子昂（661～702），字伯玉，梓州射洪（今属四川）人。家世富豪，少时任侠使气，十八岁才开始发愤读书，博览群籍。文明元年（684）登进士第，后献书阙下，武则天召见于金华殿，授麟台正字之职。垂拱二年（686），随左补阙乔知之北征同罗、仆固，至张掖而返，补右卫胄曹参军。因母丧解官返家乡，服丧满期后，拜右拾遗。因直言敢谏，被诬陷入狱多年，后免罪复官。万岁通天元年（696），跟从建安王武攸宜北征契丹，参谋军事，因意见不合，徙为军曹。班师返朝，仍居拾遗之职。圣历元年（698），以父老需要赡养为由，解职归家。后为县令段简陷害，死于狱中。葬于独坐山。也有人认为段简害死陈子昂，乃是受武三思指使。因官终于右拾遗，故世称其为陈拾遗。

陈子昂是初唐诗歌的先驱者，他在《与东方左史虬修竹篇序》一文中，反对那种只追求词藻华丽而毫无思想性可言的齐梁诗风，主张复兴“汉魏风骨”，以及“风雅”、“兴寄”。其《感遇》诗三十八首，指斥时弊，慨叹身世，净洗六朝铅粉，直追阮籍《咏怀》；《登幽州台歌》感叹怀才不遇，慷慨苍凉，可称绝唱；《蓟州览古赠卢居士藏用》七首，托古兴怀，亦称雅作。对于纠正梁、陈以来靡丽遗习，陈子昂功不可没。其散文虽杂有骈句，然平实疏朗，实开古文运动之先河。后来的古文家如萧颖士、梁肃、韩愈等都对他有相当高的评价。唐初诗歌经过“四杰”的努力，已经开始逐渐摆脱梁、陈的颓靡影响，给诗坛带来了生气，但是到了陈子昂时才自觉地倡导革新，从理论和实践两方面扫除了形式主义的残余，开一代诗风。

694. 杜审言在唐代文坛占有什么地位?

杜审言（645? ～708），字必简，排行第五，祖籍襄阳（今属湖北），迁居巩县（今属河南）。他是唐代大诗人杜甫的祖父。杜审言于唐高宗咸亨元年（670）登进士第，授隰城尉，累转洛阳丞。武则天圣历元年（698），贬为吉州司户参军。因与州僚不和，被诬陷下狱，其子杜并刺杀仇家，冤情获雪，免官还洛阳。武则天召见，甚加叹异，授著作佐郎，不久迁膳部员外郎。神龙元年（705），因附于张易之，被流放峰州。二年后召还，授国子监主簿，加修文馆直学士。景龙二年（708）死，终年六十余岁。

杜审言与李峤、崔融、苏味道齐名，为文章四友，世号“崔李苏杜”。杜审言擅长撰写五言诗，也擅长书法。并对别人说自己的诗歌超过了屈原、宋玉，书法水平要高于王羲之。由于他恃才傲物，颇为时辈所妒嫉。杜审言对唐代诗歌的发展做出了较大贡献，主要表现在对五言律诗格律的完善上。有文集十卷，早亡佚。清人所编的《全唐诗》仅录其诗四十三首。

695. 上官仪在文学史上占有什么地位?

唐朝是中国诗歌史上的黄金时代，而初唐则是唐诗的准备期。由于统治者个人喜好，当时无论是宫廷还是文人士大夫，诗歌的创作就形式和内容而言，都笼罩着浓郁的南朝齐梁之际的宫体诗色彩。在这种上行下效风尚的影响下，这种形式主义的风气一度影响很大。

上官仪是继虞世南之后深受太宗、高宗宠信的诗人。他的诗多是应制、奉和之作，婉媚工整，词藻华丽，诗意高雅，十分契合宫廷娱乐生活需要，因而士大夫争相仿效此艳丽诗风，当时人称“上官体”。

上官仪讲求诗的形式美，提倡诗要“六对”、“八对”。其中“六对”是对词藻而言，“八对”则是对诗句而言，涉及事类、喻义、句式、词性、音韵各方面内容。这种追求诗歌形式美的风格，虽是南朝齐梁绮靡诗风的继续与发展，不过，却也对律诗的最终定型成熟起到了重要的推进作用。上官仪使得宫廷诗的创作进一步精致化，把宫廷诗的创作推向了一个更高的阶段。

696. 宋之问在唐初诗坛上具有什么地位?

宋之问（656? ～712?），一名少连，字延清，汾州西河（今山西汾阳）人，一说虢州弘农（今河南灵宝）人。唐高宗上元二年（675），登进士第。天授元年（690），与杨炯分直习艺馆。后授洛州参军，迁尚方监丞，左奉宸内供奉。依附于张易之兄弟。唐中宗神龙元年（705），张易之被杀，其被贬为泷州参军。二年春逃还。因其弟告变之功，擢授鸿胪主簿，转户部员外郎，兼修文馆直学士。景龙二年（708），迁考功员外郎。景云元年（710），因其曾经依附于张易之、武三思，被流放到钦州。途中在桂州滞留数月。唐玄宗先天中（712～713），被赐死。

宋之问是武则天及中宗朝的著名宫廷诗人，其诗多应制之作，诗风华美，属对精工，对律诗形式之定型颇有影响。与沈佺期齐名，学者宗之，号为“沈宋”。其诗风在当时影响很大，为很多人所效仿。晚年流放途中所作，写景抒情，不仅内容较为充实，且含蓄凝炼，诗风也有明显变化。

697. 如何评价沈佺期的诗歌创作?

沈佺期（? ～713?），字云卿，相州内黄（今属河南）人。唐高宗上元二年（675）登进士第后任协律郎。武则天圣历中（698～699），参与编修《三教珠英》。久视元年（700），任中书通事舍人。大足元年（701），《三教珠英》修撰完成后，升任考功员外郎。长安二年（702），迁给事中。不久被弹劾入狱，未深究又被释放。神龙元年（705），因亲附张易之，被流放远州。神龙二年，任台州录事参军。后召为起居郎，兼修文馆直学士。历任中书舍人、太子少詹事等职。开元初死。

沈佺期善文词，与宋之问齐名，时人称为“沈宋”。他在当时诗坛上地位颇高，其诗多应制之作，诗风靡丽，而流放期间的作品也不乏情真意切之篇。他的诗谨严精密，如锦绣成文。沈佺期对诗歌发展最大的贡献，是对五律、七律体制的最后定型，为盛唐诗歌的发展奠定了其础。

698. 贺知章在诗歌创作上有什么特点?

贺知章（659～744），字季真，一说字维摩，自号“四明狂客”，越州永兴（今浙江萧山）人，早年移居山阴（今浙江绍兴）。年幼时就以文词知名，与张旭、包融、张若虚合称“吴中四士”。性情放旷善谑。武则天证圣元年（695），登进士第，授四门博士。唐玄宗开元十一年（723），张说为丽正殿修书使，奏请贺知章、徐坚、赵东曦等人书院，同撰《六典》、《文纂》等书，转太常少卿。历任礼部侍郎、集贤院学士、皇太子侍读、工部侍郎、秘书监等。天宝二年（743）请求作道士还乡，不久以后就去世了，终年八十六岁。

贺知章好饮酒，狂放不羁，与李白、张旭等合称“饮中八仙”。他是盛唐早期的诗人，诗风豪放，不乏真挚的感情。他工于书法，尤擅长草隶。其诗以七绝《回乡偶书》、《咏柳》最为有名，传诵颇广。

699. 崔颢是什么人？其主要作品有哪些？

崔颢（？～754），汴州（今河南开封）人，早有才名。玄宗开元中，曾游江南。开元后期，为代州都督杜希望所器重，以监察御史衔任职于河东幕府。天宝初期，任太仆寺丞，后改司勋员外郎。天宝十三年（754）死。崔颢是当时非常有影响的诗人，与卢象、严挺之有交往。后人芮挺章选其诗七首入《国秀集》；殷璠选其诗十一首入《河岳英灵集》，并评论说：崔颢年少时所作的诗略嫌浅薄，之后其诗风陡然一变，将边塞诗的凛然风骨发挥到很高的境界。他的《登黄鹤楼》，一作《题黄鹤楼》诗，连李白都为之倾倒，感叹：“眼前有景道不得，崔颢题诗在上头。”严羽的《沧浪诗话》，则以此诗为唐人七言律诗之首。崔颢存留的作品不多，但都是精品，他的边塞诗写得热情洋溢，有轻生报国的豪壮气魄。

700. 张九龄在文学方面成就如何？

张九龄（667～731），唐代著名政治家、文学家。是继张说之后盛唐时期的文坛领袖。他也十分重视汲引才俊，在从政的二十年间，他培养、提拔和团结了一大批能诗善文的俊杰，如王维、卢象、孟浩然、王昌龄等，都以文才留名于青史。张九龄和文人学士的广泛联系，使他所开展的文学活动，对整个开元文学的繁荣起到了积极的推动作用。

作为一名诗人，张九龄现存的作品有二百余首。除一些奉和应制、酬唱应景之作外，还可分为以下几类：歌颂盛唐社会，抒发理想抱负的言志诗；描绘山水的写景诗；揭露黑暗政治、批判现实的感遇诗；抒写深挚感情的抒情诗。这些诗大部分是五言诗，其中以《感遇》、《杂诗》为代表作，在唐诗发展中有很高的地位和影响。张九龄的五言诗法度严整、语言清拔、情致深婉、蕴藉自然，既继承了前人又在艺术上有创新，并且思想深刻，能反映当时广阔的现实。

张九龄的文、赋也有一定成就。他是继张说、苏颋之后又一位大手笔。今天仍流传的相关作品大部分是为朝廷撰写的书诏文诰，具有很高的史料价值。张九龄的文章风格务实，不浮华艳丽。在其文集《西江集》中，也有一些序记和祭文写得较生动而有情致。其中的《白羽扇赋》与《荔枝赋》和前述的《感遇》诗一样，立意颇为相似，却能融状物、抒情、言志于一体，是唐代咏物赋中的名篇。

701. 孟浩然在诗歌创作中有什么成就?

孟浩然（689～740），本名浩，字浩然，襄州襄阳（今属湖北）人。少年时在故园度过，后隐于鹿门山，读书写作，准备应举。玄宗开元十六年（728），赴京应试，游秘书省，同诸名士赋诗，孟浩然曰："微云淡河汉，疏雨滴梧桐。"举座叹为惊绝，为之搁笔。次年，落第还乡。开元十八年，漫游吴、越等地，与友人张子容、崔国辅交游，前后三年。开元二十一年，孟浩然再次入长安，韩朝想向朝廷推荐他，因孟浩然爽约而未果。开元二十五年，张九龄镇荆州，署其为从事。开元二十七年，离幕职返回襄阳养病。次年，王昌龄自岭南北归，至襄阳，访孟浩然，相见甚欢。不久因病而死，终年五十二岁。王维过郢州，画孟浩然像于刺史亭，世称"浩然亭"，后更名"孟亭"。

孟浩然终于布衣，沦落平生，但在当时名气很大。孟浩然与张九龄、王维、裴朏、裴总、独孤策等人为忘形之交。与王维齐名，同为盛唐田园山水诗派的代表诗人，世称"王孟"。孟浩然擅长写五言诗，杜甫在《解闷十二首》中称其诗"清诗句句尽堪传"。孟浩然继陈子昂、张说、张九龄之后进一步用诗歌反映现实生活，表现了下层士子的理想抱负和生活遭遇。作为盛唐诗坛年辈较高的诗人，他大力写山水行旅和隐逸生活的作品，创造出富于个性的风格，从而大大地促进了盛唐山水田园诗的发展。总之，孟诗不如王维，但也能独标风韵，自成境界。他的诗是初唐诗歌向盛唐诗歌的高峰过渡的一座丰碑，对唐宋及以后的诗歌创作产生了深远的影响。

702. 如何评价王昌龄的诗歌创作?

王昌龄（690? ～756?），字少伯，祖籍琅邪（今山东临沂），京兆万年（陕西西安）人。玄宗开元十五年（727），进士及第，补秘书省校书郎。开元二十二年，登博学宏词科，超绝群类，授汜水尉。开元二十七年，贬岭南，次年北归，经襄阳，与孟浩然相聚甚欢。这年冬季，出任江宁丞。天宝二年至三载间（743～744），因公至长安，不久即南归江宁。天宝中（742～755），被贬为龙标尉。安史之乱时，还江东，任亳州刺史，被闾丘晓所杀。

王昌龄在开元、天宝时，诗名甚大，当时有“诗家夫子王江宁”之称。与李白、王维、綦毋潜、李颀等诗人有交往，与王之涣、崔国辅“联唱迭合，名动一时”。殷璠编《河岳英灵集》，王昌龄诗入选的竟达十六首，居诸家之首。王昌龄尤以七言绝句成就最高，与李白七绝并称于世，明人焦竑在《诗评》中认为李、王“七绝当家，足称联璧”。他的诗作现存约一百七十余首，可以分为两大类，一类是边塞诗，另一类则为描写妇女生活的作品。在边塞诗中，他不像岑参那样对征战生活和塞外风光有真切的描写，而是长于刻划人物思想感情，善于揭露征戍者的内心世界，因而具有独特的风格。

703. 李白的生平情况如何?

李白（701～762），字太白，自称祖籍陇西成纪（今甘肃秦安）。其先代于隋末流徙西域，李白出生在中亚碎叶城（今托克马克城）。中宗神龙（705～706）初，随父潜回广汉，居于绵州彰明县（今四川江油南太平镇）清廉乡。一说李白生于蜀中。

李白少年时博览经史百家，喜纵横术，好击剑任侠。开元十二年（724），诗人出蜀后漫游江汉、洞庭、金陵、扬州等地。娶故相国许圉师之孙女为妻，遂留居湖北安陆。据近人研究，李白于开元十八年夏，西入长安求官，从张垍、崔宗之等游，并出入玉真公主别馆。开元二十年，失意东归。开元二十四年后，移居山东任城，与孔巢父、韩准、裴政、张惟明、陶沔等隐于徂徕山，时号“竹溪六逸”。天宝元年（742），由玉真公主推荐，应诏入京，供奉于翰林。

天宝三载（744）春，因权贵谗毁，被玄宗“赐金放还”。出京后，与杜甫、高适相会于梁宋，同登吹台，慷慨怀古，后漫游东鲁。天宝十一载，北上塞外，游幽蓟，又浪迹天下，以诗酒自适。“安史之乱”时，李白隐卧庐山，永王李璘东巡，召至幕中，随军东下。肃宗至德二载（757），永王谋乱兵败，李白受牵连被关在浔阳狱，后被流放夜郎。乾元二年（759），遇赦东还。往来于岳阳、浔阳、宣城等地。代宗宝应元年（762），前往当涂投靠县令族叔李阳冰，不久病死，终年六十二岁。

704. 李白的诗歌具有哪些思想内容？

李白诗歌的思想内容比较丰富，反映了盛唐时期绚丽多彩的现实生活和昂扬向上的时代精神。

首先是对帝都长安的壮伟气象的热情礼赞，实际上也是对唐帝国的歌颂。李白不只赞美了帝都的壮丽雄伟，也描绘了城邑的繁荣富庶和农村的安乐勤劳的生活。对于那个时代的丑恶事物，李白则给予了无情的讽刺与鞭挞。如其《古风》诗，就是一篇这方面的代表作。感怀不遇是李白咏怀诗的主要内容，也是开元、天宝之际（713～755）许多胸怀济世热情的知识分子经常抒发的感慨，具有特殊的时代色彩，如《行路难》等作品，均是如此。

李白一生浪迹各地，接触了广阔的社会生活，对那些他所遇到的善良的、美好的人物，从内心产生敬爱与尊重，并以自己的生花之笔，描绘、赞美他们，使他们美好的形象、纯真的感情，千载之后，仍能吸引人们，感动人们。如《秋浦歌》、《丁都护歌》等，都属此类。李白还有许多诗作表现了深沉、诚挚的情谊，如《送孟浩然之广陵》等。也有描写天伦之情的诗作，如《寄东鲁二稚子》等。

李白比他前代的诗人或同时代的诗人，更为理解妇女的悲欢，同情妇女的遭遇。在那个时代，妇女被视同有生命的器物，社会地位很低。李白观察到了她们的悲欢离合，写诗为她们倾诉愁苦，塑造了商人妇、征人妇、采莲女、当垆女、宫女、思妇、弃妇、农妇、妓女等妇女形象，如《长干行》、《子夜吴歌》（三、四）和《北风行》等，都是反映妇女生活和思想感情的作品。

李白还有许多诗歌描绘了我们伟大祖国的壮丽河山，在这些山水诗中，诗人揭示了自然美，表现了自然美，在一般人生活中显得平淡无奇的风、月、山、水，被诗人加以点染，便创造出感人的奇妙境界，培养了人们对自然的热爱，丰富了人们的审美情趣和精神世界。

705. 杜甫为什么一生非常坎坷?

杜甫（711～770），字子美，祖籍襄阳（今湖北襄阳）。他是唐代著名诗人，生于河南巩县，因曾居长安城南少陵，后世称之为杜少陵。杜甫生在素有文学传统的家庭中，是著名诗人杜审言之孙。天宝初年（742），杜甫应试进士科不第，不断投献作品于权贵，以求仕进。天宝三载，在洛阳与李白结为挚友。次年秋天分手，再未相会。天宝六载，曾应试“制举”；十载，献“大礼赋”三篇，得到玄宗的赏识，命宰相试以文章，但均无结果。直到天宝十四载十月，即“安史之乱”前一个月，才得到京兆府兵曹参军之职。仕途的失意沉沦和个人的饥寒交迫，使他比较客观地认识到了统治者的腐败和人民的苦难。长安陷落后，他北上灵武投奔肃宗，但半路被俘，陷于叛军中近半年，后冒死从长安逃归凤翔肃宗行在，被授予右拾遗之职。不久因宰相房管案直谏，触怒肃宗而被贬为华州司功参军。由于当时战乱，关中地区发生大饥荒，杜甫儿女中有几个被饿死，使得杜甫对政治感到失望。辞官后，到达成都。在成都被严武推荐为节度参谋、检校工部员外郎，后人遂又称其为杜工部。他在成都浣花溪畔建草堂，并断断续续住了五年。其间曾因战乱而流亡梓、阆二州。代宗永泰元年（765），严武去世，杜甫失去依靠，举家离开成都。其时正逢杨子琳攻西川，蜀中大乱，杜甫一家居无定所，辗转江陵、公安、岳阳。他生活的最后两年，则漂泊于岳阳、长沙、衡阳、耒阳之间，时间多在船上度过。大历五年（770）冬，杜甫死于长沙到岳阳的船上，时年五十九岁。

706. 杜甫诗歌的思想内容是什么?

杜甫是中国文学史上伟大的现实主义诗人，他的诗深刻地反映了唐朝由兴盛走向衰亡时期的社会面貌，具有丰富的社会内容、鲜明的时代色彩和强烈的政治倾向。他的诗激荡着热爱祖国、热爱人民的炽烈情感和不惜自我牺牲的崇高精神，因此被后人公认为“诗史”，他也被尊称为“诗圣”。

杜甫现存的作品有一千多首，其中著名的有《三吏》、《三别》、《兵车行》、《茅屋为秋风所破歌》、《丽人行》、《春望》等。杜甫的诗充分表达了他对人民的深刻同情，揭露了封建社会剥削者与被剥削者之间的尖锐对立：“朱门酒肉臭，路有冻死骨。”这千古不朽的诗句，被世世代代的中国人所铭记。“济时敢爱死，寂寞壮心惊。”这是杜甫对祖国无比热爱的充分展示，这一点使他的诗具有很高的人民性。杜甫的这种爱国热忱，在《春望》和《闻官军收河南河北》等名篇中，也表现得非常充分。而在《三吏》、《三别》中，对广大人民忍受一切痛苦的爱国精神的歌颂，更把他那颗爱国爱民的赤子之心展现在读者面前。出于对祖国和人民的热爱，他对统治阶级奢侈荒淫的面目和祸国殃民的罪行，必然怀有强烈的憎恨。这一点在名篇《兵车行》、《丽人行》中更是得到了淋漓尽致的表现。杜甫的一些咏物、写景的诗，甚至那些有关夫妻、兄弟、朋友关系的抒情诗，也无不渗透着对祖国、对人民的深厚感情。杜诗最大的艺术特色就是，诗人常将自己的主观感受隐藏在客观的描写中，让事物自身去打动读者。例如《丽人行》中，诗人并没有直接去斥责杨氏兄妹的荒淫，然而通过对他们服饰、饮食等方面的具体描述，将作者的爱憎态度表现得十分鲜明。

总之，杜甫的诗是唐帝国由盛转衰的艺术记录。杜甫以积极的入世精神，勇敢、忠实、深刻地反映了极为广泛的社会现实，无论在怎样一种险恶的形势下，他都没有失去信心。在我国悠久的文学史上，杜甫诗歌的认识作用、借鉴作用、教育作用和审美作用都是前所未有的。

707. 杜甫的诗歌具有什么艺术风格?

杜甫是一位富有创造性的诗人，其诗歌类型众多，风格也富于变化。其原因主要有二：一是杜甫的诗歌内容广泛。他不仅用诗歌来叙事抒情，还用来描写人物，述说生平，写书信、游记、政论、诗评等，几乎无所不能。二是杜甫对前代诗歌的态度比较宽容，主张学习它们的长处，而不轻易否定。他对庾信、何逊、阴铿等众多六朝作家，都能诚心地肯定和汲取其长处，从而丰富了自身的创作。这一点元稹在为杜甫写的墓志铭中也曾指出过。杜甫诗歌的艺术风格多种多样，其中最具有特征性的，也是杜甫自己提出并为历来评论者所公认的，是“沉郁顿挫”。所谓“沉郁”，主要表现为意境开阔壮大，感情深沉苍凉；所谓“顿挫”，主要表现为语言和韵律曲折有力，而不是平滑流利或任情奔放。形成这种特点的根本原因，是杜甫诗歌所要表达的人生情感非常强烈，而同时这种情感又受到理性的节制。他的思虑常常很复杂，心情常常很矛盾，所以他需要找到恰当和适度的表达方法，这样就使得诗中的情感之流成为有力度而受控制的涌动。

杜甫是一位集大成和承前启后的诗人，清代叶燮在《原诗》中说：杜甫的诗既兼备了汉魏浑朴古雅的诗风与六朝华丽的词藻，又开启了自他之后的众家之诗的先河。这样说，不无夸张之处，但杜甫善于总结前人经验和善于创造，开启了后代众多诗家、诗派之先声，却是无疑的事实。

708. 杜甫的诗歌创作有哪些巨大影响?

在我国现实主义诗歌的发展过程中，杜甫占有继往开来的重要地位。作为一个伟大的现实主义诗人，杜甫的影响是巨大的、深远的、多方面的。这突出地表现在那些反映现实的乐府叙事诗上。他没有遵循建安以来沿袭乐府古题的老一套办法，而是本着汉乐府因事而发的精神自创新题。对这类作品，白居易在《与元九书》中做了很高的评价，而元稹在《乐府古题序》中也这样认为。由此可见，中唐的新乐府运动，正是由杜甫直接开创的。用不用古题，并不只是一个单纯的形式问题，因为实质上这无异于为后代诗人指出一条通向现实、通向人民生活的创作道路。

为了全面地反映现实，杜甫掌握、利用了当时所有的一切诗体，并创造性地发挥了各种诗体的功能，为各种诗体树立了典范。凡是别人用散文来写的，他都可以用诗的形式来写。这方面的影响也是很大的。只以七律而论，杜甫之前，大都是用来歌功颂德或唱和应酬，但他却用来反映民生疾苦和国家大事，成了讽刺武器。胡震亨《唐音癸签》卷十说杜甫七律与诸家异者有五，其中之一就是诗的素材无所不包，足见这确是一个大有关系的革新。只是七律的影响要略晚于他的乐府诗，到李商隐才显示出来。

为了生动而真实地反映社会生活，在表现手法上杜甫也为后人开启不少法门。如学习民歌对话和口语，就大大提高了诗的表现力和俗语在诗中的地位，使诗歌更接近生活。元稹在《酬李甫见赠》一诗中就赞扬杜甫诗歌语言的亲和力。看来元稹和白居易诸人诗歌的趋向通俗化，也是受杜甫的影响。在提炼口语的另一面，杜甫还通过千锤百炼创造出字字敲打得响的诗句，所以皮日休说杜诗中任何一字都不是能轻易替换的。这对于提高诗的语言艺术也有所启发。

因此，杜诗无论从内容上还是形式上都对后世有着巨大的影响。

所有这一切，确立了杜甫在三千多年的中国文学史上至高无上的“诗圣”的地位。

709. 元稹是如何评论李白与杜甫诗歌的?

元稹认为李杜的诗歌是各有所长，其论述是比较中肯的。

比较而言，李白的诗天然涌发、飘逸而不可摹仿；杜甫的诗则千锤百炼、苦心经营，可以为人典则。就这一点来说，杜诗对后人的影响比李白要大。杜甫善于运用各种诗歌体式。他的五言古体诗是从辞赋体变化而来的，带有明显的散文成分。宋代诗歌有以文为诗的倾向，显然是受到杜甫这一类作品的影响。但在杜甫诗中由于感情浓郁厚重，仍有足够的力量支撑如此长篇，而不致失去诗的特性。七言古体诗是古代乐府民歌的流变，但杜甫打破惯例，不用乐府古题而根据所叙事实命名，这样就更能反映现实，更富于生活气息。这一创造，直接导引了中唐以元稹、白居易为首的“新乐府”运动。在杜甫以前，七律多用于宫廷应制唱和，这类诗内容贫乏，语言亦平缓无力，佳作为数不多。而杜甫不但在声律上把七律推向成熟，更重要的是充分发展了这一诗歌形式所蕴涵的丰富内容。在语言节奏方面，经过杜甫的精心调节，使七律产生多种多样的变化。于是，七律成为一种既工丽严整，又开合动荡，具有独特的艺术表现力的诗体。

因此元稹认为李白虽也写了一些现实主义的诗，但他的最大成就还是在浪漫主义方面。总结并发扬现实主义优良传统这一任务，是由杜甫来完成的，他把现实主义推向了一个更高、更成熟的阶段。

710. 高适在我国文学史上占有什么地位? 其诗风如何?

高适（约 701～765）是我国盛唐时代著名的诗人，尤以擅长边塞诗著称。他与岑参是盛唐时代“边塞诗派”中成就最高的诗人，并称“高岑”。高适现存诗歌二百四十余首，其诗风是现实主义多于浪漫主义，语言爽朗质朴，多慷慨悲壮之音，给人以浑厚、沉实、雄健之感，树立了自己的独特风格。

《燕歌行》是高适边塞诗的代表作。其中两句“战士军前半死生，美人帐下犹歌舞”，以深刻沉痛的对比，揭露了将官与士卒苦乐安危的悬殊，既是对边将骄奢淫逸的鞭挞，也是对士卒疾苦的深切同情。“少妇城南欲断肠，征人蓟北空回首”两句则道出了征人与妻子的苦苦相思，是社会痛苦生活的真实写照。结尾处“相看白刃血纷纷，死节从来岂顾勋？君不见沙场征战苦，至今犹忆李将军”，以历史上的良将反衬当时将帅的不恤士卒和腐败无能；以广大士卒的舍生忘死，反衬当时将帅的恃功邀宠，无疑深化了主题。

711. 如何评价王维的诗歌风格?

王维（701？～761），字摩诘，祖籍太原祁县（今山西太原）。玄宗开元九年（721），进士及第，授太乐丞，历任司仓参军、右拾遗、监察御史、河西节度判官、中书舍人、给事中等职，最后任尚书右丞，故而世称“王右丞”。王维晚年笃志奉佛，退朝之余，焚香独坐，以禅诵为事。上元二年（761）死，享年约六十一岁。

王维多才艺，精通诗文、书画、音乐，其诗清新秀雅，并擅长各种体裁，尤擅长山水田园诗，为盛唐山水田园诗派代表作家，与孟浩然齐名，世称“王孟”。王维的诗歌不仅数量多，而且思想内容丰富。按其体裁可分为：意气豪迈、慷慨激昂的游侠诗和边塞诗，抨击权贵、暴露黑暗的政治诗，描写旅游和隐居生活、表现自然美的山水田园诗，以及倾诉真挚动人的相思、闺怨、乡愁、离绪的抒情诗。在这些诗中，都有千古传诵的佳作，取得了很高的艺术成就。王维诗常冶禅理、诗情、画笔为一炉，取得了极高的艺术成就，最为后人所称道。苏轼在《书摩诘蓝田烟雨图》中说：品王维的诗则诗中有画，品王维的画则画中有诗。都是就此类诗而言的。所以清代神韵诗派，将其诗奉为宗。而王维诗其他各体亦精，所以当时即有“天下文宗”之称。严羽《沧浪诗话》称其为“大名家”，称其诗为“王右丞体”，则是就作品整体而论的。

712. 佛教思想对王维的诗歌创作有什么影响?

佛教自传入中国后，至唐代得到长足的发展。王维是盛唐时代的著名诗人，同时又是虔诚的佛教信徒，因此佛教思想对他的诗歌创作有很大的影响。

佛教思想对他诗歌创作的影响，主要体现在两个方面：一是表现在诗歌的风格上。早期的王维踌躇满志，他的诗也是意气风发的，后来他遭到挫折，看到了人生的另一面，他的诗又是慷慨不平的，再往后他退隐、奉佛，生活环境发生变化，诗也表现出相应的恬静。越到后期，笃佛越甚，诗也越加恬淡，这种恬淡的风格应该说与奉佛有关，因为佛教要求人们静心，屏绝一切尘世杂念，宣传只有看破红尘才能根除一切烦恼。

佛教思想对王维诗歌的影响第二个方面主要体现在诗歌的内容上。王维的一部分诗是直接宣传佛理，甚至有的直接引入佛家用语。如《与胡居士皆病寄此诗兼示学人二首》、《西方变画赞》、《荐福寺光师房花药诗序》等，都大谈佛教“空”的理论。

713. 为什么说王维的作品“诗中有画”、“画中有诗”？

王维的诗歌中不少是山水诗，苏轼对他的诗的评价是：品王维的诗则诗中有画，品他的画则画中有诗。其“诗中有画”，是历代诗论家公认的王维山水田园诗的一个鲜明的艺术特色，意思是说王维的诗虽用语言作为表现媒介，却能突破这种媒介的局限性，最大限度地发挥语言的启示作用，在读者的头脑中唤起对于光、色、态的丰富联想和想像，组成一幅幅宛然在目的生动图画。同时，王维又是唐代著名的山水画家，对中国山水画的发展做出过杰出的贡献。王维绘画的特点是“画中有诗”，指的是他在画中较多地融入主观情性，重视意境创造，能以有限的形象激发读者的想像和联想，使人回味无穷。

714. 孟郊在诗歌创作方面有哪些成就？

孟郊（751～814），字东野，湖州武康（今浙江武康）人。中唐时期著名诗人。年少时隐居嵩山，贞元时（785～805），年近五十始登进士第。他性格耿直，不大随和，但是韩愈却很赏识他，二人一见如故，成为忘年交。孟郊一生不置产业，只是吟诗作赋，对别的事情不感兴趣，中进士后，曾任溧阳（今江苏溧阳）县尉。六十四岁时，赴山南西道任官，未到任所，发病暴卒。孟郊一生穷困潦倒，官场失意，人称“寒酸孟夫子”。

孟郊的诗倾心于技巧，用词造句，费尽心机。他主张立奇惊俗，力避平庸浅易。而其弊病，却是冷僻艰涩，有时也是单纯地为了追求奇险。孟诗的瘦硬，一扫大历（766～779）以来的靡弱诗风，在文学史上影响较大，北宋江西派诗瘦硬风格的形成，便是受其影响。孟郊与贾岛齐名，他们都以苦吟著称，诗中又多苦语，故苏轼称之为“郊寒岛瘦”。

孟郊的诗今存五百多首，以五言古诗最多，多触及社会矛盾，如《塞地百姓吟》、《长安早春》、《伤春》等。他的诗有一种萧索悲凉之感，在冷色调中给人一种和谐的美，也表现出一种对封建社会知识分子怀才不遇的苦境和对贫困者的同情。代表作《游子吟》写得情真意切，余韵不绝。有《孟东野诗集》传世。

715. 李翱在文学思想上有什么成就?

李翱（774～836），陇西成纪（今甘肃秦安）人，凉武昭王后人，字习之。唐代著名文学家、思想家。

李翱从小学习儒学，博雅好古，贞元十四年（798）中进士，后为义成军观察判官。历任司录参军、考功员外郎、刺史、观察使、刑部侍郎、节度使等职。开成元年（836）卒。谥“文”，世称李文公。

李翱早年曾师从古文家梁肃，后又从唐宋八大家之一的韩愈学习古文，为韩愈侄婿。他以文章见称当时，其文学思想亦大致与韩愈相同，力主排佛，但他又部分地接受了佛教“见性成佛”的观点，提出人性皆善，但因为情所迷惑，所以人有凡、圣之分。李翱又主张“正思”，即让心达到至诚至真，灭绝情欲，以求回复到原本善良的人性。他认为“知”乃心之诚明映照万物所致，坚持别贵贱、等高下、分内外之等级名位。可以说，李翱的学说虽然源于韩愈，但与韩愈的观点亦有很大不同。

李翱在韩愈、梁肃等人学说的基础上又吸收、消化了包括佛教在内的多种哲学思想，逐渐发展起了属于自己的一套学说，他的学说对后代理学深有影响，可以说，宋代理学正是在李翱学说的基础上发展变化而来的。李翱曾与韩愈合著《论语笔解》，可以视为他的代表作，他的著作主要收录在《李文公集》中。

716. 李贺的诗歌创作有什么特点?

李贺（790～816），字长吉，河南福昌（今河南宜阳）人。他是中唐时期著名诗人，但才高命短，二十七岁就亡故了，犹如一颗闪亮的流星、一株奇异的昙花，转瞬即逝。

李贺的远祖李亮是唐高祖李渊的叔父，李贺虽算宗室后裔，但已经很疏远，家道衰微，他的皇孙身份不过是个虚名。李贺幼时绝顶聪明，但他自小却体弱多病，终年与药罐相伴。十八岁的李贺漫游东都洛阳，以其诗《雁门太守行》中的两句“黑云压城城欲摧，甲光向日金鳞开”博得时任国子博士的韩愈的赏识，因而声名鹊起。元和五年（810），二十一岁的李贺踌躇满志地来到京师参加科举考试，但等待他的是什么呢？礼部有人告他的状，说他父名李晋肃中的“晋”与进士的“进”同音，李贺应避父讳，不能参加科考！虽然韩愈特为此作《讳辩》，写道：父亲叫晋肃，儿子为避讳就不能参加进士考试，那父亲若是叫仁，儿子是不是就不能做“人”了呢？但科举考试的大门终还是对李贺关闭了。在一个仕进是读书人唯一出路的时代，这对他无疑是致命的摧残。

此后李贺也曾做过几年如奉礼郎之类的小官，结交了许多名人雅士，但终因科场无望而郁郁不得志，加之身体本来就羸弱多病，终于抑郁成疾，与世长辞。

李贺现存诗歌二百四十余首，其诗歌的最大特点是具有天才般的独创性。他具有极为丰富、特别大胆的想像力，善于用奇特的形象、浓重的色彩、新颖而富有象征性的语言来表现他的理想、他的哀愤，从而形成一种奇崛幽峭、典雅凄清的浪漫主义风格。人称李贺为鬼才，其诗歌独树一帜，自成一体——长吉体。

717. 李益在文学史上占有什么地位？

李益（748～829），字君虞，陇西姑臧（今甘肃武威）人。他仕途坎坷，晚年得志。他是一位较早成名而又长寿的诗人，以边塞诗著称。

李益少年成名，二十多岁的他不但进士及第，且连登制举。但县尉、主簿之类的卑职小位让他感到壮志难酬。于是他也随潮流而动，到节度使府中谋求发展。他先后在几个使府中任职，但如此频繁的转幕，恰恰说明他仍未得重用，未能施展抱负，这样的岁月一直持续到五十二岁。此时他虽已是垂暮之年，但在仕途上却终于迎来了春天。他被宪宗皇帝召入京师，三十年内，官至右散骑常侍（正三品）。文宗大和元年（827）他以礼部尚书衔退休，两年后逝世，终年八十二岁。

李益写的最多、成就最高的是边塞诗，数量约占现存诗作的三分之一。他是大历中唯一有着长期边塞生活经历的诗人，无论就其边塞生活之长还是边塞诗成就之高而言，在当时都是无人可比的。他熟悉塞上生活和军旅生活，对边患的后果和军人的和平愿望都有切身体验，因此他的边塞诗内容丰富、思想深沉，有浓郁的生活气息，既描写了塞上的自然风光、边民的社会生活，更抒写了壮士从军的豪情、边军浓浓的乡愁。

史书记载说当时宫廷的乐工都争抢着购买他所作的诗歌回去配曲演唱，还有人为他的诗歌画插图，以体现诗歌的意境。可见其诗歌在当时的风靡程度。

718. 韩愈在“古文运动”中有哪些贡献?

在唐以前，文学史上没有所谓的古文。

“古文”一词始自韩愈，他把自己的奇句单行的散体文称为古文，以区别于六朝以来流行的骈体文，在实质上不同于先秦、两汉的散体文，而是已经吸收了骈体文在散文发展过程中带来的艺术经验与艺术成就。在贞元（785～805）到元和（806～820）年间，由于韩愈的努力提倡，古文逐渐压倒了骈文，成为文坛主要风尚，这就是文学史上所谓的“古文运动”。

韩愈（768～824）是中唐著名的政治家、文学家，他反对六朝文学中那种艳冶的淫糜之风，主张写文章要有内容。他创作了许多优秀的散文，号召复古，但并非是简单的模仿，而是一种创新。在古代散文的基础上创新发展，形成一种富有逻辑性与规范性的文体，这种文体宜于说理、叙事、言情，成为中古以来最流行的切合实际的散文形式。韩愈提倡文以明道，所谓的“道”，即是有益于时政，有益于人民。韩愈主张求实变通，不死守经义，面对现实，积极改革。

韩愈的散文形式多样，内容广泛，语言精炼，气势雄浑，条理通畅，表现深刻。代表作有《原毁》、《师道》、《张中丞传后叙》、《柳子厚墓志铭》等。

韩愈的散体文复杂丰富，包括传记、政论、书启、墓志铭、赠序、杂说、祭文等各种体裁。语言上很有特点，除少数文章追新逐奥、略感生涩外，大多都能做到文从字顺，曲折舒展，有些已为成语，流传至今。

总之，作为唐代古文运动的主将，韩愈在古文运动中取得了突出的成就，既有理论又有创作实绩，符合儒学复兴的时代大潮，在文学史上产生了重要影响。当时就有大批学生到他门下拜师受业，成为韩门弟子。后人称赞韩愈“文起八代之衰，而道济天下之溺”，并同时尊其为“唐宋八大家”之首。

719. 杨贵妃与唐玄宗的故事对文学有什么影响?

唐玄宗与杨贵妃的故事，早在唐代就对文学产生了较大的影响，尤其是安史之乱爆发后，在唐玄宗逃往蜀中的途中，由于护驾禁军在马嵬驿哗变，迫使玄宗赐死杨贵妃，这一悲剧性的结局更加重了这一故事的文学色彩，成为历代文人吟咏绝唱的题材。

“诗圣”杜甫，曾经对杨氏一门的骄横愤慨过，但得知杨贵妃缢死马嵬驿后，却发出了这样的悲泣：“明眸皓齿今何在？血污游魂归不得。清渭东流剑阁深，去住彼此无消息！人生有情泪沾臆，江草江花岂终极?”杜甫用一首《哀江头》对杨贵妃寄予了深切的同情。在众多的以李、杨为题材的作品中，成就较高的首推白居易的《长恨歌》。白居易本人生活年代仅比李、杨的时期晚五十年左右，可谓当代人咏当代事。晚唐时写李、杨爱情的诗作不断涌现。这个时期的诗人，似乎已淡忘了政治色彩，很少对唐玄宗做政治上的评价，而更多着眼于他和杨贵妃的爱情关系，而且表现出了不同程度的同情。如温庭筠《马嵬驿》、李商隐《马嵬》二首、张祜《马嵬归》等。

唐以后以此为题材的作品更是层出不穷，如元朝白朴撰有《唐明皇秋夜梧桐雨》杂剧、明朝屠隆隆《彩毫记》传奇、吴世美《惊鸿记》传奇。最著名的当属清人洪升的《长生殿》，洪升在参酌陈鸿传奇《长恨歌传》、宋乐《杨太真外传》基础上，重新选择提炼素材，吸纳白诗精华，创作出了一部具有深远影响的戏曲作品。全本五十出，以“安史之乱”为背景，扣住明皇与贵妃刻骨铭心的爱情，表达了作者“乐极哀来，垂寄来世”的理念。其中的《定情》、《惊变》、《骂贼》、《闻铃》等出，至今仍是昆曲的保留曲目。鲁迅先生也曾计划写一部三幕剧《唐贵妃》，以再现发生在杨贵妃身上那可歌可泣的爱情故事。

此外，相关作品还有京剧中的《百花亭》、《贵妃醉酒》、《太真外传》、《马嵬坡》等，小说则有《杨太真外传》、《长恨歌》、《隋唐演义》等。

720. “大历十才子”在文学上取得了什么成就?

“安史之乱”后，唐王朝在政治上开始走下坡路。文学艺术在这个时期也有了明显的分化，一方面是现实主义风格的发展成熟，另一方面华美雅丽、轻酬浅唱的诗风亦发达起来。“大历十才子”等人就是这种诗风在中唐时期的代表，“大历十才子”是指李端、卢纶、韩翃、钱起、苗发、崔峒、耿湋、吉中孚、司空曙、夏侯审十人。

十才子大都以王维为宗，秉承山水田园诗派的风格，寄情于山水，歌咏自然，其中也有一些佳作。比如像钱起的《暮春归故山草堂》、司空曙的《江村即事》等，与王维的山水诗可以说是一脉相承。此外格律严整、字句精工，也是十才子作品中最明显的特点之一。他们的作品体裁多用近体，很少能见到乐府歌行体。警句、名联在十才子的诗中俯拾皆是，说明他们均有较深的功底，所以时有惊人之笔。不过有时也不免显露出雕琢的痕迹，从而因小失大，走到唯美的道路上去了。故虽有警句而全篇欠佳，这也是那个时代的风气使然。情思缅邈、轻酬浅唱则是十才子诗歌的又一特色。后人一般认为晚唐诗风绮丽，十才子的作品亦多此例，只是还不致纤巧柔弱罢了，与晚唐的香奁诗及花间词毕竟还是有所不同。

十才子作品中虽多为游离现实、点缀生平之作，但身处社会动荡的时代，战争的离乱和民间的疾苦不可能不给他们带来冲击，所以有时也能偶然在他们作品中得到体现。如卢纶的《逢病军人》、耿湋的《路旁老人》，尤其是韩翃的《寒食》，借古讽今，思想性和艺术性都很高。

721. 皇甫湜在文学方面有什么成就?

皇甫湜（约777～约830），字持正，睦州新安（今浙江建德）人。唐代散文家。元和元年（806）中进士，授陆浑（今湖南嵩县东北）县尉。官至工部郎中、东都判官。

皇甫湜与李翱都是韩愈的学生，与韩愈的关系处于师友之间。李翱发展了韩文平易的一面，皇甫湜则发展了韩文奇崛的一面，他在《韩文公墓铭》中也主要推崇韩文的这一面。《答李生书》三篇，是皇甫湜文论的代表作，其中反复论辩了“奇”与“常”在文章中的关系与作用。他认为新鲜的思想见解和高超的语言艺术，就是不平常、不一般，在常人看来就显得“奇”、“怪”。又指出文采原是表达义理的艺术形式，不必片面追求异常出众；但异常出众的艺术也不会损害表达义理，不必反对。所以他所谓“奇”、“怪”，是指内容的新见和形式的独创。但由于过分强调“奇”的作用，便导致了刻意求奇、反伤自然的流弊。而他对诗论与文论所持的态度基本一致。

《新唐书·艺文志》著录有《皇甫湜集》三卷。今《四部丛刊》收有《皇甫持正文集》六卷，有文章三十多篇，系据宋刊本影印。他不长于诗，《全唐诗》仅收其《题浯溪石》一首。

722. 元结在诗歌创作中有什么成就？

元结（719～772），字次山，唐代文学家。“安史之乱”之前，元结大半生陪伴其父元延祖生活在家乡鲁山商余山，其后元结出仕，先后游历各地，曾任道州（今湖南道县）刺史等职。当时，道州一度陷入战乱，他写了《舂陵行》和《贼退示官吏》两首诗，形象地描述了道州人民遭战乱之苦，反映了他正直不阿的人品。杜甫读后作《同元使君舂陵行》：“道州忧黎庶，词气浩纵横。两章对秋月，一字偕华星。”高度评价了元结的诗。元结一生酷爱山水，留下了许多精彩的山水诗文，在中国文学史上占有重要的位置。

元结是盛唐后期重要的作家，其具有复古倾向的创作实践和理论对后来中唐新乐府诗歌的创作和古文运动的兴起，起了很好的先导作用。在理论上他说明了诗歌是表达作者的思想感情，反映现实，反映政治和社会生活，有其认识作用和教育意义，对白居易的思想和文学主张有启发作用。他还能进一步把作品和作者、诗品和人格紧紧地联系起来考察。在诗歌创作上反对绮靡浮华而提倡淳古淡泊的作风。他是继陈子昂而起的在文学观点与创作实践上提倡现实主义传统的一个猛士。元结所抨击反对的，主要包括三个方面：

一、属于形式方面的声病格律；

二、属于内容方面的那种专写毫无社会意义的风花雪月与男女之情的颓废倾向；

三、属于方法方面的模拟因袭的风气。

元结还提出了许多见解，有力地反对了把文学艺术当作有闲阶级的消遣娱乐品等看法，确认了文学艺术应该反映生活现实，表达思想感情，认为文学艺术可以直接或间接发挥规讽教育的作用。

元结作品中最引人注目的是短小精悍、笔锋犀利的杂文性的散文，而其写作目的大多数都是为了揭破人间诈伪，抨击腐败政治，暴露黑暗现实，反映人民疾苦。他以淳朴浑成的风格写诗，以古拙犀利的健笔写文，在诗和散文两方面都取得了卓越的成就。虽然不必去跟杜甫、白居易或韩愈、柳宗元相比，但在唐代作家中，他确实独标一格。元结是唐代古文运动中一个有力的前驱，同时也是唐代辉煌的现实主义文学中一个杰出的作家、诗人。

723. 卢仝在诗歌创作上有何成就?

卢仝（？～835），济源（今属河南）人，祖籍范阳（今河北涿县），号玉川子。唐代诗人。曾隐居于洛阳，他的《与马异结交》一诗，因怪辞异文，受到了当时人的批评。卢仝家非常贫困，只有破屋数间，但却堆满了书籍。朝廷知其清介之节，两次备礼征其为谏议大夫，都被他所拒绝。当时韩愈为河南令，爱其节操，在生活上也常给予关照。文宗大和九年（835），甘露之变发生时，卢仝在长安宰相王涯家中作客，被误捕，遭到杀害。

卢仝治经学，尤其精通《春秋》，韩愈称赞他“独抱遗经究终始”（《寄卢仝》）。他善用散文的句法写诗，语言和体裁力求创新，风格以险怪豪放著称。宋代韩盈在其文集序中称其诗：“为体峭挺严放，脱略拘维，特立群品之外。”他的《月蚀》一诗，指斥时政，长篇千言，运用长短句式，纵肆奇伟。韩愈重其人，爱其诗，改《月蚀》而为《月蚀诗效玉川子作》。前人以为韩愈的《效作》，虽有特色，但却不能超越原作。严羽在《沧浪诗话》中，专门创一种诗体，即“卢仝体”。可见卢仝影响之大。

他还著《春秋摘微》四卷，已佚。《玉川子诗集》二卷、《外集》一卷，有《四部丛刊》本通行。

724. 贾岛在唐代诗坛上占有什么地位?

贾岛（779～843），字浪仙，范阳（今北京西南）人。唐代著名诗人。早年出家为僧，号无本。元和五年（810）冬，到长安，见张籍。次年春，至洛阳，始谒韩愈，以诗深得其赏识。传说贾岛在长安跨驴背吟“鸟宿池边树，僧敲月下门”一联，因“推”、“敲”字不决，误冲京兆尹韩愈车骑，韩为其定“敲”字。后来还俗，屡举进士不第。文宗时因作《病蝉》诗讽刺公卿而被贬长江（今四川蓬溪）主簿。开成五年（840），迁普州司仓参军。武宗会昌三年（843），在普州去世。

贾岛在韩门，常从张籍、孟郊游。又与马戴、姚合为诗友，往来酬唱甚密。他擅长五律，苦吟成癖，自谓“一日不作诗，心源如废井”（《戏赠友人》），“二句三年得，一吟双泪流”（《题诗后》）。其诗造语奇特，给人印象深刻，常写荒寒冷落之景，表现愁苦幽独之情。例如“独行潭底影，数息树边身”（《送无可上人》）；“怪禽啼旷野，落日恐行人”（《暮过山村》）；“归吏封宵钥，行蛇入古桐”（《题长江》）等句。这类惨淡经营的诗句，构成贾岛诗奇僻清峭的风格，给人以枯寂阴黯之感。也有在幽独之中表现清美意境的，如“长江人钓月，旷野火烧风”（《寄朱锡口》）；“芦苇声兼雨，芰荷香绕灯”（《雨后宿刘司马池上》）之类。此外如“秋风生渭水，落叶满长安”（《忆江上吴处士》）一联，谢榛评为“气象雄浑，大类盛唐”（《四溟诗话》）。又如绝句《剑客》：“十年磨一剑，霜刃未曾试。今日把似君，谁为不平事?”颇有气概。不过其文集中存诗三百多首，绝大部分是寄赠酬唱之作，题材范围狭小；又偏重炼句，忽视完整的艺术境界的创造。

贾岛诗风的渊源，有人认为来自杜诗的一个方面。贾岛诗在晚唐形成流派，影响颇大。晚唐李洞、五代孙晟等人十分尊崇贾岛，甚至对他的画像及诗集焚香礼拜，事之如神。贾岛著有《长江集》十卷，通行有《四部丛刊》影印明翻宋本。李嘉言《长江集新校》，用《全唐诗》所收贾诗为底本，参校别本及有关总集、选集，附录所撰《贾岛年谱》、《贾岛交友考》以及所辑贾岛诗评等，较为完备。

725. 白居易的《与元九书》提出了什么文学主张?

白居易（772～846），唐代著名的文学家。元和十年（815）十二月，他在江州（今江西九江）给远在通州（今四川达县）的好友元稹写了一封长信，畅谈了自己的文学主张，这就是著名的《与元九书》。

《与元九书》实际上是白居易诗论的纲领，是对其十年来创作新乐府诗的总结，比较全面地解决了有关文学理论和诗歌创作中的几个主要问题，提出文学创作应该和社会政治发生密切联系。在这封信里他提出如下文学主张：一、强调了诗歌与社会现实生活的密切关系，认为诗歌应是现实生活的艺术反映，又提出由天子来推行诗教制度，来达到上以补察时政，下以泄导人情的作用。二、白居易主张写文章要言之有物，不为作文章而作文章。反对那些风花雪月等绮靡、颓废、尊古卑今的恶劣倾向，提出诗歌应该为政治服务的观点，做到“救济人病”、“裨补时阙”等。三、阐述了诗歌这一特殊文学体裁的特点，指出诗就像一株植物，感情是它的根，语言是它的苗，声韵是它的花，而意义是它的果实。诗具有很大的感染力，上自贤达，下至愚民，无不受其感染。可见诗歌有很大的精神推动力量，能够移风易俗。所以诗人要颂扬善人、善事，贬斥恶人、恶事。另外他要求写诗应注重内容和形式的关系。

上述这些主张，不但发扬了古代儒家的诗论传统，而且反映了中唐时期富有现实内容的诗歌创作的充分发展与成熟。

726. 如何评价白居易的诗歌创作？

白居易是唐代最高产的诗人之一，也是继杜甫之后更自觉地以诗歌为武器，深刻反映民生疾苦，无情揭露封建统治者罪恶的最杰出的诗人。白居易存世近三千首诗歌，其中他本人最重视的是以《秦中吟》、《新乐府》为主体的讽谕诗，这些诗篇反映了人民的苦难与辛劳。白居易在《与元九书》中提出“文章合为时而著，歌诗合为事而作”的现实主义创作口号，并与元稹积极提倡新乐府诗。他的《新乐府》五十首，主题鲜明，措辞尖锐，且整体构架精巧缜密，体现了议论与叙事的统一，并涉及社会生活的各个方面。《卖炭翁》、《轻肥》、《观刈麦》、《买花》等名篇固不用赘述，还有许多精彩的诗篇值得一读，如《秦吉了》嘲弄御史台官员的无能：“秦吉了，人云尔是能言鸟，岂不见鸡燕之冤苦？吾闻凤凰百鸟主，尔竟不为凤凰之前致一言，安用噪噪闲言语！”《伤宅》：“厨有臭败肉，库有贯朽钱。谁能将我语，问尔骨肉间。岂无穷贱者，忍不救饥寒。如何奉一身，直欲保千年。不见马家宅，今作奉诚园。”《新丰折臂翁》：“臂折来来六十年，一肢虽废一身全。至今风雨阴寒夜，直到天明痛不眠。痛不眠，终不悔，且喜老身今独在。不然当时泸水头，身死魂飞骨不收，应作云南望乡鬼，万人冢上哭呦呦。”几乎当时社会上每个值得注意的问题，他都注意到了。

“元和体”也是白居易对诗歌的一大贡献。所谓“元和体”，即包括《长恨歌》、《琵琶行》在内的一些诗及感伤小诗。《长恨歌》以浪漫主义手法，叙述了唐明皇、杨贵妃的爱情悲剧，歌颂了两人之间生死不渝的爱情，取得了极大的社会效果，后世许多诗歌及戏剧创作皆取材于此。《琶琶行》则借长安故娼自叙身世，抒发了诗人失落受贬的情感，发出“同是天涯沦落人，相逢何必曾相识”的感慨，引人共鸣，驱人联想。这两首长诗构思奇妙，语言瑰丽，犹如一幅活动的画卷，令人震撼。

此外白居易还有一些寄赠诗、感伤诗和闲适诗，其中亦有许多脍炙人口的佳句，《问刘十九》："晚来天欲雪，能饮一杯无?"《钱塘湖春行》："乱花渐欲迷人眼，浅草才能没马啼。"《花非花》："花非花，雾非雾。天明来，夜半去。来如春梦几多时，去似朝云无觅处。"等等，不一而足，皆能以小见大，以少胜多。

白居易的诗歌不仅数量多，佳作亦多，实为中国诗歌史上的巨人，后世诗人均在不同程度上向他借鉴学习。

727. 什么叫"元和体"? 有什么社会影响?

元和（778～820）是唐宪宗的年号。由于唐代大诗人白居易、元稹的主要创作活动都在这一时期，他们的作品产生了极大的社会影响，学习他们这种诗风的人很多，遂将这些作品统称为"元和体"。还有人认为"元和体"的范围要宽得多，如《唐国史补》卷下说：不仅包括白居易、元稹，"元和体"还应包括韩愈、樊宗师、张籍、孟郊等人的风格在内。这又是一种关于"元和体"的看法。《唐语林》记载李珏的话则将包括唐宪宗在内的一批人及其作品都列入元和体的范围之内。

一般来说，"元和体"应指第一种说法，因为唐代诗歌发展到白居易、元稹所处的时代，发生了很大的变化，白居易本人也这么说。因为到了这个时期，元、白等人努力改变旧的诗风，力争创新、求新，不一味地蹈袭前人的老路，打开了诗歌领域的又一个新局面。这里所谓"新"，是说其内容新、格调新，通俗易懂，所以人们争相仿效，将创作与现实生活结合起来，拓宽了诗歌的体裁和范围，对当时的社会和后世都产生了极大的影响。他们将这种紧密结合现实生活，讽谕时政的新体诗，称之为"新乐府诗"，从而掀起了一场"新乐府运动"。

728. 如何评价元稹的《连昌宫词》?

《连昌宫词》约作于唐宪宗元和十年（815），是唐代乐府诗的名作之一。连昌宫，位于今天的河南省宜阳县，是唐高宗时所建的一座行宫。这首诗通过对宫边一位老翁的询问及老翁的回忆，折射出大唐帝国由盛转衰的一段历史，表达了作者对往昔繁华的追忆和对当权者的劝谕。

全诗共九十句，六百余字，采用诗人与老翁对话的形式，使诗人自己和老翁都成为诗中的角色，相互问答，避免了平铺直叙。值得注意的是，当时元稹任通州司马，并未亲历其地，内容也多取自传闻，并非都是实事。

全诗以写景开始："连昌宫中满宫行，岁久无人森似束。又有墙头千叶桃，风动落花红蔌蔌（sù）。"接着以"宫边老人为余泣"开头的六十句，先回顾"安史之乱"前唐玄宗与杨贵妃在宫中欢度寒食、通宵行乐之情景："楼上楼前尽珠翠，炫转荧煌照天地。归来如梦复如痴，何暇备言宫里事！"显示连昌宫昔日的繁盛景象。然后诉说安史之乱后连昌宫遭废弃，今日一派衰败荒凉景象："庄园烧尽有枯井，行宫门闭树宛然。尔后相传六皇帝，不到离宫门久闭。"诗人闻言感慨："我闻此语心骨悲，'太平谁致乱者谁？'"通过老翁的回答"姚崇宋璟作相公，劝谏上皇言语切。燮理阴阳禾黍丰，调和中外无兵戎"，"禄山宫里养作儿，虢国门前闹如市。弄权宰相不记名，依稀记得杨与李"说明造成开元盛世及衰败动乱之原因，赞颂今皇"中兴"之功，而"我"则希望"努力庙谟休用兵"，揭示了全诗的主旨。

《连昌宫词》与《长恨歌》齐名，同为追述开元、天宝盛世的长篇叙事诗。诗人以连昌宫为折射点，将艺术真实与历史真实巧妙结合，文辞瑰丽，技巧超群。陈寅恪先生在他的名著《元白诗笺证稿》第三章中对《连昌宫词》有较恰当的评价："《连昌宫词》实深受白乐天、陈鸿《长恨歌》及《传》之影响，合并融化唐代小说之史才诗笔议论为一体而成。"

729. 柳宗元对"古文运动"的影响和作用主要体现在哪些方面？

柳宗元（773～819），唐代著名文学家，"古文运动"的倡导者之一。唐代古文运动是一场提倡古文，改变骈文统治文坛局面，变革文体、文风和散文语言的文学革新运动。

柳宗元在被贬前，主要用骈文从事写作。被贬后，他较多地接触到社会现实，感到南北朝以来盛行的骈文已成为自由表达思想的桎梏，这种绮丽靡糜的文风已到了非改不可的时候，于是，柳宗元开始写作古文。在永州期间，他不仅自己写作了大量古文，更努力提倡古文，响应韩愈在"古文运动"中的做法和实践，并提出理论主张，再加上他本人大量优美古文流传极广，很快扩大了古文的影响，柳宗元也因其对"古文运动"的独特贡献，成为"古文运动"的领导者之一。

柳宗元提出的古文创作理论中，最重要的一条就是“文以载道”原则。“文以载道”，强调“文”、“道”结合，即内容与形式的结合。柳宗元认为，“道”应有益时政，惠及万物，发挥实际的社会作用，而对“文”的要求是反对一味雕饰、单纯追求技巧的文章。“文”与“道”相辅相成，互相影响。

此外，柳宗元还大量借鉴了古人的文学成就，强调继承与革新的结合，提出从思想内容和形式技巧两方面学习古人，而不是只顾一面，不及另一面。柳宗元十分强调作者个人的道德修养、社会实践对于创作的重要性。这是非常可贵的，不仅在当时反对形式主义文风的斗争中有重大的现实意义，而且具有永久的理论价值。

在“古文运动”的发展过程中，柳宗元对韩愈的事业十分支持，并有重要的发展和开拓。由于他的努力，“古文运动”的水平及影响都大大扩充。他是继韩愈之后倡导“古文运动”的另一员主将，可以说，“古文运动”之所以能够深入人心，并在后世文坛产生巨大的影响，主要是柳宗元和韩愈二人努力的结果。

730. 如何评价柳宗元的诗歌创作?

柳宗元不仅是古文运动的健将，“唐宋八大家”之一，也是一位优秀的诗人。他的诗和古文一样，大多是被贬官后所作，内容多抒发自己悲愤抑郁和离乡去国的情思，也有一些反映社会现实的诗篇，各种体裁均有造诣，内容广泛，风格多样，而他的山水诗成就最高，历来与陶渊明并称。

他的感时诗中，最著名的是《登柳州城寄漳汀封连四州刺史》、《与浩初上人同看山寄京华亲故》、《酬曹侍御过象县见寄》等几首，其中《登柳州城寄漳汀封连四州刺史》是唐人七言律诗之名篇。此诗作于元和十年（815）他刚被贬到柳州时，诗人登楼远眺，怀念同遭贬斥的韩泰、韩晔、陈谏、刘禹锡等人，作诗寄赠。诗云：“城上高楼接大荒，海天愁思正茫茫。惊风乱飐芙蓉水，密雨斜侵薜荔墙。岭树重遮千里目，江流曲似九回肠。共来百粤文身地，犹自音书滞一乡。”寓激愤之情于景物之中，风格明净简峭，景语、情语难以分辨，染浓重之感情色彩。

柳诗中较受后人称颂的，则为描写贬谪生活而较为闲适之作，如《渔翁》、《雨后晓行独至愚溪北池》、《夏昼偶作》等，明朗圆润，韵致悠扬。《渔翁》为柳诗七言名篇："渔翁夜傍西岩宿，晓汲清湘燃楚竹。烟销日出不见人，欸乃一声山水绿。回看天际下中流，岩上无心云相逐。"寓实于景，寓情于景，暗含诗人对自由生活的向往。"烟销日出不见人，欸乃一声山水绿"二句，构思奇特，得到后世许多名家的赞赏。

柳宗元诗歌中的意境，往往是孤独、冷清，不带一点儿人间烟火，这在他久负盛名的代表作《江雪》中表现得尤为突出："千山鸟飞绝，万径人踪灭。孤舟蓑笠翁，独钓寒江雪。"全诗仅二十字，便将作者摆脱世俗、超然物外的思想表现出来。

总之，柳宗元的诗歌情致深沉委婉，描绘细致简洁，艺术成就很高，处处显示出他清峻高洁的性格，也流露出被贬远荒的忧愤。

731. 如何评价刘禹锡在诗歌创作上的成就?

刘禹锡（772～842）是中唐著名诗人，他的诗匠心独运，立意深远，在当时已享有盛名，白居易就曾称赞他诗风的豪迈、语言的犀利，很少有人能出其右，并与元稹开玩笑说："由于你的缘故使我不能在吴越一枝独秀，这已经很不幸了；而我年老以后又遇到刘禹锡，是不是更不幸呢?"

刘禹锡的诗歌主要可以分为三部分：一、怀古诗。刘禹锡的《金陵五题》一向被推为怀古的名作。其中如《乌衣巷》已成为千古诵咏的绝唱。另一首《石头城》中写道："山围故国周遭在，潮打空城寂寞回。淮水东边旧时月，夜深还过女墙来。"以后的诗人，虽然也写过一些金陵怀古的诗篇，但都受刘禹锡的影响，化用了他诗中的词语和意境。二、民歌体诗。刘禹锡因参与"永贞革新"，为人又耿直，不谄权贵，所以数次被贬到边远之地。在这期间，他努力学习民歌，从民间汲取营养进行诗歌创作，他在文学上的革新为唐诗又增加了一种新的体裁——民歌体。以《竹枝词》为名的一系列作品是其代表作。《竹枝词》是巴渝民歌中的一种，刘禹锡在任夔州刺史时曾写过十余首，最有名的是《竹枝词二首》之一："杨柳青青江水平，闻郎江上唱歌声。东边日出西边雨，道是无情却有情。"及《竹枝词九道》之二："山桃江花满山头，蜀江春水拍山流。花红易衰似郎意，水流无限似侬愁。"新颖独到，不落窠臼，给人一种清新之感。三、感时诗。这类诗篇虽然不多，但集中体现了刘禹锡倔强坚韧的性格和从不屈服的勇气。关于玄都观的两首诗最典型地表现了他的这种性格和精神。元和十年(815)，他在遭贬斥十年后回到长安，看到政治上投机取巧、青云直上的新贵们，便作《元和十年自郎州至京，戏赠看花诸君子》一诗，中有“玄都观里桃千树，尽是刘郎去后栽”之句，触怒了权贵，再次被贬。十四年后，刘禹锡又回到长安，作《再游玄都观》：“种桃道士今何在，前度刘郎今又来。”直接向权贵们挑战，表达了不屈不挠的精神和高洁的品格。

刘禹锡的诗歌技巧高超，又极富生活气息，善于将比喻与写实结合应用，且能融化无迹，流利自然，是中唐诗歌的优秀代表。

732. 杜牧在文学史上有什么地位?

杜牧（803～852)，字牧之，京兆万年（今陕西西安）人，宰相杜佑之孙。大和二年（828）中进士，历任淮南节度使掌书记、监察御史、宣州团练判官、殿中侍御史、左补阙、史馆修撰、司勋员外郎等职，还在许多地方担任职务，如在黄（今湖北黄州)、池（今安徽贵池)、睦（今浙江建德)、湖（今浙江湖州）等州任过刺史。晚年居于长安郊外樊川别业，世称杜樊川。

杜牧生活的晚唐时代，大唐帝国已是日薄西山。目睹国势的衰落、社会的黑暗，杜牧很想在政治上有所作为，但杜牧秉性刚直，不善逢迎，自负经略之才，政治上却多有失意。反映在他的诗歌创作中，爱国忧民、怀古论今的咏史诗最为著名。有的借历史题材讥讽统治者的奢侈荒淫，有的则对历史兴亡成败发表议论。另外，杜牧抒情写景的七言绝句也有很高的艺术成就，如《山行》、《秋夕》等诗都很脍炙人口。杜牧风流倜傥，有一些诗篇反映了城市生活和妓女歌姬的恋情。杜牧的诗，词采清丽，画面鲜明，风调悠扬，情景交融。而且，杜牧作诗注重思想，在晚唐浮浅轻靡的诗风之外自成一格，与晚唐另一杰出诗人李商隐齐名，并称“小李杜”。杜牧的散文也很出色，代表作《阿房宫赋》，是他二十三岁时写的，笔力遒劲，铺陈华丽，音韵迭荡，深得赋家本色，堪称千古名篇。杜牧在我国文学史上占有重要的地位，有《樊川文集》流传于世。

杜牧还是一位兵学专家。他年轻时好读兵书，曾注曹操所定《孙子兵法》十三篇，成为兵学名著之一，至今仍有很大的影响。他还著有《罪言》、《战论》、《守论》、《原十六卫》等文议论当代兵事。

733. 李商隐的生平情况如何?

李商隐(813~858),字义山,号玉溪生,怀州河内(今河南沁阳)人。李商隐初学古文,十九岁以文才得到令狐楚的赏识,改从令狐楚学骈文章奏,被引为幕府巡官,后经推荐,于开成二年(837)登进士第。次年,泾原节度使王茂元因爱其才,举荐其为掌书记,又将爱女许之为妻。由于令狐楚为牛党人物,而王茂元为李党人物,牛党之人骂他"背恩",李商隐卷入到了牛、李党争的政治斗争中。此后牛党执政,他一直遭到排挤,在各藩镇幕府中过着清寒的幕僚生活,大中十二年(858),潦倒而死。

734. 李商隐的诗歌具有什么艺术特点?

在晚唐诗人中,李商隐的诗发展了古典诗歌的艺术技巧,具有很高的艺术成就。李诗广纳前人所长,他的五言古诗《行次西郊作一百韵》学杜甫,《海上谣》学李贺,七言古诗《韩碑》学韩愈。他成就最高的是近体诗,尤其是七律。这方面他继承了杜甫七律锤炼谨严、沉郁顿挫的特色,又融合了齐梁诗的浓艳色彩,李贺诗的幻想象征手法,形成了深情绵邈、绮丽精工的独特风格。在用典上,他掌握了杜甫用典不啻从口出的技巧,借助恰当的历史类比,使不便明言的意思得以畅达,使容易写得平淡的内容显得新鲜。他爱情诗中还善于用神话志怪故事,点染意境气氛,深得李贺诗神奇中见真实的想像本领。这些精湛的技巧在他七绝中也有很好的表现。当然,他用典也有很多晦涩难懂的地方。元好问《论诗绝句》说:"诗家总爱西昆好,独恨无人作郑笺",说的是有根据的。

735. 如何看待李商隐的无题诗?

李商隐创作了大量的无题诗,写得隐隐约约,朦朦胧胧,似可解又似不可解,似诗谜,而又没有谜底。因为无题,给了读者更多想像的天地。从字面上看,无题诗多是爱情诗,写得哀婉缠绵,若即若离,欲罢不能,欲说还休。无题诗所写的是他难于启齿的情事,而又忍耐不住,不得不吐的感情宣泄,因而只能以曲折的表现手法、语意多歧的语言、朦朦胧胧的意境,来表达他不愿明说的情怀。写无题诗的原因是出于诗人的一种传达欲,再则是出于诗人的一种表现欲,他是在用一种新的手法来创作诗歌，即以此来表现他的诗技高一筹，不同凡响。他的无题诗的写作，大多是出于这种欲人知又不欲人全知的矛盾心理。李商隐是一生失意潦倒的诗人，因而情绪消极低沉，将这种情绪与社会因素结合起来，于是就形成了他的《无题》诗凄凉伤感的基调。李商隐的这部分作品，遣词用字经过了千锤百炼的推敲，用华丽的词藻构成了生动优美的形象，传达了深刻真挚的感情，因此他的这部分作品大都是精品，是千古以来被人们广泛传颂的优美的抒情诗。但这类诗也有用事用典过多、意义隐晦难解而又具有唯美主义倾向的缺点。

736. 陆龟蒙在诗歌创作方面有什么成就？

陆龟蒙（？～约881），字鲁望，苏州（今属江苏）人。居松江甫里，人称甫里先生，号天随子，唐代文学家。举进士不中，曾任湖州、苏州从事。在松江甫里，他有数百亩田地，经营茶园，以茶租为生。他常常携笔、书、茶灶、钓具等泛舟于太湖之上，自称“江湖散人”。朝廷以高士召其入京，不赴。去世后，唐昭宗于光化三年（900）追赠右补阙。

陆龟蒙与皮日休为友，都有嗜茶雅好，经常作文和诗，世称“皮陆”。其撰有《杂讽九首》、《村夜二篇》等，能够关心民生。其《新沙》一诗，讽刺官员残酷剥削人民。《筑城词》一诗，揭露将军为求大功，不爱惜生命。他的诗作与皮日休乐府精神相近。他又有一些即景咏怀的近体诗，情趣清高，神韵颇佳。如七绝《怀苑陵旧游》、《白莲》等篇，很受清代神韵派诗人称道。但他在苏州与皮日休的唱和之诗，往往夸多斗险，有长达千字的大篇。胡震亨、越执信、翁方纲等人认为这是晚唐诗风流于松浮的体现，对他的作品提出了一些批评。

陆龟蒙小品文的成就，胜于其诗，如《田舍赋》、《野庙碑》、《登高文》等篇，对当时残暴腐朽的封建统治者以及封建道德迷信，做了辛辣的讽刺，具有独特的光采和锋芒。其著有《笠泽丛书》四卷，与皮日休唱和的《松陵集》十卷，宋朝的叶茵合两书所载及遗篇编成《甫里集》二十卷，有《四部丛刊》影印黄丕烈校本。

737. 温庭筠的生平情况如何？

温庭筠（约801～约866），原名岐，字飞卿，并州祁（今山西祁县）人。他是唐初宰相温彦博之裔孙，我国古代著名词人。温庭筠虽为并州人，但他同白居易、柳宗元等名诗人一样，一生绝大部分时间是在外地度过的。据考，温庭筠幼时已随家客游江淮，后定居于鄠县（今陕西户县）郊野，靠近杜陵，所以他也自称杜陵游客。

温庭筠少敏悟，同其他有成就的诗人一样，自幼好学，除了善鼓琴吹笛外，尤长于诗词，在当时与李商隐齐名，时号“温李”。《北梦琐言》说他“才思艳丽，工于小赋，每入试，押官韵作赋，凡八叉手而八韵成”。所以时人称为“温八叉”。

这样有才华的人，却数举进士不中第，到五十五岁那年即大中九年（855），温庭筠又去应试。沈询主持春闱，温庭筠搅扰场屋，其原因，是沈询将温庭筠放在帘前进行考试，以避免温在考场帮助左右的考生，温庭筠因此大闹起来。当然，这次考试又没能中。温庭筠还帮过相国令狐陶的忙。温庭筠出入令狐馆中，待遇甚厚。当时唐宣宗喜欢歌《菩萨蛮》，令狐陶暗自请温庭筠代己新填《菩萨蛮》词以进，嘱咐温庭筠千万不要泄漏出去，而温庭筠却将此事传了开来，令狐陶大为不满。温庭筠看不起令狐陶的才学。宣宗赋诗，上句有“金步摇”，未能对，让未第进士对之，温庭筠以“玉条脱”相对，宣宗很高兴，予以赏赐。令狐陶不知玉条脱典出何书？问温庭筠，温庭筠告他出自《南华经》，并且说，《南华经》并非僻书，相国公务之暇，也应看点书，言外之意说令狐陶不读书。他还对人说“中书省内坐将军”，讥讽令狐陶无学。令狐陶因此更加恨他，奏他有才无行，不宜及第。由此可知温庭筠一直未中第，反倒落下了品行不好的坏名声。

温庭筠搅扰场屋后，贬随州随县尉。后徐商镇襄阳，辟为巡官，此时温庭筠已五十六岁。几年后，徐商诏征赴阙，温庭筠随后也离开襄阳，去了江东。六十二岁那年冬天又回到了淮南。此时的温庭筠，虽诗名颇著，但已潦倒，不检行迹，与贵胄等蒲饮狎昵。当时令狐陶出镇淮南，温庭筠因其在位时曾压制过自己，虽是老相识，也不去看他。后来，温庭筠因穷迫乞于扬子院，醉而犯夜，竟被巡逻的兵丁打耳光，连牙齿也打掉了。他将此诉于令狐陶，令狐陶并未处置无礼之兵丁。后来他又辗转来到京师。

咸通六年（865），温庭筠出任国子助教。次年，以国子助教主持国子监试。曾在科场屡遭压制的温庭筠，主试与众不同，杜绝了因人取士的不正之风，遭权贵不满，宰相杨收非常恼怒，将温庭筠贬为方城尉。年事已高的温庭筠在这年冬抑郁而死。一代才子，困顿失意而死。他恃才傲物，蔑视权贵，所以纪唐夫送他赴方城诗又云："凤凰诏下虽沾命，鹦鹉才高却累身。"

738. 温庭筠的词具有什么影响?

温庭筠在词史和韵文学史上占有重要地位。自他而始，词才在文坛上形成独立的体裁与风格，与诗并驾齐驱，至宋朝呈现争奇斗艳、花红柳绿的极盛局面。温庭筠是第一位专力填词的诗人，随后的词人竞相为之，终于使词在中国古代文坛上蔚为大观。

温庭筠是第一个大量写词的文人，也是晚唐一个重要的诗人，所以他常常把晚唐诗歌中那种层次丰富，含意深婉，善于表现细腻的感受，色彩明丽，意脉曲折回环的特色移植到词里来，开拓了词的一个新境界。再则，温庭筠诗除了有与李商隐相近的地方，还兼有姚合、贾岛那种善于锤炼词语、用自然意象表达微妙感受的长处，他把这种手段也用来写词，像"江上柳如烟，雁飞残月天"（《菩萨蛮》之二）、"花落子规啼，绿窗残梦迷"（之六）、"杨柳又如丝，驿桥春雨时"（之十）等，不仅词调的形式与诗较为接近，从语言的华丽、意象的密集来看，也很像诗，不过它也有词的特色。

739. 温庭筠的词具有什么艺术风格?

作为晚唐著名诗人，温庭筠诗词俱佳，以词著称。温庭筠的词，在思想意义上虽大多无较高的价值，但在艺术上却有独到之处，他以绮丽香软、偏于闺情的艺术风格，被誉为"花间词派"的鼻祖。历代诗论家对温庭筠诗词评价甚高。温庭筠的诗词毫无斧凿痕迹，结构疏朗连贯，情思幽渺悠长。但这并不是温词的主要艺术风格，温庭筠词的主要风格是音乐节奏韵律感强，语言华丽，色彩浓艳，意象细腻绵密，结构紧凑曲折，而题材内容单一，对外在形貌举止的刻画长于对内在心理的表现。

740. 司空图的生平情况如何? 他在文学史具有什么地位?

司空图（837～908），字表圣，河中虞乡（今山西永济县）人。晚唐诗人、诗论家。司空图少有文才，但不见称于乡里，后来以文章为绛州刺史王凝所赏识，王凝回朝任礼部侍郎、知贡举，司空图于唐懿宗咸通十年（869）应试，擢进士上第，时年三十三岁。不久，王凝因事被贬为商州刺史，司空图感于知遇之恩，主动表请随行。唐僖宗乾符四年（877），王凝出任宣歙观察使，召请他为幕府。第二年，朝廷授司空图为殿中侍御史，他因不忍离开王凝，拖延逾期，被贬为光禄寺主簿，分司东都洛阳。当时卢携罢相，正居于洛阳，对他的才华和为人很器重，常相往来共游。有一次，卢携经过司空图的宅第，在壁上题了一首诗称赞他说："姓氏司空贵，官班御史卑。老夫如且在，不用念屯奇。"后来，卢携回朝拜相，遂召司空图为礼部员外郎，不久升任郎中。唐僖宗广明元年（880），黄巢起义军攻入长安。司空图的弟弟有个奴仆叫段章，参加了起义，曾劝他往迎义军，他不肯，便回到故乡河中。后来他听说僖宗在凤翔，便去拜见，被封为知制诰、中书舍人。广明二年，僖宗逃到成都，他追随未及，又回到河中。从这时起直到他去世的二十多年时间，司空图基本上是过着一种隐居的生活，他的大部分诗歌和诗论也是在这一时期写成的。昭宗天复四年（904），朱全忠主持朝政，迁都洛阳，召司空图为礼部尚书，他佯装老朽不任事，被放还。后梁开平二年（908），唐哀帝被弑，他绝食，呕血而卒，终年七十二岁。

司空图留给后世的诗，大多是抒发山水隐逸的闲情逸致之作。在文学史上，司空图主要是以诗论著名，他的《诗品》（还有《与李生论诗书》等几封书信）是唐诗艺术高度发展在理论上的一种反映，是当时诗歌纯艺术论的一部集大成著作。《诗品》把诗歌的艺术表现手法分为雄浑、含蓄、清奇、自然、洗炼等二十四种风格，每格一品，每品用十二句形象化的四言韵语来比喻说明。但他的诗论缺乏严密的系统性，特别是片面强调所谓"韵外之致"、"味外之旨"，宣扬了一种远离现实生活体验的超脱意境，忽视诗歌的思想内容和重大的社会作用。这些都为宋代严羽的《沧浪诗话》、清代王士祯的《渔洋诗话》等所继承和发挥，对后世的文学批评和创作产生了不少消极的影响。

741. 韩偓的生平情况如何？他在诗歌创作上有何成就？

韩偓（842～923），字致尧，一作致光，小名冬郎，号玉山樵人，京兆万年（今陕西西安）人。唐代诗人。十岁能即席赋诗，才气倾动一座，前辈诗人李商隐称赞他说："雏凤清于老凤声。"龙纪元年（889），始登进士第。初任河中节度使幕府，回朝后任左拾遗，迁左谏议大夫。天复元年（901），与宰相崔胤定策诛杀宦官头子刘季述，迎回被囚禁的昭宗，因功授翰林学士、中书舍人，参与机密。同年十一月，昭宗被劫持到凤翔，韩偓随驾西行，任兵部侍郎、翰林学士承旨。天复三年正月，扈从昭宗回京。不久因忤触权臣朱温，贬为濮州司马。于是弃官南下，经长沙、醴陵、袁州、抚州，于天祐三年（906）秋，到达福州，投靠威武节度使王审知。这期间，唐王朝曾二次诏命韩偓还朝复职，皆不回应。唐亡后，写诗只记干支，不记年号，表示不臣服于梁。约从后梁开平三年（909）起，离开福州，先后寓居汀州沙县、尤溪和桃林场，于乾化元年（911）定居闽南的南安县。龙德三年（923）去世，葬于葵山之麓。

韩偓诗中，最有价值的是感时诗篇。它们几乎是以编年史的方式再现了唐王朝由最后痉挛以至死亡的图景。他喜欢用近体尤其是七律的体裁写时事，纪事与述怀相结合，用典工切，有沉郁顿挫的风格，这些都继承了杜甫、李商隐的传统。他还善于将感慨苍凉的意境寓于清丽芊绵的词章之中，悲而能婉，柔中带刚，则又有他个人的特色。特别是贬谪后的作品，如《故都》、《伤乱》、《春尽》、《安贫》等，情韵芳菲，笔意纵横，称得上唐代七律的殿军。多写上层政治变乱而少触及民生疾苦，是其思想局限性。此外，在艺术上也毕竟缺乏杜甫沉雄阔大的笔力和李商隐精深微妙的构思，有时不免流于平浅纤弱。《四库全书总目》称他的诗由于受当时诗风影响，不及前辈诗风的浑厚，但忠义悲愤之气常溢于诗外，感情真挚，风骨遒劲，慷慨激昂，与当时的靡靡之作迥然不同。这种评论还是中肯的。韩偓的写景抒情诗构思新巧，笔触细腻。最大的特色，还在于从景物画面中融入身世之感，即景抒情，浑涵无迹。如“岸头柳色春将尽，船背雨声天欲明”（《寄湖南从事》），“中华地向城边尽，外国云从岛上来”（《登南神光寺塔院》），都能通过眼前实景的描绘，寄托自己迁谪流离、缅怀故国的思想感情，凄切动人。七律《惜花》写得那样悲咽沉痛，被人视作暗寓亡国之恨，不是没有原因的。一些写景小诗如《醉著》、《野塘》、《初赴期集》、《曲江晚思》，以白描手法勾摹物象，构图明晰，设色疏淡，宛如一幅幅饱含诗意的水墨画卷。至于那首反映农村乱败景象的《自沙县抵尤溪县，值泉州军过后，村落皆空，因有一绝》，寓时事于写景之中，更有画笔与史笔相结合之妙。

韩偓的《香奁集》，集中抒写男女之情，均为风格绮丽纤巧之作，旧传是五代和凝所著，托名韩偓，前人已有辨正。对这部分作品，历来评价不一。诋毁者说它是诲淫之言，赏誉者又以为借言情影射时事，寄托忠君爱国之思。据该集自序，这些诗歌基本上作于己亥（879）、庚子（880）之前，当时诗人尚未参与政治，以此来比附后来发生的史实，不太可信。其中一部分诗篇如《席上有赠》、《袅娜》、《咏浴》、《屐子》，分明写士大夫的狎邪生活，感情浮薄，作风轻靡。但如《绕廊》、《闻雨》、《欲去》、《天凉》诸篇，抒写爱情受阻隔时的怅恨、追求、忆念、向往等心理活动，则情深语挚，委婉动人，而像《已凉》、《夜深》之类绝句，纯然借助环境景物来烘托人的情思，亦是笔意深曲，兴味隽永。

742. 唐代诗歌繁荣的原因是什么?

唐代是我国文学史上诗歌创作的一个繁荣时期，涌现了一大批优秀的诗人和诗篇，成为我国宝贵的文化遗产。唐代诗歌繁荣，主要有以下几个原因：

一、声韵和对偶化运动到唐代达到完成的阶段。创作诗歌离不开声韵的发展，自东汉建安以来，文学上就非常注重声韵和对偶化，经过了魏晋南北朝时期长期的发展，至唐代时在这些方面取得了长足的进步，达到了完成的阶段，从而为唐代诗歌的繁荣奠定了坚实的基础。

二、科举制度对诗歌创作的推动作用。唐人极重科举，同时唐人又非常喜爱诗歌，于是便在科举考试中加入了诗歌的内容。文人们为了求取功名，便不能不尽心学习诗歌创作，从而推动了诗歌创作的繁荣。

三、统治阶级的倡导作用。在唐代上至皇帝、后妃，下止王公、贵族，无不重视和喜爱诗歌作品，他们也大都能够进行诗歌创作，在清人所编的《全唐诗》中，就收有不少这类作品。统治阶级的重视与提倡，对唐代诗歌发展起到了比较重要的作用，不少文人就是因为擅长此道而获得显爵高官，或者扬名于天下，从而鼓励了广大文人诗歌创作的积极性。

四、唐朝强大的国力，比较发达的经济基础，也都为诗歌创作的繁荣奠定了坚实的基础。众所周知，唐朝自太宗贞观以来，经过一百多年的和平发展，社会经济空前繁荣，经济繁荣是唐朝国力强大的基础，也是一切文学艺术发展和繁荣的基础。由于有了比较丰厚的物质基础，使得唐代文学尤其是为诗歌的发展和繁荣创造了良好的社会条件。

五、开放的社会风气促进了诗歌创作的繁荣。唐代允许各种宗教自由传教，在学术上出现了百家争鸣的局面，从而使反映各种思想潮流的诗歌作品大量涌现。如李白的浪漫主义风格就是受道家思想的影响，而以王维为代表的田园山水诗派的思想基础则带有佛教思想的因素，杜甫、韩愈等诗人的思想则是儒家思想的真实反映。此外，唐代社会生活的丰富多彩，边疆民族与外来文化的输入，都对丰富诗歌创作的内容和形式，提供了丰富的素材。此外，唐代政治禁忌较少，基本不存在后来各朝出现的文字狱，尊重诗人创作自由，这种宽松的社会风气也是唐代诗歌得到繁荣发展的一个重要原因。唐代丰富多彩的音乐歌舞对诗歌创作也有极大的影响，因为音乐与诗歌本是孪生姊妹，彼此密切地结合，不仅能使诗歌的音律和格调不断地输入音乐新因素而得到发展和更加完美，而且也能使诗歌得到更广泛的流传。

总之，由于唐代具有许多其他历史时期所不具备的社会因素，使其诗歌创作获得了良好的社会条件和丰富营养，从而为我国留下了非常珍贵的文学遗产。

743. 唐代佛教共多少宗派？

印度佛教在两汉之际传入我国，至两晋南北朝时，各种佛教经典大量译出，译人在译出经典后又聚徒传授，因而养成了讲习经论之风，此风在南朝尤为盛行。由于僧众所习经典不同，遂形成了不同的佛教学派。从南朝末年开始，一些佛教学派逐渐和某一特定的世俗统治集团相依托，又与日益发展、巩固的寺院经济相结合，形成了在教义和财产上排他的集团，学派遂演变成宗派。最早的佛教宗派肇始于陈、隋之际，多数的佛教宗派则形成于隋唐时期，大致情况如下：

天台宗形成于隋代，此宗的实际创始者是陈隋之际的智𫖮(531～597)，他以天台山为中心，所以将此作为宗派的名称。智𫖮死后，即由其弟子灌顶继续弘传。入唐后，又有法华寺智威、天宫寺慧威、左溪玄朗相次传承。

三论宗隋代已具雏形，其祖师吉藏晚年在长安，曾受到唐高祖的优礼，被聘为十大德之一。吉藏诸门人中最杰出的为慧远、智拔、智凯、智命诸法师。

法相宗，又称唯识宗、慈恩宗。是唐代佛学大师玄奘游学印度归来后，搬用印度佛学的理论，按照印度教团的模式建立起来的教派，其学说繁复，含义精密。用“唯识所现”来解释世界。他门下的人物很多，最杰出的是窥基，发扬了玄奘译传的新说。慧沼、智周等人，相继阐扬，遂使此宗达于极盛。

律宗。从南北朝以来，由于国家对佛教僧徒的管理逐渐严密，教内也需要统一实行戒律来加强自己的组织。唐朝的道宣继承北朝慧光到智首的系统，在理论上吸收了玄奘译传的新义，较旧说为长。因为道宣后来居住在终南山丰德寺，所以一般称呼他一系传承的律学宗派为南山宗。同时还有法砺的相部宗、怀素的东塔宗，都各有不同的见解，也各成一派。另有义净也锐意讲求律学。他曾费了二十五年的时间，历三十余国，留心关于实行戒律的各种作法，写成记录，从南海地方寄回国内，即《南海寄归传》一书。

禅宗。北魏时菩提达摩在北方传授禅法，以《楞伽经》为印证，就有了楞伽师一派。唐初，黄梅双峰山有道信禅师，在楞伽禅法之外，参用般若法门，从事静坐。道信直传的弟子是弘忍，移住东山，传法四十余年，门人多至千数，尊其所说为东山法门。他的门人中著名的有神秀、慧能等十余人。慧能后还岭南，提倡顿悟法门，又结合世俗信仰而推重《金刚经》，不专主坐禅，这样就和神秀一系墨守成规、信奉《楞伽经》、主张渐悟的恰恰相反，而逐渐成为南北两宗的对立。后来南宗禅的势力大增。形成一些支派，如沩仰宗、临济宗、曹洞宗、云门宗、法眼宗，合为五宗。

密宗。用陀罗尼（咒语）作为佛教的修习方法，这在当时的印度还是比较新鲜的事，相继来唐的有善无畏、金刚智等人，他们分别传承胎藏界和金刚界的法门，后经过一行、不空的阐述，更充实了内容，创立密教（从真言秘密得名）一宗。此宗带着神秘色彩，为统治阶级所特别喜好。当时几代帝王都对不空十分优礼，并以官爵相笼络，这样就形成了王公贵族普遍信仰密教的风气。

贤首宗。此宗是推尊《华严经》为佛说的最高阶段，故又名华严宗。法藏因为参加了《华严经》的新译，又吸收玄奘新译的一些理论，充实了观法，形成了宗派。后人即以他的法号贤首作为这一宗派的名号。

净土宗。北魏的昙鸾在并州石壁山玄中寺提倡净土念佛法门。唐初道绰在寺中见到记载昙鸾事迹的碑文，得到启发而归心。他的弟子善导来长安传教，最终形成了净土宗。

隋代信行创立的三阶教，在一度被禁后，因其门徒甚多，又受到隋代重臣肖瑀、高颎等的保护，仍然保全实力，延续到唐代，又在长安恢复了相当的盛况。武后证圣元年（695）明令判为异端。至开元元年（713 年），断绝了三阶教的经济来源，不许其再行传教发展。

744. 玄奘游学印度对我国佛学的发展做出了哪些贡献？

玄奘（约 600～664），洛州缑氏（今河南偃师缑氏镇）人。他是唐代高僧，唯识宗的创始人、翻译家。俗姓陈，幼年出家，曾游历各地，参访名师。多年来在各处讲筵所闻，使他深感异说纷纭，无从获解。特别是当时摄论、地论两家关于法相之说各异，遂产生去印度求《瑜迦师地论》以会通一切的念头。贞观元年（627），玄奘动身西行求法。由长安出发，西出玉门关，越葱岭，经中亚各国，抵达印度北部边境，然后进入印度佛教中心——摩揭陀国。他在当时佛教的最高学府——那烂陀寺，跟戒贤大师学法，历时五年。玄奘一面留学，一面巡游五天竺。中印度的戒日王慕玄奘之名，请他到曲女城，专为之举行一次全印度的佛教辩论大会。玄奘在会上战胜了一切论敌，被称为“佛门大乘天”，从此声名震于五天竺。离开曲女城后，玄奘即取道北印度回国。

贞观十九年初，经过十九年千辛万苦后，玄奘终于带回大量佛经归抵长安。回国后，初被安置于京城的弘福寺，后移往新修成的大慈恩寺，长期从事翻译佛经的工作。他是中国佛教、中外交通与文化交流历史上一个无与伦比的人物。贞观二十年正月，玄奘译出《显扬圣教论》二十卷，并口述由辩机笔录完成《大唐西域记》。同年又译出《解深密经》、《因明入正理论》，推进了因明在中国的发展。后又奉敕将《老子》、《大乘起信论》译作梵文，传于印度。贞观二十二年五月，译出《瑜伽师地论》一百卷，并请太宗作序。十月，译出《能断金刚般若波罗蜜多经》。显庆五年（660），始译《大般若经》。此经梵本计二十万颂，卷帙浩繁，门徒每请删节，玄奘颇为谨严，不删一字。至龙朔三年（663）终于译完这部多达六百卷的巨著。此后，玄奘深感身心日衰，到麟德元年（664），译出《咒五首》一卷后，遂成绝笔。同年二月卒。据载，玄奘前后共译经论七十五部，总计一千三百三十五卷。这些佛经后来在印度大部分失传，中文译本就成了研究古代印度文学、科学的重要文献。在印度留学时，玄奘把《秦王破阵乐》介绍到了印度。回国后，他又把老子《道德经》译成梵文，送往印度。所译经籍，多用直译，笔法谨严，对丰富祖国思想文化典籍有重要贡献，并为古印度佛教保存了珍贵的典籍，世称“新译”。曾编译《成唯识论》，论证“我”（主体）、“法”皆为“识”之变现，均非真实存在，只有破除“我执”、“法执”，才能达到“成佛”境界。由于其佛教活动的卓越成就，民间广泛流传其故事传说。如元吴昌龄《唐三藏西天取经》杂剧，明吴承恩的《西游记》小说等，均由其事迹衍生而来。

745. 玄奘所撰《大唐西域记》是一部什么书？

《大唐西域记》又称《西域记》，共十二卷。由玄奘口述，弟子辩机撰文。此书系玄奘奉唐太宗敕命而著，贞观二十年（646）成书。书中综叙了贞观元年（一说贞观三年）至贞观十九年玄奘西行之见闻。记述了玄奘所亲历一百一十个和得自传闻的二十八个城邦、地区、国家之概况，有疆域、气候、山川、风土、人情、语言、宗教、佛寺以及大量的历史传说、神话故事及当时诸国之距离、方位以及各国语言等，为研究中古时期中亚、南亚诸国的历史、地理、宗教、文化和中西交通的珍贵资料，也是研究佛教史学、佛教遗迹的重要文献。近世以来，印度那烂陀寺的废墟、王舍城的旧址、鹿野苑古刹、阿旃陀石窟等均据其才得以展露和再现其光辉。因此，《大唐西域记》更是一本有助考古学的发掘与探索之指南书。

746. 弘忍为什么被称为高僧？

弘忍（601～674），俗姓周，黄梅（今湖北黄梅）人。七岁时依蕲州黄梅县（今湖北今县）双峰山东山寺道信（580～651）出家，十三岁时，正式剃度为僧。道信常以禅宗顿渐宗旨考验他，他触事解悟，尽得道信的禅法。永徽三年（652）道信付法传衣给他。同年九月道信圆寂，由他继承法席，后世称他为禅宗第五祖。因为四方来学者日多，另建道场，名东山寺，时称他的禅学为东山法门。由其开始，禅宗传教改以《金刚般若经》代替《楞伽经》。

中国禅宗从初祖菩提达摩到三祖僧璨，其门徒都行头陀行，一衣一钵，随缘而往，并不聚徒定居于一处。到了道信、弘忍时代，禅风一变。道信于唐武德（618）初入黄梅双峰山，一住三十余年，会众多至五百。弘忍移居东山，二十余年，徒众多至七百人，两代禅徒都定住一处，过着集体生活。他们实行生产自给，把运水搬柴等一切劳动都当作禅的修行；弘忍认为学道应该山居，远离嚣尘。这是后来于深山幽谷建立丛林，实行农禅生活的指导思想。唐显庆五年（660），高宗遣使召弘忍入京，被他拒绝。上元元年（674）十月二十三日，弘忍圆寂，年七十四，葬于东山之冈。代宗时追封为大满禅师。

弘忍的禅学传自道信。道信自说他的法门：一依《楞伽经》以心法为宗，二依《文殊般若经》的一行三昧。道信一行三昧的修法，也被弘忍继承，成为他门下建立念佛禅的理论依据。其门下高才有慧能、神秀等，因弘法的地方不同，故后称“北神秀”，“南慧能”。

747. 神秀在佛教史上占有什么地位？

神秀（约 606～约 706），汴州尉氏人（今河南尉氏县），俗姓李，佛教禅宗北宗的开创者。早年博览经史，唐武德八年（625）在洛阳天宫寺受戒。五十岁时，到蕲州黄梅县双峰山东山寺参谒弘忍，成为禅宗五祖弘忍的弟子。以“身是菩提树，心如明镜台，时时勤拂拭，勿使惹尘埃”一偈，表示对佛教教义的理解，但未得到弘忍赞许。弘忍死后，在荆州当阳山（今湖北当阳县东南）玉泉寺传法，声名远播。后为武则天召到京师，朝野景仰。当时神秀已年过九十，住于洛阳内道场，受到特殊的礼遇。武后时时向他问道，并令于尉氏置报恩寺，表彰他的道德。中宗即位（705）后，更受礼遇。神秀在洛阳六年，于神龙二年（706）圆寂，谥号为“大通禅师”。

神秀继承了道信、弘忍以心为宗的禅法，主张“一切佛法，自心本有”。被立为禅宗第七祖。因其在北方倡导渐悟法门，故其法系称为北宗，神秀实为禅宗北宗创始人。因南宗认为他所传的禅法是渐悟法门，故称其禅法为北渐或渐门。神秀圆寂后，普寂、义福两大弟子在帝王的支持之下，继续阐扬他的理论，盛极一时。

748. 慧能为什么被称为禅宗南宗之祖？

慧能（638～713），是中国禅宗的第六祖，佛教禅宗（南宗）之开创者。俗姓卢，先世是河北范阳（今北京西南）人，其父谪官至岭南新州（今广东新兴东），遂在岭南落籍。慧能家境贫寒，三岁丧父，迁居南海。年纪稍大一点就以狩猎养母。因听人诵读《金刚经》有所领悟，决心学佛出家。二十四岁时，慧能到湖北黄梅东山寺去投五祖弘忍为师，被留作行者。他一面舂米干活，一面随众听法。后来弘忍要选继承人，命寺僧各作一偈。神秀是弘忍的上座，饱览经史，博学多闻，当即提了一偈："身是菩提树，心如明镜台，时时勤拂拭，勿使惹尘埃。"慧能不识字，也请人代笔题了一偈："菩提本无树，明镜亦非台，本来无一物，何人惹尘埃？"弘忍看后，认为神秀偈所表达的思想只达到佛的门前，而慧能偈用"无相"破"有相"，以"顿悟"破"渐悟"，直指人心，见性成佛，其"空无观"比神秀彻底，于是就把衣钵传给了慧能。因慧能与神秀同为弘忍弟子，分别在南北之地弘法，故后世有"北神秀，南慧能"之称。

慧能得到祖传衣钵后返回广东，藏匿了整整十五年，直到唐高宗仪凤元年（676），才公开露面。这年的正月初八，慧能来到广州法胜寺（今光孝寺）。一天，风扬起寺庙的旗幡，两个和尚在争论到底是"风动"还是"幡动"，慧能说："既非风动，亦非幡动，仁者心动耳。"慧能的说法，令众僧大为惊叹，引起了印宗法师的关注和尊敬。不久，印宗法师为慧能剃度。后又召集高僧名师为慧能举行了隆重的受戒仪式。次年春，慧能离开法胜寺，北上到南华寺开山传法，前来送行的有一千多人。在南华寺，慧能传教说法长达三十七年之久。慧能的言行后被其弟子法海汇编成书，这就是被奉为禅宗宗经的《六祖法宝坛经》。在佛教中，只有佛祖释迦牟尼的说法记录能被称作"经"，而一个宗派之祖言行录也被称作"经"的，慧能是绝无仅有的一个。后人称其学派为禅宗南宗，为禅宗正系。唐玄宗先天二年（713），慧能圆寂于家乡新兴县的国恩寺，享年七十六岁。

慧能创立的禅宗标志着佛教中国化的完成。第一，他大胆破除佛祖的权威，不承认有所谓外在的佛，认为佛就在本心中。第二，他主张一切众生皆有佛性，人人都可以成佛，这与儒家"人皆可为尧舜"的性善论相通。慧能之后，禅宗更进一步向儒家靠拢，竭力与儒家的以孝悌为人之本的伦理学说相调和，写了大量论教的著作，从而促使了佛教的进一步儒学化。第三，他不但主张人人都可以成佛，而且主张不用背诵佛经，不需累世修行，只要认识本心，就能成佛，即所谓"顿悟成佛"，不但迎合了上层统治者和士大夫的需要，而且也为下层人民信佛提供了极大的方便。第四，他在宣传"顿悟成佛"的同时，还提倡自由的生活方式，促使禅宗生活的平民化、世俗化。慧能的三传弟子法海禅师，更提出“一日不作，一日不食”的宗佛，并将这一宗佛写进了《百丈清规》，从而对后世禅寺的建设及其劳动自养制度的形成产生了深远的影响，也是禅宗得以在中国迅速传播、广泛发展的重要原因之一。

749. “袄教”是一种什么宗教？流传情况如何？

“袄教”，即古代波斯的“琐罗亚斯德教”。公元前六世纪，由波斯人琐罗亚斯德创建。因该教拜火，以为光代表至善之神而崇拜，因此又名“拜火教”。同时，该教还拜日月星辰，所以又叫“袄教”。公元七世纪，大食统治波斯后，伊斯兰教占据独尊地位，迫使大批袄教徒东移。袄教的主要经典是《阿维斯陀》，其教义是神学上的一神论和哲学上的二元论。袄教视水、火、土为神圣，故葬礼只能实行天葬和鸟葬。

袄教传入中原的时间，学术界一般认为是公元六世纪。袄教于公元前五世纪至公元前一世纪传入新疆，开外来宗教入疆之先河。袄教在新疆的早期传播情况不详。1978 年在乌鲁木齐阿拉沟的一座古墓中，出土了一件高方座承兽铜盘。据考证，这件公元前五世纪至公元前一世纪的铜盘，是袄教用来祭祀圣火的。这表示袄教传入新疆当不晚于这个期间，传入路线是由波斯经中亚进入新疆。由于袄教崇拜天、地、日、月、水、火、木、土，与原始自然崇拜基本相同，因此容易被当地居民接受。魏晋至唐宋时期，袄教在内地迅速传播发展开来，袄教的迅速发展引起了统治者的重视和警惕，采取了一些措施以限制袄教的活动。

当袄教在中原地区不断遭受打击而日渐衰落之际，在新疆却进入其发展的鼎盛时期。在吐鲁番出土文书中，屡屡出现袄教徒特有的名字和有关袄教活动的记载。据唐朝哈密方志《沙州伊州地志》（残卷）记载，当时哈密有一座袄庙，该庙的教主翟盘陀曾人京朝见皇帝，并表演了神灵附体和利刃穿腹的幻术，被唐朝皇帝赐予“游击将军”称号。十世纪的阿拉伯旅行家米撒尔在拔希国（今新疆策勒县），也看到其国都拔希城内有拜火教徒。由于袄教没有取得官方宗教的地位，主要流行于农村，与当地的原始宗教相互渗透、融合，最后演变为民间宗教的一部分，所以，从宋代以后不再见于文献记载。

750. 大秦景教什么时候传入中国?

唐朝为安抚外族、发展经济，推行文化包容的政策，引进并吸收邻国文化，从而把唐文化推到光辉灿烂的顶峰。文化包容政策为宗教的发展提供了良好的环境。

随着唐帝国国势的强大与文化的传播，在波斯流传的基督教聂斯托利派（Nestorians）对唐朝产生了极大兴趣，同时由于受到伊斯兰教的威胁，他们也必须向东方寻求发展。贞观九年（635），聂斯托利派传教士阿罗本（Alopenzz）长途跋涉，来到长安，受到唐太宗的热情欢迎，不仅允许他在长安传教，并请他到藏书楼翻译经典。贞观十二年，唐太宗下令在长安西北隅的义宁坊为景教建造一座教堂，因景教来自波斯，因此称为波斯寺。唐太宗命人将自己的肖像画在寺内墙上，明确表示自己对景教的认同与支持。唐高宗时，尊阿罗本为“镇国大法主”，在长安、洛阳、沙州、周至、成都等地均建造了景教寺。武则天统治时期，特别尊崇佛教，景教的传教一度受到挫折。到唐玄宗时，又恢复了对景教的支持，使景教在中国获得了很大发展，取得了很大的业绩，全国教徒达到二十余万之多。此后的历代皇帝，都对景教采取扶持政策，景教也为唐朝文化的发展做出了贡献。

唐德宗建中二年（781），在平定“安史之乱”中立过大功的景教僧伊斯出面请求唐德宗建立景教碑，获许后，由景教高僧景净（Adam）撰写碑文，吕秀岩书丹，这就是著名的《大秦景教流行中国碑》，此碑身高二点三六米，宽零点八六米，厚零点二五米，全文共一千七百八十个汉字及四十个叙利亚语词，下部及两侧刻有七十六个景教僧的名字。此碑自明天启五年（1625）在西安出土后，一直得到国内外的关注，这不仅因为它具有极高的学术价值，更因为它见证了中外文化交流的繁盛，是多民族文化在转变适应中结出的硕果。此碑现保存在西安碑林博物馆内，是我国国宝级的珍贵文物。

751. 叶法善为什么数十年间为皇室所尊崇?

叶法善（616～720），字道元，一字太素，括州括苍（今浙江丽水）人。出身于道教世家，自曾祖三代为道士，皆精通摄养占卜之术。他从小与众不同，仙风道骨，喜爱学法、炼丹术，到处拜师学艺。他云游四方，曾到过天涯海角——海南。唐高宗闻其名，征诣京师，赏官加爵，固辞不受，求为道士，留在内道场，待遇甚厚。自高宗、武则天、中宗历五十年，常往来名山之间，多次被召入宫中问道。玄宗即位，称叶法善有冥助之力，先天二年（713），拜鸿胪卿，封越国公，但他依旧为道士，居于京师之景龙观。玄宗欲委以重任，称为尊师。叶法善借故推辞，不求功名利禄。他力主唐玄宗崇尚道教，深受玄宗器重，成为皇帝的宗教顾问之一。他常驻长安景龙观，便于皇上召见。凡遇国家大事，皇上必请叶真人预测，且多有应验。当时吐蕃与大唐关系紧张，箭拔弩张。吐蕃王仿效荆轲图穷匕首见的做法派特使前往唐都觐见皇帝，进宝献图。蕃使说："请陛下自己开匣，免得他人知道。"百官默然，唯独法善极力劝阻说："皇上，这是凶函，请不要打开，叫蕃使自己开。"结果函中暗箭齐发，蕃使自毙，果真应验叶真人的预言。唐玄宗欲求长生不老仙丹，请叶法善炼制。法善对皇上说："陛下，长生不老丹是没有的，白白浪费财物。"说明他敢于讲真话，胆气可嘉。传说他曾安排玄宗在霓裳羽衣曲的伴奏下与已故杨贵妃相见，解除了玄宗的相思之苦。

由于叶法善功绩卓著，皇上授予他银青光禄大夫、鸿胪卿、越国公、景龙观主。后无病而终，享年一百零五岁。

752. 摩尼教在唐朝流传情况如何？

摩尼教是公元三世纪时波斯人摩尼创立的宗教。摩尼（216～277）出生在波斯宿利城附近的玛地那，其教义吸收了基督教、袄教、佛教等多种宗教成分，以"二宗三际论"为根本教义。主张善恶二元论，宣扬光明与黑暗的斗争。该教创立之始，即在萨珊波斯帝国境内广为传播。摩尼遭波斯萨普尔一世放逐时，曾到过印度北部和中国西部，公元277年摩尼被波斯王巴拉姆一世处死，摩尼教也被视为异端，遭到禁灭，教徒多逃亡中亚和印度，公元四至六世纪摩尼教在北非、欧洲和中亚各地极为流行，并由中亚沿丝绸之路传入中国内地。

摩尼教在中国的传教主要依靠回鹘势力，唐代长安、洛阳均建有摩尼寺。此外，北自太原，南至洪州（今南昌）、越州（今绍兴）都有摩尼寺。新疆境内吐鲁番盆地也是摩尼教的传播中心。唐延载元年（694），波斯国人拂多诞持《二宗经》来长安传教，拂多诞是摩尼经师，所持《二宗经》是摩尼所著，与《三际经》同是摩尼教祖的基本经典，在敦煌藏经洞发现有摩尼教的写本《摩尼教残经》、《摩尼光佛教法仪略》和《下部赞》。唐武宗会昌年间（841～846）摩尼教遭禁，摩尼教在北方无法立足，有呼禄法师到三山（今福州）、泉州传教，后死于泉州。以后摩尼教在福建继续传教。宋代虽受禁止，但在民间仍然秘密流传，至明初仍有该教的活动痕迹。在西北地区，由于回鹘的西迁，摩尼教在河西走廊和新疆各地又兴盛一时。除佛教以外，被称为“外道”的各教中，摩尼教是流行最广的一种宗教。

753. 党项与唐朝廷的关系如何?

党项是中国古代西北民族羌族的一支，称“党项羌”。南北朝末期（6世纪后期）活动于今青海省东南部黄河上游和四川松潘以西山谷地带，当时还处于原始社会末期。早期的党项人不事农业，衣、食、住皆仰赖畜牧，以草木枯荣计算岁月，崇拜天神，死后火葬。党项人尚武而勇猛。同族的人必须互相帮助，当受到外族人伤害时，必须复仇，未复仇前，蓬首，垢面，赤足，禁食肉类，直到斩杀仇人，才能恢复常态。此外，党项人还特别崇尚白色，故自称“大白上国”。党项诸姓部落中有细封氏、费听氏、往利氏、颇超氏、野离氏、房当氏、米擒氏、拓跋氏，称为党项八部。其中拓跋氏先世本出自鲜卑族拓跋部，后成为党项诸部中的一部，在党项诸部中最为强盛。

隋开皇四年（584），有千余户党项羌人归属隋朝。次年，党项首领拓跋宁丛等，各率部落到旭州（今甘肃临潭县境）请求内附，隋朝授拓跋宁丛为大将军。开皇十六年党项首领进攻会州（今甘肃靖远东北），兵败降附，并遣子弟入朝谢罪，向隋朝纳贡。唐初武德中（618～626），党项相率归属唐朝。太宗贞观三年（629），唐朝南会州都督郑元璹招谕党项归附，党项首领之一细封步赖率所部归唐，唐朝在其地设轨州（今四川松潘县西），授细封步赖为刺史。其他党项部落，亦纷纷响应，唐朝又设崌、奉、岩、远四州，并以原来各部酋长分别担任各州刺史。贞观九年，唐下诏遣使开河曲地为十六州，党项内附者三十四万口。当时曾与吐谷浑王慕容伏允结为姻亲的党项拓跋部酋长拓跋赤辞，也在与唐作战中兵败，归附唐朝。唐就其地分设懿、嵯、麟、可等三十二州，任命归附的部落首领做刺史，以拓跋赤辞为西戎州都督，赐姓李，受松州都督府节制。

“安史之乱”后，由于发生了吐蕃、党项、吐谷浑等族联合对唐的进攻，唐朝采纳朔方节度使郭子仪建议，把散居在灵（今灵武西南）、盐州（今陕西定边县）和庆州（今甘肃庆阳县）一带的党项羌部落迁到银州（今陕西横山县东党岔）以北、夏州（今陕西靖边县）以东地区。从此，迁居在庆州一带的党项羌部落叫做东山部落；迁居在夏州一带的党项羌部落叫做平夏部落。其时还有部分党项羌人一度东进到石州（今山西离石县）。内迁后的党项羌由于其定居在陕北、河套一带，党项人和汉族以及其他民族人民在经济、文化方面发生了密切的交往，生产力发展很快。

唐朝末年，党项平夏部首领拓跋思恭参与镇压黄巢农民起义军的军事行动。唐朝以夏州为定难军，以拓跋思恭为节度使，封爵夏国公，再赐李姓。从此党项族便据有夏、银、绥（今陕西绥德）、宥（今陕西米脂西）五州之地。历经五代，党项拓跋部利用藩镇争战、朝代更替的机会，逐渐发展壮大自己的力量。到后周末年，已经形成一个以夏州为中心的地方割据势力。宋初，李继迁抗宋自立，其后人于公元1032年建立了西夏王朝。

754. 契丹与内地有何交往?

契丹是中国古代北方民族名，与奚族同是源出鲜卑宇文部的一支，曾居于潢水（今西拉木伦河）以南，和龙（今辽宁朝阳）以北，以游牧为生。隋唐时期分八部。当时北方草原上，突厥称雄，契丹酋长辗转臣服于唐朝和突厥之间。唐太宗贞观以后，酋长窟哥率部内属，唐置松漠都督府，以其各部分置十州，授窟哥为使持节十州诸军事松漠都督，封无极男，赐姓李。唐武后时，契丹首领李尽忠，因营州都督的侵侮，起兵反抗，武后派王孝杰统兵十七万进讨，被契丹打败，孝杰战死。又命武懿宗率兵二十万迎战，契丹南侵瀛州属县。唐朝后来借奚和突厥的兵力截击后路，才把契丹打退。当时朝廷内外，文武官员，共庆大难解除，改元“神功”。此后的一段时间，契丹对唐朝有朝贡，也有冲突，直到武宗会昌二年（842），才与唐朝正式恢复臣属关系。唐末，契丹首领耶律阿保机统一各部，日渐强大，于公元907年即可汗位，916年称皇帝，年号神册，国号契丹，民间或称大蕃。辽太宗大同元年（947）改国号为大辽。

契丹建国之前，于唐昭宗天复二年（902）秋，阿保机率领骑兵四十万侵入长城以南，在今山西、河北一带掠获九万五千多汉人，驼马牛羊不计其数，都赶到潢水南岸，建立城栅围起来。此后契丹还不时南下攻掠，把汉人掳到草原，让其成批住在一起，一般仍用原来州县的名称。在契丹境内，特别是阿保机的部落里，有俘奴和流人从事农耕和手工业，使契丹贵族的财富日益增多，也促进了契丹地区农业和手工业的发展，使契丹社会发生了很大的变化。同时由于俘奴和流人进行耕作，在牧场边缘还出现了插花田，使游牧的契丹地区也逐渐出现了定居放牧。契丹人学习中原文化，上层契丹人在优裕生活中学习诗文，羡慕科举，有的参加科举考试，有的通习契丹文、汉文，有诗文集行世。契丹人信萨满教，敬天神。但中原流行的佛教里有密教真言宗，祈祷求福和萨满教一致。在契丹后期，佛教大盛，高僧辈出，译经训解，刻大藏经，镌石经。契丹人对科学技术、医药也有出色的贡献。

755. 奚是什么民族？与唐朝关系如何？

奚是中国古代北方民族名。南北朝时自号库莫奚，隋唐简称为奚。与契丹同是源出鲜卑宇文部的一支。东晋建元二年（344），鲜卑慕容部北攻宇文部，俘其民五千余，宇文部单于逸豆归死于漠北，其残部分为契丹与奚。北魏以来，奚居饶乐水（古饶乐水包括今西拉本伦河与老哈河，奚居老哈河流域），东北与契丹为邻，西接突厥。以游牧为主，兼射猎，略知农耕。突厥汗国兴起后，臣属于突厥。奚众分五部，每部以“俟斤”一人统领。阿会部最为强盛，各部均听其指挥。唐太宗贞观三年（629），奚遣使朝唐，此后十余年，共有四次朝贡。贞观十九年，唐太宗征伐辽东，奚大酋苏支随同作战有功，贞观二十二年（648），唐在其领地设置饶乐都督府，并封其首领可度者为都督、楼烦公，赐姓李。以五部为五州，以其各部的首领为刺史，属饶乐府，受营州都督府节制。武则天万岁通天元年（696），奚与契丹共同叛唐，依附后突厥汗国。开元三年（715）又归附于唐。唐玄宗封其首领李大辅为饶乐郡王，将宗室女固安公主嫁给他，大辅死后，册封其弟鲁苏为奉诚郡王，将东光公主嫁给他。后又封延宠为饶乐都督、怀信王，将宜芳公主嫁给他。唐中叶前，奚最为强盛，当时奚与契丹并称为“两蕃”。唐中叶以后，契丹日渐强大，奚族转衰，最终成为契丹的役属，常为契丹守疆界。

唐末，为了逃避契丹的剥削压榨，一部分奚民在首领去诸率领下背离契丹，西迁妫州（州治在今河北怀来县）北山内附，别称西奚，遂有东奚、西奚之分。公元 911 年，奚被辽太祖征服，奚王五部降，后分为六部奚。大多散居在辽朝的中京地区，以农为主，兼营畜牧业，手工业也颇有特点。辽中叶以后，虽然仍有契丹、奚、汉、渤海等称谓，但奚人已逐渐与契丹人融合。

756. 室韦是什么民族？与唐朝关系如何？

室韦是中国古代少数民族名。公元五至十世纪，主要活动在嫩江、绰尔河、额尔古纳河、黑龙江流域。又作“失韦”或“失围”。中唐以后，文献上又把室韦称作“达怛”。室韦—达怛人是东胡后裔，是蒙古族的先民。自北魏时期起，室韦各部开始与中原王朝通贡。狩猎地在黑水靺鞨的西面、契丹的北面，处在原始公社阶段。他们已经开始从事原始的农耕和畜牧，使用角弓和长箭猎获野兽，用鹿皮制作衣服。男子束发，妇女束发做叉手髻。语言与契丹相同，都属东胡语言的方言分支。

唐初室韦分岭西室韦、山北室韦、黄头室韦、大如者室韦、小如者室韦、婆萵室韦、讷北支室韦、骆驼室韦等九部分，小部一千户，大部数千户。每部有酋长。酋长实行世袭制，在继承人断绝的时候，才推选部内勇健者充当酋长。各部酋长定时会猎，猎后散去，互相并不统属，比起奚、契丹能够推选大酋长号令诸部，室韦显得更落后。这一时期室韦人生活主要依靠狩猎，畜牧业也刚刚开始发展，知道养犬，但不知养羊，有牛不会用，有马也不多。这样低级的经济生活，也就不会有推选大酋长的要求。贞观五年（631），室韦开始对唐朝朝贡。唐中宗时（705～710），室韦表示愿帮助唐攻打突厥。唐玄宗（713～756）时，入朝十次。唐代宗（762～779）时，入朝十一次。唐德宗（780～805）时，室韦都督和解热素等十人来朝见。唐文宗（827～840）时，室韦大胜督阿成等三十人来朝见。唐懿宗（859～874）时，大酋怛烈遣使者来朝。唐朝文化对室韦有一定的影响，有助于室韦社会的发展。

757. 靺鞨是什么民族？与唐朝关系如何？

靺鞨是中国古代东北民族名。两汉时称“挹娄”，北朝魏时称“勿吉”，隋唐时称靺鞨。靺鞨分为数十部，互相并不统属。各部有酋长，父子世袭。隋末，酋长突地稽率部千余家内附，居住在营州。唐初突地稽立下战功，唐太宗（627～649）命突地稽改姓李。其子李谨行，唐高宗（650～683）时为守边名将。诸部中黑水部最为强大，开元十年（722），黑水靺鞨酋长倪属利稽入朝于唐，受命为勃利（即伯力，今俄罗斯哈巴罗夫斯克）州刺史，并设置长史对其监督。开元十三年，唐朝在黑水靺鞨地区设置黑水军，次年又设置黑水都督府。以黑水部酋长为都督，赐姓李，名献诚。以诸部酋长为州刺史，受都督统率。此后，靺鞨不断向唐朝贡，唐朝文化也自然要影响靺鞨社会，都督、刺史的设立，有助于靺鞨诸部趋向于统一。

七世纪时，靺鞨粟末诸部役属于高句丽。唐太宗李世民讨伐高句丽，粟末部众大都入唐，部分粟末靺鞨人南移至营州（今辽宁朝阳市）定居。武则天（684～704）时，粟末靺鞨人在其首领乞乞仲象率领下东归故地，武后圣历元年（698）乞乞仲象之子大祚荣，在松花江上游、长白山北麓一带建立了政权，自立为振（一作震）国王。振国居民以靺鞨人为主体，也有部分汉人、高句丽人。唐玄宗开元元年（713），派崔忻册封大祚荣为渤海郡王，以其所统地区为忽汗州，加授忽汗州都督。从此不称靺鞨，而以“渤海”为号。大祚荣死后，其子大武艺即位。大武艺扩大疆土，成为东北方强国。渤海与唐保持朝贡关系，经常派遣学生到长安，入太学读书，学习唐朝制度，渤海在东北方又成为文化最高的强国，公元926年，被辽所灭。

758. 铁勒是什么民族？与唐朝有什么关系？

铁勒是中国古代北方民族名。秦汉到魏晋南北朝时称为“敕勒”、“丁零”，北魏到隋唐时则称为“铁勒”。唐初，铁勒由十余部落组成，即：薛延陁、回纥、都播、骨得干、多览葛、拔野古、仆骨（仆固）、同罗、浑部、契苾、思结、阿跌、奚结、斛薛、白霫等部。其中实力较强的是薛延陁和回纥。

薛延陁是铁勒诸部中最强的一部。部众有七万帐，风俗大抵与突厥相同。唐太宗曾封薛延陁酋长夷男为可汗。夷男役属于铁勒诸部及靺鞨、白霫等部，是漠北大国，有军队约二十万。贞观十五年（641），夷男出兵到漠南攻打李思摩的突厥国，唐大将李勣等大破薛延陁军。夷男死后，国内发生战乱，贞观二十年，唐军灭薛延陁。铁勒诸部酋长请求内附于唐朝。贞观二十一年，唐朝置六个都督府、七个州，以各部酋长为都督或刺史。置燕然都护府于西受降城（今内蒙古自治区五原）东南的古单于台，统率六府七州。诸酋长奏请在回纥以南、突厥以北开一条驿路，称为参天可汗道，分置六十八驿，备马和酒肉供使者往来，各部每年贡貂皮作为赋税。唐太宗应允了各部的请求，从此唐势力达到漠北广大地区。

759. 唐太宗为什么要出兵讨伐薛延陀？

薛延陀，中国北方古代民族，为铁勒诸部之一，由薛、延陀两部合并而成。最初在漠北土拉河流域从事游牧，是铁勒诸部中最强的一部，部众有七万帐，风俗大抵与突厥相同。隋唐之际，薛延陀与其他铁勒各部，均受突厥统治。唐太宗贞观二年（628），薛延陀联合附近九姓铁勒中回纥等部共起反抗突厥，受到铁勒其他部落的拥护，共推夷男为首领。这一年，唐太宗派遣使者持诏书，封夷男为真珠毗伽可汗。夷男受命，遣使入贡。次年夷男联合回纥助唐朝攻伐东突厥，设立牙帐于鄂尔浑河南郁督军山（今杭爱山东支），拥有精兵二十万。其汗国疆域东起大兴安岭，西抵阿尔泰山，南界河套，北至色楞格河，境内包括回纥、仆固、同罗、拔野古、阿跌诸部。东突厥灭亡后，回纥势力壮大，但仍附属于薛延陀。当时，唐朝采取扶助回纥抑制薛延陀的政策，贞观十二年，唐朝下诏封真珠毗伽可汗二子大度设、突利失为小可汗，以分割其势力。次年，唐又封颉利可汗的族人李思摩为可汗，名义上使其统治内迁河南的东突厥旧部，实际上是监视薛延陀。此事也引起夷男疑惧，遂于贞观十五年乘唐太宗将“封禅”泰山之机，命长子大度设率回纥等部追击李思摩，直抵长城，在山西朔州遇唐大将李勣，大败而回。次年，夷男遣使于唐，献马三千匹，谢罪请婚，遭到了唐太宗拒绝。

贞观十九年，夷男死，嫡子拔灼自立为颉利俱利失薛沙多弥可汗。他乘唐太宗东征高丽未还，引兵攻河南朔方郡，但唐朝有备，遂引兵北退。后来因为其内部有许多贵臣被杀，招致骚乱。贞观二十年，多弥可汗自知大势已去，自行遁去，后被回纥人所杀；国人另立夷男之侄咄摩支为伊特勿失可汗。咄摩支遣使向唐朝表示“愿保郁督军山”。但唐朝仍遣大将李勣率军征伐，灭亡了其国。咄摩支降唐后，被封武卫将军。原属薛延陀统治的铁勒各部也纷纷降唐。

760. 东突厥是怎样灭亡的？

突厥是匈奴的别支，兴起于北魏（420～534）末年，到北齐、北周时很强大，成为中原五朝的劲敌。开皇二年（582），突厥分裂为东、西两部。由于隋朝国力强盛，东、西突厥先后臣服。隋末唐初，突厥再度强盛，成为唐朝北边最大的威胁。唐初由于忙于削平国内群雄，同时国力又不是很强盛，所以对突厥采取和亲及妥协政策，致使突厥愈加骄横，多次进兵骚扰唐北方州县，给当地人民的生产生活带来了极大危害。太宗即位以后，永久解除突厥对唐的威胁，成为他首先考虑的问题之一。

武德九年（626）八月，太宗刚刚即位，东突厥颉利可汗突然大举入侵，企图乘太宗地位不稳之际捞取好处。后来两国在渭水便桥上杀白马祭天结盟，东突厥暂时退兵。东突厥退兵后，太宗励精图治，大力发展生产，训练士卒，积极备战，决心早日消除边患。经过两年多的准备，唐朝的国力大为增强。与此同时，唐太宗还派人与西突厥结好，不使其支持东突厥，同时还结好于薛延陁等东突厥的敌对势力。

正当唐朝国力蒸蒸日上的时候，东突厥汗国内部却矛盾重重，日渐衰落。由于东突厥汗国是靠军事征服建立起来的，内部包含许多部族，如薛延陁、回纥、拔野古等。东突厥统治者颉利可汗向诸部课以重税，引起激烈反抗，诸部纷纷叛离。由于回纥等部叛乱，颉利可汗屡征无效后，派突利可汗去征讨，结果也大败而回。颉利大怒，将突利拘押十余日。为此突利怀恨在心，便向唐朝上表请降。颉利便发兵进攻突利，突利派人向唐朝求援，太宗却以与颉利有盟约为由，并不出兵相救，实际上是坐观东突厥内战以收渔人之利。

贞观三年（629），东突厥汗国又发生罕见自然灾害，可谓是内外交困，唐太宗决定大举出兵，扫平东突厥。这年十一月，太宗命李勣、李靖、柴绍、薛万彻、李道宗、卫孝节六总管共率军十余万，由李靖统一指挥，分六路进攻东突厥。四年初，李靖等在定襄（今内蒙古和林格尔西北）、白道（今内蒙古呼和浩特西北）大破东突厥，获隋炀帝妻萧后及其孙子杨政道，送于长安。突利可汗来降，颉利败走铁山（阴山以北），遣使假言请和，实际是借机重新纠集势力反扑。唐太宗派鸿胪卿唐俭前往安抚。李靖与李勣商议，颉利并未遭毁灭性打击，此时应趁唐俭安抚之机，颉利疏于防范，彻底将其击溃。计议已定，李靖率军夜袭阴山颉利牙帐，斩首万余，俘获男女十余万人。颉利逃至灵州（今宁夏灵武）被生擒，送往长安。太宗赦其不死，封右卫大将军。贞观八年，颉利死于长安，葬于灞水之东。至此，东突厥势力基本被扫清，唐朝疆土扩至阴山乃至于大漠。

761. 西突厥大体分布在今天什么地区?

隋朝时突厥分为东、西两部。西突厥的疆域为东至突厥国（东突厥），西至雷翥海（今里海，一说今咸海），南至疏勒（今新疆维吾尔自治区喀什市），北至瀚海。这是泛指其鼎盛时期的版图。

西突厥的主要组成部分是突厥十姓部落，这本是当初从蒙古高原随室点蜜西征的十大首领所率的十万部众。十部首领各持西突厥可汗所赐的一箭，因此十部又称为“十箭”。十箭分左、右两厢。左厢为五咄陆部，各部首领的官号为“啜”，即处木昆律啜、胡禄居（屋）阙啜、摄舍提暾啜、突骑施贺逻施啜、鼠尼施处半啜，这五个咄陆部落分布在碎叶（今中亚托克玛克附近）以东地区；右厢为五弩失毕部，各部首领的官号为俟斤，即阿悉结阙俟斤（该部最为强大）、哥舒阙俟斤、拔塞干暾沙钵俟斤、阿悉结泥孰俟斤、哥舒处半俟斤，这五个弩失毕部落分布在碎叶河以西地区。至七世纪中叶，十姓部落已发展到拥有精锐兵士约数十万人。

除突厥本部外，游牧的葛逻禄、处月、处密等部族和若干铁勒部落，定居的龟兹等城郭之国，位于今中亚境内锡尔河、阿姆河一带的许多小国以及吐火罗等地，也都归附于西突厥。位于今阿富汗喀布尔北的迦毕试国，喀布尔南的漕矩吒国（今加兹尼），曾是西突厥南方的属国。因此西突厥仍然是西域中亚一带最强大的汗国，在当地具有很大的影响。

762. 突骑施是什么民族？与唐朝的关系如何?

突骑施为突厥十姓部落之一。分布在碎叶以东地区。武后时突骑施部逐渐兴起，招抚诸部，建立起以碎叶川为中心的大国。神龙二年(706)，唐中宗封突骑施酋长乌质勒为怀德郡王。乌质勒死后，其子娑葛即位，封为金河郡王。娑葛与部将阿史那忠节不和，互相攻击。金山道行军总管郭元振奏准令阿史那忠节入朝，将其部众迁居于瓜、沙等州。唐经略使周以悌指使阿史那忠节停留在半路，派人送贿赂给宰相宗楚客等，请发安西兵，并引吐蕃兵攻娑葛。宗楚客等受贿赂，竟按照阿史那忠节的要求部署军事。娑葛发觉唐朝阴谋后，遂于景龙二年（708），自立为可汗，发兵攻破安西（龟兹城），唐将或被擒，或被杀，娑葛上表要宗楚客的头，朝廷只好宣告娑葛无罪，并封其为归化可汗。娑葛退兵，安西四镇又得到安宁。娑葛与弟遮弩不和，遮弩逃归东突厥默啜可汗，请求做向导进攻娑葛。默啜发兵擒娑葛，对遮弩说："你们兄弟还不能相容，能忠心为我办事吗?"于是就把二人全都杀死。

娑葛死后，突骑施属部车鼻施部继而兴起。开元七年（719），唐玄宗封其酋长苏禄为突骑施忠顺可汗，又封阿史那怀道的女儿为交河公主，嫁给苏禄。苏禄娶唐、吐蕃、东突厥三国女为可敦（皇后），是想在三国间谋利。开元十四年，交河公主派人驱马一千匹到安西城互市，使者宣读公主教书，安西都护杜暹发怒道："阿史那女，也配来宣教!"杖责使者，并放马于雪地，使其全部饿死。苏禄大怒，发兵攻四镇，这时候杜暹已入朝为宰相，苏禄捉不到杜暹，大掠四镇人畜储积退去。此后，苏禄被部属杀死，突骑施分为黄姓（娑葛部属）、黑姓（苏禄部属）两部，各立可汗，互相攻击。唐朝因发生内乱，也就无力过问突骑施的事情了。

763. 所谓"九姓回纥"是怎么回事?

回纥是一个游牧民族，唐朝初年分为九部，分别是药逻葛、胡咄葛、咄罗勿、貊（mò）歌息讫、阿勿嘀、葛萨、斛嗢素、药勿葛和奚耶勿，号称"九姓回纥"。

唐太宗贞观二十年（646），回纥首领吐迷度与唐军联合击灭薛延陀，以其十二部归唐。第二年，唐廷以吐迷度为瀚海都督，吐迷度随后又自称可汗。在回纥所控制的地方，太宗置六府七州，总隶于燕然都护府。其后，回纥帮助唐朝击败西突厥，收复北庭。东突厥复起时，一度大败九姓回纥。玄宗开元年间，回纥又渐渐强盛起来，杀凉州都督王君，截断了安西诸国进入长安的通道，玄宗命令郭知运加以征讨。玄宗天宝三年（744），骨力裴罗击败拔悉蜜、葛逻禄二部，自称咄毗（pí）伽阙可汗，遣使入朝，被册封为怀仁可汗。骨力裴罗死后，他的儿子即位，号葛勒可汗。

安史乱起，两京失陷。肃宗派遣使者到回纥，以修好征兵。至德二年（757）九月，回纥派遣太子叶护率领四千精兵，帮助唐廷收复长安、洛阳。唐德宗贞元四年（788），回纥请改国号为回鹘，唐政府加回鹘可汗为长寿天亲可汗，并遣使送咸安公主去回鹘。从此，回鹘与唐朝政府相安无事，还不时帮助唐廷攻击吐蕃。但回鹘自身的势力也在战乱中渐渐衰弱。文宗开成五年（840），黠戛斯以十万之众攻破回鹘城，烧荡殆尽，回鹘散奔西北，南下的一支，到武宗末年被唐廷击败。

764. 回鹘是什么民族？与唐朝的关系如何？

回鹘，原称“回纥”，中国古代北方与西北民族名，原为九姓铁勒之一部。唐德宗贞元四年（788），回纥可汗上疏唐朝，请求改称为回鹘，取“回旋轻捷如鹘”之意。回鹘就是今天维吾尔族的祖先。

隋末，时健俟斤被回纥部众推为君长，时健死后，其子菩萨继立。贞观二十一年（647），唐朝在回纥所在地设瀚海都督府，委任回纥酋长吐迷度为怀化大将军，兼瀚海都督。吐迷度在部落联盟内部仍称可汗，设置官吏，建立起汗国。后突厥汗国强大时，攻占了铁勒族的住地，回纥等部经唐朝允许，迁徙到甘肃凉州一带居住，受唐朝保护。后突厥汗国衰落，回纥首领骨力裴罗联合其他部落起兵反抗，摆脱了后突厥的控制，并在开元三年（715）称可汗。唐玄宗册封他为怀仁可汗。次年，怀仁可汗灭掉后突厥汗国，占有突厥故地，成了漠北的强国。

回纥的国家制度，兼采用突厥和唐制。可汗的子弟称特勒，别部领兵者称设，大臣称叶护、俟利发、达干、吐屯等，这是突厥制度。此外还设置内宰相三人，外宰相六人，又置都督、将军、司马等官员，这是唐制。回纥可汗在九姓铁勒等部设立都督，加以管理。回纥汗国初期是奴隶制国家，在唐朝的影响下，到八世纪时，它已明显地进入了封建社会。

回纥政权一直和唐朝保持着密切关系，每一任可汗都经过唐朝的册封。“安史之乱”爆发后，回纥曾两次派兵帮助唐朝平定叛乱。唐朝从至德二年（757）起，每年送给回纥绢二万匹。回纥每年还要向唐朝运送几万匹马，以换取内地丝绢、茶叶等货物。回纥从唐朝得到的大量绢、茶等物品，除自用外，有很大一部分远销到中亚各地，这对其经济发展起了重要作用。“安史之乱”以后，吐蕃占据了西域和河西，唐朝和西域的经济交流遭到阻隔。由于回纥对唐友好，唐朝和西方商人多改道经回纥进行交易，因此，回纥一时成为陆上东西交通的枢纽。在这种情况下，回纥的商业呈现出空前的活跃，其商人到内地经商者常以千计，他们在内地购置资产、店铺，有的和汉族通婚，久居不归。

但是回鹘汗国内部也充满着矛盾，黠戛斯和回鹘连续交战二十多年。九世纪三十年代末，回鹘地区连年发生疾疫，又大雪成灾，严重地破坏了经济。同时，回鹘统治阶级的内部又不断地自相残杀。唐文宗开成五年（840），回鹘将军句录莫贺勾引黠戛斯十万骑入侵，攻破可汗城，回鹘汗国灭亡。回鹘汗国灭亡后，部众四散。一支迁移到河西走廊定居，一支进入吐鲁番，一支迁至天山北路及葱岭以西地区。后两支定居新疆的回鹘，发展成今天的维吾尔族人。

765. 回纥在平定“安史之乱”中发挥了什么作用?

“安史之乱”爆发，肃宗即位于灵武。为了尽快平定叛乱，肃宗一方面调边兵入关平叛，另一方面则想从外族借兵帮助平叛。至德元年（756）八月，回纥可汗磨延啜遣使灵武，表示愿意出师协助平叛。肃宗派敦煌王李承采出使回纥，与之相约，召其兵助唐平叛。于是回纥可汗以其女嫁承采，遣使入唐，请求和亲，肃宗封回纥可汗女为毗伽公主。回纥遣其臣葛罗支率兵入援。十二月，回纥骑兵到达带汗谷（即呼延谷，今内蒙古包头与固阳间的谷道）与唐将郭子仪军会合，大败叛军，斩首三万，俘虏一万。至德二载（757），磨延啜可汗遣其太子叶护领将军帝德等率精骑四千余与唐军会师，肃宗子广平王李俶与叶护结为兄弟。李俶统帅朔方等军及回纥西域之众十五万，号称二十万，从凤翔出发，在香积寺大破叛军。九月，收复长安，继而再克洛阳。肃宗急于收复两京，曾与回纥约定：克城之日，土地和士庶归唐，金帛和子女皆归回纥。收复长安时回纥就想大肆掠夺财帛，为广平王劝阻而止。收复洛阳后，回纥大掠三日，财物被掠不计其数。洛阳民众收集缯帛万匹送给回纥，狂暴的掠夺才告结束。唐对回纥兵的掠夺无可奈何，唯以封赏满足其要求，封叶护为忠义王，约定每年送给回纥绢两万匹，立马市收买回纥马匹。乾元元年（758），册磨延啜可汗为英武威远毗伽阙可汗，并以幼女宁国公主和亲。同年八月，回纥可汗遣其子骨啜特勒及宰相帝德，率骁骑三千助唐攻安庆绪，战事失利。宝应元年（762），代宗又向回纥借兵讨伐盘踞河洛的史朝义。此时磨延啜可汗已死，子牟羽可汗（又称登可汗）应召率兵助唐，与仆固怀恩联军合攻史朝义，史朝义自缢，河北平定。牟羽可汗收复洛阳后，纵兵大掠，民众躲到寺庙中，回纥放火焚烧寺院房屋，大火烧了数十天不熄，万余人被杀。代宗为酬回纥助战平叛之功，封牟羽可汗为建功毗伽可汗。

766. 黠戛斯与唐朝有过什么关系?

黠戛斯，中国古代北方民族。《史记》称“鬲昆”，汉朝称“坚昆”，魏晋时称“结骨”、“契骨”，唐朝称黠戛斯。他们活动于伊吾（今新疆哈密）之西，焉耆北白山旁（今叶尼塞河上游），以畜牧为主，兼营农业和狩猎。公元前后他们曾隶属于匈奴，后来成为铁勒诸部之一。公元六世纪中叶，又依附于突厥，当时被称为“黠戛斯”。唐王朝打败东突厥后，黠戛斯与唐加强了联系，并乘突厥内乱，向唐朝遣使纳贡。唐太宗贞观二十二年（648），唐朝在黠戛斯居住地设坚昆都督府，由燕然都护府管辖，并册封其酋长为英武诚明可汗。八世纪时，黠戛斯与回鹘汗国争雄，终于在唐文宗开成五年（840），灭亡了回鹘汗国。黠戛斯曾在唐昭宗大顺元年（890），助唐平息李克用叛乱。在这个时期他们的统治中心仍在叶尼塞河上游，但活动范围已南下扩大到漠北及今新疆东北部广大地区。以后二百年间，黠戛斯人不断迁往天山西部。今天我国柯尔克孜族和中亚吉尔吉斯人，就是他们的后裔。

八至十世纪时，黠戛斯人的畜牧经济有了较大发展，农业也具有一定规模。他们用古老的文字记述自身的发展，并创制历法，用动物名称纪年，编制乐舞，歌颂生活。

767. 沙陀与唐朝关系如何?

沙陀，原名处月，为西突厥别部。处月分布在金娑山（今新疆维吾尔自治区博格多山，一说为尼赤金山）南、蒲类海（今新疆东北部巴里坤湖）东，名为“沙陀”的大沙漠一带，因此号称沙陀突厥，简称沙陀，亦作“沙陁”。唐代文献将沙陀原来的名称处月，译写成“朱邪”，作为沙陀统治者的姓氏。

唐太宗贞观七年（633），处月部首领曾随西突厥贵族阿史那弥射，到长安朝见唐太宗。后来，处月隶属于西突厥乙毗咄陆可汗。贞观十六年，乙毗咄陆可汗攻唐朝的伊州（今新疆哈密），又遣处月、处密（亦作“蜜”）二部围天山军（今新疆托克逊东北）。唐安西都护郭孝恪击退西突厥军，并攻克处月俟斤（官号）所居住的城。贞观二十二年四月，西突厥叶护阿史那贺鲁降唐，处月朱邪阙俟斤阿厥也内属于唐。

唐玄宗龙朔二年（662），处月首领沙陀金山跟随左武卫将军薛仁贵击败铁勒于天山。沙陀金山因功被授予墨离军讨击使之职。武则天长安二年（702），沙陀金山升任金满州都督，封张掖郡公。他死后，其子朱邪辅国嗣位。唐玄宗先天元年（712）处月部因避吐蕃，迁居北庭（今新疆吉木萨尔县北破城子）。朱邪辅国率其部属至长安朝见唐玄宗李隆基。唐宪宗元和四年（809），范希朝调任河东节度使。唐朝命沙陀跟随范希朝迁往河东。范希朝挑选该部骁勇的骑士一千二百名，组成"沙陀军"，并置阴山府，以酋长朱邪执宜为兵马使，赐姓李。其子李克用助唐镇压黄巢起义有功，封为晋王。公元907年，唐昭宣帝被迫禅位于朱全忠，唐亡。朱全忠建立梁朝（史称后梁）。这年，割据四川的王建劝李克用建立割据政权，李克用谢绝王建的建议。次年，李克用病死。同光元年（923），李克用之子李存勗灭后梁，建立后唐王朝，李存勗即后唐庄宗。

768. 唐太宗为什么要派军队征服吐谷浑？

吐谷浑属鲜卑族的别支，西迁青海后，建都于伏俟城（今青海湖西岸布哈河河口一带），成为西北地区的一大势力。隋唐之际，慕容伏允在位，一度被隋炀帝所败，依党项族，故地皆空。大业（605～618）末年，伏允乘中原大乱之际复国，其子慕容顺曾被当成人质送往隋朝，唐初被李渊遣归其国。

这时，松赞干布统一了吐蕃各部，建立了强大的奴隶制王国。因吐谷浑处在唐朝和吐蕃两大势力之间，因而成为双方争夺的对象。就吐谷浑内部而言，其统治集团中的多数人倾向于吐蕃，但慕容顺一来久居于汉地，二来欲借助唐朝力量登上汗位，故倾向于唐。然而伏允可汗年事已高，其臣下天柱王主事，数次入侵唐境。伏允又坚持不与唐通和的态度。贞观八年（634），唐太宗决定对吐谷浑大举用兵，打算在吐谷浑扶植一个亲唐政权，以稳定西北局势。同时唐太宗雄才大略，决心恢复汉朝在西域建立的统治，并扩大在西域的统治范围。而吐谷浑正处在唐向西域推进的要冲，所以征服吐谷浑也成为唐太宗的必然选择。

贞观八至九年，唐太宗先后三次派遣段志玄、李君羡、李靖、侯君集等名将统帅精兵，大败吐谷浑，扶植亲唐的慕容顺政权，伏允自缢身亡。唐朝军队从吐谷浑获得了牛马等三十万头。不久慕容顺被其臣下所弑，其子诺曷钵继立，因年幼，朝臣争权，国中大乱。唐太宗为扶植这个亲唐政权，遣兵支援诺曷钵，晋封他为河源郡王，授乌地也拔勒豆可汗之号。贞观十四年又以弘化公主和亲吐谷浑，逐渐稳定并控制了吐谷浑。

769. 唐太宗为什么要灭高昌国？

隋末唐初，西域各地处在西突厥的控制之下。唐太宗在征服吐谷浑之后，开始着手恢复唐廷在西域的统治。西域诸国中，以高昌最为重要，统治者麴氏是汉人，已传数世，拥兵数万，统辖二十余城，都城高昌（今新疆吐鲁番）。国王麴文泰曾于贞观四年（630）入唐，太宗对他赏赐甚厚。贞观六年，高昌西面的焉耆王派使臣向唐朝贡献方物，请开大碛路，以方便行旅。此商路的重新开通，使原来经过高昌商路上的过境贸易大受损失，麴文泰由此与焉耆结怨，发兵掠夺焉耆，隔绝西域与内地的商贸往来。此时突厥分裂为东、西两部，高昌又与同唐朝对立的乙毗咄陆可汗结盟，抢劫西亚前往唐朝的商人和使者。唐太宗遣使质问，麴文泰不予理睬。在这种情况下，太宗决定以武力征服高昌。

贞观十三年，唐太宗征文泰入朝，文泰称疾不至。太宗命侯君集率薛万彻、牛进达出兵征讨。文泰本以为唐朝不会以大军相加，此时事出意外，忧惧而死，其子麴智盛袭位。唐军进展顺利，贞观十四年八月，攻下田地城（今新疆鄯善西南鲁克沁），接着直逼其都城高昌。智盛拒不投降，侯君集下令猛攻。此前，麴文泰曾与西突厥约定相互支援，这时唐大军压境，可西突厥并不前来相助。智盛失去援手，无计可施，遂开城投降。侯君集继续分兵掠地，攻下二十余城，得户八千余，近四万人。同年九月，唐太宗以高昌为西州，设置属县，高昌国灭亡。

770. 渤海国是哪个民族所建？兴衰情况如何？

隋唐时期，黑龙江流域与长白山地区的主要居民是靺鞨。靺鞨分粟末、黑水、白山等部。唐武德年间（618～626），粟末靺鞨纷纷归附，唐设慎州、黎州安置他们。总章元年（668），粟末靺鞨首领乞乞仲象和乞四比羽率部移居营州（今辽宁朝阳），并有部分白山靺鞨和高句丽人随同前往。唐于该地设置营州都督，先后设置十七个羁縻州，以安置靺鞨诸部及其他民族。万岁通天元年（696），契丹人在李尽忠、孙万荣率领下反叛唐朝，攻陷营州。营州一带靺鞨人也卷入反唐战争。为分化反唐势力，唐册封靺鞨首领乞四比羽为许国公，粟末靺鞨首领乞乞仲象为震国公。但他们拒不受命，率其众离开营州，返回靺鞨故地。唐命契丹降将李楷固率兵追击，乞四比羽被杀。乞乞仲象死后，其子大祚荣率粟末靺鞨打败李楷固，合并了乞四比羽部众，收容高句丽的遗民后，东渡辽河，返回靺鞨故地，据今长白山、牡丹江上游一带，树壁自固，筑城以居。这就是最初的都城，后称为旧国，其地在今吉林敦化县敖东城。圣历元年（698），大祚荣以其父乞乞仲象曾被唐封为震国公之故，自立为震国王。粟末靺鞨迁居营州后，受到唐封建经济文化的影响，返回故地后收抚靺鞨部众及高句丽、夫余等族人，在短短几年间强大起来，有编户十余万、甲士数万人。中宗复位后，遣使前往靺鞨抚慰。大祚荣派次子入唐为质子，宿卫京师，与唐朝正式建立臣属关系。开元元年（713），大祚荣遣使入唐，请求双方在边境开展贸易。唐朝也派使册封大祚荣为左骁卫大将军、渤海郡王，以其所领之地设忽汗州，加授忽汗州都督，又称渤海都督。从此，不再以靺鞨为号，专称渤海国。这个渤海政权传世十六，历国二百二十余年，一直延续到五代后唐明宗的天成元年（926），才被契丹主耶律阿保机所灭亡。

渤海极盛时疆土辽阔，东至于海，西接契丹，北抵黑龙江，南和新罗接壤。全国分置五京、十五府、六十二州、一百三十八县。其官制大抵是模仿唐朝的，为了避免和唐官职名称相同而略做变动。渤海国经济文化发达，与唐朝始终保持着非常友好的关系。

771. 唐代宗宝应二年，吐蕃为什么能轻易攻入长安?

唐朝在玄宗统治时期，在西北地区设置了朔方、河西、陇右、安西、北庭诸镇，屯驻重兵，主要用来对付吐蕃。一度取得了战争主动权，控制了西域，维护了丝绸商路的畅通，迫使吐蕃处于守势。“安史之乱”爆发后，西北边军精锐奉命内调，所留者寡弱不堪一击，吐蕃乘机东进，唐朝无力兼顾，眼睁睁看着吐蕃取河、陇地区。到代宗宝应二年（763），唐、蕃双方的军事对峙线由原来的祁连山至黄河九曲一线推进到唐都长安西北的凤翔、宁县、泾原一带，长安已处于吐蕃的直接威胁下。

宝应二年九月，吐蕃再次大举入侵，边将告急，大宦官程元振对此概不上奏，代宗因此毫无知觉。十月，吐蕃攻泾州（今甘肃泾川），刺史高晖举城投降，并为其引导深入关中，至邠州（今陕西彬县）时，代宗方才知晓。吐蕃很快就进入奉天（今陕西乾县）、武功（今陕西武功），直逼长安。仓促之际，代宗下诏雍王李适为关内道大元帅，郭子仪为副元帅，出镇咸阳防御。然而此时唐军主力都分散在各地节度使手中，他们或驻足观望，或忌程元振之奸诈，而不愿出兵救援。郭子仪自邺城大战后，因朝廷猜忌，被召回京师，闲居家中，部曲尽散，接到诏令后，只招募到二十余骑，便赶赴咸阳。抵咸阳后，吐蕃大军二十余万已渡过渭水，满山遍野，向东杀来。郭子仪派判官王延昌入朝请援，又被程元振所阻。很快，吐蕃大军越过渭水便桥，直扑长安。代宗慌乱之中弃长安而逃，奔向陕州（今河南陕县）。由于皇帝逃走，无人主政，官吏四散，吐蕃轻松进入长安，立广武王李承宏为帝。后来郭子仪收拾残兵，汇合鄜延（今陕西延安）节度使白孝德等，虚张声势，围逼吐蕃，吐蕃在长安只待了十五天便仓皇退出。

772. 大食国在今天哪个地方？与唐朝的关系如何？

大食是唐代对阿拉伯帝国的称呼。在伊斯兰阿拉伯帝国兴起之前，古代中国就已经同古代阿拉伯人发生了联系。唐高宗永徽二年（651），大食帝国消灭萨珊王朝（古代伊朗历史上的一个王朝），同年大食王派使者到达唐朝宫廷。此后随着大食势力持续向东推进，唐与大食的接触日渐频繁。由于唐与大食均为当时世界上的强盛帝国，他们之间的交流对世界历史的发展产生了深远的影响。

显庆五年（660），摩维亚即位，建立乌梅雅王朝，他们的服饰崇尚白色，中国称其为“白衣大食”。天宝八载（749），阿拉伯另立阿拔斯为王，建立阿拔斯王朝，服饰崇尚黑色，中国称其为“黑衣大食”。阿拔斯王朝建都于底格里斯河边的报达城（今伊拉克巴格达）。黑衣大食在唐高宗时灭波斯国，并继续向东发展势力，从而不可避免地与唐朝发生冲突。

大食的东进，引发了中亚地区政治格局的大变动，被大食消灭或受到大食威胁的国家或政权纷纷请求唐朝的庇护。玄宗开元、天宝年间，唐朝由东而西，吐蕃由南向北，大食由西向东，三方在西域展开激烈角逐。但唐与大食并未发生十分严重的冲突，唐与大食在西域唯一一次规模较大的战争是玄宗天宝十年（751）的怛罗斯之战。此战唐军大败，但对西域形势并未产生严重影响。然而这次战役在东西文化传播史上却有着极为重要的意义。在战争中，大批唐朝士兵包括工匠在内被俘往阿拉伯地区，被俘的工匠有金银匠、画匠，尤为重要的是有造纸匠，他们对中国造纸术的西传起了十分重要的作用。

在大食与唐朝的交往中，中国的货物大量输入大食，如丝绸、瓷器、纸、墨、香料、肉桂、姜等。在阿拉伯文中，由中国传入或与中国有关的物品大都被冠以“sini”（中国的），如肉桂作“darsini”，玫瑰作“wardsini”等。在唐与大食的交往中，值得提及的还有杜环所写的《经行记》一书。杜环是唐宰相杜佑的族子，在呾罗斯之战中被俘，寓居大食长达十年之久，宝应元年（762）搭乘商船回国。他根据亲身经历和见闻写成《经行记》，留下了中国与阿拉伯交往的最早、最可靠的记录。此书已佚，但在杜佑《通典》中保留有部分内容，其中有些内容保留了早期阿拉伯风俗和伊斯兰教教义的最早汉文记录，具有很高的学术价值。

伊斯兰先知穆罕默德有一条著名的圣训：“学问虽远在中国，亦当求之。”表达了阿拉伯世界了解中国的迫切愿望。中国医学对大食也产生了重要影响。如中国脉学在唐代传入大食，十世纪末被阿维森纳的《医典》所采用。他在诊脉方面列出四十八种脉法，其中三十五种是中国传入的。

与亲历西亚的唐朝人相比，东来中国从事贸易及相关活动的大食人要多得多。阿拉伯人阿布·塞义德曾记载说：黄巢曾在广州杀害了伊斯兰教徒十二万人。上元元年（760），淮南节度使邓景山邀平卢兵马使田神功前来扬州，帮助镇压“刘展之乱”，田神功至扬州后，大肆掠夺百姓商人资产，其中就有大食、波斯商人数千名。

来华的大食人中，有些长期居住在唐朝境内，具备了很高的汉文化素养。宣宗大中元年（847），唐宣武军节度使卢钧向朝廷推荐大食人李彦升。次年，李彦升宾贡进士及第（唐代科举科目之一，专门为外国人设立的科目），成为唯一取得进士出身的大食人。

在与唐朝长期交往的过程中，大食的器物也传入了中国。唐代伊斯兰玻璃器就是突出的代表。近年在西安法门寺唐代地宫中出土了约二十件完整的玻璃器，其中大部分属于伊斯兰早期玻璃器。阿拉伯金币也随着唐与大食的贸易交往而传入了中国。伊斯兰教也在唐代传入了中国，在现代中国五十六个民族中，有十个民族信仰伊斯兰教，伊斯兰教的传入，无疑是唐朝与大食关系史上最重大的事件。

773. 怛罗斯战役唐军为什么会失败？此战对中西文化交流有什么意义？

天宝九载（750），身为唐安西节度使的高仙芝以石国（今吉尔吉斯斯坦塔什干）国王“礼节不周”为借口，率军征讨石国。当唐军到达后，石国王力单难支，被迫与高仙芝约和。哪知，高仙芝趁其不备，发动突然袭击，俘虏了国王及其部众，杀其老弱，还掠得瑟瑟（碧色宝珠）十余斛、黄金无数，皆据为己有。石国王子乘乱逃至西域诸国，在那里大肆宣扬高仙芝欺诈诱骗、背信弃义的行为，诸国听后都愤怒异常，于是共同联合大食（阿拉伯）进攻唐朝的安西四镇。高仙芝闻讯，率三万蕃汉混合兵团回击大食军。

天宝十载四月，唐、大食两军在怛罗斯城（今哈萨克斯坦江布尔）展开会战。由于唐军内部的蕃众倒戈相向，高仙芝大败而逃，几乎全军覆没，所余仅千余人。不久，玄宗任其为右羽林大将军。

此次战役的结果，对当时西域的形势没有太大的影响。与战前相比，大食与唐朝战后在西域的实力对比没有发生显著的变化。但是，这次战役在东西方文化传播的历史上却有着极为重要的意义。在战争中，大批唐朝士兵包括工匠在内被俘往阿拉伯地区，他们当中有金银匠、画匠，汉匠能作画者有京兆人樊淑、刘泚，织锦者有河东人乐隈、吕礼等。这些工匠的存在为当时中原文化西传做出了不小的贡献。

据阿拉伯文献记载，唐军俘虏中还有造纸工匠，他们后来被送往当时中亚重要城市撒马尔罕（今属乌兹别克斯坦），并在那里办起了中国境外的第一所造纸工场，制造植物纤维纸。纸作为撒马尔罕的“特产”，由此销往西方，满足各国的需要。从这个意义上来说，怛罗斯之战促成了中国造纸术的西传，对世界文化的传播与发展产生了极大的促进作用。

774. 大、小勃律国在今天的什么地方？唐朝为什么要征讨小勃律国？

大、小勃律二国大致在今天的中亚地区。其中小勃律国地理位置独特，对唐王朝有极为重要的战略意义，著名史学家陈寅恪在其所著

《唐代政治史述论稿》中指出："唐关中乃王畿，故安西四镇为保护国家中心之要地，而小勃律（今巴基斯坦北部）所以成唐之西门也。玄宗之世，华夏、吐蕃、大食（泛称阿拉伯）三大民族皆称盛强，中国欲保其腹心之关陇，不能不固守四镇。欲固守四镇，又不能不扼据小勃律，以制吐蕃，而断绝其与大食通援之道。"

鉴于小勃律国的重要地位，唐与吐蕃就此展开争夺战：早在开元十年（722），吐蕃就曾重兵围攻小勃律，小勃律王没谨忙求救于当时唐朝的北庭节度使张孝嵩说："勃律，唐之西门，勃律亡则西域皆为吐蕃所有了。"张孝嵩随即出兵赴援，大破吐蕃军。但吐蕃并没有就此死心，开元二十四年，吐蕃嫁女予小勃律国王，逼使他反唐，从而控制了西域二十余国。当时唐朝面临着北境外患，无力着手反击，被迫以防守为主。天宝四载（745），东突厥灭后，玄宗改变了以往以防守为主的做法，在西北方向主动出击。天宝六载，他命安西副都护高仙芝将兵万人出击小勃律。

由于唐军多次征伐小勃律，均无功而返，高仙芝此次进军颇为慎重。他先到达五识匿国（今帕米尔高原南），然后兵分三路，先突袭吐蕃的据点连云堡（在小勃律北）。吐蕃仓皇应战，一触即溃，被斩杀五千余人，俘一千余人。唐军随后挟大胜之威，深入小勃律国内地，一举擒获其国王及吐蕃公主，扫平了其军队。此役威震西域诸国，使唐朝重新控制了该地。高仙芝也以功授为安西四镇节度使。

775. 南诏与唐朝的和战关系如何？

隋唐时期，在今云南地区杂错散居着许多部落，名号繁多，难以计算。就种族来说，主要有白蛮与乌蛮。唐初，乌蛮大体仍过着畜牧生活，还不会纺织，男女都用牛羊皮制衣，其社会发展比白蛮落后。从七世纪初叶到中叶，乌蛮征服了当地的白蛮，建立起六个诏。乌蛮称王为诏，六诏就是六个王国。这六诏是：蒙舍诏（今云南巍山），因地处南方，故又称南诏；蒙嶲诏（今云南巍山北部），为蒙舍诏的北邻；越析诏（今云南宾川、风仪）、邆赕诏（今云南邓川）、浪穹诏（今云南洱源）、施浪诏（在邆赕诏东北）。七世纪七十年代以后，吐蕃势力进入洱海地区北部。南诏距离吐蕃最远，受威胁较小，故仍依附于唐朝。唐朝为了抵御吐蕃，大力支持南诏进行统一战争。

到南诏王皮逻阁时，渐次消灭了其他各诏，建立了统一的南诏国，都城设在太和城（今云南大理南）。开元二十六年（738），唐玄宗册封皮逻阁为云南王。此后，南诏扩大了疆域。在其最盛时，大致上占有今云南及四川、贵州的一部分，成为西南少数民族所建立的一个强大的地方政权。

南诏建立后，与唐朝一起同吐蕃进行了长期的斗争。唐德宗贞元十年（794），南诏出兵反抗吐蕃，摆脱了吐蕃的压迫。但九世纪三十年代以后，南诏和唐的矛盾开始激化，双方不断发生战争。唐文宗大和四年（830）底，南诏一度攻陷成都，大掠子女、百工数十万人及珍货而去。

在唐朝的强大影响下，统一后的南诏，社会迅速发展。南诏参照唐制，建立了相当完备的政权组织。南诏也实行了均田制度，当时南诏耕田用二牛三人，一人在前牵牛，一人按犁辕，一人操犁。其耕作水平显然比汉族落后。南诏的纺织技术原来比较低，但自从成都的织工进入云南后，南诏的纺织技术就赶上了唐朝的水平。南诏的冶炼技术也相当进步，它所产的浪剑、郁刀、铎鞘等武器锋利无比，素负盛名。南诏的建筑大多模仿唐制。现存南诏时期的大理崇圣寺塔，巍峨壮观，就是由汉族工匠恭韬、微义设计建成的。在南诏后期，大臣专权，内部矛盾激化。公元902年，汉族大臣郑回的七世孙郑买嗣推翻了蒙氏南诏，自立为王，改国号为“大长和”。

776. 焉耆在什么地方？与内地有什么交往？

古代焉耆在今新疆焉耆一带，东邻高昌，西与龟兹接壤。隋朝末年，群雄割据，他们忙着抢夺地盘，原来内地通往西域经过沙漠的那一段路闭塞了，东、西方的使者和商旅来往必须经过高昌，高昌常常难为他们。贞观六年（632年），焉耆王龙突骑支来到长安，请求疏通大沙漠中的那条路，让东西交往更方便些，唐太宗答应了这一请求，可惹恼了高昌。高昌王把一切怨忿全都向焉耆发泄，派兵袭击焉耆，占领焉耆的大块土地，还抢夺了大量人口和财物。为了焉耆跟高昌的关系，唐太宗曾几次派使者调解。

贞观十四年，突厥重臣屈利啜给他的弟弟聘娶了焉耆王的女儿，这样的姻亲关系使焉耆倒向突厥，加入了反唐势力。贞观十八年，安西都护郭孝恪在征得唐太宗的同意后，出兵焉耆。焉耆的都城四面环水，易守难攻，龙突骑支自以为可以凭险固守，哪料到郭孝恪率军队昼夜兼行，一天夜里，唐军来到城下，将士渡水攻城，赶破晓时分，已登上城墙，军号声、战鼓声，震天动地，唐军冲进城去俘虏了龙突骑支。郭孝恪留下焉耆王的弟弟栗婆准处理他们国内的事情，把龙突骑支和他的妻子送到长安。唐太宗下诏赦免了焉耆王，让他留在长安。唐朝出兵焉耆是间接地打击了西突厥，这也是唐太宗统一西域事业中的一个重要组成部分。到了唐高宗时期，焉耆人请求放归龙突骑支，高宗应允，并拜龙突骑支为左卫大将军，送他回国。

777. 龟兹与内地有什么交往?

龟兹是古代西域的一个国家，在今新疆库车县一带。龟兹的经济文化水平较高，龟兹的乐曲是闻名于世的。唐高祖李渊称帝以后，龟兹王苏伐勃駃派使者来到长安，建立了友好关系。苏伐勃駃死了以后，他的儿子苏伐迭继承了王位。贞观四年（630)，苏伐迭给唐太宗送来西域的好马，唐太宗不但赐给玺书，还送去优厚的礼物。在以后相当长的一段时间里，双方和睦友好。后来，随着西突厥势力的膨胀，龟兹就近臣属了西突厥。贞观十八年，安西都护郭孝恪讨伐焉耆的时候，龟兹竟出兵援助焉耆，双方关系开始恶化。贞观二十年，唐朝派左骁卫大将军阿史那杜尔为昆山道行军大总管，和安西都护郭孝恪、司农卿杨弘礼，调集了铁勒十三部兵十几万人讨伐龟兹。唐军攻克龟兹都城，龟兹王诃黎布失毕逃到拔换城，凭险固守。唐军围攻了四十天，终于攻克，活捉了诃黎布失毕。后来，唐太宗授诃黎布失毕为左武翊卫中郎将。贞观二十三年，唐太宗死后，刻了诃黎布失毕的石像，列置在昭陵祭坛内。唐高宗永徽元年（650)，又拜诃黎布失毕为右骁卫大将军，让他回国，仍做龟兹王。

778. 于阗与内地有何交往?

于阗在今新疆和田一带，其地出美玉，崇信佛教，其王姓尉迟。贞观六年（632)，于阗王派使者来到长安，向唐太宗进献玉带。唐太宗热情地接待了于阗使者，回书信表示答谢。贞观十三年，于阗王伏阇信还把其子送到长安，侍奉唐太宗，两国交好。贞观二十年，阿史那杜尔讨伐龟兹的时候，伏阇信诚惶诚恐。于阗是龟兹西边的邻居，唐朝的军队荡平龟兹以后，谁能保证他们不顺手牵羊也把于阗灭掉呢?他就让他的儿子带着一万零三百匹骆驼去慰劳唐朝的军队。贞观二十二年十二月，在唐朝的军队将从龟兹班师的时候，行军长史薛万备给阿史那杜尔建议：“眼下我们已经破了龟兹，国威大振，为什么不借着这个机会派出轻骑去取于阗呢?”于是，阿史那杜尔派薛万备带着五十余骑兵到了于阗。薛万备把唐朝的强盛夸耀了一番，劝伏阇信到长安朝见天子。当伏阇信随着薛万备到长安的时候，已是贞观二十三年七月，唐太宗已经去世。高宗李治拜他为右骁卫大将军，还赐给他金带、锦袍和六十段布帛。于阗王伏阇信在长安住了数月，临走时，请求把他的子弟留在长安守卫皇宫，以表示他的友好和忠诚。

779. 倭国指什么国家？与唐朝的关系如何？

倭国即今日本。唐朝时期，中国和日本的友好往来和文化交流达到了空前的繁荣。这时日本社会正处在奴隶制瓦解、封建制确立和巩固的阶段，对唐朝的昌盛极为倾慕，因此向唐朝派遣的使者、留学生和学问僧数量很多。

贞观五年（631），日本派出了由留学生和学问僧组成的第一批“遣唐使”。唐高宗永徽四年（653），日本派出两批使团，每批各有留学生、学问僧一百二十余人。开元四年（716），日本使团总人数有五百五十六人。开元二十年，日本使团总人数有五百九十四人。唐肃宗乾元二年（759），日本使团总人数有九十余人。唐文宗大和八年（834），日本使团总人数达到六百五十余人。直到开成三年（838）为止，日本共派出遣唐使十三次，另有派到唐朝的“迎入唐使”和“送客唐使”共三次。唐代宗大历十年（775），日皇还授遣唐使节刀，告诫使者，因唐丧乱，不许有非礼行为。至于附商船往来的日本学生和僧徒，为数也不会少。唐时汉文化的各个方面以及佛教的各个宗派，都给日本文化以巨大的影响。唐后期商业发达，唐商船经常往来日本，见于记载的多达数十次。

1970年在西安发现的日本银币，很可能就是遣唐使带来的。日本奈良东大寺内正仓院所存放的唐代乐器、屏风、铜镜等珍贵文物，就有一部分是遣唐使带回去的。为了吸收中国的文化成果，日本选派了不少留学生来唐学习，他们被分配到长安国子监学习各种专门知识。开元初年，日本使者请儒生授经学，唐玄宗派四门助教赵玄默到使者寓所传授儒经。日本人阿倍仲麻吕（汉名晁衡），长期留居中国，擅长诗文，在唐朝历任光禄大夫、秘书监等职。他与著名诗人李白、王维等人有着深厚的友情，常作诗相酬赠。日本留学生回国以后，对中国文化在日本的传播起了十分重要的作用。

780. 拂菻国与唐朝有过什么交往？

拂菻国亦名大秦国，即东罗马帝国。贞观十七年（643），拂菻王波多力遣使来唐，献赤玻璃、绿金精等物。唐太宗发玺书表示感谢，并回赠丝织品。乾封二年（667）、大足元年（701），拂菻国使者先后来朝。开元七年（719），曾两次来朝，一次是委托吐火罗大首领来献狮子、羚羊，一次是派遣大德僧（总主教）来朝贡。《册府元龟》还记载有景龙二年（708），拂菻国前来贡献地方特产，天宝元年（742），拂国王遣大德僧前来朝贡两条。在唐前期，东罗马来朝一共七次。东罗马的皇帝、贵族、妇女都喜爱穿中国的丝织品，所以当地成为唐朝丝织物的重要输出地。东罗马的医术和吞刀吐火等杂技也传到了唐朝。据《新唐书》、《旧唐书》所记拂菻国事，相信中国也有人到过东罗马。东、西两个文明古国的接触，比东汉时期两国相知仅凭一些传闻，显然是前进了一步。

781. 波斯国指哪个国家？与唐朝的关系如何？

波斯，即今伊朗，是西方大国，西汉时称为安息。贞观七年（633），大食（阿拉伯）入侵波斯，波斯战败，国王伊嗣候逃亡。贞观二十一年，伊嗣候遣使来朝，请求援助。因道路遥远，唐太宗不允许出兵。伊嗣候死，子卑路斯逃亡到吐火罗，又遣使来求救，唐高宗仍因路远不允许出兵。大食兵退，吐火罗护送卑路斯返国。龙朔元年（661），卑路斯奏称屡被大食侵扰，请唐援救，唐高宗置波斯都督府，任卑路斯为都督，算是表示了援救。事实上波斯土地已被大食占领，都督府只是个空名。咸亨年间（670～674），卑路斯入朝，客死在长安。波斯的余部，对唐朝颇有好感，玄宗时十余次来唐贡献方物，直到唐代宗时还有用波斯名义来朝贡的，不少波斯人（主要是商人）在唐朝居住做生意。

782. 百济国与唐朝有什么关系？

百济在朝鲜半岛西南部，汉代为带方郡，北接高丽，东连新罗。祖先出自高丽，因人种复杂，有高丽人、新罗人、中国人、倭人，故称“百济”。其风俗与高丽略同。隋文帝伐陈时，有一艘渡江战船曾漂流至东海北部济州岛，回归时途经百济，百济王扶余昌资送返隋，并派遣使者奉表贺隋平陈成功。此后百济屡次遣使来隋通好。武德四年（621）遣使朝贡。贞观元年（627）太宗赐其王玺书。高宗即位，百济又遣使朝贡。

百济是在马韩故地上建立起来的国家，国王姓扶余。百济与新罗为邻，两国互相攻击，新罗较弱，就向唐朝要求更多的保护，唐朝也常为两国和解，但百济、高丽则不断抢夺新罗土地。显庆五年（660），唐派左卫大将苏定方率水陆军十三万出兵百济，以解新罗之危。苏定方大军从成山（今山东荣城）由海路出发，进军百济，船帆千里，随流东下。新罗武烈王闻讯即率军五万与唐军会师，同年七月，百济为唐、新联军所灭。于是百济国故地置熊津、马韩、东明等五个都督府。苏定方留郎将刘仁愿等驻守百济王城，自押俘虏回国。百济虽亡，但百济将军武王从子鬼室福信与浮屠道深等人率部死守周留城，誓死抵抗唐军。龙朔三年（663），唐军又击败百济的反抗。唐高宗命扶余隆为熊津都督。唐军撤退后，扶余隆受新罗压迫，也退回长安。百济土地被新罗占据，百济遂彻底灭亡。

783. 新罗国为什么能最后统一朝鲜半岛?

公元一世纪前后，鸭绿江中游一带的部落联盟逐渐统一，形成了朝鲜半岛上最早的国家高句丽。稍后，半岛西南部原马韩各个部落也逐渐统一起来，形成了百济国。二至三世纪，在半岛的东南部，以辰韩各部落为基础，建立了新罗国。从四世纪起，半岛上这三个国家鼎足而峙，一直到七世纪后被新罗统一。朝鲜历史上把这段时间称作“三国时代”。

三国统治者为了争夺半岛的霸主地位，展开了长达三百多年的斗争。最初以高句丽为最强，它不断南下扩张，迫使百济首都一再南迁。百济为了挽救衰弱的局面，则不断袭击新罗。新罗从六世纪起，由于铁农具和牛耕技术的普遍使用，生产力有了较大的发展，经济、政治、军事力量都发生了显著的变化。特别是它利用高句丽忙于对隋和唐的战争无暇南顾的有利时机，积蓄力量，始终把统一半岛当作重要目标，新兴的军事贵族金庾信和政治家、外交家金春秋起了重要作用。对内他们镇压了消极保守的大臣毗昙为首发动的政变；对外积极采取亲唐政策，力量迅速增强。高句丽看到新罗日盛，对己不利，便先后两次联合百济、扶桑夹击新罗。新罗利用唐朝与高句丽的矛盾，并使与高句丽有同盟关系的百济与唐朝对立，然后与唐朝结盟，展开大规模的反击。龙朔三年（663）灭亡百济，668年打败高句丽。唐朝在高句丽灭亡以后，在平壤设安东都护府，各地分设九个都督府、四十二州、一百个县，在半岛北部直接进行统治。

公元670年，高句丽人民在剑牟岑领导下首先在穷牟城发难，从大同江南下，以汉城（今载宁）为根据地，扩大自己的力量。新罗抓住这一有利时机，于同年三月动员大军，强渡大同江，投入了驱逐唐军、完成统一的斗争。经过多次斗争，挫败了唐将薛仁贵的干预，占有了原百济的大部分土地。公元674年，唐军又以刘仁轨为大总管、李谨行为副总管进攻新罗，均被击退。经过七年的斗争，唐军被迫撤走，高宗将安东都护府由平壤移至辽东（今辽阳）。玄宗开元二十三年（735），唐与新罗会盟，约定两国以今大同江为界，朝鲜半岛完成统一。

784. “昭武九姓国”是指哪些国家？由哪个民族所建？

唐朝时，在今中亚锡尔河以南至阿姆河一带，分布着所谓“昭武九姓国”，他们原居住在今河西走廊一带，为匈奴所迫，迁居此地，分为九个小国，总称“昭武九姓国”。他们都是粟特族人，很早就和中国发生了关系，有相当多的粟特人迁居于中国。这九国分别是：

康国——原居祁连山北昭武城（今甘肃高台县境）。唐太宗时，曾遣使来求内附。高宗永徽时，授康国王拂呼缦为都督。显庆三年（658），唐高宗置康居都督府，任康国王为都督。

安国——贞观初年，安国遣使来朝。唐高宗置安息州，任安国王为刺史，又在东安国置木鹿州，任东安王为刺史。

曹国——曹国在康国东，分东曹、西曹、中曹三国，都附属于唐。

石国——唐初，曾遣使来朝贡，唐高宗置大宛都督府，任石国王为都督。

米国——米国在康国东南。唐高宗置南谧州，任命米国君为刺史。

何国——何国在康国西。唐高宗置贵霜州，任何国王为刺史。

火寻国——火寻国在阿姆河下游，与唐通“朝贡”。

伐地国——伐地国是否内附，史书未载。

史国——史国在康国西南。唐高宗置佉沙州，任史国王为刺史。

昭武九姓国，以康国、石国最大，康国又是诸国的宗主。康国最先要求内附，是想得到唐朝的援助，抵抗大食的侵入。内附后，其他诸国也有相同的要求。唐和这些国家联合，同抗大食。粟特民族善于经商，很早就和中国通商。唐平西突厥后，他们名义上内附于唐，实际上唐朝并不管他们的内政，这就便利了他们和唐朝的交流。当时在中国的外商，以这些国家的为多。近年在西安、洛阳出土了许多昭武九姓中曹、石、米、何、康、安诸姓的墓志，他们有的为唐立了军功，有的担任过唐的军政职务。石国、康国的胡腾舞、胡旋舞和柘枝舞也传入长安，为唐人所喜爱。这些都说明昭武九姓国与唐朝的关系是很密切的。

785. 康国与唐朝有什么关系?

康国，即飒秣建，在今乌兹别克斯坦共和国撒马尔罕一带。两汉时康国称康居国，国王的祖先是月氏人。月氏原住在祁连山北昭武城（今甘肃高台县境），被匈奴压迫，向西迁徙。西汉时康居与大月氏本是两个游牧国，后来月氏人统治康居，成为隋、唐时的康国。唐太宗时，曾遣使来求内附。高宗永徽时，授康国王拂呼缦为都督。显庆三年（658），唐高宗置康居都督府，任康国王为都督。康国的附属国即所谓昭武诸国都随同内附。万岁通天（696）时，以大首领笃娑钵提为王。后又以其子泥涅师师为王。白居易《胡旋女》一诗中曾提到“胡旋女出康居”，《新唐书·西域传》也记载当时康国曾向唐宫贡献胡旋女之事。可见，唐代的胡旋舞是由康国等地传来的富有民族特色的民间舞蹈。

786. 天竺国与唐朝的关系如何?

天竺，指今天的印度、巴基斯坦和孟加拉等地。在唐代天竺分为中、东、南、西、北五部。唐高祖时，中天竺王尸罗逸多（也称戒日王）征服天竺五部，成为天竺著名的国王。此后他不断遣使与唐朝通好。唐太宗贞观十年（636），高僧玄奘到达中天竺，曾得到尸罗逸多隆重的接待。贞观十五年，尸罗逸多以摩伽陀王名义，遣使来华朝聘。唐太宗也遣使厚礼报聘。王玄策出使到天竺，四天竺诸国都遣使跟从王玄策来聘。贞观二十二年，王玄策又一次来到中天竺，尸罗逸多病死，国内大乱。叛臣阿罗那顺篡位自立，发兵攻击王玄策，夺诸国给唐朝的聘礼，并将王玄策的部下扣押。王玄策逃到吐蕃，向吐蕃借兵一千二百人，泥婆罗出兵七千余人，由王玄策统率，击败了阿罗那顺，并将其俘获，送到了长安。到唐玄宗时双方往来更加频繁。开元二年(714)，南天竺国王请求唐朝攻打大食、吐蕃，南天竺愿出兵助战，并请唐颁给军名。唐玄宗给予“怀德军”的名号。

长期的交往促进了双方经济和文化的发展。当时两国的贸易往来极为频繁。孟加拉、印度半岛东西两岸，经常有中国商船泊港；印度的商船也经常到广州、泉州来贸易。唐朝输往印度的商品有麝香、丝织品、瓷器及铜钱等。从印度输入的物品有宝石、珍珠、棉布、胡椒等。在文学方面，由于佛教经典的翻译，中国产生了与佛教有密切关系的变文。在艺术方面，敦煌、云冈、麦积山以及洛阳龙门石窟的壁画和雕塑，都保留着印度北部犍陀罗艺术风格。此外，印度和巴基斯坦的天文、历法、医学、音韵学、音乐、舞蹈、绘画、建筑等也陆续传入，对中国产生了较大的影响。在七世纪末叶，中国的纸经中亚传到了印度，后来又经尼泊尔传去了造纸术。从此，印度结束了用白桦树皮和贝叶写字的时代，对发展其本国文化产生了深远的影响。

787.《新唐书》是如何记载扶南习俗的?

扶南国，即今之柬埔寨。隋唐以后称为“真腊”，元明以来称为“柬埔寨”(或称澉埔只、甘孛智、甘菩遮)。扶南从三世纪末叶开始受印度文化的影响较大，国势强盛，社会经济不断发展，商业的发达带来了经济上的繁荣，同时也有利于促进同各国的经济文化交流。到公元六世纪下半期时，扶南被北方湄公河中游的属国真腊所征服。

扶南是东南亚第一个重要的印度教王国。当时的领土包括马来亚北部、泰国和印度支那。扶南王外出乘象，人民都是深目、高鼻、卷发、黑身，以幅布缠身，裸脚。汉朝时扶南国经四川进贡甘蔗、芭蕉，两千年前甘蔗为该国特产，故四川自古特产芭蕉、甘蔗，迄今当地华人流传“贡蕉”的说法。武德、贞观时均遣使与唐朝通好。

扶南人信仰婆罗门教，铸币时，在银币正面打铸太阳图案(升起的太阳，代表太阳光芒照耀世界)，反面打铸了婆罗门教的象征图案(日、月、星辰和人等)，极具特色。因年代久远，存世极稀，成为今天柬埔寨及东南亚国家早期钱币中的珍品。

788. 外来文明对唐朝有哪些方面的影响?

在唐武德、贞观时期，外来文化的传入取得了不小的成就，并开唐代社会开放风气之先。这个时期的外来宗教除了佛教外，还有火祆教、景教、摩尼教、伊斯兰教等。唐朝对这些宗教采取了“兼收并蓄”的政策，均允许在内地传教。音乐、舞蹈是这一时期传入中国最多的一种文化。自从唐初打通丝绸之路以后，大批西域乐人涌入中国，带来许多乐曲、乐器和舞蹈，对中国产生了很大的影响。在生产技术方面，如制糖技术，我国早已能制糖，但由于技术和生产原料方面的原因，糖的质量还不太好。太宗派人到摩揭陀国取回制糖技术，在扬州煎蔗汁自造，所制之糖色味超过了西域所制。这种自制之糖叫沙糖，和以前我国所造的块状糖完全不同，呈现为颗粒状。唐以前我国没有葡萄酒，史书上所提到的多是外国进贡而来。张骞通西域时，所引进的葡萄不适宜酿酒。太宗平定高昌后，把一种新品种“马乳”葡萄引种入内地，同时还传入了葡萄酒的酿造技术。从此中国就有了酿造葡萄酒的技术，并在太原建成大规模的葡萄种植园，酿造葡萄酒也成为太原的一种特殊手工业。

这一时期传入中国的物品种类繁多，如赤玻璃、绿金精、犀角、象牙、宝石等；实用物品有药物、毛织品、香料、颜料、毛皮等；动物有狮子、大象、罗马犬、鸵鸟等。这些物品都不同程度地丰富了中国的物质生活，增加了我国的动植物种类，其意义不可低估。

789. 唐代的社会风俗具有什么明显的特点?

所谓风俗，就是指人们在特定的自然环境和具体的社会条件下形成的群体性的生活习尚。唐代的社会风俗在继承前代风俗的基础上，对汉魏旧俗与北朝胡俗进行了进一步的消化与整合，从而形成了许多新的风俗，并对后世的社会风俗产生了深远的影响，就其整体特点而言，主要表现在如下几个方面：

一、诗歌对社会风俗产生了巨大的影响，并且浸润成新的风俗特点。唐代的诗歌不是单纯的书斋中的产物，而是社会生活的一种需要。唐人喜饮酒，而饮酒则离不开诗，有关唐人饮酒作诗的美谈多不胜举。此外，除饮酒时吟诵唱和外，这时的庙宇寺院、邸舍旅馆、风景胜地等都备有供人们题写诗歌的诗板。不但文人每至一地必先题诗，即使一般民众每到一地，也总要先到这些地方浏览、传抄诗板上的佳作。因此，好的作品往往不胫而走，数日即可传遍各地。即使唐人举行婚礼，也都离不开诗歌，因此唐人的婚礼可以称为“赛诗会”。不仅如此，青楼妓馆也是文人们竞相逞弄文才的场所。除了文人外，军将、老粗、妓女、儿童、官僚等各色人等，不管水平高低、有无文采，无不喜欢作诗吟诗。正是由于唐代诗歌具有广泛的民间参与，从而使其具有了丰厚的文化土壤，从而造就了中国历史上最辉煌的诗歌盛世，也使这一时期的社会风俗渗透了诗的意境，浸润出了诗一般的社会生活风俗。

二、音乐歌舞风俗的兴盛。唐代音乐歌舞十分兴盛，上至皇帝、贵族，下至普通百姓，无不喜爱音乐歌舞。唐朝每到重大的庆典活动时，往往都要举行大型的文艺演出，而且都有广大的民众积极参与。官僚贵族或民间举行酒宴时，通常都有歌伎表演，许多官僚家中就豢养了不少歌舞伎。在唐代南北各地还盛行着踏歌的风俗，劳作之余，青年男女往往要从皓月初升踏歌到次日清晨。这些都充分体现了唐代音乐歌舞的群众性特点。此外，唐代的民歌也非常兴盛，吴歌、巴歌、楚调、秦音等各领风骚，从而使更多的唐人参与到其中来。唐人还非常喜欢外来乐舞，胡旋舞、胡腾舞、龟兹乐、天竺乐、高丽乐等，无不受到唐人的喜爱，著名的《霓裳羽衣曲》就是外来乐舞，据说由唐玄宗亲自改编而成。唐诗里说“女为胡妇学胡妆，伎进胡音学胡乐”，“城头山鸡鸣角角，洛阳家家学胡乐”。就反映了胡乐在民间流行的状况，同时也表明音乐歌舞已经深深地浸入了唐代的社会风俗之中。

三、胡族习俗与外来文化的影响。所谓胡俗，主要指自南北朝以来就传入中原和唐代新传入的周边民族风俗；而外来文化则是指这一历史时期在中国范围之外的国家或地区输入的文化。唐人不加区别，将这两种情况都冠以“胡”的名称，如胡人、胡食、胡服、胡乐、胡俗等。这些来自边疆地区和外国输入的所谓胡俗与文化给内地人民的生活风俗带来了较大的影响，在丰富人们物质生活的同时，也极大地影响了社会风俗的改变，从而形成了不同其他历史时期的一些新的内容。在唐代的饮食、服饰、居住、商业、医药、乐舞、婚俗、丧葬等社会生活的各个方面，都程度不同地受到胡俗的影响，经过长期的相互融合，从而与中国固有的社会习俗完全融为一体。

四、妇女社会生活的多样化。妇女的生活状态如何，是衡量社会风俗的一个重要指标。唐代儿童的启蒙教育，主要是由妇女在家庭中完成的，说明当时的妇女文化水平相对较高。除了家庭教育之外，当时妇女还比较广泛地参与了各种社会活动，比如在社会政治、音乐歌舞、体育活动、文学艺术等许多方面，唐代妇女都程度不同地进行比较广泛的参与，并且涌现了一批各类人才。总之，由于唐代的社会风气比较开放，妇女的生活状态也比较开放自由，从而使唐代妇女的社会生活更加多样化，大大地丰富了这一历史时期社会风俗的内容。

五、节日生活非常丰富。与前代相比，唐代社会风俗的一个显著特点就是节日和节日假期明显增多。一些传统的节日唐代仍然保留，如元日、上巳节、中秋节、重阳节、人日、寒食节、清明节、端午节、乞巧节等，均是如此。同时还出现了一些前代没有的节假日，如皇帝的诞日、中和节、降圣节、佛诞节等，这些都是唐代新增设的节日。此外，唐代除了休沐及各种名目的假期外，仅朝廷规定的正式节日假期就达四十七天之多，这都是前代所无法比拟的。唐代不仅节假期增多，而且这一时期的节日生活也相当丰富，饮酒作乐、游赏寻胜之外，在节日期间还有各种游艺活动。另外还有一个特点，即节日食品也异常丰富，几乎每个节日都出现了相应的固定的食品，从而使唐代的节日风俗在中华民族节日风俗中占有了重要的地位。